Barbara Hutzl-Ronge
Feuergöttinnen, Sonnenheilige, Lichtfrauen

Barbara Hutzl-Ronge

Feuergöttinnen, Sonnenheilige, Lichtfrauen

Mythen, Sagen und Sternzeichen zum Feuer

Frauenoffensive

Danksagung

Zum Entstehen dieses Buches haben viele Frauen beigetragen, indem sie mich mit ihrer Reaktion auf meine Arbeit immer wieder ermuntert und so meine Begeisterung für das Thema genährt und meine Ausdauer beim Recherchieren gestärkt haben.

Das Schreiben des Buches hätte mir nicht soviel Vergnügen bereitet und wäre mir viel schwerer gefallen, wenn mir nicht fünf Freundinnen auf unterschiedlichste Art und Weise beigestanden wären. Es sind dies Lis Hauser, Anita Oetiker-Eich, Esther Sterchi, Brigitt Bürgi und Sandra Niterl, denen ich an dieser Stelle meinen ganz besonderen Dank aussprechen möchte.

Mein Dank gilt Michael Hutzl, von dem die Illustrationen stammen und der mich seit vielen Jahren bei meinen Projekten liebevoll unterstützt. Ebenso möchte ich meinem Sohn Florian danken, der mir bei meinen Computersorgen mit Rat und Tat zur Seite stand, sowie meinen Eltern, Linde und Wolfgang Ronge, die mich gelehrt haben, philosophisch zu denken, und meine Arbeit fördern, indem sie immer wieder Göttinnen und Heilige aufsuchen und für mich fotografieren.

1. Auflage, 2000
© Verlag Frauenoffensive
(Metzstr. 14 c, 81667 München)

ISBN 3-88104-324-1

Illustrationen: Michael Hutzl
Druck: Clausen & Bosse, Leck
Umschlaggestaltung: Erasmi & Stein, München

Dieses Buch ist gedruckt auf Papier aus chlorfrei gebleichtem Zellstoff.

INHALT

Einleitung   9

I
FEUERGÖTTINNEN
1. Hestia   14
2. Vesta und die Vestalinnen   17
3. Rhea Silvia   22
4. Tanaquil und Ocrisia   26
5. Von Pele zu Aetna und Feronia   28
6. Brigit   29
7. Patrick   32
8. Feurige Gestalten in Märchen und Sagen   34
9. Die Entstehung des Feuers   37

II
DIE GÖTTIN MIT DEM WIDDER, DIE SCHAFGÖTTIN UND DAS GÖTTLICHE LAMM
1. Feuergöttinnen und das Sternzeichen Widder   40
2. Die Vogelgöttin mit dem Widder in Alteuropa   41
3. Inanna und Dumuzi   44
4. Ischtar und Tammuz   50
5. Rahel   51
6. Widder und Lamm in der jüdischen und christlichen Tradition   56
7. Dione und Krios   61
8. Ares   63
9. Rhea und das Widderkind Zeus   65
10. Die Widdergötter Amun und Chnum   68
11. Die Schafgöttin aus den Atlasbergen   71
12. Der Widder und das Feuer   72
13. Die Muttergöttin greift zu den Waffen   73
14. Heimdall und Thor   75
15. Grid und Widar   77
16. Ostara   79
17. Agnes   80
18. Die Gottesmutter mit dem Widder   81
19. Die Sage von den Bergfräulein und dem Lamm   84
20. Das Märchen vom schwarzen Widder   85

III
VON DER SONNENGÖTTIN ZU MARIA IM STRAHLENKRANZ

1. Das Sonnensymbol in Alteuropa und in der Astrologie 90
2. Von der Herrin des Himmels zur Sonnengöttin 91
3. Utu und Schamasch 93
4. Marduk 95
5. Die versteckte Sonnengöttin im Gilgameschepos 96
6. Wurunsemu 105
7. Schapasch 106
8. Schams 108
9. Samson 108
10. Nut 111
11. Hathor 112
12. Theia, Hyperion und Helios 116
13. Apollon 119
14. Saule 122
15. Sol 128
16. Sul 132
17. Sol invictus 134
18. Christus 135
19. Maria im Strahlenkranz 136
20. Benedikt 137
21. Barbara 140
22. Mutter Sonne, Sonnentöchter und Sonnenprinzen im Märchen 143
23. Das Märchen von der schönen Lattughina 145

IV
GÖTTIN AUF DEM LÖWINNENTHRON UND SONNENLÖWE

1. Göttliche Löwinnen in Alteuropa 150
2. Antike Lügen 153
3. Kybele 155
4. Der Attiskult 160
5. Die Göttin mit den Löwinnen auf Kreta und in Griechenland 164
6. Die etruskische gebärende Göttin zwischen den Löwinnen 167
7. Sachmet 168
8. Löwe und Löwin in christlicher Darstellung 175
9. Maria auf dem Löwenthron 179
10. Markus mit dem geflügelten Löwen 182
11. Thekla und die Löwen 183
12. Das Märchen von der Löwenfrau 185

13. Löwe und Löwin in europäischen Märchen 187
14. Magie und Frauenhaar 190
15. Die Sage vom Segen der Wildfrau 192

V
GÖTTINNEN DER ERLEUCHTUNG UND DER WEISHEIT

1. Licht und Weisheit in der alteuropäischen Kultur 196
2. Matriarchale Weisheit 197
3. Weisheit aus astrologischer Sicht 198
4. Gula-Bau 199
5. Hokkmah 201
6. Metis 204
7. Maat 206
8. Hera 207
9. Juno 211
10. Wilbeth 214
11. Katharina 215
12. Sophia 219
13. Luzia 222
14. Odilia 228
15. Die Sage der Bertha von Rosenberg 236

VI
PFERDEGÖTTINNEN UND SCHÜTZINNEN

1. Das Sternzeichen Schütze 240
2. Das Pferd in Alteuropa 240
3. Das Pferd als Reittier 242
4. Vom Sonnen- zum Triumphwagen 244
5. Die Amazonen und ihre Königinnen 247
6. Artemis 253
7. Diana 260
8. Demeter Hippia 261
9. Epona 264
10. Áine, Grian und Étaín 266
11. Wölwa und die Walküren 268
12. Ursula 271
13. Das Märchen von der schönen Wassilissa 274

Schlußbetrachtung 280
Literaturverzeichnis 281
Register 285

Einleitung

Dies ist ein Buch über die Mythen der Feuer- und Sonnen-, der Licht- und Weisheitsgöttinnen, die die europäische Kultur entscheidend beeinflußt haben. Es enthält überdies die Mythen zu jenen Sternzeichen, die nach astrologischer Tradition als Feuerzeichen betrachtet werden: die Zeichen Widder, Löwe und Schütze, die ich in Verbindung zu den Mythen über die Schafgöttin und das Lamm, zur göttlichen Löwin und zu den Jagdgöttinnen und der Göttin mit dem Pferd aufzeige.

Die Faszination, die Mythen bis heute auf uns ausüben, rührt zum einen daher, daß sie spannende Geschichten erzählen, die geprägt sind von großen Gefühlen und der Macht des Schicksals, daß sie also sehr oft dem entsprechen, was wir heutzutage eine „gute Story" nennen würden. Erst vor wenigen Jahren hat der Regisseur Woody Allen mit seinem Film „Mighty Aphrodite" bewiesen, daß antike Mythen nicht nur Stoff für klassische und moderne Theaterstücke abgeben, sondern daß auch ein Film von heute durchaus im Stil antiker Mythen erzählt werden kann und dadurch einen ganz besonderen Reiz erhält.

Nun waren Mythen ursprünglich mehr als das tragische oder komische Abbild der Gesellschaft, die sie erfunden hat. Sie waren religiöser Natur. Die Göttinnen und Götter wurden von den Menschen verehrt, die ihre Bitten an sie richteten und ihnen in Ritualen huldigten. Alle Göttinnen und Götter stellen mit ihren Eigenarten, der Form ihres Zusammenlebens oder auch durch die Kämpfe, die sie untereinander ausfochten, ein Weltbild dar. Sie entstanden durch die geistige Vorstellungskraft der Menschen, die sich nach einer Verbindung zu dem sehnten, was sie als göttlich erkannten und definierten.

So betrachtet ist es schon sehr verwunderlich, wenn wir bei der Lektüre von Mythen immer wieder feststellen müssen, daß diese in sich große Widersprüche aufweisen. Im Götterhimmel ist nicht nur unklar, wer mit wem verwandt und wer für welchen Lebensbereich zuständig ist, sondern von vielen Mythen existieren unterschiedliche Versionen, die einander oft in mehr Punkten widersprechen, als sie Ähnlichkeiten aufzuweisen haben. Nirgends brodelt die Gerüchteküche so heftig wie in alten Mythen. Es müßte doch im Interesse jeder Religion gelegen sein, ein Weltbild zu formulieren, das einleuchtend und überzeugend war und an dem keine Zweifel aufkommen konnten? Warum sind Mythen voller Widersprüche? Die Erklärung ist einfach, aber nur den wenigsten Menschen heutzutage bewußt. Die meisten nehmen die Unstimmigkeiten in Mythen einfach hin, weil sie der Überzeugung sind, Mythen seien phantastische Gebilde, bei denen Wahrheit und Logik auf der Strecke geblieben sind. Mythen sind nicht deshalb unlogisch und widersprüchlich, weil die Menschen vor Jahrtausenden zu dumm gewesen wären, ein einheitliches, übereinstimmendes Weltbild zu formulieren, sondern die meisten Mythen stimmen deshalb in sich nicht überein, weil sie aus Mythen unterschiedlicher Völker zusammengesetzt sind.

Die Vermischung religiöser Vorstellungen verschiedener Völker aus unterschiedlichen Zeiten wäre an und für sich schon verwirrend genug. Der Hauptanteil der Widersprüche entstand aber dadurch, daß die Mythen und somit das Weltbild jener Völker, die in frauenorientierten, matriarchalen und also egalitären Gesellschaften gelebt hatten, mit den Mythen derjenigen Völker vermischt wurden, deren Weltbild patriarchal orientiert und hierarchisch war. Aus der Vermischung eines egalitären, nichthierarchischen Weltbildes mit einem hierarchischen konnte kein einheitlicher, in sich stimmiger Mythos entstehen, weil beide Weltbilder – und die damit verbundenen Gesellschaftsformen – einander diametral gegenüberstehen und nicht vereinbar sind.

Sichtbar zu machen, wie die Göttinnen matriarchaler Kulturen durch patriarchale Einflußnahme, Eroberung und Unterdrückung verändert, dämonisiert oder vernichtet wurden, ist das erste Ziel dieses Buches.

Das zweite Anliegen ist, zu zeigen, daß die uralten Symbole, die mit matriarchalen Göttinnen verbunden waren, in patriarchalen Mythen beibehalten wurden. Wir beobachten, daß die Symbole zwar im Lauf der Zeit ihre Bedeutung nicht nur gewandelt, sondern oft sogar ins Gegenteil verkehrt haben, daß sie aber nicht verschwunden sind. Was mag die Erfinder patriarchaler Mythen bewogen haben, an den alten Symbolen festzuhalten, statt neue zu kreieren? Auch die Antwort auf diese Frage ist einfach. Die Menschen waren mit den Symbolen, die sie als wahr und als für ihr Weltbild gültig erkannt hatten, so tief verbunden, daß sie keine neue Religion akzeptiert hätten, die diese Symbole nicht aufgriffen hätte. Diese Tatsache versuchten patriarchale Mythen zu verschleiern, indem sie z.B. vorgaben, ein Symbol gerade eben erst erfunden zu haben. Um diesen Schleier zu lüften und das hohe Alter der verwendeten Symbole zu beweisen, habe ich jedem mythischen Themenbereich einen Abschnitt über Symbole aus der Stein- und Bronzezeit vorangestellt.

Während meiner jahrelangen Arbeit mit Mythen machte ich eine interessante Beobachtung: Einerseits änderten sich die erzählten Geschichten meist dramatisch. Aus eigenmächtigen Schöpferinnengöttinnen wurden unselbständige Mädchen, zänkische Ehefrauen, böse alte Weiber, an denen wenig Göttliches zu entdecken ist. Ich hatte von patriarchalen Mythen nichts anderes erwartet. Meine Arbeit bestand ja gerade darin, bei den abgewerteten, dämonisierten und unterdrückten Göttinnen die matriarchalen eigenmächtigen Vorgängerinnen sichtbar zu machen. Völlig unerwartet war andererseits die Entdeckung, daß die Bilder meist nichts von der Unterdrückung der Göttinnen erzählten. Sie waren oft so neutral gehalten, daß die unterschiedlichsten Geschichten als „Untertitel" zu ein- und demselben Bild gepaßt hätten. Die griechischen Mythen z.b. stellen die Göttin Artemis als brave, kleine Tochter des Zeus dar, die später prüde auf ihre Jungfräulichkeit erpicht war. Die Bildzeugnisse aber zeigen kein verklemmtes Mädchen, sondern eine selbstsichere junge Frau mit Pfeil und Bogen, der wir durchaus glauben, daß sie die Göttin der Jagd und die Herrin der Tiere des Waldes war.

Am auffälligsten tritt der Widerspruch zwischen erzählter Geschichte und bildhafter Darstellung in christlichen Mythen zu Tage. Die Legenden erzählen die immer gleiche Geschichte von braven Jungfrauen, keusch und fromm, die zum Schluß die grausamsten Todesarten sterben. Die Bilder zeigen eine völlig andere Wirklichkeit. Die Legende der Heiligen Ursula z.B. erzählt von einer christlichen Prinzessin, die mit ihren elftausend Jungfrauen von einer Horde wilder Hunnen niedergemetzelt wurde. Das Bild aber zeigt uns eine schöne junge Frau, die in der Hand einen Pfeil hält und einen gar nicht gequälten Eindruck macht. In ihrer selbstsicheren Art erinnert sie durchaus an die Göttin Artemis.

Die Erkenntnis, daß es außer der Beständigkeit von Symbolen auch eine Kontinuität von Bildern gibt, fand ich bemerkenswert. Ich habe deswegen die Legenden christlicher Heiliger in meine Mythenbetrachtung mitaufgenommen. Ergänzt wird diese Arbeit durch Sagen und Märchen, in denen die Symbole, Erzählmotive und Bilder, oft durch religiöse Ansichten und Moralvorstellungen beeinflußt, aber manchmal doch erstaunlich unverfälscht wieder auftauchen.

Es gibt ein nahezu unendlich großes Repertoire an Mythen, Legenden, Sagen und Märchen, das unter Beachtung der genannten Kriterien zu bearbeiten lohnenswert wäre. Ich habe bei meiner Arbeit nur diejenigen Mythen berücksichtigt, die ich für den abendländischen Kulturraum als grundlegend erachte. Um Ordnung in die unterschiedlichen Symbole, Bilder und Erzählmotive zu bringen, habe ich mich des astrologischen Tierkreises aus demselben Kulturraum bedient. Denn der Tierkreis beinhaltet zwölf der wichtigsten Symbole, die alle Bereiche menschlichen Lebens umfassen.

Indem ich als Ordnungskriterium den astrologischen Tierkreis wählte, schlug ich sozusagen „zwei Fliegen mit einer Klappe". Mit Mythen beschäftige ich mich nun seit über zwanzig Jahren. Als ich vor ca. zehn Jahren die Astrologie als weiteres Interessensgebiet entdeckte, mußte ich irritiert feststellen, daß die entscheidende Erkenntnis der Mythenforschung aus den letzten fünfzig Jahren, daß Mythen nämlich nach matriarchalen und patriarchalen Gesichtspunkten zu unterscheiden sind, an den AstrologInnen spurlos vorübergegangen war. Sie beschränkten sich bei der Interpretation des Tierkreises und der nach Göttinnen und Göttern benannten Himmelslichter und Planeten ausschließlich auf patriarchale Mythen, die sie – unter dem Einfluß von C.G. Jung – auch noch als Archetypen, d.h. als Urbilder der Menschheit, betrachteten. Patriarchale Mythen sind aber keineswegs Urbilder, sondern Bilder relativ neuen Datums. Die Urbilder der Menschheit sind ca. 35 000 Jahre früher in matriarchalen Kulturen entstanden.

Da die meisten AstrologInnen weder Kenntnisse über matriarchale Weltvorstellungen und Göttinnen noch über die Symbolgeschichte der Stein- und Bronzezeit besitzen, konnte sich die irrtümliche Vorstellung halten, die Astrologie mit ihrem Bezugsrahmen, dem Tierkreis, sei in der Zeit zwischen 2000 und 1700 v.u.Z. in Mesopotamien entstanden. Aus der Zeit von 1700 v.u.Z. stammen zwar die ersten schriftlichen Aufzeichnungen, die sich auf den Tierkreis beziehen. Der Entstehung des Tierkreises aber nur zwei- bis dreihundert Jahre zuzugestehen, betont auf unverhältnismäßige Art schriftlich festgehaltene Erkenntnisse, ohne zu berücksichtigen, daß eben diese Erkenntnisse Ergebnis einer Jahrtausende alten Kultur der Himmelsbeobachtung, verbunden mit einer matriarchalen Symboltradition, waren.

Diesem Irrtum mit einer fundierten Forschungsarbeit entgegenzutreten, war das Ziel, welches ich mir zu Beginn meiner astrologischen Ausbildung gesetzt hatte. Inzwischen arbeite ich seit über fünf Jahren als Astrologin in eigener Praxis und berücksichtige meine Forschungsergebnisse über matriarchale Symbole und Mythen bei meiner Interpretation von Horoskopen.

Die Erkenntnisse, die ich bei der Arbeit über die Tierkreiszeichen gewonnen habe, würden den Rahmen eines Buches sprengen. Ich habe daher eine Auswahl getroffen, die einen ersten Überblick ermöglicht, und mich dabei an den Elementen orientiert, denen die einzelnen Tierkreiszeichen zugeordnet werden. Aus den zwölf Zeichen habe ich jene gewählt, die dem Element Feuer entsprechen. Deshalb präsentiere ich neben den Feuergöttinnen auch jene Mythen, die mit dem Sternzeichen Widder, dem ersten der drei Feuerzeichen, verbunden sind. Selbstverständlich berücksichtige ich dabei auch die Symbole von Mutterschaf und Lamm. Den Sonnengöttinnen folgt ein Kapitel über Löwinnen und Löwen, da das Sternzeichen Löwe astrologisch der Sonne zugeordnet wird. Den dritten Teil bilden die Göttinnen der Erleuchtung, die Licht- und Weisheitsgöttinnen, die astrologisch in Beziehung zum Sternzeichen Schütze stehen. Der Schütze wiederum ist für mich undenkbar ohne die Göttinnen der Jagd und die Pferdegöttinnen.

Das vorliegende Buch ist in erster Linie eine Analyse mythischer Texte aus feministischer Sicht. Ich vermeide die Verwendung eines astrologischen Fachvokabulars, um für eine LeserInnenschaft ohne astrologische Vorkenntnisse verständlich zu sein. Astrologisch Interessierte werden in dieser Arbeit jene Mythen finden, die sie bisher in astrologischen Büchern, die sich auf antike Mythen bezogen, vergeblich gesucht haben. Die Konsequenzen, die meine Arbeit für die astrologische Interpretation bedeuten, gedenke ich in Form von Artikeln in Fachzeitschriften darzulegen.

Da ich mich über Reaktion und Kritik meiner LeserInnen auf meine Arbeit freuen würde, gebe ich hier meine Praxisadresse bekannt.

Kontaktadresse für Vorträge, Seminare, Astrologiekurse und astrologische Beratung:
Astrologisch-psychologische Gemeinschaftspraxis
Zürichstr. 110 b
CH-8134 Adliswil
Tel. 0041-1-709 04 43
Homepage: www.hutzl-ronge.ch
E-Mail: hutzl-ronge@bluewin.ch

I
FEUERGÖTTINNEN
MYTHEN ÜBER FEUERHÜTERINNEN UND DIE KRAFT DES FEUERS

1. Hestia
Die Göttin des Herdfeuers behält auf dem Olymp ihre Unabhängigkeit

Getreu dem Sprichwort „Fang bei Hestia an!", das die GriechInnen einander als Aufforderung zuriefen, eine Geschichte vom Anfang an, vom Ursprung her zu erzählen, möchte ich die Göttin Hestia an den Beginn meines Buches stellen.

Hestia war das erstgeborene Kind der griechischen Titanin Rhea. Nach ihr brachte Rhea noch zwei Töchter, Demeter und Hera, sowie drei Söhne, Hades, Poseidon und Zeus, zur Welt. Hestia, die Göttin des Herdfeuers, wurde von den GriechInnen nur selten als Göttin in Frauengestalt dargestellt, denn sie war die Göttin in Gestalt der Flamme, sie verkörperte das feurige Element selbst. Hestias Feuer galt als heilig: Wenn je ein Herd, sei es durch Zufall oder als Zeichen der Trauer, erloschen war, wurde er mit Hilfe eines Feuerrades rituell neu entzündet.

Hestia erfreute sich allgemeiner Verehrung, nicht nur, weil sie den Ruf hatte, die Mildeste, die Gerechteste und Wohltätigste im Olymp zu sein, sondern weil sie auch die Kunst des Hausbauens erfunden hatte. Sie bürgte für die persönliche Sicherheit, das persönliche Glück und die heilige Pflicht der Gastfreundschaft. In jedem Haus schützte sie die um Obdach Bittenden. Hestia beteiligte sich als einzige olympische Göttin niemals an Kriegen oder Streitigkeiten. Sie widerstand dem Liebeswerben und den Vergewaltigungsversuchen der Götter und schwor, immer Jungfrau zu bleiben. Sie war es, der die erste Gabe bei allen Opferfeiern dargebracht wurde.[1]

Ihrem feurigen Wesen entsprechend konnte ich nur ein einziges Bild finden, das die Göttin Hestia in Frauengestalt zeigt: Sie trägt ein Kästchen vor sich her, in dem sie die Glut bewahrt. Die Sorge um das lebenswichtige Feuer war in allen frühen Kulturen Aufgabe der Frauen. Sie nährten das Feuer und wußten seine Glut zu behüten. Diese Tradition der Frauen als Hüterinnen des Feuers, des Zentrums jeder menschlichen Gemeinschaft, war im klassischen Griechenland noch lebendig. Ein neues Heim galt erst dann als etabliert, wenn die Frau den Herd mit jenem Feuer, das sie vom Haus ihrer Mutter mitgebracht

Abbildung 1: Hestia

hatte, entzündet hatte. Entsprechend seiner lebensnotwendigen Bedeutung war das Feuer immer fester Bestand der Kulthandlungen. Der häusliche Herd war zugleich Opferaltar und stand im Zentrum des griechischen Lebens.

Robert von Ranke-Graves vertritt die Ansicht[2], das archaische weiße, ungestalte Bild der Großen Göttin, das im ganzen östlichen Mittelmeer bekannt war, sei das Abbild der häuslichen Feuerstelle – und somit der Göttin Hestia – gewesen: ein Haufen Holzkohle, durch eine Decke weißer Asche glühend gehalten. Die Glut so zu bewahren, war in frühen Zeiten das bequemste und einfachste Mittel der Heizung in Innenräumen, denn es entstanden weder Rauch noch Flamme. Bei Verwendung unter freiem Himmel wurde – z.B. in Delphi – das Feuer in einen Kalksteinofen gelegt. Hieraus entstand der Omphalos oder Nabelstein, der als Zentrum der Welt galt. Der Holzkohlenhaufen wurde manchmal auf einem runden dreibeinigen Tontisch aufgeschichtet. Der Tisch war rot-weiß-schwarz, mit den Farben der Göttin, bemalt. Solche Tische wurden auf dem Peloponnes, auf Kreta und Delos gefunden. Einer aus einer Grabkammer in der Nähe von Knossos trug noch die Holzkohle.

Besonders wichtig bei den Mythen um die Göttin Hestia scheint mir zu sein, daß sie als das erstgeborene Kind der Titanin Rhea bezeichnet wurde. Das ist insofern von Bedeutung, als uns die griechischen Mythen meist in der olympischen Version überliefert wurden. Diese Mythen geben die religiösen und philosophischen Ansichten der Menschen wieder, die AnhängerInnen der olympischen Götter und Göttinnen waren. Den Bruch zwischen dem vorolympischen Glauben und der neuen olympischen Religion macht der Mythos dadurch deutlich, daß die Mutter der olympischen Götter, Rhea, nicht als Göttin, sondern als Titanin bezeichnet wird. All jene, die vor der gegenwärtig herrschenden Religion als GöttInnen bezeichnet wurden, in das Reich der sagenhaften RiesInnen oder TitanInnen zu verweisen, ist der immer wiederkehrende Kunstgriff aller „neuen" Religionen, die sich auch dauernd rühmen, die einzig wahre Religion zu sein. Die olympischen Mythen erzählen sehr ausführlich, wie sich der jüngste Sohn der Rhea, der Gott Zeus, zum Oberhaupt der olympischen Religion aufgeschwungen hat. Aber sie verheimlichen nicht das wahre Alter der Göttinnen und Götter. Alle Töchter der Rhea sind älter als ihre Söhne. Die Genealogie der Götterfamilien ist hier das wichtigste Indiz für das kulturgeschichtliche Alter der Göttinnen und Götter. Rhea hatte also nicht per Zufall zuerst drei Töchter und dann drei Söhne geboren, sondern damit wurde zum Ausdruck gebracht, daß die Göttinnen vor den Göttern existiert hatten, daß sie früher verehrt wurden, daß sie kulturgeschichtlich gesehen eben älter sind. Und Hestia ist die Älteste, die Erstgeborene.

Noch ein Umstand hat meine Aufmerksamkeit erregt: Die antiken Autoren sind sich einig, daß Hestia dem „Liebeswerben" aller Götter und Titanen widerstand und es niemals einem Gott gelang, Hestia zu vergewaltigen. Was hat das zu bedeuten?

Sehen wir uns das sogenannte „Liebeswerben" der Götter um die Göttinnen genauer an: Anfangs versuchten sie es mit Überredung, was aber selten zur Heirat führte, denn die meisten Göttinnen fanden die Vorstellung, sich einem Gott unterzuordnen, wohl nicht besonders attraktiv. Die Götter wurden in ihrem „Werben" drängender, stellten den Göttinnen hartnäckig nach und verfolgten sie, bis sie sich freiwillig ergaben, oder vergewaltigten sie. Die Vereinigung war für die Göttinnen nie ohne Folgen. Sie hatten die Kinder der jeweiligen Götter zu gebären und mußten sie nach deren Vorstellung erziehen. Oft war die Schwangerschaft auch der Grund, die Vorrangstellung des Gottes anzuerkennen und den Ehevertrag zu unterschreiben.

Wenn wir die olympischen Mythen nicht bloß als Schilderung von Abenteuern, Streitereien und Versöhnungen einer „Götterfamilie" (quasi die antike „daily soap") lesen, dann erst bekommen sie jene Dimension, in der sie überhaupt sinnvoll verstanden werden können. Das „Liebeswerben" der Götter um die Göttinnen, das nicht selten als Vergewaltigung bezeichnet werden muß und das darauf abzielte, die Göttin als devote Ehefrau zu erobern, zeigt nämlich, wie die Priester und Verfechter der olympischen Götter die vorolympischen Göttinnen (und wohl auch deren AnhängerInnen) zu vereinnahmen suchten. Die meisten echten Mythen sind keineswegs bloß „gute Geschichten", sondern sie erzählen Geschichte. Sie sind historisch zu lesen.

Die Priester und Priesterinnen der olympischen Religion, die Zeus als obersten Gott anerkannten, versuchten den vorolympischen Glauben an die Große Göttin, an die Göttin in dreifacher Gestalt, zu unterdrücken und zu verdrängen. Da aber viele Menschen nicht bereit waren, ihre alte Glaubensvorstellung von der Großen Göttin aufzugeben, kam es oft zum Kampf. Die Menschen kämpften ja nicht nur um einer religiösen, abstrakten Idee willen, sondern die vorolympische matriarchale Gesellschaftsform unterschied sich radikal von jener Gesellschaftsform, aus der die olympischen Mythen stammen, dem Patriarchat. Genau von diesen Kämpfen erzählen die olympischen Mythen. Daher ist es von großer Bedeutung, wenn im Mythos um Hestia erzählt wird, daß sie dem „Liebeswerben" aller Titanen und Götter widerstand und schwor, Jungfrau bleiben zu wollen. Dies weist Hestia als unabhängige, freie Göttin aus, die keinem der alten oder neuen Götter verpflichtet oder untertan war. Als Älteste der olympischen Göttinnen und Götter wurde sie in deren „Familie" aufgenommen, ohne ihre Selbständigkeit aufgeben zu müssen. Sie wurde weiterhin so hoch geschätzt und verehrt, daß ganz selbstverständlich bei allen Kulthandlungen ihr die erste Opfergabe dargebracht wurde. Die Bedeutung, die die GriechInnen dem Feuer für das Zusammenleben der Menschen beimaßen, wird dadurch eindrücklich demonstriert.

2. Vesta und die Vestalinnen
Die Macht der Feuerhüterinnen im Dienst der römischen Herdgöttin

Vesta war die römische Göttin des heiligen Feuers, des Herdfeuers. Als Schutzgöttin der Familie wurde ihr täglich am Herd, der als Zentrum eines jeden römischen Hauses galt, geopfert. Ihre jungfräulichen Priesterinnen, die Vestalinnen oder Amatae genannt wurden, unterhielten und überwachten unter der Aufsicht der Großen Vestalischen Jungfrau, der virgo Vestalis maxima, das Feuer am Staatsherd im Tempel der Vesta, dem einzigen runden Tempel Roms.

Am 1. März, dem Beginn des römischen Jahres, löschten die Vestalinnen das Feuer der Vesta, um es durch das Aneinanderreiben von Holz neu zu entzünden. Beginnend mit dem 9. Juni, dem Vestaliatag, wurde zu Ehren der Göttin ein mehrtägiges Fest gefeiert: Roms Hausfrauen brachten auf ihren Herden zubereitetes Essen barfüßig zum Tempel, und die Vestalinnen verteilten Salzgebäck, das sie über Vestas Feuer gebacken hatten. Nach einer Woche schlossen die Vestalinnen

den Tempel, reinigten ihn gründlich, warfen den Abfall in den Tiber und öffneten den Tempel erneut für ein Jahr.[3]
Die Vestalinnen bereiteten aus Speltweizen und Salz ein Opfermehl, das über jedes Opfertier, das die römischen Priester den Göttern darbringen wollten, gestreut werden mußte.
Wenn das Feuer im Tempel der Vesta unversehens erlosch, galt dies als besonders schlechtes Omen für das ganze Reich. Die dafür verantwortliche Vestalin erwartete eine grausame Strafe: Sie wurde lebendig begraben oder vom Tarpejischen Felsen hinabgestürzt. Diese Strafe hatte eine Priesterin auch in einem anderen Fall zu erwarten: „Wenn ihr Verhalten die Grenzen der Keuschheit, zu der sie verpflichtet war, zu überschreiten schien."[4] *Männern war der Zutritt zum Tempel der Vesta streng verboten.*

Das Feuer war ein wichtiges Element im römischen Leben: Ein Haus wurde von den RömerInnen erst dann *domus*, Heim, genannt, wenn es über eine Feuerstelle im überdachten Innenhof des Hauses verfügte, in der das Feuer der Vesta brannte. Es war die Aufgabe der Frauen, das Feuer zu hüten.

Das Feuer war auch Bestandteil des Hochzeitsritus. Der Bräutigam brachte am Hochzeitstag der in sein Haus tretenden Braut das Feuer zur Berührung dar. Dies finde ich besonders bemerkenswert. Ein wesentlicher Unterschied zwischen matriarchalen und patriarchalen Gesellschaften besteht darin, daß in matriarchalen Kulturen die Frau bei ihren Verwandten mütterlicherseits wohnen bleibt und der Mann sie besucht oder zu ihr zieht. Das Familienleben ist matrilokal, d.h. es orientiert sich am Wohnort der Mutter. In patriarchalen Gesellschaften zieht die Braut in das Haus des Bräutigams bzw. das seiner Väter. Sowohl die GriechInnen als auch die RömerInnen der Antike lebten unbestritten in patriarchalen, patrilokalen Gesellschaftsformen. In bezug auf das Feuer ist allerdings eine wesentliche Veränderung zu erkennen: Während im klassischen Griechenland die Frau das Feuer vom Herd ihrer Mutter mitbringen mußte, damit eine neue Familie gegründet werden konnte, durfte die Römerin das Feuer ihres Ehemannes nur noch berühren. Obwohl die Frauen weiterhin Feuerhüterinnen waren, war das Feuer selbst in männlichen Besitz übergangen. Trotzdem macht mich etwas dabei stutzig: Zwar betrachteten die Männer das Feuer als ihr Eigentum, aber die Frauen mußten es berühren und ab dann hüten.

Diese unverzichtbare Verbindung von Frau und Feuer kommt am deutlichsten in der Rolle der Vestalinnen zum Ausdruck. Die außergewöhnliche Stellung der Vestalinnen wird erst dann ersichtlich, wenn wir das Ansehen der Frau im römischen Kult[5] betrachten. Die Römer hatten die Frauen per Gesetz aus dem Kult ausgeschlossen. Die priesterliche Verantwortung im öffentlichen Bereich lag stets in den Händen der Männer. Im häuslichen Bereich verhielten sich die Dinge nicht anders. Verantwortlich für die Familienkulte waren die Männer.

Den Frauen waren außerdem alle Tätigkeiten untersagt, die für ein Opfer als unerläßlich galten: Das Verbot, Getreide zu mahlen, verunmöglichte ihnen die Herstellung von Opfermehl, das Verbot, Tiere zu schlachten, schloß sie von jeglichem Tieropfer aus, das Verbot, unvermischten Wein zu berühren, bedeutete ihre Aussperrung von dem in Rom als so wichtig erachteten Weinopfer. Die Römer fanden es nicht weiter verwunderlich, daß sich die Frauen deshalb fremden Kulten hingaben und fremde Göttinnen und Götter verehrten. Das Verbot, am Kult maßgeblich teilzunehmen, galt nämlich nur für den einzig wahren Kult: den römischen. Für fremde Kulte hatten die Römer offiziell nichts als Verachtung übrig. Die Faszination, die diese Kulte auch auf die Männer ausübten, verbargen sie, indem sie in der Öffentlichkeit über die fremden Kulte der Frauen spotteten. Daß die Frauen trotz allem nicht davon abließen, war den Männern nur ein weiterer Beweis dafür, daß Frauen nicht als gleichwertige Menschen anzusehen waren und unter Vormundschaft gestellt werden mußten.

Die Vestalinnen waren die große, nicht zu übersehende Ausnahme. Obwohl auch den Vestalinnen das Tragen von Opfermessern, also das Schlachten von Tieren verboten war, unterstanden sie nicht dem Verbot, Getreide zu mahlen. Ganz im Gegenteil stellten sie ein Opfermehl her, das für jedes Opfer, das die Priester im römischen Kult darbrachten, ein unverzichtbarer Bestandteil war: die *mola*, ein Schrot aus Mehl und Salz. Das lateinische Wort für „opfern", *immolare*, leitet sich von diesem Opferschrot der Vestalinnen ab: *Immolare* bedeutet *in-mola-re*, „mit mola bestreuen". Mit der Produktion des Opfermehls und durch das Hüten des Feuers stellten die Vestalinnen die Verbindung zwischen den Menschen und den Göttern her. Ohne diese „vorbereitenden" Tätigkeiten war kein öffentliches Opfer möglich.

Wie Mary Beard[6] nachgewiesen hat, besaßen die Vestalinnen noch zu Beginn der Kaiserzeit eine Reihe von Privilegien, die sonst den Männern vorbehalten waren: Sie hatten das Vorrecht, über die Begleitung eines Liktoren, eines hohen römischen Beamten, zu verfügen, sie konnten vor Gericht als Zeuginnen aussagen, ohne die Vormundschaft eines Vaters oder Ehemannes ihren Besitz frei verwalten und ein Testament machen. Ob die Begleitung durch einen Liktoren nicht zugleich auch männliche Aufsicht bedeutete, kann ich nicht beurteilen. Offensichtlich ist aber, daß den Vestalinnen vieles gestattet war, wovon selbst Römerinnen edler Herkunft nur träumen konnten.

Wie groß die kultische Bedeutung des Feuers und des Herdes für den römischen Staat war, zeigt sich darin, daß analog zum häuslichen Herd im Tempel der Vesta ein Staatsherd existierte, in dem ständig das Vestalische Feuer brannte. Nach der Eroberung fremder Städte mußte den neuen Stadtherren sogleich das Vestalische Feuer zum Zeichen der Verbundenheit mit Rom überbracht werden. Das Schicksal des Reiches schien mit dem Vestalischen Feuer – wie mit einem mystischen Herzen im Zentrum des Reiches – verbunden zu sein. Vesta ist deshalb nicht nur als zentrale Göttin der Familie, sondern auch als zentrale Göttin des römischen Staates anzusehen. Ihre Priesterinnen versahen ein kultisches Amt von staatstragender Bedeutung.

Warum lag ein dermaßen wichtiges Amt in den Händen von Frauen? Dafür gibt es eigentlich nur eine Erklärung: Es war selbst den durch und durch patriarchalen Römern unmöglich, sich vorzustellen, das für Familie und Staat lebensnotwendige Feuer in die Hände von Männern zu legen. Sie konnten sich zwar rühmen, das Feuer zu besitzen, so wie sie auch die Frauen als ihren Besitz betrachteten, aber das Feuer selbst war weiblich. Das Feuer war noch immer die Verkörperung der Göttin, in deren Dienst nur Frauen stehen konnten.

Allerdings konnten Frauen sich dieses Amt nicht wählen. Der *pontifex maximus*, der oberste Priester Roms, suchte aus den nobelsten römischen Familien Mädchen, die noch nicht menstruiert haben durften, für den Dienst als Vestalische Jungfrauen aus. Zu dem jungen Mädchen, das er aus der Hand ihres Vaters empfing, sagte er: „Um die heiligen Handlungen zu vollziehen, die einer Vestalin für das römische Volk und die Quiriten zu vollziehen die Regel vorschreibt, nehme ich dich, Amata, als Kandidatin, die nach dem vollkommensten Gesetz ausgewählt ist, wegen dieser Reinheit als Priesterin der Vesta."[7] Die jungen Frauen hatten eine zehnjährige Ausbildung zu absolvieren, bevor sie zehn Jahre lang den Dienst im Tempel der Vesta versahen. Danach folgten weitere zehn Jahre, die sie der Ausbildung junger Vestalinnen widmeten. Für die Dauer dieser dreißig Jahre unterstanden sie dem *pontifex maximus*, der über sie dieselbe Gewalt hatte wie ein Familienvater, ein *pater familias*, als Vorstand seiner Familie. Nach dem Ende ihres Dienstes stand es ihnen frei zu heiraten.

Mit der Jungfräulichkeit der Vestalinnen war es eigenartig bestellt. Laut dem Religionswissenschaftler John Scheid wurden die Vestalinnen in einer den römischen Hochzeitsriten ähnelnden Zeremonie vom *pontifex maximus* „gegriffen". Zur Formulierung „gegriffen" gelangt Scheid durch die Übersetzung des lateinischen Wortes *captae*.[8] *Captare* bedeutet „nach etwas greifen, fassen, haschen, schnappen" oder „jemanden jagen, zu fangen versuchen". Alle Wörter wecken in mir die Assoziation einer geschlechtlichen Vereinigung, bei der ich mir alles zwischen einer rituellen Hochzeit, einem Hasch-und-fang-Spiel und einer Vergewaltigung vorstellen kann. Und wirklich führt Scheid aus, daß die Jungfräulichkeit der Vestalinnen eher der Keuschheit entsprach, die den römischen Ehefrauen, den Matronen, abverlangt wurde. Diese Form von Keuschheit forderte Treue zum Ehemann und zurückhaltendes Auftreten, aber nicht sexuelle Abstinenz. Obwohl die Vestalinnen als Jungfrauen galten, trugen sie während der Zeit ihres Dienstes die rote Haube und die Frisur der verheirateten Frauen.

Feministische Forscherinnen werden deutlicher: Patricia Monaghan[9], eine Autorität der feministischen Geschichtsforschung, wartet mit der Information auf, daß im Gegensatz zur Jungfräulichkeit der Priesterinnen die Göttin Vesta als Mutter geehrt wurde. Sie beruft sich auf Hinweise, im Tempel der Vesta sei bis in die Kaiserzeit ein phallusförmiges Bildnis verehrt worden. Auf die Frage, wie diese Verehrung ausgesehen haben könnte, antwortet Barbara G. Walker[10], daß die Vestalinnen niemals Jungfrauen im körperlichen Sinn waren. Sie vollzogen unter strengster Geheimhaltung die leibliche Hochzeit mit dem *pontifex maximus*. Endlich einmal wird beim Namen genannt, was bei vielen Historikern so dezent und diffus umschrieben wird!

Monaghan kommt zu dem Schluß, die Tradition, das Vestalische Feuer durch Aneinanderrreiben von Holz zu entzünden, lasse die Vermutung zu, daß Vesta auch eine Göttin der Fortpflanzung war, somit Garantin für die unaufhörliche Erneuerung der Familie und im weiteren auch des Staates. Die Kraft der Sexualität am Beginn jeden Lebens wird auch in Zusammenhang mit der Göttin Vesta augenscheinlich. Im patriarchalen Rom stand die Sexualität der Frauen unter rigider Kontrolle der Männer. Für einen Staat mit patrilinearer Erbfolge war es eminent wichtig, daß die heiligen Kräfte der Vestalinnen nicht auf fremde Männer und deren Erben übergingen. Daher die drastischen Strafen, die die Jungfräulichkeit der Vestalinnen erhalten sollten.

Die Antwort, warum gerade die Erbfolge der Vestalinnen (bzw. eben ihre durch Jungfräulichkeit zu vermeidende Erbfolge) für die

Römer so wichtig war, liegt wohl in der Gründungssage Roms, in der Geschichte über Rhea Silvia, der angeblich ersten Vestalin.

3. Rhea Silvia
Ahnherrin Latiums und Ahnfrau des römischen Adels

Dreihundert Jahre des Friedens waren vergangen, als das neue Eiserne Zeitalter mit einem furchtbaren Verbrechen begann. Der Albanerkönig Prokas hatte zwei Söhne. Dem Erstgeborenen, Numitor, fiel nach Prokas Tod die Königskrone zu, dem Jüngeren, Amulius, große Ländereien und reiche Besitzungen. Amulius war damit nicht zufrieden, heuerte Söldner an und buhlte um die Gunst des Volkes. In einer Palastrevolution gelang es ihm, Numitor den Thron Latiums zu entreißen. Doch er wagte nicht, seinen Bruder zu töten, sondern verbannte diesen in einen Wald. Amulius lebte in ständiger Furcht vor den Kindern Numitors, den rechtmäßigen Erben des Throns. Er ließ deshalb den Sohn Numitors auf der Jagd ermorden. Nun konnte seinen Thron nurmehr ein Kind Rhea Silvias, der Tochter Numitors, gefährden. Um diese unerwünschte Erbfolge zu unterbinden, zwang Amulius Rhea Silvia die Jungfernschaft im Dienst der Göttin Vesta auf. Mit vielen anderen Jungfrauen hütete sie das ewige Feuer, das zur Ehre der Göttin Vesta in deren Tempel brannte.

An einem Frühlingsmorgen schritt Rhea Silvia durch den geweihten Hain hinab zum Tiber, um Wasser für den Dienst an der Göttin zu schöpfen. Sie hatte sich auf ihrem Rückweg noch nicht weit vom Ufer des Tiber entfernt, als aus dem Gebüsch ein riesiger Wolf auf sie zu kam. Mit einem Aufschrei wandte sich Rhea Silvia zur Flucht, vor ihr tat sich der Eingang zu einer Grotte auf. In dieser Felsenhöhle suchte sie Schutz. Mit einem Donnern wurde es Nacht, und sie tastete sich im Dunkeln der Höhle vorwärts. Mit einem Mal aber war die Höhle von gleißendem Licht erfüllt, und Rhea erkannte, daß es von der Rüstung des Kriegsgottes Mars ausging, der ihr zuvor in der Gestalt des Wolfes erschienen war. Mars hatte für Rhea Silvia die Brautfackel entzündet, und Rhea Silvia vermählte sich mit dem Gott. Monatelang lebten die beiden in der Grotte. Eines Morgens war der Gott verschwunden, und Rhea Silvia gebar zwei Knaben.

Rhea Silvia ging mit den beiden Kindern im Arm zurück in den Heiligen Hain, um den Oberpriester aufzufordern, den Söhnen des Mars an diesem heiligen Ort einen Namen zu geben. Doch niemand schenkte ihr Glauben. Der Priester und das Volk bezichtigten sie, sich einem Sterblichen hingegeben und das Gelübde der Keuschheit verletzt zu haben. Als auch noch die anderen Vestalinnen verkündeten, daß das Feuer im Tempel der Vesta verloschen sei, schien Rhea Silvias Frevel bewiesen zu sein. Der Oberpriester sandte die Kunde von dem Vergehen der Vestalin zum König Amulius. Dieser erbebte vor Furcht, denn die Zwillinge waren die Enkel des rechtmäßigen Königs Numitor und besaßen Anspruch auf den Thron, den er besetzt hielt. Amulius berief sich auf das strenge Gesetz der Vesta, das für einen Bruch des Keuschheitsgelübdes die Todesstrafe vorsah – und das ihm nun sehr gelegen kam –, und verurteilte Rhea Silvia und ihre Söhne zum Tod durch Ertrinken.

Doch aus den Wogen erhob sich Tiberius, der Gott des Flusses, nahm Rhea Silvia in seine Arme und machte sie zu seiner Gemahlin. Das Körbchen mit den beiden Knaben schwamm auf den Wogen dahin, bis es in einer Landschaft mit sieben Hügeln an einem Feigenbaum hängen blieb. Dort fand eine Wölfin die Kinder und erhielt sie mit ihrer Milch am Leben. Als der Hirt Faustulus und seine Frau Acca Larentia die beiden entdeckten, nahmen sie die Knaben aus der Obhut der Wölfin und gaben ihnen die Namen Romulus und Remus.[11]

Die Geschichte weist mehrere Unstimmigkeiten auf, denen ich nachgehen möchte.

Als erstes scheint mir wichtig, daß Rhea Silvias Kinder von Amulius als rechtmäßige Erben des Throns erkannt werden. Darin zeigt sich ganz klar, daß die Erbfolge nicht ausschließlich patrilinear, also von den Vätern auf die Söhne überging, sondern daß auch Töchter erbberechtigt waren. Wenn wir auf die frühen Könige Latiums bis zum sagenhaften Aeneas zurückblicken, ist auffällig, daß sie erst dann als Könige galten, wenn sie die Tochter des amtierenden Königs geheiratet hatten. Aeneas, der Prinz, der den Trojanischen Krieg überlebt hatte und nach langer Seefahrt in Latium Asyl suchte, führte sogar einen langen Kampf um die Hand Lavinias, der schönen Tochter von Latinus, dem ersten König Latiums, und seiner Frau Amata. Erst durch die Ehe mit Lavinia konnte Aeneas der zweite König Latiums werden. Die Verbindung von Frau und Land ist offensichtlich. Es genügte nicht, ein Land vom König geschenkt zu erhalten oder es ihm gewaltsam zu entreißen, um König zu werden. Rechtmäßiger König war nur, wer die Hand der Königin oder ihrer Tochter gewonnen oder erobert hatte.

Und genau das war das Dilemma des Thronräubers Amulius. Anscheinend wollte oder konnte er Rhea Silvia nicht für sich gewinnen.

Vielleicht wollte er auch seine eigene Königslinie gründen, wollte endlich Schluß machen mit dem Brauch, daß zwar schon längst die Väter ihre Töchter an die Ehemänner weitergaben, daß aber trotz allem das Land im Fall königlicher Erbfolge noch mit der Prinzessin verbunden war. Nur das konnte der Grund dafür sein, daß er Rhea zur Jungfernschaft im Dienst der Vesta zwang. Und da kam ihm ein Gott in die Quere: Rhea Silvia gebar die Söhne des Mars, die ausersehen waren, Gründer der Stadt Rom zu werden. Es war also wieder nicht gelungen, die matrilineare Erbfolge zu unterbrechen. Denn die Römer beriefen sich bei ihren Gründern Romulus und Remus nicht nur auf deren göttlichen Vater Mars, sondern immer auch auf Rhea Silvia.

Die Tradition der Vestalinnen, die auch *Amatae* genannt wurden, läßt sich ebenso zurückverfolgen bis zu Rhea Silvia, einer Nachfahrin der ersten Königin Amata. Noch in der Kaiserzeit erhielt jede neue Vestalische Jungfrau vom *pontifex maximus* den Namen Amata. Kein Wunder, daß die Römer für den Keuschheitsbruch – oder auch nur den Anschein, eine Vestalin hätte das Gelübde gebrochen – die Todesstrafe vorsahen. Galt es doch, die Erbfolge der Frauen zu verhindern, die in der Tradition der Ahnherrinnen Latiums und Roms standen. Die Frage, ob Amata und Rhea Silvia nicht mehr waren als eine Königin bzw. Prinzessin, drängt sich geradezu auf. *Amata* bedeutet „Geliebte, Verehrte", ein Name oder Titel, der einer Göttin, einer mythischen Ahnherrin wohl anstehen würde. Und der Name *Rhea Silvia*, „Wald-Rhea", erinnert sehr an die griechische Göttin Rhea, die Mutter der olympischen Göttinnen und Götter. Ich denke, daß unter dem Deckmantel der Geschichte der angeblich ersten Könige Latiums bzw. Roms, die sich in wahrlich mystischen Zeitangaben verliert, die ursprünglich verehrten Göttinnen des Volkes verborgen wurden.

Der zweite Bruch im Mythos: Rhea Silvia wird von vielen Mythographen übereinstimmend als die erste Vestalin bezeichnet. Auf sie gehen angeblich alle Vestalinnen zurück. In der Geschichte ist sie aber eine von mehreren Priesterinnen der Vesta. Und noch schlimmer: Als Rhea Silvia aus dem Wald zurückkehrt, behaupten ihre Priesterinnenkolleginnen, das Feuer im Tempel der Vesta sei erloschen. Der Erzähler des Mythos sagt nicht, das Feuer sei ausgegangen, sondern die Vestalinnen hätten gesagt, es sei ausgegangen. Es geht niemand nachschauen, um die Aussage zu bestätigen. Wer hätte das auch tun sollen? Die Männer durften den Tempel der Vesta nicht betreten, und die Frauen vertrauten anscheinend auf die Worte der Vestalinnen. Also meldete der Priester die Verfehlung der Rhea Silvia dem König. Das

Keuschheitsgelübde, von dem sich Rhea Silvia durch die Ehe mit einem Gott entbunden fühlte, schien sie in den Augen des Priesters und des Volkes gebrochen zu haben. Daß zugleich im Tempel der Vesta angeblich das Feuer erloschen ist, wird seltsamerweise nicht den anderen Vestalinnen vorgeworfen, die es ja auch hätten hüten sollen, sondern als Bestätigung der Schuld Rhea Silvias durch die Göttin gedeutet. Und das angebliche Gesetz der Vesta, das für den Bruch des Keuschheitsgelübdes die Todesstrafe vorsieht, kommt dem Thronräuber Amulius da gerade gelegen.

Nun verhält es sich aber so, daß kein römischer Mythograph eine Geschichte zu erzählen weiß, in der die Göttin persönlich dieses Gesetz verkündet. Wenn wir den Mythographen in dem Punkt Glauben schenken, daß Rhea Silvia die erste Vestalin gewesen ist, dann liegt der Schluß nahe: Es gab gar kein uraltes Gesetz, auf das Amulius sich berufen konnte, sondern er selbst hatte das Gesetz erlassen, das die Todesstrafe vorsah. Es sollte ihm ermöglichen, die matrilineare Erbfolge zu unterbinden. Um diese Tatsache zu verschleiern, tat Rhea Silvia angeblich mit vielen anderen Jungfrauen Dienst im Tempel der Vesta, obwohl allgemein bekannt war, daß sie die erste Vestalin war. Es ist auch gar nicht möglich, daß eine begriffliche Verwechslung vorliegt: Mit der „ersten Jungfrau" kann nicht die Große Vestalische Jungfrau, die *virgo Vestalis maxima*, gemeint gewesen sein. HistorikerInnen gehen davon aus, daß „ursprünglich" zwei, später vier Jungfrauen, zur Kaiserzeit maximal sechs Dienst im Tempel der Vesta verrichteten.[12] Es ist daher völlig unglaubwürdig, daß rund um die erste Vestalin zahlreiche andere Vestalinnen den Dienst versahen. Weshalb haben die Erzähler der römischen Ursprungslegende sie also in die Geschichte eingefügt? Sie mußten die Botschaft überbringen, das Feuer sei erloschen, damit Amulius sich auf das angebliche Gesetz der Vesta berufen konnte. Die Forderung, daß Vestalinnen Keuschheit zu geloben hätten, beruht auf dem Präzedenzfall, den Amulius in dieser wirklich „sagenhaften" Geschichte geschaffen hatte.

Ich habe den Mythos nur nacherzählt, soweit er sich auf die Geschichte der Rhea Silvia bezog. Wie die Wölfin die Knaben fand, wie sie in die Obhut des Hirtenpaares kamen – daß die Geschichte um Romulus und Remus eine spannende Fortsetzung hat, ist bekannt. Ich möchte zum Abschluß nur darauf hinweisen, daß sich hinter der Gestalt der Hirtin Acca Larentia die etruskische Göttin gleichen Namens verbirgt. In einer anderen Version der Geschichte wird Rhea Silvia schon bei der Geburt von Acca Larentia, kurz Lara genannt, unterstützt. Lara, die als die Mutter der *lares*, der römischen Ahnengeister, gilt, war eine nährende, milchspendende Göttin. Auch der Feigenbaum, an dem das Körbchen hängen blieb, ist bezeichnend: Er war Rumina geweiht, der Göttin der stillenden Frauen.

4. Tanaquil und Ocrisia
Die Göttin aus Tarquini und ihre feurige Dienerin

Tanaquil, die aus ältestem etruskischem Geschlecht stammte, hatte Lukumo geheiratet. Als Halbgrieche in Etrurien geboren, nannte dieser sich nach seiner Heimatstadt „Lukumo aus Tarquini". Die beiden zogen nach Rom, um ihr Glück zu machen. Als beide in den Anblick der Stadt versunken sich fragten, welches Schicksal ihnen dort beschieden sein würde, stieß ein Adler auf Lukumo nieder, stahl dessen Reisehut und brachte ihn wieder zurück. Tanaquil, die es verstand, Omen zu lesen, wußte sofort, daß ihm in dieser Stadt Großes beschieden sein würde. Sie befahl ihrem Mann, sich fortan nicht mehr Lukumo aus Tarquini, sondern Lucius Tarquinius zu nennen. Lucius befolgte den Befehl seiner Gattin.

Als sich die Prophezeiung erfüllte und Tarquinius die Königswürde erlangte, stand ihm die Königin Tanaquil als wichtigste Ratgeberin zur Seite, unterstützte ihn mit ihren hervorragenden politischen Fähigkeiten und regelte umsichtig alle häuslichen Angelegenheiten. Sie sorgte auch für einen Nachfolger, denn ihre Ehe war kinderlos geblieben.

Eines Tages, als Ocrisia, die Dienerin der Königin Tanaquil, die Opfergaben des Tages in der Nähe des Herdes auslegte, loderte eine penisförmige Flamme in ihre Richtung. Tanaquil deutete das Omen dahingehend, daß der Feuerdämon die junge Frau begehre. Sie wies ihre Dienerin an, Brautkleider anzuziehen, und sich neben die Feuerstelle zu legen. Neun Monate später gebar Ocrisia Servius Tullius.[13]

Der Knabe, der durch Wuchs, Haltung und Klugheit auffiel, wurde eines Tages in der Vorhalle zu den königlichen Gemächern schlafend angetroffen. Als man ihn wachzurütteln versuchte, schlugen Flammen aus seinem Haar, und eine überirdische Helligkeit verbreitete sich im Raum. Diener versuchten, das Kind, dessen Locken nicht aufhören wollten, Funken zu sprühen, mit Wasser zu löschen. Doch Tanaquil sprach, daß kein Element und keine Kraft auf Erden stark genug seien, das Licht des Geistes zu ersticken. Sie prophezeite, von diesem Knaben, der zum Nachfolger ihres Mannes bestimmt sei, werde ein großer

Glanz über Rom ausstrahlen. Als die Königin dieses Orakel gesprochen hatte, sank der Brand in sich zusammen, und das Kind erwachte. Von da an hielt der König den Knaben wie seinen Sohn, ließ ihn in allen Weisheiten und später auch in der Kunst der Staatsführung unterrichten. Nachdem Tarquinius von den beiden Söhnen seines Vorgängers, die einst für den Thron nicht als würdig erachtet worden waren, ermordet worden war, übernahm Servius Tullius die Regierungsgeschäfte. Er ging als verehrter sechster König in die Geschichte Roms ein, denn er demokratisierte die römische Verfassung und ließ eine Mauer um alle sieben Hügel der Stadt errichten.[14]

Tarquini, eine der zwölf etruskischen Bundesstädte, lag etwa fünfundsechzig Kilometer von Rom entfernt nahe am Meer, weshalb die Stadt, die heute Corneto heißt, eine der wichtigsten Säulen etruskischer Macht war. In Tarquini waren die Machtverhältnisse zwischen Frauen und Männern offensichtlich ganz anders gestaltet als in Rom. Daß Lukumo, Sohn griechischer Einwanderer, seiner Frau Tanaquil, einer etruskischen Prinzessin, zum Gehorsam verpflichtet war, zeigt sich gleich zu Beginn der Geschichte. Folgsam kommt er ihrem Befehl nach, sich fortan Lucius Tarquinius zu nennen.

Schon Johann Jakob Bachofen kam nach seiner Analyse der Sage von Tanaquil zu dem Schluß, daß sie keine reale Königin war, sondern eine göttliche Mythengestalt, die, wie Kybele oder Ischtar im Osten, ihrem Liebhaber das Königtum gewährte, aber die Souveränität über das Land behielt.[15] Die Souveränität über ihren Mann hatte sie jedenfalls, und es darf deshalb angenommen werden, daß sie mehr war als die Frau an seiner Seite. Viel wahrscheinlicher ist, daß Lucius Tarquinius der Mann an der Seite Tanaquils war. Daß sie als Seherin die Geburt des Knaben Servius Tullius herbeiführt und diesen zum Nachfolger ihres Mannes bestimmt, zeigt, wie sehr sie dem Reich mythischer Frauen- bzw. Göttinnengestalten zuzuordnen ist.

Und wer war Ocrisia, die Dienerin, die nur für diese eine mythische Geburt in der Geschichte erscheint und nicht weiter erwähnt wird? Ihre Abstammung umgeben Gerüchte. Die einen sagten, sie sei als Sklavin geboren, andere behaupteten, sie sei mit ihrem Knäblein als Kriegsgefangene nach Rom geschleppt worden, nachdem man ihren Gatten, König einer latinischen Gemeinde, hingerichtet hatte. Demnach wäre Ocrisia eine etruskische Königin gewesen. Dritte flüsterten, der Knabe sei nicht der Sohn jenes Königs, sondern eines Hauslaren des Palastes, eines feurigen Gottes. Als Mutter des späteren Königs Servius Tullius nahm sie jedenfalls eine wichtige Stellung ein.

In vielen mythischen Geschichten bestimmen unfruchtbare Königinnen den Sohn ihrer „Dienerin" zum königlichen Nachfolger. Ähnliches wird in hebräischen Mythen über Rahel und Lea erzählt, die Frauen des Jakob. Gerda Weiler[16], die die Jakobslegende eingehend untersucht hat, weist nach, daß sich hinter Bilha und Silpa, den Dienerinnen von Rahel und Lea, die Gestalten zweier matriarchaler Stammesmütter Israels verbergen. Die Unstimmigkeiten bei der Herkunft Ocrisias berechtigen zu der Annahme, daß einmal mehr eine bedeutende etruskisch-römische Matriarchin in der patriarchalen Erzählung zur Dienerin herabgewürdigt worden ist. Ocrisia könnte durchaus eine etruskische Göttin des Feuers gewesen sein.

5. Von Pele zu Aetna und Feronia
Vulkangöttinnen rund um die Welt

Die Göttin Pele hatte ich durch zwei Kartensets kennengelernt, die von Frauen für Frauen gestaltet wurden: das Motherpeace-Tarot und die Daughters-of-the-Moon-Karten. Die HawaiianerInnen erzählen, Pele sei eine alte Frau, die tief im Berg Kilauea in der brodelnden Lava wohnt, wo sie die Seelen der Verstorbenen hütet. Manchmal tanzt sie in Gestalt einer rotgekleideten Frau am Krater des Kilauea. Dort wird sie heute noch verehrt, indem die unterschiedlichsten Opfergaben in den Krater geworfen werden: abgeschnittenes Haar, Zuckerrohr und Blumen, weiße Vögel, Geld und Erdbeeren. Pele mischt sich gern unter die InselbewohnerInnen und bittet um Zigaretten. Manche haben beobachtet, wie sie sich die Zigarette mit einem Fingerschnippen angezündet hat. Eine wundervolle Göttin![17] Ich machte mich auf die Suche nach weiteren Vulkangöttinnen.

Ich mußte nicht weit suchen, der Pazifische Ozean ist reich an Vulkaninseln. Und ich entdeckte, daß, was ich für eine Ausnahmeerscheinung hielt – eine weibliche Vulkangöttin –, eine Selbstverständlichkeit war. Überall auf der Welt verehrten und verehren Menschen die Göttin im Vulkan. In Japan zum Beispiel, wo die japanische Urbevölkerung das vulkanische Feuer als weiblich ansah. Ihre Hauptgottheit war Fuji, die Göttin des heiligen Berges.[18] Auch auf den Philippinen haben die Menschen Vulkane als weibliche Kräfte betrachtet und ihnen in Gestalt von Göttinnen gehuldigt.[19] Auf den Aleuten, am Nordrand des pazifischen Vulkangrabens, ist Chuginadak zu Hause, eine der wichtigsten Vulkangöttinnen der Welt. Sie lebt als zauberkundige Frau in dem Berg, der heute Mount Cleveland genannt wird.[20] Dzalarhons, die Vulkanfrau der Haida-IndianerInnen, war eine mächtige Göttin, die die Natur beschützte und jeden Frevel an ihr mit ihrem gewaltigen Lavastrom bestrafte.[21]

Auch an der Küste des Atlantik ist eine Vulkangöttin bekannt. Loo Witt, die Göttin des Vulkans Mount St. Helens, wurde lange von zwei feurigen Liebhabern umworben. Mount Hood und Mount Adams spuckten Feuer, Steine und Wasser beim Kampf um die Göttin. Geblieben aus dieser Zeit sind den AmerikanerInnen die Columbiawasserfälle.[22] Verdächtig finde ich, daß die Vulkangöttin im Mount St. Helens lebt, einem Berg, der heute nach einer Heiligen genannt wird. Das Leben der Heiligen Helena, der Mutter Kaiser Konstantins, hat wenig mit einer Vulkangöttin zu tun, wohl aber die Eigenschaften, die ihr als Heiliger zugesprochen werden. Sie beschützt nämlich vor Blitz und Feuersbrunst und ist die Patronin der Schmiede.

Und wie ist es in Europa? Der Vulkane in Italien und auf Sizilien haben sich Götter und Heilige bemächtigt. Da wäre zu allererst der Ätna zu nennen. In ihm hat angeblich Vulcanus, der Schmiedegott der RömerInnen seine Werkstätte. Seltsam ist nur, daß Aetna der Name einer römischen Berggöttin ist.[23] Der Vesuv bei Neapel wurde zum Attribut des Heiligen Januarius erklärt, der nach seinem Märtyrertod der Patron Neapels und der Goldschmiede wurde.

Die RömerInnen kannten auch eine Vulkangöttin, Feronia, deren Feuer nur in Tempeln außerhalb Roms brennen durfte. Obstgärten und Felder, Vulkane und heiße Quellen galten als ihre Aufenthaltsorte, in den Wäldern der Campania und am Fuß des Berges Soracte war sie zu Hause. Sie war eine Feuergöttin, welche die Hitze des sich fortpflanzenden Lebens ebenso regierte wie die Feuer unter der Erde.

Zufrieden stelle ich fest: Unsere Ahninnen verehrten in Aetna und Feronia Göttinnen, die mächtige Bilder weiblichen Feuers bieten.

6. Brigit
Die erhabene Herrin des Feuers

Die Heilige Brigit war die Tochter einer Sklavin und eines Adeligen. Der Druide Maithgen prophezeite bereits dem ungeborenen Kind eine große Zukunft. Die rechtmäßige Ehefrau des Adeligen drängte ihren Mann dazu, die schwangere Sklavin zu verkaufen. Aber obwohl diese zuerst in den Dienst eines Dichters trat und danach zu einem Druiden

kam, sicherte der Vater sich das Recht auf das Kind. Brigit kam „zwischen den Welten", d.h. weder im Haus noch außer dem Haus, sondern auf der Türschwelle zur Welt. Die kleine Brigit wurde mit der Milch einer rotohrigen Kuh aufgezogen. Feuer, Flammen und Lichtsäulen begleiteten Brigit ein Leben lang. Trat die kleine Brigit beim Hüten der Kühe zu nahe an einen Kuhfladen, ging dieser in einer Stichflamme auf. Als das Haus lichterloh brannte, liefen die Nachbarn zusammen. Doch das Kleinkind schlief unversehrt mitten im Feuer. Die Heilige Brigit hatte Macht über die Elemente: Ihren nassen Mantel hing sie an einem Sonnenstrahl zum Trocknen auf, sie bannte den Gewittersturm vom Feld, bis ihre Leute die Ernte eingebracht hatten, auf ihr Wort fielen Stürme in sich zusammen, und das Feuer gehorchte ihr.
Brigit gründete das Kloster zu Kildare. Alles, was Brigit in die Hand nahm, gedieh und vermehrte sich: Blumen und Kleeblätter entsprossen den Fußspuren Brigits, in ihrer Laube herrschte ewiger Frühling, und bei den Kühen des Klosters versiegte die Milch nicht. Brigit stand allen hilfreich zur Seite: Sie beschenkte Arme und Kranke, sie gab einer Witwe das gekochte Kalb lebend zurück, sie verschenkte ihren heilkräftigen Gürtel an eine arme Frau, sie heilte Kranke und erweckte Tote, sie flickte mit einem Liebeszauber eine brüchige Ehe, aber sie verfluchte auch den Apfelbaum einer geizigen Frau.[24]

Brigit stand einem Doppelkloster, einem Kloster, in dem Frauen und Männer lebten, als Äbtissin vor. Es ist erstaunlich, daß in vielen Legenden die Heiligen immer wieder als Gründerinnen von Doppelklöstern genannt werden. Die irische Brigit ist da nicht die einzige. Auch Odilia aus dem Elsaß und Hilda von Northumberland werden als Gründerinnen von Doppelklöstern aufgeführt.

Viele Klöster, denen Äbtissinnen vorstanden, waren matriarchale Priesterinnenkonvente gewesen, die christianisiert worden waren. In diesen Klöstern, meist von reichen Edelfrauen mit Landbesitz gestiftet, konnten sich die Priesterinnen, die nun Nonnen genannt wurden, noch lange jene Selbständigkeit erhalten, wie sie bei Priesterinnen der Göttin seit jeher üblich war. Die Äbtissinnen solcher Klöster hatten oft mehr Macht als christliche Bischöfe und übten auch ein Richterinnenamt über ihre Ländereien aus. Die Kirche begann erst im 12. und 13. Jahrhundert die Rechte der Frauenklöster zu beschneiden, indem sie das Eigentum der Nonnen für sich beanspruchte und die Nonnen dem männlichen Klerus unterordnete.[25] Die Chronisten haben es später sehr gut verstanden, die „heidnischen" Ursprünge und die Unabhängigkeit der Frauenklöster zu vertuschen. Aus diesem Grund wirken manche Heiligenlegenden – wie die der Heiligen Brigit –, zu deren Inhalt die Gründung eines Doppelklosters gehört, etwas widersprüchlich, weil wir uns des vorchristlichen Ursprungs vieler Frauenklöster nicht mehr bewußt sind.

Vieles wird über Brigit erzählt, das weder einer christlichen Nonne noch einer Äbtissin ansteht, sehr wohl aber der keltischen Göttin Brigit oder ihrer Hohenpriesterin.

In Brigits Kloster hüteten neunzehn Jungfrauen – ähnlich den römischen Vestalinnen – das heilige Feuer. Diesen Bereich des Klosters zu betreten war Männern bei Todesstrafe verboten. Die Zahl der Priesterinnen entspricht dem neunzehnjährigen Zyklus des keltischen Großen Jahres. Nach 18,61 Jahren stimmten jeweils der Sonnen- und der Mondkalender wieder überein, und ein neuer gemeinsamer Jahreszyklus konnte beginnen. Der Brauch des Feuerhütens hat sich in Kildare bis ins 18. Jahrhundert erhalten. Die Nonnen sangen dazu das Lied: „Brigit, du ausgezeichnete Frau, jähe Flamme, möge uns die helle, feurige Sonne zum ewigen Königreich bringen."[26]

Die Legende weiß ferner, daß die Heilige Brigit einst das erste irische Klagelied erfunden habe, als sie ihren geliebten Sohn verloren hatte. Daß Brigit einen Sohn gehabt haben soll, ist, da die einstigen Priesterinnen außer ihrer Selbständigkeit auch ihre sexuelle Freiheit als „Nonnen" lange behalten konnten, nicht weiter verwunderlich.[27]

Brigits Kompetenzen übertrafen alle Befugnisse heutiger Äbte. Sie hatte die Macht, Bischöfe zu ernennen, und wählte nur ausgebildete und ausübende Goldschmiede zu Priestern aus. Hinter der Äbtissin ist mühelos die keltische Göttin der Schmiedekunst zu erkennen.[28]

Der Name der Göttin Brigit, welche in Schottland Brigantia genannt wurde, bedeutet „die Hohe, Erhabene". Brigit wurde als dreifache Göttin verehrt: Sie war Dichterin und Prophetin, Schutzherrin der Druiden, ihre gleichnamige Schwester war Schutzfrau der Ärzte und die dritte Brigit die Göttin der Schmiede und Handwerker. Die drei Göttinnen galten auch als die drei gesegneten Herrinnen Britanniens. Die Legende der Heiligen Brigit nimmt die angestammten Bereiche der Göttin auf und verwandelt sie in Teile der Legende: Deshalb dient die Mutter Brigits nicht nur bei einem adeligen Herrn, dem Vater der Brigit, sondern auch noch bei einem Dichter und einem Druiden. Die Heilige Brigit kann wohl als hervorragende Ärztin bezeichnet werden, da sie nicht nur Kranke heilen, sondern auch Tote wiedererwecken konnte. Etwas unpassend nimmt sich die Episode aus, in der Brigit durch Liebeszauber eine kaputte Ehe rettet. Für die Priesterin der Göttin war dies wahrscheinlich eine der einträglichsten Nebenbeschäftigungen (solche Dienste werden auch heute noch öfter gesucht, als man glauben möchte). Daß aus Brigits Fußspuren Klee sproß, daß die Milch ihrer Kühe nie versiegte, daß sie den Apfelbaum der geizigen Frau verwünschte, das alles paßt viel eher zur Muttergöttin als Förderin der Fruchtbarkeit und Göttin der Gerechtigkeit als zu einer christlichen Äbtissin.[29]

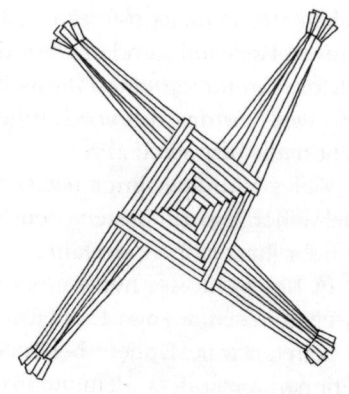

Abb. 2: Brigits-Kreuz

Zuletzt wäre noch ihr Kreuz, das sogenannte Brigits-Kreuz, zu erwähnen, das eigentlich eine Sonnenswastika darstellt und mit einem Kreuz relativ wenig Ähnlichkeit aufweist. Das Zeichen der Göttin war in Brauchtum und Kult so stark einbezogen, daß es in die christliche Legende aufgenommen werden mußte, um seine Beliebtheit zu erklären. Die Heiligenlegende nimmt somit auf alle Bereiche der vorchristlichen Göttin Brigit Bezug. Brigits Zeichen ist nicht nur ihr „Kreuz", sondern auch der feurige Pfeil. Ihr Name, der auch „die Strahlende" oder „Leuchtender Pfeil" bedeuten soll, hebt besonders ihre Licht- und Sonnenkomponente hervor.[30]

Irische Schriftsteller weigerten sich, ihre Göttin Brigit zur bloßen Heiligen zu reduzieren, sie setzten sie der Maria als Himmelskönigin gleich und nannten sie „Mutter meines Herrschers, Maria der Gälen, Prophetin Christi, Mutter Jesu".[31]

Auffällig ist, daß auch der Heilige Patrick, der angeblich das Christentum nach Irland brachte, mit dem Feuer verbunden ist. Seine Legende erzählt, wie er die Menschen ins Fegefeuer führte.

7. Patrick
Ein christlicher Heiliger bemächtigt sich des Fegefeuers

Der heilige Patrick predigte schon eine Zeit lang in einer bestimmten Gegend, hatte aber nur wenige bekehren können. Da bat er Gott um ein Zeichen, auf daß die Menschen erschreckt würden und Buße täten. Und Gott wies ihm einen Ort an, ließ ihn mit seinem Stab einen Kreis ziehen, und siehe, die Erde öffnete sich in dem Kreis, und ein tiefer Abgrund tat sich auf. Eine Stimme ließ ihn wissen, daß dies das Fegefeuer sei, und wer freiwillig hineinginge, der bedürfe keiner anderen Buße mehr für seine Sünden. Viele würden zwar nicht wiederkommen, aber diejenigen, die wiederkämen, wären nur drinnen bis zum anderen Morgen. Was er gehört hatte, verkündete der Heilige dem Volk. Da gingen ihrer viele hinein, aber nur wenige kamen wieder und sahen das Licht des Morgens.[32]

Wenn ich vom Fegefeuer höre, assoziiere ich Bilder von Menschen im Feuer, die geröstet und gequält werden und ihre Sünden büßen, damit sie später in den Himmel kommen. Ich verstand den Aufenthalt im Fegefeuer als ein Bild dafür, was der Seele eines Menschen nach dem Tod bevorstehen kann. Das entspricht aber nur unserer heutigen Vorstellung vom Fegefeuer. Historisch gesehen, verstand man unter dem Fegefeuer etwas völlig anderes.

Das Wort Fegefeuer wurde häufig als Bezeichnung für den heidnischen Gefäßschrein, Abaddon genannt, verwendet, der in vorchristlicher Zeit für Einführungsriten benutzt wurde. Ein Kandidat stieg in eine unterirdische Kammer hinab, wurde dort im Dunkeln in einen todesähnlichen Zustand initiiert, machte also eine schwere Prüfung durch und erlebte die Wiedergeburt in ein „neues Leben". Die frühe Kirche hielt an diesen Riten fest und nannte die vorchristlichen Schreine „Fegefeuer". Das berühmteste Fegefeuer des Mittelalters war jenes in Irland, das nach dem Heiligen Patrick benannt war. Im 12. Jahrhundert fanden dorthin große Wallfahrten statt, und obwohl Papst Alexander VI. es zur Behausung von Teufeln erklärte und 1497 seine Schließung anordnete, war das Fegefeuer des Heiligen Patrick noch 1790 in Gebrauch.[33] Das Fegefeuerritual wurde seither modernisiert, aber noch heute gehört zur Wallfahrt in Lough Derg, der sich fromme Pilger zum Gedächtnis an den Heiligen Patrick und zur Buße für ihre Sünden unterziehen, eine Nacht, in der die Pilger in der dunklen Basilika eingeschlossen bleiben. Am Morgen sehen sie dann jenseits des Sees die Sonne aufgehen.[34]

Wenn ich das alles zusammennehme, passen die Legenden der Heiligen Brigit und des Heiligen Patrick viel eher zu einer Göttin mit ihrem Partner als zu zwei christlichen Heiligen. Da ist einerseits die Frau mit ihren Feuer- und Sonnensymbolen und andererseits ihr männliches Gegenüber mit dem Fegefeuer, der genausogut der Heros der Göttin sein könnte, für den nach der Initiation ins Dunkel der Erde am Morgen wieder die Sonne aufgeht. Ort des Geschehens ist *Lough Derg*, was „Roter See" bedeutet. Der Gedanke liegt nahe, daß der unterirdische Schrein für den Leib der Göttin, vielleicht sogar für ihre Gebärmutter, und der rote See für das lebensspendende Menstruationsblut der Göttin steht. In diesem Sinn könnte in vorchristlicher, göttinnenorientierter Zeit jeder Mensch nach entsprechender Vorbereitung, wenn sie oder er den Mut aufbrachte, eine Nacht im Dunklen der Erde zu verbringen, eine Wiedergeburtsinitiation erfahren haben.

Die Androhung aus der Patrickslegende, viele Menschen seien niemals wieder aus dem Schrein emporgestiegen, entspricht völlig dem christlichen Legendenmuster, alles zu dämonisieren, was früher zum natürlichen Zyklus der Jahreszeiten, des Lebens und der Göttin gehörte. Aus dem Hinuntersteigen ins Dunkel der Erde, der Initiation in Tod und Wiedergeburt, wird das Fegefeuer, das nur wenige überleben. Unterschwellig wird vermittelt, die vorchristlichen Riten seien so gefährlich gewesen, daß nur wenige sie überlebten. Dabei kennzeichnet matriarchales Denken das Verständnis für alles Zyklische, und das Wesentliche matriarchaler Riten war, daß alle Mitglieder einer Gemeinschaft sie erlebten und mitgestalteten. Patriarchale Riten hingegen sind dadurch gekennzeichnet, daß nur Auserwählte sie erleben dürfen, daß diese sich heldenhaft einer tödlichen Gefahr stellen müssen, welche dann nur die Besten, die wahren Helden oder wahrhaft Gläubigen, überleben.

8. Feurige Gestalten in Märchen und Sagen

In den Sagen der Alpenländer existieren nur mehr furcht- und mitleiderregende Feuergestalten. Da wäre als erstes der glühende Schab anzuführen, auch Schabbock genannt. Der feurige Schabbock sieht aus wie ein glühender Besen, der Funken sprüht und fliegen kann. Er fliegt gewöhnlich bei Anbruch des Tages oder der Nacht, nach dem Gebetläuten. Die Leute fürchten sich ungemein vor ihm, weil er, wie sie glauben, die kleinen Kindern den Eltern aus dem Bett nimmt, sie an die Tür lehnt und erdrosselt. Einige Leute erzählen, daß sie ihn glühend zum Fenster fliegen gesehen hätten, dann aber hätte der Schabbock sich in einen Ziegenbock verwandelt und sei zum Bett des Kindes gegangen. Just als der, der das alles beobachtet hatte, das Kind bei seinem Taufnamen gerufen habe, sei aus dem Schabbock ein schwarzer Vogel geworden, der zum Fenster hinausgeflogen sei.

Eine interessante Wendung nimmt die Geschichte über den Schabbock in einer steirischen Sage.

Es war im Herbst vor der Winterzeit, da sah ein Weinhüter um Mitternacht einen feurigen Schab fliegen. Er sah ihm mit Bangen nach und bemerkte zu seinem Schrecken, daß dieser sich auf dem „Riadlhaus" niedergelassen hatte. Halt, dachte er, da drinnen ist ja ein kleines Kind! Schnell lief er zu dem Haus, und wie er hineinschaute, sah er, daß sich der Schab in die Habergeiß, den Teufel, verwandelt und schon das Kind an der Tür befestigt hatte, um es mit seinen Hörnern zu Tode zu stoßen. Der Weinhüter klopfte mit aller Kraft ans Fenster, an die Tür, an die Mauern, machte Lärm, um die Hausleute aufzuwecken, aber seine Mühe war vergeblich, alles lag im tiefsten Schlaf. Denn so lange die Habergeiß in einem Haus ist, liegt alles in Erstarrung. Nun sah er, wie die Habergeiß zurücktrat, um einen Anlauf zu nehmen, er sah auch, wie sie sprang. Er konnte daher nichts anderes tun, als zu einem Beschwörungsmittel greifen, und rief: „In Gottes Namen neben für!" Der erste Stoß war verfehlt. Zum zweiten Male setzte der Böse an, und wieder rief der Hüter: „In Gottes Namen neben für!" Der Stoß ging wieder fehl, ebenso war es das dritte Mal. Mehr als dreimal darf die Habergeiß nicht stoßen. Voll Zorn war jetzt der Böse hinaus, um den Weinhüter, die Ursache der Fehlstöße zu strafen. Dieser war aber schon auf seine Rettung bedacht. Nach dem dritten vergeblichen Stoß der Habergeiß lief er, so schnell er konnte, zur nahen Scheuer, in welcher Hanfstengel lagen, und legte beim Eingang zwei Hanfstengel in Kreuzform. Als der Böse zum Stadel kam, konnte er nicht hinein und blieb draußen, bis die Kirchturmuhr eins schlug. Das Kind war gerettet, und die Leute von Schwanenberg kannten noch lange den Namen des Kindes, das die Habergeiß stoßen wollte.[35]

Mit dem Schabbock – gleichgültig, ob glühender Besen oder Tier – ist der Teufel selbst gemeint. Darüber besteht kein Zweifel. Interessant ist allerdings, daß der Schab-Bock sein Geschlecht zur Haber-Geiß ändert, als er/sie das Kind zu Tod stoßen will. Es ist nicht nur so, daß es im gesamten Alpenraum überhaupt kein gutes Feuerwesen mehr gibt, sondern die dämonisierte Feuergestalt verwandelt sich auch noch zur weiblichen Dämonin.

Alle anderen Feuergestalten, von denen die Sagen im Alpenraum erzählen, sind männlichen Geschlechts. Aus der Schweiz sind die sogenannten Züsler bekannt, die auch Feuermänner genannt werden, arme Seelen, die sich zu Lebzeiten etwas zuschulden haben kommen lassen und nun nicht zur Ruhe kommen können und als feurige Gestalten herumirren müssen, bis jemand sie erlöst. Sie bedrohen die Menschen nicht wie der Schabbock, der Teufel, sondern suchen Erlösung. Wer ihnen dabei zu nahe kommt, den verbrennen sie.

In die Kategorie des dämonisierten Feuers fallen auch die Irrlichter, die als tanzende Flämmchen oder helle Lichtpunkte die Menschen bevorzugt in Mooren oder Wäldern in die Irre führen. Sie gelten mancherorts einfach als feurige Wesen, anderenorts als schuldhafte Seelen.

Die Überzeugung, daß das Lebendige im Menschen, die Seele oder der Geist, feuriger Natur ist, taucht besonders in religiösen Bildern als Motiv immer wieder auf. Auf Gemälden, die das Pfingstwunder darstellen sollen, lodern kleine Flämmchen über Menschen, aus denen der Heilige Geist spricht.

Gleichzeitig ist auch die gegenteilige Ansicht zu finden, nämlich daß das Feuer das Leben des Menschen verzehrt. Im Märchen „Das Schloß des Todes" aus Deutschland wird der Tod zum Paten eines Kindes.[36] Der Tod zeigt dem Jüngling auf dessen Bitte hin sein Schloß, wo in einem Saal unzählige Kerzen brennen. Jede Kerze entspricht einem Menschenleben. Sobald eine Kerze heruntergebrannt ist, muß der Tod sich auf den Weg machen, um den Menschen zu holen, dessen Lebenslicht verloschen ist. Im Märchen „Das brennende Holzscheit"[37], das die Sinti und Roma erzählen, erblickt ein Mann drei Vilen, drei Schicksalsfrauen, am Bett seiner gebärenden Frau. Eine der Vilen meint, daß das Kind ja nur so lange zu leben hätte, wie das Holzscheit im Kamin bräuchte, um zu verbrennen. Der Mann holt schnell das Scheit aus dem Feuer. Und wirklich bleibt der Knabe am Leben, wächst heran, bis eines Tages sich der Vater über den Sohn ärgert und im Zorn das Scheit wieder ins Feuer wirft.

Starke Frauengestalten, die das Feuer hüten, sind in Märchen und Sagen nicht leicht zu finden. Zum einen denke ich, daß das Feuerhüten so sehr zu den Aufgaben der Frauen gehörte, daß es nicht mehr besonders erwähnenswert scheint. Im Gegenteil. Das Feuerhüten wird wie alle weiblichen Arbeiten zunehmend abgewertet. Die Magd, die ungeliebte Tochter muß das Feuer hüten und bei der Asche schlafen. Eigenmächtig und machtvoll gehen nur die Hexen mit dem Feuer um. Und selbstverständlich sind da noch die Mütter und Großmütter zu nennen, die die Wirtschaft von Drachen oder dem Teufel persönlich führen und zu Hause mit dem Essen warten, bis der „Herr Sohn" von seinem Tagwerk heimkehrt. Diese Drachen- und Teufelsmütter sind immer recht eigenmächtig und schaffen es auch, ihre Söhne zu überlisten, wenn sie einmal einem Menschen Unterschlupf gewähren.

In Ermangelung eines starken europäischen Frauen-Feuermärchens möchte ich zum Abschluß dieses Kapitels ein Märchen aus Papua Neuguinea erzählen. Südostasien gehört zwar nicht zu den für europäische Mythen relevanten Regionen, aber dies ist das schönste Feuermärchen, das ich kenne, deshalb die Ausnahme.

9. Die Entstehung des Feuers

In uralten Zeiten, ehe die Menschen das Feuer kannten, lebte in Maiwara eine alte Frau, die von allen Muhme genannt wurde.

Damals schnitten die Leute Yams und Taro in dünne Scheiben und trockneten sie in der Sonne. Auch die alte Frau bereitete so für zehn Jünglinge das Essen, aber während diese im Busch nach wilden Schweinen jagten, kochte sie ihre eigenen Speisen. Das geschah mit Feuer, das sie aus ihrem Körper zog. Doch beseitigte sie stets die Asche und Abfälle, ehe die Jungen zurückkamen, denn sie sollten nicht wissen, wie sie Taro und Yams kochte.

Eines Tages geriet versehentlich ein Stückchen gekochten Taros unter die Speisen für die Knaben. Als nun die Jungen ihre Abendmahlzeit verzehrten, erwischte der Jüngste das Stückchen. Er kostete es und war ganz überrascht, daß es so gut schmeckte. Seine Gefährten mußten es auch versuchen, und sie mochten es alle. Sonst waren Taro und Yams hart und trocken gewesen, jetzt waren sie weich, und sie konnten gar nicht begreifen, weshalb der Taro so gut war.

Als sie am anderen Tag wieder in den Busch zogen, blieb der Jüngste zurück und versteckte sich im Haus. Er sah, wie die alte Frau das Essen für ihn und seine Gefährten in der Sonne trocknete, und auch, wie sie das Feuer zwischen ihren Beinen hervorzog, als sie ihr eigenes Essen kochen wollte. Als die anderen am Abend wiederkamen und ihre Abendmahlzeit verzehrten, erzählte ihnen der Jüngste, was er gesehen hatte. Da erkannten die Knaben den Nutzen des Feuers und beschlossen, der Frau das Feuer zu stehlen.

Am Morgen schärften sie die Äxte und schlugen einen Baum, der so hoch wie ein Haus war. Dann versuchten sie, darüber hinweg zu springen; das gelang allein dem Jüngsten, und so wurde er gewählt, der alten Frau das Feuer zu stehlen. Am nächsten Tag gingen die Knaben wie gewöhnlich in den Busch. Nach einer Weile aber kehrten sie um, neun versteckten sich, und der Jüngste schlich sich leise in das Haus der alten Frau. Als sie den Taro kochen wollte, schlüpfte er hin-

terher und schnappte ihr einen Feuerbrand weg. Er rannte so schnell er konnte zu dem gefällten Baum, sprang darüber, und die alte Frau konnte ihm nicht folgen. Als er über den Stamm sprang, verbrannte er sich an dem brennenden Span die Hand. Er ließ ihn fallen, das Feuer erfaßte das Gras, auch eine Palme geriet in Brand.

In einem Loch der Palme lebte eine Schlange namens Garabuiye. Ihr Schwanz fing Feuer und brannte lichterloh wie eine Fackel. Die alte Frau ließ nun gewaltige Regenmassen herabstürzen, das Feuer erlosch. Doch die Schlange blieb in ihrem Loch in der Palme, und ihr Schwanz brannte weiter.

Als es aufgehört hatte zu regnen, kamen die Knaben zum Vorschein und wollten sich nach dem Feuer umsehen. Aber sie fanden keines mehr. Schließlich bemerkten sie das Loch in der Palme; da zogen sie die Schlange heraus und brachen ihr den noch immer glühenden Schwanz ab. Darauf trugen sie einen großen Haufen Holz zusammen und setzten ihn mit dem Schlangenschwanz in Brand. Sofort eilten von allen Seiten, aus allen Dörfern die Leute herbei und nahmen sich Feuerbrände mit. Die einen nahmen dieses, die anderen jenes Holz dazu. Aus den Bäumen wurden ihre Schutzgötter.[38]

Eine Frau, so alt, daß alle sie Muhme, Ahnfrau, nannten, gebar einst das Feuer. Keine europäische Sage über den Anfang des Feuers kann mit dieser Geschichte mithalten.

Anmerkungen

1 Robert von Ranke-Graves, *Griechische Mythologie*, Kapitel 7 und 20.
2 ebd., Kapitel 20, 2.
3 Patricia Monaghan, *Lexikon der Göttinnen*, S. 282.
4 John Scheid, „Die Rolle der Frauen in der römischen Religion", in: George Duby/Michelle Perrot (Hg.), *Geschichte der Frauen* Band 1, *Antike*, hrsg. von Pauline Schmitt Pantel, S. 422.
5 John Scheid, a.a.O. S., 417ff.
6 Mary Beard, „The Sexual Status of Vestal Virgins", in: *Journal of Roman Studies* 70, S. 12ff.
7 Aulus Gellius, *Die Attischen Nächte* 1, 12, 14; Beard 1980, S. 15f, in: John Scheid, a.a.O., S. 422.
8 vgl. Anm. 4.
9 Patricia Monaghan, *Lexikon der Göttinnen*, S. 282.
10 Barbara G. Walker, *Das geheime Wissen der Frauen*, S. 1142f. Leider ist der Titel, den der Verlag für die deutsche Ausgabe dieses Lexikons gewählt hat, keine korrekte Übersetzung des amerikanischen Titels: *The Woman's Encyclopedia of Myths and Secrets*.

11 Gustav Schalk, *Römische Götter- und Heldensagen*, S. 72ff.
12 John Scheid, vgl. Anm. 4; John Holland Smith, *The Death of Classical Paganism*, zit. in Barbara G. Walker, *Das geheime Wissen der Frauen*, S. 1143.
13 Patricia Monaghan, a.a.O., S. 211 und 263.
14 Gustav Schalk, a.a.O., S. 123ff.
15 Patricia Monaghan, a.a.O., S. 263.
16 Gerda Weiler, *Das Matriarchat im Alten Israel*, S. 126ff.
17 Patricia Monaghan, a.a.O., S. 221f.
18 ebd., S. 102f.
19 ebd., S. 72.
20 ebd., S. 64.
21 ebd., S. 83.
22 ebd., S. 171f.
23 ebd., S. 12.
24 Sylvia und Paul Botheroyd, *Lexikon der keltischen Mythologie*, S. 302f.
25 Barbara Walker, a.a.O., S. 551ff.
26 Patricia Monaghan, a.a.O., S. 54.
27 ebd., S. 55.
28 ebd., S. 54.
29 Sylvia und Paul Botheroyd, a.a.O., S. 50f.
30 ebd., S. 50f.
31 Barbara Walker, a.a.O., S. 126.
32 Erna und Hans Melchers, *Das große Buch der Heiligen*, S. 174.
33 Norma Lorre Goodrich, *Medieval Myths*, zit. in Barbara G. Walker, a.a.O., S. 253.
34 Erna und Hans Melchers, a.a.O., S. 174.
35 Walter Kainz, *Weststeirische Sagen, Märchen und Schwänke*, zit. in Leander Petzoldt (Hg.), *Sagen aus der Steiermark*, S. 281.
36 Johan Wilhelm Wolf, *Deutsche Hausmärchen*, zit. in Barbara Stamer (Hg.), *Märchen vom Feuer*, S. 19ff.
37 Rolf Wilhelm Brednich, *Volkserzählungen und Volksglaube von den Schicksalsfrauen*, zit. ebd., S. 15ff.
38 Paul Hambruch (Hg.), *Südsee-Märchen*, zit. in Claudia Schmölders (Hg.), *Die wilde Frau*, S. 69.

II
DIE GÖTTIN MIT DEM WIDDER, DIE SCHAFGÖTTIN UND DAS GÖTTLICHE LAMM
MYTHEN ÜBER LEBENSKRAFT UND NEUBEGINN

1. Feuergöttinnen und das Sternzeichen Widder

Von den Feuergöttinnen scheint es auf den ersten Blick keine Verbindung zur Göttin mit dem Widder zu geben. Astrologisch betrachtet, ist die Beziehung offensichtlich, denn wie alle Sternzeichen wird auch das Sternzeichen Widder traditionellerweise mit einem der vier Elemente in Zusammenhang gebracht: Sein Element ist das Feuer. Woher diese Verbindung zwischen Widder und Feuer kommt, sehen wir, wenn wir das Symbol des Sternzeichens Widder betrachten.

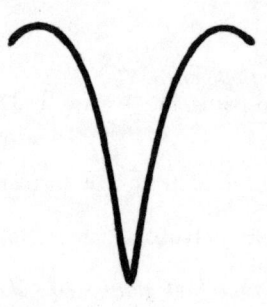

Abb. 3: Widdersymbol

Das astrologische Symbol für Widder kann als Schema des Widdergehörns verstanden werden. Es zeigt ein nach Entfaltung drängendes Prinzip, das von einer Energiequelle ausgeht. Es ist ein Sinnbild des Erscheinens, des Beginns. Der Widder, das erste der zwölf Sternzeichen, steht am Beginn des Tierkreises. Ihm entspricht somit der Impuls, der am Beginn allen Werdens steht. Diesem Impuls wird ein feuriger Charakter zugesprochen.

Auch Feuergöttinnen stehen – wie wir bei Hestia gesehen haben – oft am Anfang eines Mythos, verkörpern also den Beginn. Bei der römischen Feuer- und Vulkangöttin Feronia scheint mir am deutlichsten zu sein, was ich für ganz wichtig halte: Feronia regiert das vulkanische Feuer und die Hitze des sich fortpflanzenden Lebens, die Sexualität. Die Flamme und das Feuer aus den Tiefen der Erde sind untrennbar verbunden mit dem feurigen Impuls am Beginn des Lebens.

Das Prinzip, das dem Sternzeichen Widder zugrunde liegt, wird uns im Frühling vor Augen geführt: Jedes Pflänzchen bündelt – angeregt durch die zunehmende Wärme der Sonne – all seine Kräfte in einer Richtung, um den harten Erdboden durchstoßen zu können. Genauso läßt sich auch das astrologische Widder-Prinzip beschreiben. Es ist feurig, direkt und geradlinig, impulsiv und energiegeladen.

Abb. 4: Marssymbol

Dem Sternzeichen Widder wird in der astrologischen Tradition noch der Planet Mars zugeordnet, dem Initiative und Durchsetzungskraft zugeschrieben werden. Das Symbol des Planeten Mars, der Kreis, aus dem ein Pfeil nach rechts oben weist, ist ebenfalls ein Zeichen, das die Dynamik am Beginn der Schöpfung zeigt: Der Kreis steht in der Symbolsprache für das geistig-schöpferische Prinzip, der Pfeil symbolisiert Kraft und Dynamik.

2. Die Vogelgöttin mit dem Widder in Alteuropa

Die Symbolgeschichte des Widders ist wesentlich älter als die Erfindung der Schrift. Sie reicht bis in die Jungsteinzeit zurück. In Alteuropa war damals der Widder das heilige Tier der Vogelgöttin.

Daß wir heute soviel über die Symbole von der Steinzeit bis zur Bronzezeit wissen, verdanken wir vor allem Marija Gimbutas. Ihr ist es gelungen, rund 2000 symbolverzierte Kunstwerke und Gegenstände aus Ausgrabungsstätten der frühesten steinzeitlichen Siedlungen Europas, also aus der Zeit von 7000 bis 3500 v.u.Z., wissenschaftlich zu erheben, zu klassifizieren und zu deuten. Gimbutas fand, daß in ganz Europa bestimmte symbolische Verknüpfungen über mehrere Jahrtausende hinweg auf Keramikobjekten, Statuetten und sonstigen Kultgegenständen auftauchen. Sie gelangte zur Überzeugung, daß es sich nicht nur um geometrische Motive handelt, sondern daß diese Motive einem Alphabet des Metaphysischen angehören. In ihrem Buch „Die Sprache der Göttin" hat sie die Bilderschrift, die aus Zeichen, Symbolen und bildlichen Darstellungen besteht, dargelegt und erklärt.

Gimbutas' Forschungen zu den Verbindungen zwischen den Symbolen und dem Bild einer Gottheit ergaben, daß das V und der Sparren (das doppelte oder dreifache V) die Insignien der Vogelgöttin sind. Wir sehen dies an der reichverzierten Vogelgöttin aus der frühen Vinca-Kultur (um 4500): Sie sitzt auf einem Thron, trägt eine Entenmaske, ein „Bolerojäckchen" und einen Schurz, der mit Sparren verziert ist.[1] In abstrahierter Form ist die Verbindung zwischen Sparren und der Vogelgöttin auf einem älteren Gefäß (um 5200–5000) aus derselben Kultur zu erkennen: Sparren verzieren den Bauch des Gefäßes, der Schnabel ist auf dem Gefäßhals angedeutet.[2]

Der Widder wurde zum Kulttier, denn er war für die Menschen, die begonnen hatten, Tiere zu domestizieren, von großer Bedeutung. Das Symbol des Widders in der Steinzeit war dem der Vogelgöttin sehr ähnlich. Die Widderhörner wurden auf ein geschwungenes V reduziert. Wir sehen dies auf einem sizilianischen Felsgrab aus der frühen Bronzezeit (3000–2500).[3] Sehr schön sind die Widderhörner auch als Verzierungen auf Tongefäßen aus Zentralanatolien zu sehen. Die Gefäße stammen aus Hacilar, aus der Zeit von 6000–5600.[4]

Die Widderhörner gelten als Symbol für die Zeugungskraft des Widders, sie sind Symbole des Werdens, des Beginns. Wir finden Widderhörner auf neolithischen Vasen und Siegeln und Widderfiguren, die mit dem V-Symbol der Göttin verziert wurden.[5] Wesentlich ist dabei, daß der Widder selbst nicht als göttlich angesehen wurde, sondern als das heilige Tier der Vogelgöttin in ihrer Leben schaffenden, schützenden Funktion. Manchmal wurde die Vogelgöttin mit dem Widder abgebildet, gelegentlich wurde sie stellvertretend durch das Tier dargestellt, oder

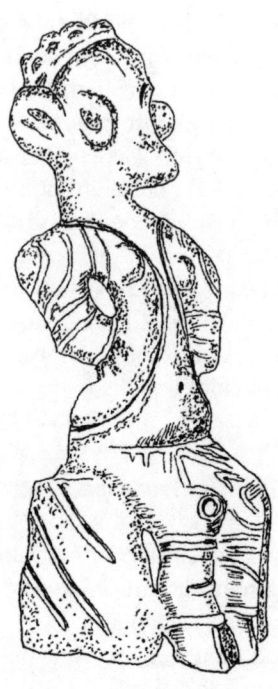

Abb. 5: Vogelgöttin

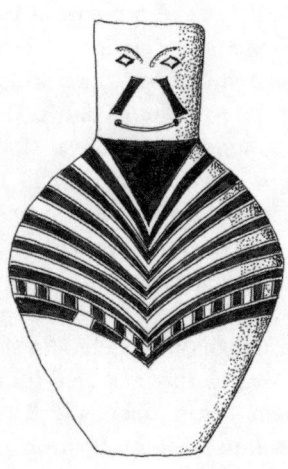

Abb. 6: Pythosgefäß

die Züge beider waren zu einem einzigen Wesen verschmolzen. Besonders reizvoll ist das auf vier Füßen stehende Gefäß mit einem Widderkopf und einer deutlich erkennbaren Schnabelnase, das – selbstverständlich – wieder mit Sparren verziert ist. Es wurde mit anderen Kultgegenständen im Kupferbergwerk von Rudna Glava in Serbien gefunden. M. Gimbutas vertritt die Ansicht, daß die Vogelgöttin mit dem Widder auch Schutzgöttin des Bergbaus und Metallhandwerks war und in Bergwerken verehrt wurde.[6]

Abb. 7: Widdersymbole

Bei der Suche nach Zusammenhängen mit dem Sternzeichen Widder ergab sich für mich aus dem Vergleich mit der Steinzeit eine auffällige Übereinstimmung. Das Symbol, das wir noch heute für das Sternzeichen Widder verwenden, ist dasselbe, das schon damals für die Vogelgöttin und den Widder verwendet wurde: das geschwungene V. Bei dieser Entdeckung begann mein Astrologinnenherz vor Freude zu hüpfen, denn die heutige Interpretation des astrologischen Widder-Prinzips entspricht dem Symbolgehalt des neolithischen Widders vollkommen: Beginn und Werden – ein Symbol, das seine Bedeutung 7000 Jahre lang behalten hat.

Abb. 8: Kultgefäß

Wir können beim steinzeitlichen Widder eine starke Betonung der Lebenskraft erkennen. Seine ganze Kraft untersteht dem Leben und hat dem Lebendigen zur Durchsetzung zu verhelfen. Für das von ihm erschaffene Leben und dessen Wohlergehen übernimmt er die Verantwortung. Die kriegerische Durchsetzungskraft nachfolgender indoeuropäischer, patriarchaler Völker, die ihre Kraft dazu verwandten, ihren Lebensraum auf Kosten matriarchaler Völker zu erweitern, ist noch nicht zu erkennen. Die lebenspendende Energie, für die viel Kraft und enormer Wille vonnöten ist, ging in späteren Widdermythen, aber auch für lange Zeit in der astrologischen Interpretation von Widder und Planet Mars verloren.

Marija Gimbutas schreibt: „Die Feier des Lebens ist das Leitmotiv im Ideenleben und der Kunst des Alten Europa. Es gibt keine Stagnation; die Lebenskraft ist ständig in Bewegung. Die Göttin symbolisierte in ihren sämtlichen Erscheinungsformen die Einheit allen Lebens in der Natur. Die Menschen dieser Kultur erfreuten sich an den natürlichen Wundern des irdischen Lebens. Sie stellten keine tödlichen Waffen her, obwohl sie die Metallurgie beherrschten, und sie bauten keine uneinnehmbaren Festungen wie ihre indoeuropäischen Nachkommen. Statt dessen errichteten sie großartige Grabmonumente, Tempel und behagliche Wohnhäuser in Siedlungen von mäßiger Größe und schufen kunstvolle Keramikgefäße und Skulpturen. Es war eine lang anhaltende und politisch stabile Periode der Kreativität, eine Zeit ohne kriegerische Auseinandersetzungen, in der die Kultur durch die Kunst geprägt wurde."[7] Und die Göttin mit dem Widder stand am Anfang dieses Lebens.

3. Inanna und Dumuzi
Die Himmelskönigin initiiert den Sohn der Schafgöttin in das Geheimnis des Lebens

Weit entfernt von der alteuropäischen Vogelgöttin finden wir die Göttin mit dem Widder wieder. Sie erscheint als Himmelskönigin Inanna mit ihrem Geliebten Dumuzi, dem Sohn der Schafgöttin.

Die Himmelskönigin Inanna, die Tochter der Göttin Ningal und des Gottes Nanna, besuchte einst ihren Großvater Enki, den Gott der Weisheit und des tiefgründigen Denkens. Bei einem Wettstreit im Biertrinken gelang es der jugendlich unbekümmerten Inanna, ihren Großvater unter den Tisch zu trinken. Volltrunken vermachte Enki Inanna seine gesamte Weisheit in Form der vierzehn me-Kräfte. Inanna nahm alle Weisheit an, lud sie in ihr Himmelsboot und brachte sie si-

cher nach Hause. Sobald sie in der Stadt Uruk angekommen war, zeigte sie die me-Kräfte, die sich auf der Reise noch vermehrt hatten, dem Volk, welches Inanna jubelnd begrüßte.

Dann ging Inanna daran, sich einen Geliebten zu suchen, um mit ihm die Heilige Hochzeit feiern zu können. Anfangs gefiel ihr der Ackerbauer, der ihr Flachs und Getreide brachte, gut. Doch dann erhörte sie die Werbung des Schafhirten Dumuzi, der ihr Milch und Sahne, honigduftenden Käse und Wolle zu geben bereit war und der versprach, von all diesen Gaben auch dem Ackerbauern etwas abzugeben. Mit Dumuzi, dem Sohn der Schafgöttin Sirtur mit dem Weisheitsgott Enki, wollte Inanna die Heilige Hochzeit feiern. Lang währte die Nacht, in der sie einander beglückten. Inanna lobte Dumuzis Kraft und seine erotischen Tugenden, Dumuzi wiederum pries Inannas Schönheit und Größe. Während die Göttin sich Dumuzi im Liebesspiel hingab, gediehen die Wiesen, Weiden und Bäume, sproß das Getreide, trugen Gärten und Äcker Früchte, und die Tiere vermehrten sich.

Als die Liebesnacht zu Ende war, setzte Inanna Dumuzi als König ihres Landes ein und verlieh ihm den Königsthron, den Hirtenstab der Rechtsprechung und die Krone.

Der Mythos der sumerischen Göttin Inanna, deren Name „Himmelskönigin" bedeutet, ist auf Tontäfelchen verzeichnet, die etwa 4000 Jahre lang in den Ruinen von Nippur überdauerten, bis sie Ende des 19. Jahrhunderts von amerikanischen Archäologen entdeckt wurden. Der Irak gehörte damals noch zum Türkischen Reich, die Ausgrabungen wurden jedoch von den USA in Auftrag gegeben und finanziert. Nach dem sensationellen Fund einigten sich beide Parteien darauf, die Täfelchen zu gleichen Teilen untereinander aufzuteilen. Die Übersetzung der Texte dauerte fast ein Jahrhundert, da die Texte wahllos auseinandergerissen wurden und viele Tontäfelchen beim Transport zu Bruch gingen.

Die Mythen und Kulttexte um Inanna liegen nun in einer Übersetzung von Vera Zingsem zum ersten Mal in deutscher Sprache vor. Ich habe daraus jene Teile ausgewählt und nacherzählt, die mir im Zusammenhang mit meiner Suche nach Göttinnen, die die Kraft am Beginn des Lebens verkörpern, bzw. nach der Göttin mit dem Widder, wichtig erscheinen.

Diesen Kriterien wird Inanna in zweifacher Weise gerecht:

Die Göttin ist identisch mit ihrem Land. Wenn es Inanna gut geht, wenn sie von Dumuzis Zärtlichkeiten beglückt aufblüht, dann gedeihen auch das Land und all seine Lebewesen.

Abb. 9: Dumuzi mit Widdern und Lamm

Dumuzi, den sie sich zum Liebhaber erwählt hat, entspricht voll und ganz dem Widder, dem heiligen Tier der Göttin. Inanna preist seine Zärtlichkeit gleichermaßen wie seine Stoßkraft und fordert ihn auf, ihre Vulva zu pflügen, ihre Vulva, die brach liegt wie das Land, zu wässern. Sie lädt ihn ein in ihren „Garten". Als König soll Dumuzi dem Volk Inannas die gleiche Sorgfalt entgegenbringen wie ein Hirt seiner Herde. Folgerichtig sind Attribute und Titel aus dem Hirtenwesen entlehnt: Das Attribut des Königs von Sumer, den die Priesterin der Inanna nach der Heiligen Hochzeit einsetzt, ist der Hirtenstab, seine Titel sind „Guter Hirte" und „Schaftträger". Auf einem sumerischen Rollsiegelabdruck (ca. 2500 v.u.Z.) greift Dumuzi nach dem Baum des Lebens, an dem zwei Widder knabbern. Über dem Altar steht ein Lamm, flankiert von den Schilfringbündeln der Göttin Inanna.

Noch eine Information von gesellschaftlich-historischer Bedeutung wird über diesen Teil des Mythos deutlich: Inanna zieht Dumuzi als Liebhaber dem Ackerbauern vor. Dies beschreibt eine Gesellschaft, in der die Viehzucht – vornehmlich die Schafzucht – größere Bedeutung hat als der Ackerbau.

Wenn wir uns nun Inannas Unterweltsreise zuwenden, wird deutlich werden, daß die Göttin selbst den Impuls zu neuem Leben und den Wechsel zwischen Fruchtbarkeit und Dürre verkörpert.

Nachdem Inanna ihr Land in die Hände Dumuzis gelegt hatte, beschloß sie, den Weg in die Unterwelt anzutreten. Dort lebte Inannas Großmutter Ereschkigal, die „Beherrscherin des Totenreiches", des „Landes ohne Wiederkehr".

Doch bevor Inanna ihre Reise antrat, vertraute sie sich ihrer Dienerin und Freundin Ninschubur an und bat sie, ihr zu helfen, wenn sie nicht nach drei Tagen aus der Unterwelt zurückkehren sollte. In diesem Fall sollte Ninschubur wehklagen, die Trommel auf den Versammlungsplätzen schlagen, die Gotteshäuser umkreisen, an ihren Augen, Mund und Schenkeln reißen und sich mit einem einzigen Gewand, wie eine Bettlerin, bekleiden. In dieser Form trauernd sollte sie zu den Göttern Enlil, Nanna und Enki gehen, die es sicher nicht zulassen würden, daß Inanna zu Tode käme.

Dann bereitete Inanna sich mit den me-Kräften auf ihren Gang in die Unterwelt vor: Sie setzte sich die Krone der Steppe auf das Haupt, ordnete ihr Haar, legte die kleinen Lapisperlen um ihren Hals, ließ den doppelten Perlenstrang auf ihre Brust hinunterfallen und zog ihre königliche Robe an. Sie schminkte sich, schmückte ihr Handgelenk mit einem Goldreif, band sich den Brustschmuck um und nahm Meßrute und Richtschnur aus Lapis zur Hand. In ihrer ganzen Schönheit und bekleidet mit den Zeichen der Macht begab sich Inanna allein auf den Weg in die Unterwelt. Sie mußte sieben Tore durchschreiten und an jedem Tor einen Teil ihrer Kleider und Machtinsignien ablegen. Nackt und gebeugt, wie die SumererInnen ins Grab gelegt werden, erschien sie vor Ereschkigal. Die Göttin heftete die Augen des Todes auf Inanna, schlug sie nieder und hing ihren Leichnam sogleich an einem Haken auf. Drei Tage lang verfaulte Inannas Körper.

Als Inanna nach drei Tagen nicht zurückgekehrt war, eilte Ninschubur zu Enlil und Nanna. Doch erst Enki war bereit, Inanna zu helfen. Er erschuf aus dem Schmutz unter seinen Fingernägeln zwei geschlechtslose Wesen, Kurgarra und Galatur, denen es gelang, in die Unterwelt zu schlüpfen. Dort fanden sie Ereschkigal wie in Wehen liegend. Sie stöhnten, ächzten und seufzten mit ihr, ganz wie es ihnen Enki befohlen hatte, und die Göttin, verwundert über die ungewohnte Anteilnahme an ihren Schmerzen, stellte ihnen einen Wunsch frei. Kurgarra und Galatur baten sie um den Leichnam Inannas, den sie mit der Speise und dem Wasser des Lebens besprengten.

Und Inanna stand wieder auf! Als sie aber die Unterwelt verlassen wollte, hielten die Torwächter sie zurück, denn niemand könne aus der Unterwelt emporsteigen, ohne einen Ersatz zu benennen. Begleitet von Dämonen erschien Inanna wieder in der Welt der Lebenden. Sie weigerte sich, ihre Freundin Ninschubur oder ihre Söhne Schara und Lulal als Ersatz zu benennen. Alle hatten um sie getrauert und trugen sackleinene Gewänder. Da sah sie unter einem großen Apfelbaum ihren Gatten Dumuzi, angetan mit den prächtigen me-Gewändern, auf ihrem Thron sitzen. Dumuzi hatte nicht um Inanna getrauert, er hatte ihre Abwesenheit gar nicht bemerkt! Da war der Ersatz schnell

gefunden. Inanna heftete das Auge des Todes auf ihn, denn diese Fähigkeit hatte sie sich durch ihren Aufenthalt in der Unterwelt erworben, und die Dämonen packten Dumuzi.
Zweimal konnte Dumuzi durch die Hilfe des Sonnengottes Utu, Inannas Bruder, den Dämonen entkommen. Auf der Flucht klagte er über seinen unrühmlichen Tod und verriet seiner Schwester Geschtinanna und einem Freund das Versteck, das er aufzusuchen gedachte. Geschtinanna ertrug die Pein der Dämonen, ohne ihn zu verraten. Aber der Freund war schnell bereit, seinen Aufenthaltsort bekanntzugeben, und die Dämonen zerrten Dumuzi in die Unterwelt. Da verdorrte alles Leben auf der Erde: Still lag das Butterfaß, keine Milch wurde ausgegossen, Dumuzi war nicht mehr der Liebhaber Inannas.
Da begann Inanna um Dumuzi zu trauern. Auch Geschtinanna weinte um ihren Bruder und war bereit, sein Schicksal mit ihm zu teilen. Und so verfügte Inanna, daß Dumuzi und Geschtinanna in Zukunft abwechselnd für ein halbes Jahr in der Unterwelt Aufenthalt würden nehmen müssen.[8]

Ganz deutlich zeigt uns Inannas Unterweltsreise, daß die Göttin selbst den Wechsel zwischen Fruchtbarkeit und Dürre verkörpert. Sobald Inanna den Weg in die Unterwelt antritt, verdorren die Pflanzen, und die Tiere werfen keine Jungen mehr. Mit ihrem Aufstieg aus der Unterwelt beginnt das Leben von Neuem.

Inanna beweist bei ihrem Abstieg in die Unterwelt großen, allerdings nicht kopflosen Mut, wie er Menschen, die im Sternzeichen des Widders geboren sind, nachgesagt wird, sie handelt wohlüberlegt. Sie versichert sich der Hilfe ihrer besten Freundin Ninschubur, die ihr schon oft in schwierigen Situationen zur Seite gestanden ist. Auf diese Weise geschützt kann Inanna den Weg in die Unterwelt antreten, wo sie ohne ihre Machtinsignien, ohne Privileg vor der Göttin des Totenreichs Ereschkigal ankommt. Ganz wichtig ist, daß Inanna nicht einen Scheintod stirbt, sie verfault an einem Haken. Ihr Todeserlebnis ist durch und durch echt, daß sie wieder aufersteht, ein Wunder.

Der ergreifende Mythos von Inannas Abstieg erzählt eindrücklich, wie die Göttin ihren Geliebten in das Geheimnis von Tod und Leben einweiht. Dumuzi kennt weder die Unterwelt, noch hat er eine Ahnung, was dort unten vor sich geht. Durch die Initiationsreise in die Unterwelt, die er nicht freiwillig antritt, erwirbt er die Fähigkeiten eines Vegetationsgottes. Er muß durch die Göttin in verschiedenster Gestalt das Zyklische des Lebens begreifen lernen. Erst dann kann er das Leben aller Pflanzen, Tiere und Menschen erneuern und das Prinzip des neuen Lebens repräsentieren. Der Widder der Steinzeit hatte die Kraft, das Prinzip des neuen Lebens zu verkörpern. Der junge Gott muß diese Kraft erst unter Beweis stellen.

Die Göttin tritt im Mythos in dreifacher Gestalt auf: als junge Frau Geschtinanna, als Göttin in ihrer fruchtbaren und fruchtbar machenden Gestalt, Inanna, und als Unterweltsgöttin Ereschkigal.

Gescht-Inanna, die als Schwester Dumuzis erscheint, bezeugt schon durch ihren Namen ihre Nähe zu Inanna. Geschtinanna ist nicht nur die jugendliche Göttin, sondern auch die Göttin des Weinstocks. Da ihrem Bruder das Wachstum des Getreides und der Herde untersteht, spiegelt die abwechselnde Anwesenheit von Geschtinanna und Dumuzi den Lauf der Natur wider. Während des unfruchtbaren Sommers weilt Dumuzi in der Unterwelt. Doch die Sommerhitze ist nicht für alle Pflanzen gleichermaßen „unfruchtbar". Die Trauben reifen, denn Geschtinanna, die Göttin des Weinstocks, weilt auf Erden. Wenn im Orient mit dem ersten Regen im Herbst die Vegetation wieder beginnt, sagt man, Dumuzi sei auf die Erde zurückgekehrt.[9]

Ereschkigal, die als Großmutter Inannas bezeichnet wird, ist die Weise Alte. Sie wird als grausame Göttin geschildert, aber wie sie zu dieser wurde, ist wiederum eine spannende Geschichte.

Ursprünglich lebte sie als Getreidegöttin Ninlil in der oberen Welt. Dort wurde sie von ihrem Mann Enlil, dem Gott des Lufthauchs, mehrmals vergewaltigt. Um die junge Ninlil vor ihrem Gatten zu beschützen, schickten ihn die Götter in die Unterwelt. Ninlil aber folgte ihm nach und nahm in der Unterwelt den Namen Ereschkigal an und brachte dort den Mondgott Sin zur Welt. Enlil wurde weiterhin am Himmel verehrt, während Ereschkigal für immer – durch die Vergewaltigungen entehrt – in der Unterwelt verbleiben mußte.

Dies erklärt ihre Verbitterung und Grausamkeit und den Grund, warum alle sie fürchten. Bei genauem Hinschauen offenbart sie sich uns aber als wahre Tod-im-Leben-Göttin. Als die beiden Dämonen in die Unterwelt gelangen, um Inanna zu befreien, liegt Ereschkigal in Wehen und stöhnt. Ihre Aufgabe ist es, alles Lebendige wiederzugebären. Zu ihr, der ehemaligen Getreidegöttin, muß Dumuzi hinab, um als Vegetationsgott das Getreide sprießen lassen zu können. Wenn Ereschkigal manchmal als Schwester Inannas bezeichnet wird, werden damit nicht die Verwandtschaftsverhältnisse der sumerischen Götterfamilie verwirrt, sondern es wird mit dieser Bezeichnung auf Ereschkigals besondere Nähe zu Inanna verwiesen. Die Triade der Göttinnen ist noch deutlich zu erkennen.

Wir sehen also, wie Inanna die Fähigkeit, neues Leben zu initiieren, an ihren Geliebten weitergibt. Inanna hatte ursprünglich aber nicht nur die Kraft, Leben anzuregen, sie verteidigt es auch mit aller Kraft. Ihre kämpferische Seite offenbart sich in verschiedenen Hymnen deutlich, in denen ihre wilden Gesichtszüge und aufblitzenden Augen gepriesen werden und sie für ihre sturmgleiche Zerstörungskraft im Kampf gerühmt wird.

Viele alte Göttinnen waren Ausdruck der Lebenskraft in doppelter Form: Sie hatten die Kraft, das Leben zu erwecken, und die Kraft, es zu erhalten und zu verteidigen. In diese Kraft initiierten die Göttinnen ihre auserwählten Geliebten. Die Göttinnen ermächtigten ihre Liebhaber zu Königen. Mit dieser Ermächtigung, die nie als Abgabe der Macht der Göttinnen an die Könige verstanden wurde, begann allerdings ein Prozeß, der genau diese Fehlinterpretation ermöglichte. Mit dem Erstarken des Patriarchats wurde die Situation bewußt falsch gedeutet: Die Göttinnen hatten ihre Macht abgegeben, waren machtlos geworden. Der wilde, kampfesmutige Aspekt der Göttinnen ging im Lauf der Zeit auf ihre männlichen Partner oder Brüder über. Aus der aktiven Hingabe der Göttin im Liebesakt der Heiligen Hochzeit wurde die anschmiegsame Liebesgöttin späterer Generationen.

4. Ischtar und Tammuz

Ischtar wurde die Herrin der Herrinnen, die Göttin der Göttinnen und die Königin sämtlicher Wohnstätten genannt und als kriegerische Ischtar, Fackel des Himmels und der Erde, als Strahlenglanz der Weltenufer gepriesen. Auch sie wurde das erstgeborene Kind der Ningal und des Sin genannt. Sie war die Zwillingsschwester des bärtigen, herrlichen Kriegers Schamasch. Ischtar beherrschte den Himmel und die Wassertiefen und war die Schöpferin der Ordnungskräfte und Reinigungskulte.

Ischtar war Fruchtbarkeit und Fülle, hatte verführerischen Reiz und Üppigkeit: Sie initiierte das Leben, gab den Menschen die Zeugungskraft, erweckte Kranke zum Leben und ließ Blinde wieder das göttliche Licht erblicken. Dieses Leben, das sie als Große Göttin unaufhörlich erschuf, wußte sie aber auch zu verteidigen. Und deshalb wurde sie auch als Herrin der Schlachten, als kriegerische Ischtar, die den Entrechteten und Mißhandelten zu ihrem Recht verhilft, bezeichnet. Sie richtete wahrhaftig und gerecht.[10]

Die babylonische Große Göttin Ischtar war über lange Zeit aus ihrer sumerischen Vorgängerin Inanna entstanden. Die Göttinnen und Götter des sumerischen Pantheons wurden von den Akkadern übernommen, die vom Nordwesten in das Land zwischen Euphrat und Tigris eindrangen und unter Saragon I. zwischen 2340–2284 v.u.Z. die Herrschaft an sich rissen und das Großreich Akkad mit der gleichnamigen Hauptstadt gründeten. Ischtar war der akkadische Name der Göttin Inanna. Ihr Vater, der Mondgott Nanna, hieß auf akkadisch Sin, ihr Bruder, der Sonnengott Utu, wurde nun Schamasch genannt.

Ischtars Mythos weist zahlreiche Parallelen zu jenem von Inanna auf, und ihr Geliebter Tammuz ist Inannas Dumuzi gleichzusetzen. Mit der Göttin Inanna verbindet Ischtar, daß auch sie das Leben initiiert und die Zeugungskraft schenkt, auch sie ist eine Göttin des Anfangs, des Beginns. Ischtar weiht ihren Partner Tammuz ebenfalls in die Geheimnisse von Leben und Tod ein. Ähnlich wie sein Vorgänger Dumuzi erlebt Tammuz die Unterweltsreise.

Daß Ischtar – neben ihrer lebensspendenden Funktion – viel kriegerischer auftritt als die Göttin Inanna, hat seinen Grund in der zunehmenden Patriarchalisierung des Zweistromlandes (vgl. dazu „Utu und Schamasch", S. 93). Ischtar wird uns im Kapitel „Die versteckte Sonnengöttin im Gilgameschepos" (vgl. S. 96) wieder begegnen. Ischtar, Göttin der Göttinnen, mußte sich zu Zeiten des Königs Gilgamesch Schmähungen gefallen lassen, die Inanna sich trotz des frechen Dumuzi niemals hätte träumen lassen. Das Gilgameschepos erzählt ganz offen, wie der König von Uruk gegen die Göttin Ischtar kämpft. Gilgamesch tut dies unter dem Schutz des Sonnengottes Schamasch, er paktiert also mit Ischtars Zwillingsbruder. Wir sehen im Gilgameschepos, wie Ischtar, obwohl sie als die Erstgeborene der Zwillinge gilt und somit als kulturgeschichtlich ältere Göttin, ihre Verehrung zu Gunsten des jüngeren und kriegerischen Bruders verliert.

5. Rahel
Die Kultheroin Israels in der Gestalt des göttlichen Mutterschafs

Jakob verließ sein Elternhaus, um sich eine Frau zu suchen. Er wanderte nach Haran, in die Heimat Abrahams, und traf an einem Brunnen Rahel, die dorthin gekommen war, um ihre Schafe zu tränken. Jakob liebte Rahel vom ersten Augenblick an und begehrte sie sogleich von ihrem Vater Laban zur Frau. Doch Jakob mußte sieben Jahre bei

Laban um Rahel dienen. Die Zeit schien ihm kurz zu sein, so sehr liebte er sie. Besonders gut hatte Jakob seine Angebetete aber wohl nicht angeschaut, denn in der Hochzeitsnacht schlief er, ohne es zu merken, mit Lea, Rahels älterer Schwester. Erbost, so betrogen worden zu sein, forderte er Rahel für sich. Doch er hatte die Ehe mit Lea vollzogen, weshalb sie als rechtskräftig galt. Nach einer Woche gab Laban ihm auch noch Rahel zur Frau, mit der Bedingung, Jakob müsse weitere sieben Jahre um sie dienen.

Am Anfang bekam nur Lea Kinder: Ruben, Simeon, Levi und Jehuda (Juda). Rahel war unfruchtbar. Sie litt unter ihrem Schicksal und gab Jakob ihre Magd Bilha ins Ehebett, damit sie an ihrer Statt ihm einen Erben gebäre. Und Jakob zeugte mit der Magd seiner Lieblingsfrau Dan und Naftali. In der Zwischenzeit war auch Lea unfruchtbar geworden, die ebenfalls ihre Magd Silpa an ihrer Statt Jakob anbot. Und brav zeugte Jakob mit Silpa weitere Söhne: Gad und Ascher.

Dann aber fand Ruben, Leas erstgeborener Sohn, eine magische Alraune. Rahel begehrte von Ruben die Alraune, denn sie versprach sich davon das Ende ihrer Unfruchtbarkeit. So sehnsüchtig wünschte sich Rahel die Alraune, daß sie Lea im Tausch dafür eine Nacht mit Jakob gestattete. Auch diese Nacht blieb nicht ohne Folgen. Lea gebar ihren fünften Sohn Isaschar. Rahel aber zerrieb die Alraune und aß sie, worauf sie endlich ihren ersten Sohn zur Welt brachte: Joseph. Danach schenkte Lea ihrem sechsten Sohn Sebulon das Leben.

Jakob wollte nun in seine Heimat Kanaan zurückkehren. Da Laban den Wegzug seiner Töchter nicht erlauben würde, floh Jakob des Nachts mit Rahel und Lea, Bilha und Silpa. Auch die Schaf- und Rinderherden, die Jakob im Dienst des Laban erworben hatte, nahmen sie mit. Doch Laban holte ihn ein und forderte seine Töchter, seine Herden und die Götterbilder zurück, die ihm Jakob angeblich gestohlen hatte. Jakob rechtete mit Laban: Hatte er nicht jahrelang um die Töchter und die Herden gedient? Nun waren sie sein! Laban durchsuchte Jakobs Lager nach den Götterbildern. Als er sie nicht finden konnte, ließ er Jakob ziehen. Die einzige Stelle, an der Laban nicht gesucht hatte, nicht suchen konnte, war die Satteltasche, auf der Rahel saß. Da Rahel vorgab, gerade zu menstruieren, war dieser Ort für Laban tabu.

Später, als Jakob und Rahel nach Ephrat reisten, gebar Rahel den Jüngsten der Jakobssöhne und nannte ihn Ben-Oni, „Schmerzenssohn". Jakob aber gab ihm den Namen Ben-Jamin, „Glückssohn". Bei dieser Geburt starb Rahel, und Jakob errichtete eine Säule über ihrem Grab in Ephrat, in der Nähe von Ramah.[11]

Ein biblischer Mythos als Grundlage für die Göttinnensuche mag auf den ersten Blick seltsam erscheinen, da doch alle Gedanken in der Bibel um den einen männlichen Gott kreisen. Obwohl das Alte Testament den Eindruck erweckt, es erzähle den Mythos des Gottes Israels und seines auserwählten Volkes vom ersten Schöpfungstag bis in historisch belegte Zeiten, wird beim Lesen schnell deutlich, daß das Alte Testament nicht nur aus verschiedenen Büchern besteht, sondern überhaupt keinen einheitlichen, chronologisch angeordneten Text darstellt. Vielmehr besteht es offensichtlich aus unterschiedlichen Texten, die zwar aufeinander Bezug nehmen, aber nicht ohne Widersprüche zueinander stehen.

Die Theologin Gerda Weiler hat sich dieser Widersprüche angenommen und nachgewiesen, daß sich in der Bibel Reste vieler alter Kulttexte finden lassen, die auf eine matriarchale Herkunft des Volkes Israel schließen lassen. Obwohl die zahlreichen Autoren des Alten Testaments alles daran gesetzt hatten, jene Texte, welche matriarchale Rituale und Kultdramen beschrieben, in die Geschichte eines Volkes umzuschreiben, das von Anfang an nur einen männlichen Gott verehrte, waren sie dabei nicht gründlich genug vorgegangen. Gerda Weiler vertritt die These, daß jeder der zwölf Stämme Israels ursprünglich eine Kultheroin verehrt hat, eine kosmische Herrin, die alle Charaktereigenschaften einer Großen Göttin in sich vereinte. Bei dieser Annahme spielt die sogenannte Jakobslegende eine zentrale Rolle.

Wenn wir die Geschichte naiv betrachten, wird von einem Mann erzählt, der bei seiner Brautwahl nicht viel Glück gehabt hat. Anfangs wird ihm die falsche Braut, Lea, untergeschoben, dann erwirbt er im zweiten Anlauf die Geliebte, Rahel, doch sie kann ihm keine Kinder gebären. Und überhaupt: Ständig ist eine der beiden Frauen unfruchtbar und versucht das durch ihre jeweilige Dienerin auszugleichen. Dafür, daß das Familienleben des Jakob so kompliziert ist, steht er am Ende recht erfolgreich als Vater von zwölf Söhnen da. Wer aufmerksam den Religionsunterricht besucht hat, erkennt die zwölf Söhne sofort. Auf sie berufen sich später die Stämme Israels und nennen sie ihre Stammesväter. Dem Vater der zwölf, Jakob, kommt in der Geschichte der Israeliten daher große Bedeutung zu. Er wird der Stammvater, der Patriarch, aller israelitischen Stämme genannt.

Dem gegenüber steht die Tatsache, daß noch heute zum jüdischen Volk nur gehört, wer eine jüdische Mutter hat. Da ist es dann schon interessant zu erfahren, daß Jakob in den älteren Fassungen der „Jakobslegende" gar nicht vorkam, daß er vielmehr zu einem späteren

Zeitpunkt in die Geschichte eingefügt wurde. Wenn wir Jakob aus der Geschichte weglassen, bleiben vier Mütter übrig, von denen alle israelitischen Stämme abstammen: Rahel und Lea, Bilha und Silpa. Wenn wir der Annahme Gerda Weilers folgen, daß ursprünglich jeder Stamm Israels eine Stammesmutter, eine Kultheroin verehrt hat, dann haben die Bibelautoren acht der zwölf Stammesmütter zum Verschwinden gebracht, indem sie sie einfach nicht erwähnten. Um trotz der offensichtlich vier verschiedenen Stammesmütter eine Stammesgeschichte zu erhalten, die auf einen einzigen Stammvater zurückreicht, griffen die Autoren zu einem einfachen und einleuchtenden Trick, der uns immer wieder in der Göttinnenforschung begegnet: Sie ließen den „Erzvater" Jakob kurzerhand alle vier heiraten.

Die Erzählung enthält aber genügend Hinweise, daß wir nicht die Geschichte eines Patriarchen, sondern die matriarchaler Kultheroinnen vor uns haben. Es beginnt schon mit Jakobs Suche nach einer Frau. Ganz nach traditioneller Art einer matrilokalen Gesellschaft mußte Jakob fortgehen, um sich eine Frau zu suchen. Die Ehe, in der Töchter und Söhne bei ihren Müttern verbleiben und die Väter zu Besuch kommen, war in allen matriarchalen Gesellschaften üblich. Im Widerspruch dazu steht die Behauptung der Bibelautoren, Laban sei der Vater von Lea und Rahel gewesen und Jakob hätte bei ihm dienen müssen, um die Frauen – und als Lohn für seine Arbeit auch die Herden – aus seinen Händen entgegennehmen zu können. Die Bibelautoren machten aus *Laban*, dessen Name „der Weiße" bedeutet, was Gerda Weiler als Hinweis auf den Mondgott versteht, der im matriarchalen Ugarit verehrt wude, einen patriarchalen Vater.

Wir treffen in der Geschichte gleich zweifach auf das Bild der „unfruchtbaren" Frau. Rahel und Lea sind unfruchtbar, weil sie die jahreszeitbedingte Unfruchtbarkeit des Landes verkörpern. Die Göttinnen sind identisch mit ihrem Land. Die Reihenfolge, in der die späteren „Stammesväter" zur Welt kamen, entsprach wohl dem Altersvorrang im Stammesverband, in der Lea-Rahel-Föderation, die später „Israel" genannt wurde. Der Umstand, daß Rahel und Lea ihre Dienerinnen anweisen, sich an ihrer Stelle in Jakobs Bett zu legen, kennzeichnet den niederen Rang von Bilha und Silpa gegenüber Rahel und Lea. Dieser Rangunterschied muß aber nicht von Anfang an bestanden haben, sondern kann auch den Rangverhältnissen zwischen den einzelnen Stämmen zum damaligen Zeitpunkt entsprechen. Wie oft wurden den Göttinnen und Götter, mythische Ahninnen, im Rang erniedrigt, um neue Machtverhältnisse auf Erden mythisch zu legitimieren! Wahrscheinlich waren die Stämme der Söhne der Mägde Bilha und Silpa den Stämmen Leas und Rahels tributpflichtig.

Laban versucht nach der „Flucht" Jakobs das Anrecht auf „seine" Töchter, „seine" Herden und „seine" Götterbilder nochmals deutlich zu machen. In einer matriarchalen Gesellschaft gehören die Frauen aber nicht einzelnen Männern, sondern zur Sippe ihrer Mütter. Die Herden waren das Eigentum dieser Frauenclans. Deshalb mußte Jakob seinem Schwiegervater die Herden auch nicht „stehlen", denn sie gehörten Rahel und Lea, die ja mit ihm fortgingen.

Es war in matriarchalen Kulturen auch durchaus üblich, auf Reisen Göttinnenbilder mitzuführen, um ihnen Verehrung erweisen zu können. Es waren daher mit Sicherheit nicht Götterbilder, die Rahel auf ihre Reise mitgenommen hatte. Und Rahel demonstrierte eindeutig, daß es sich um ihre Göttinnenbilder handelt: Sie setzte sich darauf, sie besaß sie im wahrsten Sinn des Wortes! Daß sie vorgab zu menstruieren, ist ebenfalls aufschlußreich. Aus vielen Religionen ist bekannt, daß Frauen als „unrein" angesehen werden, sobald sie ihre Blutung haben. In diesen Tagen ist ihnen der Kontakt mit allen heiligen Utensilien, der Besuch der heiligen Stätten etc. verboten. In matriarchalen Kulturen hingegen wurde das Blut der Frauen als Garant des Lebens verehrt. Menstruierende Frauen wurden geachtet, denn sie verfügten über die Macht zu gebären. Würde die Geschichte von den Götterbildern eines patriarchalen Stammes erzählen, könnte Jakob die Bilder, auf denen seine Frau gesessen hatte, nie mehr verwenden. Sie wären entehrt bis in alle Ewigkeit. Da es sich aber um Rahels Göttinnenbilder handelte, konnte sie auch gut auf ihnen sitzen – gleich, ob sie nun wirklich menstruierte oder dies nur vorgab.

Summa summarum erkennen wir in dieser Geschichte ganz eindeutig die Herkunft des Volkes Israel von vier Stammesmüttern. Mittlerweile bestätigen andere ForscherInnen die Ansicht Gerda Weilers, daß die Gestalt des Jakob nachträglich in den Text eingefügt wurde. Die zwölf Stammesväter Israels hatten also gar keinen offiziellen Vater, sondern kannten nur ihre Herkunft mütterlicherseits.

Mein besonderes Interesse gilt Rahel, denn *Rahel* bedeutet „Mutterschaf", ihr Name weist sie als Schafgöttin aus.[12] Sie ist die Mutter des heiligen Lammes, des Widdergottes, der in der jüdischen Tradition von so großer Bedeutung ist. Der Titel „Mutterschaf" verweist auf Kultvorstellungen, die die Göttin als Mutterschaf und ihren Sohn oder Partner als Widder verehren. Und *Lea*, die den Titel „Wilde Kuh" trägt, ist die unter verschiedenen Namen bekannte kanaanitische Mondgöttin mit den Kuhhörnern. Jetzt ist auch klar, wem die Herden, die Jakob angeblich gestohlen hatte, gehörten: Die Schafherden waren Rahels, die Rinderherden Leas Eigentum.

Dazu Gerda Weiler: „Nach dem biblischen Text kommt Rahel, die Lieblingsfrau des Jakob, in Ephrat nieder und stirbt bei der Geburt ihres Sohnes Benjamin. Ephrat ist der tradierte Kultort der matriarchalen Kultheroin Rahel, der Urmutter des Stammes Benjamin, seiner Herrin und Göttin. Der biblische Erzähler hat sich eine ‚Reise' erdenken müssen, um die Geburt des ‚jüngsten Jakobsohnes' an ihre Tradition anzubinden. Tief verwurzelt im Mysterium der matriarchalen Religion, vereint Rahels Kultsohn in sich den dunklen und den hellen Aspekt des Daseins: Er ist sowohl ‚Ben-Oni', der Todessohn, wie ‚Ben-Jamin', der Glückssohn. So hat ein alter matriarchaler Kultort seine Heiligenlegende erhalten – eine Legende, die von der einstigen Göttin, der Kultheroin des Stammes Benjamin, nur ein rührseliges Mutterschicksal übrigläßt. Die biblische Familiengeschichte segnet Rahel mit einem ‚älteren' Sohn, Joseph. Einen altisraelitischen Stamm ‚Joseph' hat es aber nicht gegeben. Die biblische Geschichtsschreibung rückt die Ungereimtheit dadurch zurecht, daß sie Joseph den Stämmen Ephraim und Manasse als ‚Vater' voranstellt. Die Kultgeschichte kennt Rahel nur als die Mutter des Ben-Jamin, der in der Bibel als zwölfter Jakobsohn gilt. Schälen wir aus der umfangreichen Familiengeschichte die Rahel-Überlieferung heraus, bleibt der Kern einer matriarchalen Kulterzählung stehen, die von der Mutter mit dem Einen Sohn erzählt, von der temporären Unfruchtbarkeit der Erde und von der Erlösung durch den Sohn, der in der Rahel-Tradition keinen Vater hat."[13]

In Ephrat wurde Rahel bis in die Zeit der Könige verehrt. Selbst König Saul, der ein Auserwählter des Stammes Benjamin war, begab sich nach seiner Salbung zum König der Tradition entsprechend zum Grab der Rahel, um ihr gebührende Verehrung zu erweisen.

6. Widder und Lamm
in der jüdischen und christlichen Tradition

Der Widder, das Tier der Rahel, hat in der jüdischen – und nachfolgend in der christlichen – Geschichte eine zentrale Bedeutung, die gar nicht genug hervorgehoben werden kann. Die Verbindungen von Mutterschaf und Widder zur Geschichte des Volkes Israel, also zu deren Mythen und zu ihren rituellen Handlungen sind mannigfaltig.

Gott hat dieses besondere Tier am ersten Schöpfungstag geschaffen.[14] *Als Abraham seinen erstgeborenen Sohn Isaak – wie es ihm die Religion gebot – Gott als Opfer darbringen wollte, verzichtete dieser auf sein Recht an jedem Erstgeborenen und nahm an Stelle Isaaks das Opfer eines Widders an, der sich im Gestrüpp verfangen hatte.*

Abrahams Sohn Isaak muß im ursprünglichen Mythos ein göttlicher Widder gewesen sein bzw. im Kultgeschehen der damaligen Zeit den göttlichen Widder verkörpert haben, sonst hätte Gott das Opfer wohl nicht angenommen. In einer älteren Midraschfassung heißt es übrigens, daß Abrahams Hand nicht innegehalten habe. Isaak sei geopfert und begraben worden und am dritten Tag wieder auferstanden.[15] Dies ist ein weiterer Hinweis darauf, daß wir es mit Teilen eines rituellen Dramas zu tun haben. Der göttliche Widder verkörperte die Lebenskraft. Wie schon die auserwählten Liebhaber der Göttinnen Inanna und Ischtar mußte auch Isaak sterben, d.h. die Unterweltsreise antreten, um hernach „wieder auferstehen", d.h. auf die Welt zurückkommen zu können. Nur daß es in dieser Geschichte nicht die Göttin ist, die ihren Liebhaber und König in das Kultgeschehen initiiert und ihm die Wieder-Auferstehung bzw. die Wiedergeburt sichert, sondern Abraham, der Vater, der meint, seinen Sohn hingeben zu müssen. Wäre Isaak der Auserwählte der Göttin gewesen, wäre er bei seiner Unterweltsreise der Tod-im-Leben-Göttin begegnet, die ihn wieder ins Leben entlassen hätte. Patriarchale Götter haben diese Tradition gebrochen, denn sie pflegen ihre Opfer zu behalten. Der biblische Gott war einst ein Widdergott, dem das erstgeborene männliche Lamm, der göttliche Widder, geopfert werden mußte. Deshalb opferten die Juden ihm zu Ehren an Passah ein erstgeborenes Lamm.

Die Asche eines Widders diente angeblich als Fundament des Tempelheiligtums. König David stellte aus den Sehnen eines Widders seine berühmte Harfe her. Der Prophet Elia legte ein Widderfell um seine Lenden. Und auf dem Berg Sinai blies Gott in das linke Horn eines Widders. In das rechte Horn wird er beim Kommen des Messias blasen, um die Schafe Israels aus dem Exil zurückzuholen. Den Widderhörnern wurde große magische Kraft zugeschrieben: Josuas Priester benutzten Widderhörner als Siegeszauber, um zu zeigen, daß der Widdergott sie in die Schlacht führte. Noch heute blasen die Juden zur Erinnerung an Abrahams Opferbereitschaft bei ihrem Neujahrsgottesdienst in Widderhörner, die Schofar genannt werden.[16]

Die christliche Heilsgeschichte schließt an die jüdische Tradition an. Der Jude Jesus von Nazareth, dem es fern lag, eine neue Religion zu gründen, wollte die Opfertradition seines Vaters, des Gottes der HebräerInnen, erfüllen. Er, der als erstgeborener Sohn Gottes galt, bezeichnete sich als das Lamm Gottes, dessen Opfer Gottvater zur Errettung der Menschheit forderte. Religionsgeschichtlich ist dieses Opfer insofern interessant, als – wenn wir dem Alten Testament Glauben schenken – demselben Gott seit Jahrhunderten Tiere an Stelle der Menschen geopfert wurden, er ein Menschenopfer also offensichtlich nicht für notwendig erachtete.

Jesus *Christus*, der „Gesalbte", vollzog das uralte Kultdrama, indem er starb, die Unterweltsreise antrat und am dritten Tage auferstand. Nur die Umstände hatten sich geändert. Einst wurde der Auserwählte der Göttin bei seinem Herostod vom ganzen Volk und der Priesterin, als Vertreterin der Göttin, beweint und bei seiner Wiederkunft von allen gefeiert. Jesus hingegen vollzog das Kultdrama zwar für die gesamte Menschheit – wie seine Vorgänger auch –, aber nur wenige Menschen begleiteten ihn dabei. Die Priester hielten ihn nicht für den Sohn Gottes, sondern für einen Betrüger. Die Römer sahen in ihm einen politischen Aufwiegler und verhängten die Todesstrafe. Das Kultdrama hatte in dieser Umgebung seinen Sinn verloren und war zu einem Gerichtsprozeß mit anschließender Hinrichtung geworden. Die Männer um Jesus verstanden sein Tun auch nicht mehr. Sie waren überzeugt, ihn für immer verloren zu haben. Sie hatten auch nicht den Mut, ihn bis zu seinem Tod zu begleiten. Nur Simon blieb mit den drei Marien unter dem Kreuz stehen. Maria, Mutter Jesu, Maria Magdalena und Maria, Mutter des Jakobus und Josef, waren auch die einzigen aus seiner AnhängerInnenschaft, die bei seinem Begräbnis anwesend waren. Und obwohl Jesus gesagt hatte, daß er am dritten Tag auferstehen würde, und somit das Kulthafte des Ereignisses klar bezeichnete, glaubten ihm seine Jünger nicht. Pilatus hingegen vermutete, daß sie ihn aus dem Grab entwenden würden, um vorgeben zu können, daß er auferstanden sei, und ließ deshalb Wachen vor dem Grab aufstellen. Nur Maria Magdalena und die andere Maria gingen, um nach dem Grab zu sehen. Ihnen begegnete der Auferstandene.

Der Opfertod Jesu nimmt zwar eine jüdische Tradition auf, die vor Ewigkeiten aus einem matriarchalen Kultdrama entstanden war, hat aber keinen Bezug zur Realität und Glaubenswelt der damaligen Menschen. Und obwohl sich die Menschen zu dieser Zeit schon weit von matriarchaler Kultauffassung entfernt hatten, sind es die Frauen, die dem Geschehen am nächsten bleiben. Im Mythos um den Kreuzestod Jesu zeigt sich – wie bei jedem anderen Tod – die Kraft der Frauen,

Menschen in den Tod zu begleiten. Frauen stehen als Gebärende am Beginn des Lebens, sie sind auch am Ende des Lebens wieder da, um die Menschen zu begleiten und Totenwache zu halten. Und Frauen pflegen die Gräber der Toten.

Im christlichen Eingottglauben hatte die Göttin mit dem Widder oder dem Lamm nichts mehr zu suchen. Es ist daher interessant zu entdecken, daß sie in der christlichen Bildersprache sehr wohl erscheint; selbstverständlich in versteckter Form. Die Kirche wurde nämlich immer wieder als Frau dargestellt. Nun ließe sich das damit begründen, daß das lateinische Wort für Kirche, *ecclesia,* grammatikalisch gesehen weiblich ist. Das beantwortet aber nicht die Frage, warum die Gemeinschaft der Gläubigen weiblich zu sein hatte bzw. warum die Notwendigkeit bestand, sie zu personifizieren.

Abb. 10: Hochzeit von Lamm und Ecclesia

Indem mann sich das Kirchenvolk weiblich dachte, konnte es zur „Braut Christi" werden. Nun hätte ein Jesus, der sich mit seiner Braut vermählt, einen etwas seltsamen Eindruck erweckt, besonders da alle vier Evangelisten übereinstimmend berichten, daß Jesus Zeit seines Lebens „unbeweibt" geblieben war. Sobald sich die Braut Christi aber nicht mehr mit dem Mann Jesus, sondern mit dem „Lamm Gottes" vermählt, entschwindet aus dem Bild die Möglichkeit einer sexuellen Interpretation. Was bleibt, scheint harmlos zu sein. Ist es das? Ich kann mich des Eindrucks nicht erwehren, daß schon wieder „ganz zufällig" ein altes matriarchales Bild, nämlich das der Göttin mit dem Widder oder dem Lamm, aufgenommen wird. Das Motiv der Heiligen Hochzeit wird von der christlichen Religion kopiert.

Auf der hier abgebildeten normannischen Buchminiatur aus dem 12. Jahrhundert sehen wir Ecclesia als junge Frau, die sich mit dem Lamm Gottes vermählt.[17]

Mit dem Opferlamm wurden seit jeher im Christentum viele magische Riten verbunden. So waren im Mittelalter Wachsleibe, in die das Symbol des Lammes eingeprägt war, unter dem Namen *Agnus Dei*, „Lamm Gottes", ein Verkaufsschlager, denn die Kirche empfahl diese Fetische als sicheren Schutz gegen alle Stürme und „höhere Gewalten". Aus dem Widder der Göttin war das Lamm Gottes geworden, mit dem die Macht des Sohnes gegen die Zerstörung des Vaters angerufen wurde.[18]

Das österliche Opfertier der ChristInnen ist – übereinstimmend mit dem Judentum – das Lamm geblieben, das in zahlreichen Festspeisen vertreten ist. Das Tieropfer wurde auch hier oft durch ein symbolisches Opfer ersetzt, was wir aus den Lämmern in Teigform ersehen können, die als kultisches Ostergebäck in allen christlichen Ländern zu finden sind. In ländlichen Gegenden wird noch heute das Ostermahl im Kreis der Familie am Karsamstag nicht einfach so verspeist, sondern es ist üblich, alles, was dazugehört, vorher in der Kirche segnen zu lassen. Die Wandlung vom gewöhnlichen Abendessen zum rituellen Opfermahl ist somit vollzogen.

Die Tieropfer der Vergangenheit hatten nicht nur religiöse, sondern auch soziale Bedeutung. Nachdem das geweihte Tier zu Ehren der Göttin oder eines Gottes geopfert worden war, hatten es die Menschen gekocht oder gebraten und dann gemeinsam verspeist. So wurden auch die Ärmeren satt und durften die – bei mehreren Tieren oft beträchtlichen – „Reste" mit nach Hause nehmen. Viele Rezepte solcher Opferspeisen sind uns erhalten geblieben. Eines davon ist die Kärntner Kirchtagssuppe, die – wie der Name sagt – nur am Kirchtag, also dem Tag des Schutzpatrons von Kärnten, zubereitet werden soll. Sie entspricht einem Gericht, das die RömerInnen als *Suovetaurilia* bezeichneten, was nichts anderes als SUS/Schwein, OVIS/Schaf und TAURUS/Rind und damit die drei bevorzugten Opfertiere nennt.[19]

Obwohl im Christentum das Symbol des Lammes für den Sohn Gottes beibehalten wurde, hat sich der christliche Gottesbegriff noch weiter vom ehemaligen Widdergott entfernt, als dies schon in der jüdischen Religion der Fall gewesen war. Der Gott der Christen selbst wurde mit keinem Tier mehr in Verbindung gebracht. Der Widder ist aber nicht verschwunden. Die Kraft des Widders wurde dämonisiert und als animalisch verdammt. Die Widderhörner gingen auf den Teufel über. Trotz dieser Verteufelung haben sich Bräuche erhalten, die sich eindeutig auf die lebensspendende sexuelle Kraft des Widders beziehen und daher keineswegs als „christlich" anzusehen sind.

Im Alpenraum ist der Brauch lebendig geblieben, Köpfe oder Hörner von Widdern – aber auch vom Ziegenbock – über den Stalltüren zu befestigen. Hier vermischen sich Fruchtbarkeitsmagie und Abwehrzauber. Je größer die Hörner sind, desto stärker und potenter war auch der geopferte Widder. Seine Kraft soll die Schafe fruchtbar machen und den lebendigen Widder im Stall stärken. Gleichzeitig werden der Teufel und alle bösen Geister mit der Kraft des Widders an der Stalltür gebannt.

Im Wallfahrtsort Einsiedeln in der Schweiz wird eine laute und lebendige Fastnacht gefeiert. Die Fastnacht hat ja vor allem den Sinn, die winterlichen Geister zu bannen und die Wachstumskräfte des neuen Jahres wachzurufen. Es wird darum bis heute viel und laut musiziert. Am „schmutzigen" Donnerstag, dem Donnerstag vor Aschermittwoch, ziehen die Kinder von Haus zu Haus. Sie erhalten für das Aufsagen eines Reims, eines „Heischereims", eine Münze oder „e Guoteli" (für NichtschweizerInnen: „etwas Gutes", also eine kleine Süßigkeit). Am beliebtesten bei den Kindern ist ein „rappiger Schafbock", das bekannte Einsiedler Honiggebäck mit aufgeprägtem Lamm Gottes. Rappig ist das Schweizer Wort für geil. Da die Enthaltsamkeit Christi als Argument für die Ehelosigkeit der Priester hochgehalten wird, kann damit wohl nicht Jesus gemeint sein. Offensichtlich appelliert das kultische Gebäck an die Kraft des lebendig machenden Widders.

7. Dione und Krios
Die Göttin des Wachstums mit ihrem Widder-Partner

Am Anfang war Eurynome, die Göttin aller Dinge. Nackt erhob sie sich aus dem Chaos. Aber sie fand nichts Festes, darauf sie ihre Füße setzen konnte. Sie trennte daher das Meer vom Himmel und tanzte einsam auf seinen Wellen. Sie tanzte gegen Süden; und der Wind, der sich hinter ihr erhob, schien etwas Neues und Eigenes zu sein, mit dem das Werk der Schöpfung beginnen konnte. Sie wandte sich um und erfaßte diesen Nordwind und rieb ihn zwischen ihren Händen. Und siehe da! Es war Ophion, die große Schlange. Eurynome tanzte, um sich zu erwärmen, wild und immer wilder, bis Ophion, lüstern geworden, sich um ihre göttlichen Glieder schlang und sich mit ihr paarte. So wurde Eurynome vom Nordwind, der auch Boreas genannt wird, schwanger.

Dann nahm Eurynome die Gestalt einer Taube an, ließ sich auf den Wellen nieder und legte zu ihrer Zeit das Weltenei. Auf ihr Geheiß wand sich Ophion siebenmal um dieses Ei, bis es ausgebrütet war und aufsprang. Aus ihm fielen all die Dinge, die da sind: Sonne, Mond, Planeten, Sterne, die Erde mit ihren Bergen und Flüssen, ihren Bäumen, Kräutern und lebenden Wesen.

Eurynome und Ophion schlugen ihr Heim auf dem Berg Olymp auf. Hier rief er ihren Unwillen hervor, weil er behauptete, der Schöpfer der Welt zu sein. In ihrem Zorn trat sie ihm mit der Ferse auf den Kopf, schlug ihm dabei die Zähne aus und verbannte ihn in die dunklen Höhlen unter der Erde.

Dann setzte Eurynome über jeden Planeten eine Titanin und einen Titanen ein: über die Sonne die Titanin Theia und den Titanen Hyperion; Phoibe und Atlas wies sie den Mond zu, Metis und Koios den Planeten Merkur, Thetys und Okeanos den Planeten Venus, Dione und Krios den Planeten Mars, Themis und Eurymedon den Planeten Jupiter und Rhea und Kronos den Planeten Saturn.

Aber der erste Mensch war Pelasgos, Ahnherr der Pelasger. Er entsprang dem Boden Arkadiens, gefolgt von anderen, die er lehrte, Hütten zu bauen und Eicheln zu essen.[20]

Auf den ersten Blick ist in dieser Schöpfungsgeschichte kein Widder zu entdecken. Mit etwas Geduld läßt er sich aber aufspüren.

Ungefähr um 3500 v.u.Z. wanderte das Volk der PelasgerInnen von Palästina auf das griechische Festland. Ihr Mythos, der von Eurynome, der Göttin aller Dinge am Anfang der Zeiten, erzählt, ist die älteste Schöpfungsgeschichte, die aus Griechenland überliefert ist. Das Besondere daran ist, daß Eurynome nicht nur die Welt erschafft, sondern Ordnung schafft, indem sie der Sonne, dem Mond und den Planeten je eine Titanin und einen Titanen beigibt. Dies ist die älteste griechische Zuordnung von Göttinnen und Göttern zu den Himmelslichtern und Planeten. Denn um Göttinnen und Götter handelt es sich, auch wenn sie als Titaninnen und Titanen bezeichnet werden.

Die GöttInnen der früheren, meist eroberten Völker ins Reich der urwüchsigen RiesInnen, der TitanInnen, zu verweisen, ist ein uns inzwischen bekanntes Verfahren, um ihnen ihre göttliche Bedeutung abzusprechen. Trotzdem wird durch den pelasgischen Schöpfungsmythos eine wesentliche Information vermittelt. Die Zuordnung von TitanInnen zu Planeten macht die älteste Verbindung zwischen GöttInnen und Planeten – und nachfolgend den Sternzeichen – sichtbar.

Da der Planet Mars schon von den BabylonierInnen dem Sternzeichen Widder zugeordnet wurde, ist für uns von Interesse, welche Titanin und welchen Titanen Eurynome diesem Planeten zuweist. Dione und Krios. Ohne Griechisch zu können, erkennen wir, der alten astrologischen Tradition folgend, die beiden zweifelsfrei als Göttin und Gott des Sternzeichens Widder. Dione war eine Göttin des Wachstums. Und *Krios* ist das griechische Wort für Widder. Diones Gefährte Krios, der „Widder", war der Gott der Zeugungskraft und des ungestümen Wachstums. *Krios* nannten die GriechInnen auch das Sternbild Widder.[21] Diones Kultort war die berühmte Orakelstätte von Dodona.[22]

Die Bedeutung Diones wird durch ihre Tochter Aphrodite noch betont. Über Aphrodites Herkunft herrscht in den griechischen Mythen Uneinigkeit. Einer Überlieferung entsprechend gilt sie als Diones Tochter. Manche behaupten sogar, sie sei die Tochter des Zeus.[23] Das können wir aber guten Gewissens außer acht lassen, denn diese Behauptung stammt aus einer Zeit, als die Anhänger des Zeuskultes das Heiligtum der Dione in Dodona bereits in Besitz genommen hatten. Um Zeus hier zu legitimieren, mußte er sich mit Dione verbinden. Leider ist außer dem Vaterschaftsanspruch über die „Verbindung" zwischen Dione und Zeus nichts bekannt. Es kann daher nicht gesagt werden, zu welchen Bedingungen eine „Partnerschaft" zwischen der Göttin und dem neuen Gott zustande kam.

Die Tochter Diones, Aphrodite, war nicht immer ausschließlich die Liebesgöttin, als die sie den meisten heute bekannt ist. Aphrodite und ihr Liebhaber Ares hatten in ihrer matriarchalen Gestalt dieselbe Aufgabe wie Dione und Krios: das Wachstum zu fördern.

Aphrodites Ansehen hat in den olympischen Mythen stark gelitten. Zwar wurde sie von Göttern und Menschen heftigst begehrt, gleichzeitig ergingen sich die Götter aber in endlosen Tiraden über ihre „Untreue". Treue war selbstverständlich nur für Ehefrauen ein moralisches Gebot. Im patriarchalen Verständnis der Sexualität hatte eine Göttin, die ungehindert von gesellschaftlichen Zwängen das Wachstum förderte, indem sie aktiv ihre Sexualität lebte, keinen Platz mehr. Was aber ist aus ihrem Gefährten geworden?

8. Ares
Vom matriarchalen Wachstumsheros zum patriarchalen Kriegsgott

Zeus freite um Hera, die aber nicht besonders begeistert von der Vorstellung war, seine Ehefrau zu werden, und deshalb seinen Antrag zurückwies. Aber schließlich gelang es Zeus, Hera zu vergewaltigen, und sie war gezwungen, einer Heirat zuzustimmen. Doch es hielt sich hartnäckig das Gerücht, daß Hera – erbost über die Untreue ihres Gemahls Zeus – ihre Kinder parthenogen zur Welt brachte, als Zeus wieder einmal fremdging. Von Ares und seiner Zwillingsschwester Eris wird erzählt, Hera habe sie empfangen, als ihr die Göttin Flora die Blüte eines Hagedornstrauchs[24] zeigte. Heras Tochter Hebe sei zur Welt gekommen, nachdem sie einen Salatkopf berührt hatte, auch Hephaistos sei ihr alleiniges Kind. Eine Tatsache, die Zeus natürlich vehement bestritt, der darauf bestand, der Vater aller vier Götter zu sein.[25]

Ares liebte den Kampf um seiner selbst willen. Seine Schwester Eris suchte immer wieder nach Gelegenheiten für einen Krieg, indem sie Gerüchte verbreitete und Eifersucht stiftete. Wie sie hatte auch ihr Bruder keinerlei dezidierte Vorliebe für die eine oder andere Partei. Wenn die Lust zu töten ihn überfiel, kämpfte er auf dieser oder jener Seite, mordend und zerstörend. Alle Götter haßten ihn, ausgenommen Eris und Aphrodite und Hades, der Gott der Unterwelt, der gierig auf die jungen Krieger wartete, die in den Schlachten fielen.

Nicht immer war Ares siegreich. Athene, die viel geschickter war als er, hatte ihn zweimal im Kampf besiegt.[26]

Ach, ich liebe Gerüchte! Obwohl sich Hera in die Ehe mit Zeus fügen mußte, nutzte sie dessen Abwesenheit, um zu tun, was als ehemaliger matriarchaler Göttin anscheinend noch immer in ihrer Macht stand, sie brachte allein Kinder zur Welt. Von wegen „erbost über seine Untreue", sie nutzte die Gunst der Stunde. Die Geschichte auf diese Weise zu betrachten, greift allerdings etwas zu kurz. Wenn sich solch ein Gerücht dauerhaft halten konnte, dann muß an der Geschichte schon etwas Wahres dran gewesen sein.

„Ares" war zu matriarchaler Zeit in Griechenland der Titel des königlichen Oberbefehlshabers. Das matriarchale Königtum hatte sich im Lauf der Zeit zum Doppelkönigtum entwickelt. Dem König unterstanden die Verwaltung des Landes und die Rechtsprechung, seinem Stellvertreter die Streitmächte.[27] Selbstredend hatte der Ares im Auftrag der Priesterin zu handeln. Der König war vielleicht sein direkter Vorgesetzter, seine Ermächtigung erhielt er aber von der Priesterin im Namen der Göttin, der er somit in letzter Konsequenz verpflichtet war. Aufgabe des Heerführers war es, das Land und das Leben seiner BewohnerInnen zu schützen und gegebenenfalls zu verteidigen. Angriff und Eroberung waren nie Ziele matriarchaler Gesellschaften.

Erst im patriarchalen Griechenland wurde Ares zum Kriegsgott und in den olympischen Götterhimmel erhoben. Nach dieser Beförderung blieb vom Wachstumsheros nichts mehr übrig. Als Kriegsgott greift

Ares nicht mehr die Aufgaben des Lebens an, um sie zu meistern, sondern den Feind, gleichgültig welchen. Er ist nicht länger Beschützer des Lebens, sondern Zerstörer.

Trotz allem blieb Ares der Liebhaber Aphrodites, die als einzige seine wilde Natur zu zähmen verstand und mit ihm die sexuelle Lust genoß, die dem ursprünglichen Wachstumsheros anstand. Patriarchale Erzähler bezeichnen dies als widernatürliche Leidenschaft. Als ihre gemeinsamen Kinder galten *Phobos*, „Angst", *Deimos*, „Schrecken", und *Harmonia*, deren Name nicht übersetzt zu werden braucht. Die Kinder der beiden sind wohl ein Spiegelbild der Möglichkeiten zwischen den Geschlechtern in einer patriarchalen Gesellschaft.

Als Verehrungsort des Ares wird eine Quelle genannt, die von einer riesigen Schlange behütet wurde.

Aus dieser Quelle wollte der Held Kadmos Wasser schöpfen, wobei fast alle seiner Männer von der Schlange getötet wurden. Als es ihm schließlich gelang, die Schlange zu bezwingen, befahl ihm Athene, die Zähne der Schlange im Boden auszusäen. Sofort sprangen die Spartaner, die „gesäten Männer", aus der Erde hervor und begannen gegeneinander zu kämpfen. Kadmos mußte Ares als Sühne für den Tod der Schlange acht Jahre lang dienen. Dann aber gab ihm Ares seine und Aphrodites Tochter Harmonia zur Frau.

Die Geschichte von der Wachstumsgöttin und ihrem immer kriegerischer werdenden vergöttlichten Heros zieht sich in dieser „Familie" in direkter Linie über drei Generationen: von Dione und Krios zu Aphrodite und Ares und weiter zu Harmonia und Kadmos. Die Fruchtbarkeitsgöttin wird zur liebestollen Aphrodite und zur harmoniesüchtigen Frau. Und der Kämpfer hat vergessen, von wem und wofür er seine Kraft erhalten hat.

9. Rhea und das Widderkind Zeus
Auch der oberste Gott des Olymp hat einmal klein angefangen

Die griechischen Mythen erzählen ohne Ende von den Taten ihres obersten Gottes Zeus. Da lohnt es sich, die Anfänge dieses Großprotzes einmal genauer unter die Lupe zu nehmen. Über die Geburt des Zeus kursieren zwei unterschiedliche Versionen. Die Dichter des klassischen Griechenland erzählen die Geschichte folgendermaßen:

Kronos heiratete seine Schwester Rhea. Doch wurde ihm von Mutter Erde und von seinem sterbenden Vater Uranos vorausgesagt, daß einer

seiner eigenen Söhne ihn entthronen würde. Daher verschlang er alljährlich die Kinder, die ihm Rhea gebar: als erstes Hestia, dann Demeter und Hera, dann Hades und schließlich Poseidon.
Rhea war voll des Zorns. Sie gebar Zeus, ihren dritten Sohn, in finsterer Nacht auf dem Berg Lykaion in Arkadien, badete ihn im Fluß Neda und gab ihn dann der Mutter Erde. Diese trug ihn nach Lyktos auf Kreta und verbarg ihn in der Diktischen Höhle, wo er von der Ziegennymphe Amaltheia und den Eschennymphen Adrasteia und Io gepflegt wurde. Seine Nahrung war Honig, und er trank Amaltheias Milch zusammen mit Pan, seinem Ziehbruder.
Zeus wuchs bei den Hirten des Ida-Gebirges zum Mann heran. Auch hier verbarg er sich in einer Höhle. Dann suchte er Metis, die Göttin der Weisheit auf, die ihm folgenden Rat gab: Er solle sich zum Mundschenk seines Vaters Kronos machen lassen und ihm ein Gebräu aus Met und Salz zu trinken geben. Gesagt, getan. Kronos erbrach sich ganz fürchterlich und spie alle Geschwister des Zeus, die er verschlungen hatte, aus. Zehn Jahre kämpften die Töchter und Söhne der Rhea ohne Erfolg gegen ihren Vater Kronos, bis Zeus versprach, sie zum Sieg zu führen, wenn sie ihn danach als ihren Anführer akzeptierten. Mit Hilfe der Mutter Erde erhielt er von den Kyklopen den Blitz als Waffe des Angriffs. Hades gaben sie die Tarnkappe und Poseidon den Dreizack. Ausgerüstet mit diesen magischen Werkzeugen besiegten die drei ihren Vater Kronos und teilten sein Reich unter sich auf: Zeus nahm seinen Wohnsitz auf dem Berg Olymp und erhielt den Himmel, Hades wurde Herrscher der Unterwelt mit all ihren Schätzen, und Poseidon gebot fortan über die Meere mit all ihren Lebewesen. Die Erde sollte allen dreien gehören. Doch schon bald hatte sich Zeus die Herrschaft über die Erde angeeignet, und sich zum obersten aller Götter aufgeschwungen.[28]

Was für ein toller Held, welch prächtiger Gott! Alles stünde zum Besten, wenn da nicht noch ein Gerücht kursierte:

Doch die Kreter, die lügenhaften, berichten, daß Zeus jedes Jahr von Neuem in der Diktischen Höhle von Rhea mit blitzendem Feuer und in einem Strom von Blut geboren wird und daß er jedes Jahr wieder stirbt und begraben wird.[29]

Das hört sich allerdings ganz anders an! Rhea ist auch in dieser Version der Geschichte seine Mutter, er verbringt seine Kindheit in der Dikte-Höhle auf Kreta und wächst unter den Hirten zum Mann heran. Im Gegensatz zum olympischen Zeus, der sich zum unsterblichen Himmelsvater mit Blitz und Donnerkeil aufgeschwungen hat, ist der kretische Zeus ein sterblicher Gott. Jedes Jahr wird er geboren, wächst auf, reift zum Mann, altert und wird symbolisch begraben, um dann von Rhea in einem Strom von Blut und blitzendem Feuer wiedergeboren zu werden.

Könnte es sein, daß der sterbliche Zeus noch eine andere als die menschliche Gestalt besaß? Heide Göttner-Abendroth nannte Zeus das göttliche Widderkind der Göttin Rhea auf Kreta, weil er unter Hirten aufwuchs.[30] Dies allein scheint mir keine ausreichende Begründung für die Widdergestalt des Zeus zu sein.

Abb. 11: Geflügelter Widdermensch

Eine archäologische Entdeckung stützt die These jedoch nachhaltig. In Kreta wurde ein minoisches Stempelsiegel aus der Zeit um 1500 v.u.Z. gefunden, auf dem ein geflügelter Widdermensch eingeprägt ist. Dies ist spannend, da der Widder in der Steinzeit oft als Mischwesen aus Vogel und Widder dargestellt worden ist. Zu dieser Zeit war er noch das heilige Tier der Vogelgöttin. Das minoische Stempelsiegel ist somit die älteste bekannte Abbildung, die dieses ursprüngliche Mischwesen aus Widder und Vogel um menschliche Züge erweitert. Die Göttin Rhea als älteste bekannte Göttin Kretas könnte daher sehr wohl die Mutter dieses geflügelten Widdergottes gewesen sein.

Es gibt noch ein zweites Argument, welches die These von der ursprünglichen Widdergestalt des Zeus untermauert. Simonides, der erste Mythograph des Vatikans, weiß zu erzählen, daß Zeus in einem purpurnen Vlies zum Himmel aufzusteigen pflegte.[31] Purpurrot war jedoch die Farbe der lebenspendenden Göttin. Hat sie ihrem Sohn bzw. Partner für den Moment seiner größten Kraft ein purpurrotes Widderfell verliehen? Das wäre denkbar. Dann müßten sich aber auch die anderen Farben der Göttin, weiß und schwarz, finden lassen. Robert von Ranke-Graves berichtet von einem griechischen Brauch, bei dem der Mann, der in einem Scheinopfer den Widder verkörperte, ein schwarzes Schaffell und eine schwarze Widdermaske trug.[32] Schwarz als Farbe des Todes, der Unterweltsreise. Nach der Farbe Weiß brauchen wir nicht lange zu suchen, denn weiß ist (fast) jedes Lamm bei seiner Geburt.

Weiß war das Widderkind, als es zur Welt kam. Purpurrot war der Widder zum Zeitpunkt seiner größten Kraft, weswegen Zeus mit ihm zum Himmel aufsteigen konnte. Schwarz war die Farbe des alten Widders, der die Unterweltreise anzutreten hatte. Der Widder trug einst die Farben der Göttin: weiß, rot und schwarz. Erst viel später wurde er golden. Als nämlich Zeus die Sonnenattribute der Göttin übernahm und mit einem goldenen Widderfell über den Himmel wanderte.

Das Fell des goldenen Widders sollte in den griechischen Mythen noch zu großer Berühmtheit gelangen. Es hing – von einer Schlange bewacht – im Tempel des Ares auf Kolchis und geriet zum Objekt männlicher Begierden nach Ruhm und Königsherrschaft.

10. Die Widdergötter Amun und Chnum
Die Vergewaltigung der ägyptischen Frauen
durch die „kraftvolle Männlichkeit"

In den ägyptischen Mythen werden vor allem zwei Götter mit dem Symbol des Widder assoziiert: Amun, auch Amun-Ra genannt, und Chnum. Über den Gott Amun, der den Beinamen Widder führt, berichtet uns Hyginus in seiner „Poetica Astronomica".

Dionysos war mit seinem Heer in Afrika mitten in der Sandwüste an einen öden Ort namens Ammodes gekommen. Seine Truppen gerieten dabei in große Gefahr, denn sie hatten ihre Wasservorräte aufgebraucht und sanken beim Gehen immer mehr in den Sand ein. Als sie sich dem Ende nahe wähnten, erschien ihnen ein Widder, der die Männer mit neuer Kraft erfüllte. Geführt von dem Widder gelangten sie an eine Quelle. Zum Dank ließ Dionysos an dieser Stelle einen Tempel errichten, den er dem „Zeus-Amun" weihte. Außerdem setzte er das Bild des Widders in den Sternenhimmel, auf daß er den Menschen jedes Jahr wieder zur Frühlingszeit erscheine.[33]

Der griechische Gott Dionysos, dessen Verehrung bis nach Ägypten reichte, war der Sohn des Zeus. Von daher ist es nicht weiter verwunderlich, daß ihm in der Not ein Widder erschien. Merkwürdig ist jedoch die Feststellung, der Gott Dionysos habe das Sternbild des Widders in den Himmel gesetzt. In matriarchalen Mythen ist es stets die Göttin, die am Anfang der Schöpfung das Universum, die Erde, den Himmel und alle Sterne und Himmelslichter erschaffen hat. Nie bleibt die Schöpfung unvollendet und muß später „nachgebessert" werden. Und genau das wird hier behauptet. Nachträglich setzt Dionysos das Sternbild Widder in den Himmel. Und der Widder war nicht das einzige Sternbild, das angeblich von verschiedensten Göttern – sogar von römischen Cäsaren – in den Himmel versetzt wurde. Was also wird mit dieser Aussage bezweckt? Offensichtlich soll von der Frage abgelenkt werden, wer früher mit diesem Sternbild verbunden war. Denn wenn ein Sternbild eben erst erfunden wurde, erübrigt sich die Frage. Und wem nützt das? In erster Linie wohl dem Gott Dionysos bzw. seinen Priestern und Anhängern.

Auffällig ist andererseits, daß der Widder den Kriegern des Dionysos Kraft spendet und sie zur lebenspendenden Quelle führt. Die Titel des Gottes Amun-Ra sprechen eine noch deutlichere Sprache: „kraftvolle Männlichkeit" und „heiliger Phallus, der die Leidenschaft der Liebe schürt".[34] Wem kam im Ägypten der Pharaonen die lebenspendende Energie des Widders zugute?

Über diese Frage hat die Zürcher Psychologin Doris Wolf ein Buch geschrieben, das die Geschichte der Pharaonen in völlig neuem Licht zeigt.[35] Sie belegt auf eindrückliche Weise, daß nicht die Pharaonen dem Land Ägypten die Kultur brachten, sondern daß es viele gute Gründe gibt, anzunehmen, schon vor den Pharaonen habe in Ägypten eine hochstehende matriarchale Kultur existiert, die von einem fremden, nicht-ägyptischen Volk vereinnahmt, erobert und zerstört wurde. Unter den Pharaonen entstand nicht blühendes kulturelles Leben, sondern mit einem brutalen System wurde das reiche kulturelle Leben der UreinwohnerInnen Ägyptens unterdrückt. Obwohl die Titel des Amun-Ra von Sexualität und Leidenschaft und vom Feuer der Liebe reden, müssen wir zur Kenntnis nehmen, daß es sich nicht mehr um wachstumsfördernde, lebenspendende Kräfte im matriarchalen Sinn handelte. Die Krieger der Pharaonen durchstreiften das Land bis weit nach Afrika hinein, um die Nachbarvölker zu unterwerfen, sie „heim" ins Land Ägypten und in die Sklaverei für den Pharao zu führen. Euphemistisch bezeichnen dies die meisten HistorikerInnen als politisch notwendige „Vereinigung der Länder Ober- und Unterägypten". Die Kraft des Widders kam den Soldaten, den Kriegern zugute. Der Mythos erwähnt dies ausdrücklich.

Auch die Stellung der Frau war im Ägypten der Pharaonen grauenvoll. Um die patrilineare Erbfolge zu sichern, wurde die Sexualität der Frau der männlichen Herrschaft unterstellt. Die Frauen wurden beschnitten, das heißt sexuell verstümmelt, ein Vorgang, der noch heute „pharaonische Beschneidung" genannt wird. Der Ehemann hatte im Fall eines Ehebruches durch die Frau das Recht, sie zu töten. Sie wurde lebend wilden Tieren vorgeworfen; ihr Körper wurde zerstückelt und den Hunden oder Schakalen zum Fraß vorgeworfen; man ertränkte sie im Fluß oder verbrannte sie bei lebendigem Leib. Selbstverständlich galten diese Strafen nicht für den ehebrechenden Ehemann. Und obwohl die Frauensterblichkeit in Ägypten damals sehr hoch war, nahm die Bevölkerung dennoch drastisch zu. Die verschleppten Frauen der eroberten Völker wurden vergewaltigt und gezwungen, den Nachschub an Arbeitskräften sicherzustellen, welche die gigantischen Bauvorhaben für die Pharaonen auszuführen und den luxuriösen Lebensstil der herrschenden Klasse zu ermöglichen hatten. In der Religion der Pharaonen hat Amun-Ra, der heilige Phallus, nicht die Leidenschaft der Liebe geschürt, sondern unendliches Leid geschaffen.

Auch der Mythos über den Gott Chnum, der ebenfalls in Widdergestalt verehrt wurde, gibt zu denken. Er gilt zwar noch als Gebieter über das jährliche Ansteigen des Nils und verkörpert die lebensspendende Kraft der Überschwemmung. Aber er wird auch als „Vater der Väter und Mutter der Mütter" betitelt, und es wird erzählt, er habe auf seiner Töpferscheibe Götter, Menschen und Tiere aus Lehm geformt und ihnen mit seinem Atem Leben eingehaucht. Ein unbeholfener Versuch, das Gebären der Schöpfergöttin durch töpferische Fähigkeiten zu ersetzen, der sich aber – wie die jüdisch-christliche Tradition uns gelehrt hat – Jahrtausende lang erfolgreich behaupten konnte.

So ist die ägyptische Mythologie zwar reich an Widdersymbolen; Bauten wie die Triumphstraße nach Karnak, die von riesigen Sphinxstatuen mit Widderköpfen gesäumt wird, zeigen die Bedeutung des Widders im religiösen Kult. Auch das Sternbild des Widders war für die ÄgypterInnen wichtig, denn der Sirius, der den Beginn der Nilüberflutung ankündigte, ging auf, wenn die Sterne des Widders ihren höchsten Punkt erreicht hatten.

Zugleich konfrontiert uns das Symbol der Widders in Ägypten aber auch mit der ganzen Brutalität des Patriarchats. Frustriert über das, was ich recherchiert hatte, überlegte ich lange, ob ich die ägyptischen Mythen im Zusammenhang mit dem Widder in mein Buch über die Göttin in den Sternzeichen aufnehmen sollte. Gab es in Ägypten denn gar nichts, das die matriarchale Wichtigkeit des Widders, des Schafes oder des Lammes bestätigen konnte?

Interessanterweise gibt es noch eine Geschichte, mit der die Verehrung des Amun in Widdergestalt begründet wurde. Sie ist ebenfalls zur Zeit des Dionysos angesiedelt.

Diesmal war es ein Mann namens Amun, der aus Afrika nach Ägypten kam, eine Schafherde mit sich brachte und Dionysos bat, ihn doch als Erfinder der Schafzucht bekannt zu machen. Dionysos schenkte ihm daraufhin die Ländereien bei Theben, ließ zahlreiche Statuen des Amun mit Widderhörnern bestücken und setzte wiederum das Bild des Widders unter die Sterne, damit das denkwürdige Ereignis nicht in Vergessenheit gerate.[36]

Wieder eine Und-er-schuf-mal-schnell-ein-Sternbild-Geschichte! Hier ist Amun ein Schafhirte und kommt aus Afrika. Dies ist eine Spur, der zu folgen sich lohnt.

11. Die Schafgöttin aus den Atlasbergen

Buffie Johnsons Buch über „Die Große Mutter in ihren Tieren" enthält eine Felsgravierung aus den Atlasbergen in der algerischen Sahara, deren Entstehung zwischen 7000–4500 v.u.Z. datiert wird.

Die Gravierung zeigt einen Mann, „der ehrfurchtsvoll vor einem Mutterschaf steht, dessen Halsband das Zickzackmuster der Göttin aufweist. Das milchspendende Euter kennzeichnet und unterstreicht das Geschlecht des Tieres, und die Sonnenscheibe auf dem Kopf sowie das Halsband bestätigen seine Göttlichkeit."[37]

Dieses Felsritzbild bestätigt den Schafkult in Nordafrika. Die Verehrung des göttlichen Schafes ist somit um einige Jahrtausende älter als die der ägyptischen Widdergötter. Folglich erzählt Hyginus die Wahrheit, wenn er von einem Mann aus Afrika spricht, der die Kunst der Schafzucht in Ägypten bekannt macht. Vielleicht hat Hyginus aber auch recht mit seiner ersten Geschichte, in der er die Sol-

Abb. 12: Die Schafgöttin aus den Atlasbergen

daten als Fremde bezeichnet? Denn Dionysos, der die Soldaten anführte, war gewiß kein ägyptischer Gott. Wenn wir den Mythen glauben, könnte es sein, daß die Verehrung des göttlichen Schafes und das Wissen um die Schafzucht auf Völker aus Afrika, die sich entlang des Nil angesiedelt hatten, zurückgeht, welche Jahrtausende später von kriegerischen Völkern aus Kleinasien erobert wurden. Doris Wolf fand viele Belege für eine matriarchale Kultur im Niltal, die bis jetzt von den ÄgyptologInnen konsequent unbeachtet blieben. Es scheint, als müsse die Forschung zur ägyptischen Frühgeschichte einer generellen Überprüfung unterzogen werden. Vielleicht werden die ForscherInnen der Zukunft uns einmal die Frage beantworten können, welche urägyptischen Schafgöttinnen, göttlichen Widder und Lämmer uns in und um Ägypten durch die Herrschaft der Pharaonen verloren gegangen sind.

12. Der Widder und das Feuer

Bis zum Ende der gallischen Unabhängigkeit standen mancherorts noch „Feuerböcke" vor den Herdfeuern. Sie waren Gebilde aus Ton oder Eisen, versehen mit Widderköpfen.

Mit dem Feuerbock bereicherten die KeltInnen auf sehr eindrückliche Weise das alltägliche Leben um die kultische Dimension: Für das Leben und Überleben der Menschen war das Herdfeuer, an dem sie sich wärmten und ihre Speisen zubereiteten, von so großer Bedeutung, daß sie das Feuer durch das kultische Lebenssymbol, den Widder, zu stärken hofften. Und da den Menschen bewußt war, daß sie nur überleben konnten, wenn sie einander halfen und das Feuer teilten, galten die Feuerböcke auch als Zeichen der Gastfreundschaft.

Ich habe im ersten Kapitel von einem dämonischen Feuerwesen erzählt, das im Alpenraum Schabbock genannt wird. Dieses Wesen stellten sich die Menschen als brennende Strohgarbe vor, die über den Himmel brauste und sich in einen Bock verwandeln konnte. In Bocksgestalt riß der Teufel – um diesen handelte es sich – die Menschen ins Verderben. Der Name des Feuerwesens wird herkömmlicherweise von Schaube, dem alten Wort für Garbe, abgeleitet. Diese etymologische Ableitung erklärt zwar, warum sich die Menschen den Schabbock als glühenden Besen, als brennende Strohgarbe vorstellen, aber warum aus einer glühenden Garbe ein Bock werden soll, ist damit noch lange nicht erklärt.

Abb. 13: Feuerbock

Für mich ist durchaus denkbar, daß die Feuergestalt des Schabbock auf den Widder der Göttin, den Schafbock, zurückgeht. Ich halte es für möglich, daß im Schabbock auch die Erinnerung an die weit verbreiteten Feuerböcke – in dämonisierter Form – lebendig geblieben ist. Die Erklärung, der Name Schabbock leite sich von Schaube bzw. Garbe her, irritiert mich nicht weiter. Denn in der Geschichte der Eigennamen ist es oft so, daß aus dem Unverständnis gegenüber alten Bedeutungen neue Erklärungen gesucht und gefunden werden, die dann selbstverständlich die bildhafte Vorstellung beeinflussen. So könnte unter dem Einfluß des Christentums aus dem göttlichen Funken, verkörpert in der Stoßkraft des Widders als Tier der Göttin, sichtbar im Symbol des keltischen Feuerbocks, die brennende Strohgarbe, der brennende Besen, als Inkarnation des Bösen geworden sein.

13. Die Muttergöttin greift zu den Waffen
Von den sagenhaften Fechtmeisterinnen Scathach und Uathach und der Königin Boadicea, die die Römer das Fürchten lehrte

Bei den KeltInnen gab es keine eigene Gruppe von Kriegsgöttinnen. Diejenigen, die manchmal von römischen Historikern so bezeichnet wurden, wie Andraste, Badb, Macha, Morrigan, Nemain und Nemetona, waren Muttergöttinnen mit viel weiter reichenden Fähigkeiten und Aufgaben. Denn Leben und Tod gehörten auch für die KeltInnen untrennbar zusammen. Grundsätzlich konnte aber jede Muttergöttin, die bei den KeltInnen ja auch immer das Land selbst verkörperte, wenn sie beleidigt wurde, zur erzürnten, rächenden Furie werden. In vielen

Mythen vereinigte die Göttin sich vor der Schlacht mit ihrem Geliebten und stellte so das Gleichgewicht zwischen den Todes- und Lebenskräften wieder her.

Die keltischen Frauen waren selbständig und unabhängig. Und sie wußten ihre Freiheit zu verteidigen. Sie taten das so beeindruckend, daß die Römer sie über alle Maßen fürchteten. Kämpferische Frauen besaßen bei den KeltInnen eine lange Tradition. Die KeltInnen pflegten ihre Kinder nicht selbst aufzuziehen, sie hielten es für notwendig, sie früh aus dem Familienverband zu lösen, und übergaben sie Zieheltern. Junge Männer, die zu Kriegern ausgebildet werden sollten, reisten in den Norden der britischen Insel, ins Land der Pikten. Frauen, die als Zauberinnen und Amazonen beschrieben werden, lehrten sie die Fechtkunst und den Gebrauch der übrigen Waffen. Um ihre Erziehung zu vervollständigen, weihten die Frauen sie auch in die Geheimnisse der Sexualität ein. Als Lehrerinnen der Leben fördernden Kräfte und der Fähigkeit, es zu schützen und zu verteidigen, zeigen sich die Keltinnen als wahre Töchter ihrer Muttergöttinnen.

Die berühmtesten dieser Lehrerinnen waren die Fechtmeisterinnen *Scathach*, „die Schattenhafte", und ihre Tochter *Uathach*, „die Schreckliche", die gemeinsam eine Schule für Krieger unterhielten und ihnen – wenn sie sich ihres Unterrichts würdig erwiesen hatten – die Kniffe bei Angriff und Verteidigung, die zur Meisterschaft im Handwerk führten, beibrachten. Auch Scathach war nicht nur Kriegerin, sondern zugleich Dichterin und Seherin. Zu ihren Schülern zählten die sagenumwobenen Helden der keltischen Literatur. Scathach und Uathach gehörten zu den der Göttin Morrigan ähnlichen Muttergöttinnen, die unter anderem das Kriegshandwerk verkörpern.

In den Sagen um die Tafelrunde des König Artus vermischen sich keltische Traditionen und christliche Religion. Vor dem Hintergrund keltischer Göttinnen erscheint Ginevra, die Gemahlin Artus', in neuem Licht. Die Erzähler der Artusmythen wiesen ihr oft nur die Aufgabe zu, schön zu sein und die Verehrung ihres Gatten und dessen Ritter Lancelot entgegenzunehmen. Dabei legte sie dem König vor jeder Schlacht den Waffengürtel um und reichte ihm das Schwert. Sie war eben nicht die brave Ehefrau, die ihrem Mann die Aktentasche in die Hand drückt, bevor er zur Arbeit geht, sondern für Artus' Siege war unabdingbar, daß er „seine" Waffen von „seiner" Königin als Stellvertreterin der Göttin, die das Land verkörperte, erhielt. Nur so konnte er „sein" Land vor Feinden bewahren. Die Autoren der mittelalterlichen Epik haben hier die Gestalt der walisischen Göttin Guinevere, auch

Gwenhyfar bzw. Gwenhwyar genannt, fast unverändert in die Artussage übernommen. Nach manchen Erzählungen soll König Artus drei Frauen geheiratet haben, die alle Guinevere hießen. Dies erinnert an die Überlieferung, daß ein König die dreifache Göttin der Erde heiraten muß, um mit dem Land verbunden zu sein.[38] Obwohl sich die Erzähler alle Mühe gaben, ein christliches Epos zu schaffen, konnten sie auf die Göttin als zentrales Element in der Geschichte nicht verzichten. Niemand hätte ihnen sonst zugehört. Aber sie unternahmen alles, um die Bedeutung der vermenschlichten Göttin zu verschleiern.

Die berühmteste Kämpferin aus den Reihen der Keltinnen war Boadicea. Ihr Kampf beeindruckte die Römer dermaßen, daß ihre Geschichte bis heute erhalten blieb. Boadiceas Gatte, König Prasutagus, hatte versucht, durch Gold- und Landgeschenke an die Römer sich Autonomie zu erkaufen. Doch die Römer beschlagnahmten in ihrer Gier gleich das ganze Königreich. Erzürnt rief Boadicea, inzwischen Witwe geworden, ihr Volk zum Widerstand auf. Die Römer ließen sie wie eine Sklavin auspeitschen und vergewaltigten ihre Töchter. Damit beleidigten sie nicht nur eine keltische Königin, sondern auch die oberste Druidin der Iceni. Boadicea war Priesterin der Andraste und rief nun ihre Göttin um Hilfe an. Aus dem Lauf eines Hasen deutete sie günstige Omen für ihren Kampf. Nachdem die Römer auch noch das große Heiligtum auf der Insel Anglesey im Nordwesten von Wales, das zugleich wichtigste Ausbildungsstätte der Druiden war, zerstört hatten, brannte Boadicea die jungen Römerstädte Colchester, London und Verulamium bis auf die Grundmauern nieder. Gegen die drei Legionen Berufssoldaten, die danach gegen sie antraten, hatte ihr loser Verband keltischer KriegerInnen allerdings keine Chance. Boadicea entkam zwar vom Schlachtfeld, gab sich aber – vielleicht als Opfer an ihre Göttin – selbst den Tod.[39] Boadiceas Grab in Hampstead Heath ist ein Wallfahrtsort für Frauen, die einen Kampf durchzustehen haben und eigenmächtig leben wollen.[40]

14. Heimdall und Thor
Die Widdergötter des Nordens benutzen den Widder als Rammbock

Durch die nordisch-germanischen Mythen ziehen streitbare gehörnte Götter. Mich interessiert natürlich auch in diesem Mythenkreis, wo die Göttin mit dem lebenspendenden Widder versteckt ist.

Da wäre zuerst Heimdall mit dem Horn.

Heimdalls Mütter waren die neun Töchter der Meeresgöttin Ran: Angeyja, Atla, Eistla, Eyrgjafa, Sjalp, Greip, Imd, Jarnsaxa und Ulfrun. Als Heimdalls Vater wird Odin genannt. Von der Himmelsburg aus bewachte Heimdall die Götter. Er war ein guter Wächter, denn er kam mit wenig Schlaf aus und hatte ein so feines Gehör, daß er das Gras und die Wolle der Schafe wachsen hörte. Sobald feindliche Riesen herannahten, warnte er die Götter mit seinem Gjallahorn. Als Loki der Göttin Freya den magischen Halsschmuck Brisingamen entwendet hatte, war es Heimdall, der ihn wieder zurückbrachte.[41]

Leider geben uns die Mythen keine Auskunft, von welchem Tier Heimdalls Horn stammte. Seine Mütter scheinen aber besonders wichtig gewesen zu sein, denn er hatte gleich neun. Heimdall war ursprünglich als Atmosphäre- und Sonnengott der Gatte der Erdgöttin Jörd gewesen. Sein Horn war daher das Füllhorn der Erdgöttin. Heimdall kannte auch noch seine Verpflichtung der Göttin gegenüber und kam ihr nach, indem er ihren Schmuck zurückholte. Sein direkter Nachfolger war Thor, von dem er entthront wurde.

Thor war der Sohn Jörds und Odins und wurde auch „Wagen-Thor" genannt, weil er, wenn er nicht zu Fuß ging, mit seinem Wagen fuhr, vor den die beiden Böcke Tanngnjost und Tanngrisnir gespannt waren. Sein wichtigstes Attribut war der Hammer Mjöllnir. Die starke Riesin Grid, die Mutter des Widar, lieh ihm ihren Kraftgürtel, magische Eisenhandschuhe und ihren Stab, den sogenannten Gridarwöl. Thor wurde als Verteidiger der Welt der Götter und der Menschen gerühmt, denn er war der Feind und Töter der Riesen und Riesenweiber.[42]

Auch in Thor erkennen wir den regenspendenden Wettergott, der einst der Göttin zur Sicherung der Fruchtbarkeit beizustehen hatte. Ihre „Werkzeuge" Blitz und Donner – oder den Hammer, mit dem sie Blitz und Donner erzeugen konnten – erhielten diese Atmosphäregötter ursprünglich immer von der Göttin. Wir können Thor aus diesem Grund mit vielen patriarchalen Göttern wie Jahweh, Zeus, Jupiter und Odin vergleichen. Aber Thor stürzte sich gern in den Kampf, weswegen ich ihn den Kriegsgöttern Ares und Mars gleichsetzen möchte.

Der Riesin Grid, der er eigentlich seine Kraft verdankte, fühlte Thor sich in keiner Weise mehr verpflichtet. Die RiesInnen in der nordischen Mythologie entsprechen den TitanInnen in der griechisch-olympischen Mythologie und stellen wieder die älteren, vormals verehrten, jetzt besiegten GöttInnen dar. Da Thor viele von ihnen tötete, besteht wohl kein Zweifel darüber, daß er nicht daran dachte, den geliehenen Kraftgürtel und die Eisenhandschuhe der Riesin je zurückzugeben.

Leider gibt es in den Epen und Liedern keinen Hinweis, ob Widder, Ziegen- oder Steinböcke Thors Wagen zogen. Plötzlich kamen mir die Rammböcke in den Sinn. Die Nordmänner hatten auf ihren Eroberungszügen viele Festungstore mit Rammböcken durchbrochen. Dazu hatten sie Baumstämme verwendet und diese vorn mit eisernen Widderköpfen versehen. Da der Widder als Rammbock das Zeichen nordischer Kampfkraft wurde, dachte ich, daß die Vermutung, es habe sich bei den Böcken des Thor um Widder gehandelt, vertretbar wäre. Oft sind die sogenannten Nebensächlichkeiten, in diesem Fall der Rammbock, am spannendsten. Ich konsultierte das Etymologische Wörterbuch, und siehe da, *Ram* ist das alt- und mittelhochdeutsche Wort für „Widder", für den „unverschnittenen Schafbock", das zeugungsfähige Tier. Das Wort hat sich im Englischen und Niederländischen erhalten. Der Schafbock heißt in diesen Sprachen noch immer *ram*. Im Deutschen hat sich *ram* in den Verben rammen und rammeln erhalten. „Rammen" gebrauchen wir sehr unterschiedlich: etwas hineinstoßen, auf etwas auffahren, etwas durch Zusammenstoß beschädigen oder versenken. Alle Vorgänge bedeuten einen Kraftschub, der auf etwas trifft. Das kann aufbauend sein oder zerstörerisch. Das Wort selbst ist wertneutral, es bezeichnet nur den physischen Vorgang. Das zweite Verb ist „rammeln". Es bezeichnet den Geschlechtsakt bei Tieren und in der Vulgärsprache auch den der Menschen. Auch das Hauptwort Rammler, das einen Schafbock oder männlichen Hasen bezeichnet, stammt vom althochdeutschen *ram* ab. Beide Tiere sind für ihren eifrigen Geschlechtstrieb und dessen kraftvolle Anwendung bekannt. Auf diese Weise bestätigt die Wortfamilie um das Wort *ram* die Verbindung von Stoßkraft, Lebenskraft und aktiver Sexualität mit dem Widder, beinhaltet aber auch Kampf und Zerstörung.

15. Grid und Widar
Die Riesin mit dem Widdersohn

Die Riesin Grid ist zur Randfigur der Erzählung abgesunken. Von ihr ist nur bekannt, daß sie die Mutter Widars des Schweigsamen war und Thor drei magische Kraftgegenstände geborgt hat. Über ihren Sohn geben die Mythen bereitwillig Auskunft. Wen wundert's!

Gemeinsam mit seinem Vater Odin und allen Göttern wird Widar im Ragnarök kämpfen, dem Weltuntergang, der in der Völuspa-Saga visionär beschrieben wird. In der großen Schlacht zwischen den Göt-

tern und den Riesen wird Widar den Wolf bezwingen, nachdem dieser Widars Vater Odin verschlungen hat. Widar wird mit einem Fuß in den Unterkiefer des Wolfes treten, mit der Hand den Oberkiefer des Wolfes ergreifen und seinen Schlund so weit aufreißen, daß der Wolf verendet. Dann wird der Feuerriese Surt die ganze Welt in Flammen aufgehen lassen.

„Doch die Erde steigt aus dem Meer empor und ist grün und schön; auf den Feldern wächst es ohne Aussaat. Widar und Wali sind am Leben, da weder die See noch Surts Lohe ihnen etwas angehabt haben, sie wohnen auf dem Idafeld, wo früher Asgard, die Heimstatt der Götter, stand. Dahin kommen auch Thors Söhne Modi und Magni und bringen den Mjöllnir mit. Dann kommen auch Balder und Höd aus der Hel. Alle setzen sich zusammen und unterhalten sich, erinnern sich an ihre Runen und sprechen über die Ereignisse in alten Tagen.

Und dort, wo es ‚Hoddmimirs Holz' heißt, verstecken sich beim Feuersturm zwei Menschenkinder; Lif und Lifthrasir, und nähren sich vom Morgentau, und von diesem Menschenpaar stammt eine so große Nachkommenschaft, daß die ganze Welt bevölkert wird."[43]

Althochdeutsch *widar* bedeutet „Widder". Die Riesin Grid war die Leben und Kraft spendende Göttin mit dem Widdersohn. Widar wäre der rechtmäßige Erbe jener Kraftgegenstände gewesen, die Thor der Riesin Grid nicht mehr zurückgegeben hatte. Obwohl Widar angeblich nur fast so stark wie Thor gewesen sein soll, ist er doch viel mehr als ein tapferer Recke. Er bezwingt nicht nur den Wolf, sondern als der Gott, der die lebenspendende Kraft verkörpert, gehört er zu den wenigen, die am Leben bleiben. Selbst in der männlich dominierten und kampforientierten nordischen Götterwelt existiert das Wissen, daß die Welt letztendlich auf die lebenspendende Kraft des Widdersohnes der Göttin angewiesen ist. Widar muß also den Weltuntergang überleben, denn ohne ihn könnte das Leben nicht weitergehen.

Ragnarök, der Weltuntergang, ist in den nordischen Mythen als Zukunftsvision der Seherin Völuspa formuliert. Die Seherin erzählt, was in ferner Zukunft auf die Menschen zukommen wird, und wendet dabei einen literarischen Kunstgriff an. Die wunderbare Welt, die sie aus dem Meer aufsteigen sieht, ist das vor langer Zeit untergegangene Paradies, jene Welt ohne Kampf, die andere Völker am Beginn ihrer Geschichte wähnen. So legt die Seherin Völuspa in die Herzen ihrer ZuhörerInnen die tröstliche Hoffnung, daß es wieder so werden wird, wie es zu Zeiten der Göttin mit dem lebenspendenden Widder gewesen ist.

16. Ostara
Die Frühlingsgöttin mit dem Sonnenei und dem Hasen

Ostara, auch Eostre genannt, die Frühlingsgöttin der AngelsächsInnen, soll den Reigen der Wachstumsgöttinnen und -götter beschließen. Ihr Name leitet sich vom Licht, das im Osten aufgeht, ab. Als ihre Attribute galten das goldene Sonnenei und der Hase. Der Hase hat auf den ersten Blick mit dem Widder nichts gemein, aber beide Tiere sind für ihren starken Fortpflanzungstrieb bekannt. Die Häsin schenkt so vielen Jungtieren das Leben, daß ihre „Vermehrungsbereitschaft" schon sprichwörtlich geworden ist. Deshalb geben Häsin und Hase ein schönes Symbol für die lebensspendende Kraft der Göttin ab. Das Fest der Ostara wurde zu Frühlingsbeginn, der Zeit des neuen Wachstums, gefeiert. Die AngelsächsInnen benannten einen ganzen Monat nach ihrer Göttin, den „Eastre-monath".[44]

Das Christentum hat dieses „heidnische" Fest als Osterfest vereinnahmt und dabei sogar die Abhängigkeit des Datums vom Mond beibehalten: Das Osterfest findet noch immer am ersten Sonntag statt, der auf den Vollmond nach der Frühlingstagundnachtgleiche folgt. Leicht hatten es die christlichen Missionare allerdings nicht, die Menschen zu überzeugen, ihr altes Göttinnenfest zu Gunsten des neuen Gottes aufzugeben. Von den IrInnen wird erzählt, daß sie noch Jahrzehnte, nachdem ihnen der Römische Kalender auferlegt worden war, am alten Festtag der Eostre festhielten.[45] Was vor allem damit zusammenhängen dürfte, daß die fruchtbarmachende Göttin mit dem Hasen durch den auferstandenen Christus nur sehr unzureichend ersetzt werden konnte. In Böhmen wird sogar von einer Koexistenz beider Kulte berichtet: Am Ostersonntag, dem Tag der Sonne, wurde vorschriftsmäßig Christus verehrt, am Ostermontag, dem Tag des Mondes, sein heidnischer Rivale, der Gefährte der Frühlingsgöttin.[46]

Auch wenn die Gestalt der Göttin verschwunden ist, Hase und Ei, ihre Attribute, blieben bis auf den heutigen Tag im Brauchtum lebendig. So trifft sich zur Osterzeit der Hase, der für die Kinder die Eier versteckt, mit dem göttlichen Lamm, auf daß das Leben auferstehen und neu beginnen kann. Und ganz unbemerkt von den etablierten christlichen Kirchen ist die Göttin mittlerweile zurückgekehrt. Sie lebt in den Herzen der Frauen, die in ihr die Herrin des Widders und des Hasen und die Schöpferin des Welteneis erkennen.

17. Agnes
Die Heilige mit dem Lamm

Eine Heilige, deren Attribut ein weißes Lamm ist, sollte uns neugierig machen.

Wie die Jungfrau Maria stammte Agnes von „unbefleckten" Eltern ab. Sie sei von Anfang an Christin gewesen und habe die Liebe eines Römers zurückgewiesen, der sie dafür wegen ihres Glaubens angezeigt habe. Noch nie sei ein so junges Mädchen vor dem Richter gestanden, der dachte, sie leicht von ihrem Glauben abbringen zu können. Aber nicht einmal die Androhung, sie in ein Freudenhaus zu schicken, ließ ihren Glauben an Christus – ihren Bräutigam – wanken. Der Zeitpunkt, angeblich unter Konstantin dem Großen, und die Art ihres Martyriums, Feuertod, Enthauptung oder Dolchstoß in den Hals, sind ungewiß. Aber sie erschien ihren trauernden Freunden am achten Tag nach ihrer Beisetzung als Jungfrau in goldenem Kleid mit einem Lämmlein weiß wie Schnee, umgeben von einem Reigen strahlender Jungfrauen. Sie bat, nicht um ihren Tod zu trauern, denn sie lebe nun in einem lichten Reich.[47]

Abb. 14: Agnes mit dem Lamm[48]

Obwohl selbst katholische Gelehrte zugeben müssen, daß ihre Legende einen enttäuschenden Mangel an Wahrscheinlichkeit aufweist, gilt Agnes als eine der ältesten und meist verehrten Heiligen. Sie scheint allerdings älter als das Christentum zu sein, nämlich eine jüdisch-römische Version des Heiligen Lammes *agna*, der jungfräulichen Gestalt der Schafgöttin Rahel. An ihrer Geschichte ist vieles seltsam: Zur

Zeit Konstantins wurden die Christen nicht mehr verfolgt. Und wenn berichtet wird, daß römische Juden sie in der Kirche, die 350 u.Z. über ihrem Grab errichtet wurde, verehrten, können wir mit Sicherheit annehmen, daß Juden nie eine christliche Heilige verehrt haben, wohl aber eine Version von Agna, dem Heiligen Lamm.[49]

Aufmerksam müssen uns auch die in fast allen Heiligenlegenden wiederkehrenden Themen Jungfräulichkeit, abgelehnte Heirat und Prostitution machen. Daß Agnes ihr Nonnenkloster angeblich in einem Haus heiliger Tempelhuren gründete, läßt uns sie als orgiastische Priesterin erkennen. Die Heilige Hochzeit, vollzogen durch die die Göttin vertretende Priesterin und einen Priester, fand in ihrem Tempel statt. Noch in unserem Jahrhundert versuchten junge Frauen am Tag der Heiligen Agnes, dem 21. Januar, durch einen Blick in magische Spiegel den Namen ihres zukünftigen Bräutigams zu erfahren.[50]

Noch immer werden alljährlich am 21. Januar in der Kirche der Heiligen Agnes, *S. Agnese fuori le mura*, zwei Lämmer gesegnet, deren Wolle zu Pallien, liturgische Gewänder, die dem Papst und bestimmten Erzbischöfen vorbehalten sind, verwoben wird.[51] Auch die Kirche, die doch so fest auf das Lamm Gottes vertraut, bewahrt auf diese Weise die rituelle Verbindung zur jüdischen Schafgöttin Rahel.

18. Die Gottesmutter mit dem Widder

a) Maria Luschari

Vor langen Jahren wurden die Höhen des Luscharibergs nur von Hirten und Jägern erstiegen. Da geschah es, daß ein Hirte seine Schafe plötzlich nicht mehr finden konnte. Erst nach mehrstündiger Mühe fand er sie dicht geschart bei einem Busch stehen, den sie trotz seines Rufens nicht verließen. Neugierig gemacht, sah er nach und erblickte mit Staunen ein von Glanz umgebenes Marienbild. Ehrfürchtig nahm er es, drückte es an die Lippen und beschloß, seinen Fund in die Hände des Priesters zu legen. Willig folgte die Herde nun dem Träger des Gnadenbildes. Der Hirte wanderte hinab nach Saifnitz, berichtete dem Pfarrer das Geschehene und übergab ihm das heilige Bild.

Als am anderen Morgen die Pferche der Lämmer geöffnet wurden, eilten sie in freudigen Sprüngen den Berg hinan und zu jenem Busch, in dem wie tags zuvor das Gnadenbild in Glanz und Helle erstrahlte.

Dreimal wiederholte sich das Wunder. Nun ließ man das Bild an der Stelle, die es sich auserwählt hatte, und Tausende von Frommen strömten aus Nah und Fern herbei, es zu verehren. Bald entstand eine Kirche an jener Stelle, und seit damals – und bis zur Stunde – ist Maria Luschari einer der besuchtesten Wallfahrtsorte des Landes.[52]

Die Wallfahrtskirche Maria Luschari liegt an der österreichisch-italienischen Grenze in der Nähe von Tarvis. Obwohl die Kirche heute auf italienischem Boden steht, pilgern zahlreiche ÖsterreicherInnen über die Grenze. Dies ist nicht weiter verwunderlich, die Luschari-Wallfahrt war einmal eine der meistbesuchten in der österreichisch-ungarischen Monarchie.[53]

b) Maria Lavant
Auch nach Prägraten und Virgen war der „große Sterb" gekommen, wie Seuchen und Pest genannt wurden. Man versprach eine jährliche Wallfahrt zu Unserer Lieben Frau nach Lavant und die Opferung eines Widders bei der gütigen Mutter. Bald danach sah man auf einer Wiese bei Niedermauern den Teufel persönlich mit einem Widder stoßen. Die Rauferei dürfte fürchterlich gewesen sein, das Ende war überraschend: Der Teufel zog den Kürzeren. Man kann sich vorstellen, wie sehr die Leute aufatmeten, die Seuche ging seitdem zurück.

Zum Dank für die wunderbare Erlösung von der furchtbaren Plage ziehen die Prägratner und Virgener alljährlich nach Maria Lavant und opfern einen prachtvollen Widder, den schönsten, den sie haben. Er darf zwei Jahre zuvor nicht geschoren werden und wird zur Wallfahrt selber prächtig aufgeputzt.[54]

Wie ich schon im Abschnitt über „Widder und Lamm in der jüdischen und christlichen Tradition" (vgl. S. 56ff) ausgeführt habe, wurde besonders der Widder im Christentum abgewertet und mit dem Teufel in Verbindung gebracht. Die Osttiroler Sage ist deshalb so bedeutend, weil in ihr der Widder wieder in seiner ursprünglichen Form, als Tier der Göttin und nicht des Teufels, auftaucht. Selbstverständlich hat das Christentum die Göttin durch die Gottesmutter Maria ersetzt. Der Widder verhilft mit seiner Stoßkraft dem Leben zum Durchbruch.

Der Sage ist nicht zu entnehmen, wann dieser Kampf gegen die Pest stattgefunden haben soll. Die VirgenerInnen führen das Gelübde auf die Pest während des Dreißigjährigen Krieges zurück. Manches spricht aber dafür, daß das Gelübde bereits in der Pestzeit des 14. Jahrhunderts getan und im 17. Jahrhundert nur erneuert worden ist. Auf jeden Fall liegen zwischen dem sagenhaften Vorfall und der Zeit, als die Göttin mit dem Widder als lebensspendende Göttin verehrt wurde, Jahrtausende. Ich habe keine Kenntnis, ob die erste Opferung eines

Widders in Osttirol urkundlich belegt ist oder ob wir überhaupt annehmen müssen, daß die Sage eine Opfertradition erklärt, die aus viel älteren Zeiten stammt als jenen der Pest im Mittelalter. Eine wissenschaftliche Arbeit hierzu ist mir nicht bekannt. Was ich so außerordentlich finde, ist nicht die (durchaus mögliche) historische Tradition eines Widderopfers, sondern die Kontinuität eines mythischen Bildes: Die Göttin mit dem Widder spendet das Leben, der Widder verkörpert die Lebenskraft der Göttin. Es ist meines Erachtens unwichtig, ob dieses mythische Bild immer im Bewußtsein der Menschen bestand oder ob es in tieferen Schichten der menschlichen Seele ruhte. Ausschlaggebend und wahrlich beeindruckend ist, daß die Menschen in Zeiten existentieller Not sich an die Göttin mit dem Widder erinnern, die seit Urzeiten das Leben verkörpert.

Diese Erinnerung an die lebenspendende Göttin mit dem Widder pflegen die Menschen in Osttirol bis heute in Form eines „christlichen" Widderopfers. Es wird als Opfer zur Abwehr von Katastrophen wie Lawinen, Muren, Bränden und ansteckenden Krankheiten verstanden. Nur der schönste und kräftigste Widder aller beteiligten Dörfer wird als Opfertier ausgewählt. Und so manche – oft arme – Bäuerin pflegt ein Tier über Jahre, um es dann als Opfer zur Verfügung zu stellen. Der Widder darf in der ganzen Vorbereitungszeit nicht geschoren werden. Dieses Gebot ist aus der Überzeugung entstanden, daß die Kraft eines Wesens in seinen Haaren liegt.[55] Am ersten Samstag nach Ostern wird der Widder gewaschen, gekämmt, mit bunten Bändern, einem Myrtenkranz und Rosmarinsträußen geschmückt und traditionellerweise von einer Frau während der Wallfahrt geführt.

Früher begleiteten die DorfbewohnerInnen den Widder zur Wallfahrtskirche Maria Lavant.[56] Im Jahr 1919 aber verbot der damalige Pfarrer die Wallfahrt nach Maria Lavant, weil er Anstoß daran genommen hatte, daß besonders während der Übernachtungen dabei „unheiliges Treiben" stattfand. Immer wieder kamen neun Monate nach der Wallfahrt uneheliche Kinder zur Welt. Seit damals wird der Widder in die Obermaurer Kirche geführt und dort gesegnet. Einst wurde er tatsächlich geopfert und geschlachtet, heute ist das Opfer symbolischer Natur, er wird versteigert oder verlost. Gewinnt jemand den Widder, der selber keine Landwirtschaft besitzt, kauft ein Bauer ihm das Tier wieder ab und verwendet es zur Zucht.[57] Der Opferwidder verhalf und verhilft noch immer dem Leben auf mannigfaltige Weise zum Durchbruch.

19. Die Sage von den Bergfräulein und dem Lamm

In alten Zeiten lebten auf dem Hochschwab die kleinen Bergfräulein, die sich oftmals den Leuten auf der Alm zeigten. Eines Tages kamen sie zu einem Schafhalter, der sieben Lämmer in seiner Herde hatte. Sie erbaten ein Lamm, das sie braten und verzehren wollten, versprachen ihm aber zugleich, daß dadurch sein Bestand nicht verringert werde. Dem Hirtenknaben kam dies sonderbar vor, weshalb er anfänglich ihren Wunsch nicht erfüllen wollte. Doch die Bergfräulein baten solange, bis er ihnen schließlich ein Lamm überließ. Nachdem sie das Tier geschlachtet und zubereitet hatten, luden sie den Hirten ein, mitzuessen, ermahnten ihn indes, darauf zu achten, daß er nicht auf einen Knochen beiße. Sie gaben ihm ein Stück Braten und aßen alles übrige selbst auf. Obwohl der Knabe sich sehr bemühte und vorsichtig zubiß, verletzte er trotzdem beim Abnagen einen Fußknochen.

Als das Mahl beendet war, lasen die Fräulein alle Knochen sorgfältig auf und wickelten sie in das Lammfell. Und siehe: Bald danach hüpfte das Lämmlein zurück in die Herde. Es lahmte jedoch an dem Fuß, den der Hirte beim Abnagen beschädigt hatte.[58]

Diese Sage existiert in verschiedenen Versionen im ganzen Alpenraum. Einmal wird ein Ochse gebraten, dann wieder ein Schaf oder eine Ziege. Es sind aber immer zauberkundige Wildfrauen, Bergfräulein und die ihnen verwandten Almgeister, die Kasamandln, welche die Kunst beherrschen, ein gebratenes Tier erst zu verspeisen und es dann zurück in die Herde springen zu lassen. Die zauberkundigen Frauen stammen aus einer Zeit, als die Almwirtschaft angeblich noch nicht so mühselig war, die Wiesen öfter gemäht werden konnten und die Kühe viel mehr Milch gaben als heute. Die Sagen beschreiben ein Goldenes Zeitalter der Fülle, als Mensch und Natur noch im Einklang miteinander lebten. Die Bergfräulein besitzen die Gabe der Erneuerung. Wer sich ihren zyklischen Gesetzen unterwirft, lebt in Fülle, und alles wächst immer wieder nach.

Es besteht Grund zur Annahme, daß die Almsagen die Kultur jener Völker widerspiegeln, die in der Bronzezeit und danach sich auf die höher gelegenen Almen zurückzogen, um unbehelligt von den Wanderbewegungen und Eroberungen neuer Völker in den Tälern ihre Kultur beibehalten zu können. Die Almwirtschaft ist archäologisch und historisch noch weitgehend unerforscht. Nach neuen Erkenntnissen prägten vor allem die VeneterInnen, ein slawisches Volk, die Kultur im Alpenraum, bevor sie vor den KeltInnen in die höher gelegenen

Siedlungsgebiete zurückwichen. Über das Weltbild dieses Volkes ist wenig bekannt. Wenn wir aber die Wesen der Almsagen als mögliche Überreste dieses Weltbildes berücksichtigen, können wir vermuten, daß die Frauen darin in hohem Ansehen standen. Was uns die VeneterInnen mit Sicherheit hinterlassen haben, ist eine Fülle slawischer Orts- und Flurnamen, die sich besonders in den Mundartbezeichnungen erhalten haben.[59]

20. Das Märchen vom schwarzen Widder

Selbstverständlich haben zweitausend Jahre Christentum auch in der Sagen- und Märchenwelt der Alpenländer ihre Spuren hinterlassen. Die Göttin mit dem Widder ist im folgenden Schweizer Märchen nahezu unkenntlich geworden, um so stärker tritt der dämonisierte Widder als Tier des Teufels hervor.

Zur Einweihung des Schlosses Franquemont waren zahlreiche Edelleute mit ihren Damen und Pagen erschienen. Eine Gruppe von Jungfrauen überbrachte der Schloßherrin, deren Schönheit und Güte in der Gegend sprichwörtlich waren, Glückwünsche und Geschenke des Landvolks. Überall sah man frohe Gesichter. Nur der Hirt Nicolas stand mürrisch abseits.

Kaum war der erste Teil der Festlichkeiten beendet, kehrte er zu seiner Herde zurück. Den Kameraden ging er beharrlich aus dem Weg und wurde in den nächsten Tagen immer mürrischer und übellauniger. Doch seine Freunde drangen in ihn, um zu erfahren, warum er auf einmal wie umgewandelt war. Da gestand Nicolas, daß der ungewohnte Anblick des festlichen Treibens auf dem Schloß, das Gepränge der Halsketten und bunten Gewänder seinen Sinn erregt und mit nagender Unzufriedenheit erfüllt hatten. Er verwünschte sein Los, das ihn zu Knechtsdiensten eines Leibeigenen zwang.

Bei einbrechender Nacht schlich Nicolas heimlich unter die Mauern der Burg. Aus den erleuchteten Fenstern klangen Pokale und tönten Lauten, begleitet von kunstvollem Frauengesang. Der heimliche Lauscher lief, die Ungerechtigkeit des Schicksals beklagend, in den Wald und rief den Bösen. Da ließ sich im Laub ein Knistern hören. Eine blendende Lohe entstieg dem Boden, und darin erschien der Fürst der Hölle. „Ich stehe zu deinen Diensten, Hirt", schnarrte er. „Was begehrst du von mir?" Stotternd brachte Nicolas sein Verlangen vor. Reichtum, Macht und Ruhm wünschte er sich.

„Es sei", erwiderte Satan. „Du wirst der reichste und schönste Edelmann sein. Aber, wohlverstanden, nur für die kurze Spanne von dreißig Jahren. Liegt diese Zeit hinter dir, dann wirst du ein schwarzer Widder, scheußlich und grausam. Du wirst die Gegend in Schrecken versetzen, und am Ende wird das Volk sich zusammenrotten, um den Kampf mit dir aufzunehmen, in dem du unterliegen mußt. Ist dir unser Handel so recht, mein Junge?" Ohne zu überlegen, willigte der Hirt ein. Mit einem Degenschlag verwandelte der Teufel Nicolas in einen Ritter von großer, schlanker Gestalt, dem die funkelnde Rüstung wie angegossen saß. Ein feuriges Schlachtroß scharrte vor ihm am Boden, prächtig geschirrt und gezäumt. Und aus der samtbezogenen Reisetruhe, die geöffnet daneben stand, schimmerten Goldstücke. Der Böse aber war nicht mehr zu sehen.

Der Ritter zog hinaus in die Ferne. Ab und zu hörten die Leute daheim in den Bergen, wo man sich über das Verschwinden des Hirten Nicolas noch lange aufhielt, von einem mächtigen und gefürchteten Herren. Er führe ein wildes, zügelloses Leben, hieß es. Zechen und Schlemmen bei endlosen Gelagen, unterbrochen von rohen Fehden, sei ihm das liebste.

Doch wie im Flug waren die dreißig Jahre verflossen, und es kam, wie der Teufel gesagt hatte. Mit einem Donnerschlag verwandelte sich der prächtige Ritter in ein garstiges Tier, das einem schwarzen Widder ähnlich sah. Er stieß Dampfwolken aus seinen Nüstern. Wenn er den Rachen aufriß, waren entsetzliche Hauer zu erkennen, und seine Augen funkelten wie glühende Kohlen. Der unzufriedene Hirt hatte seine Buße an der nämlichen Stelle auf sich zu nehmen, wo er dreißig Jahre vorher sein Herrenleben begonnen hatte. Von derselben Stunde an versetzte er mit seinem Wüten das Land in Angst und Schrecken, bis es dem Herren von Franquemont gelang, das Tier mit der Lanze zu durchbohren."[60]

In den alten Mythen wählte die Göttin bzw. ihre Priesterin einen Hirten aus, teilte mit ihm in der Heiligen Hochzeit das Bett und erhob ihn dann als König über ihr Volk. Davon weiß die Schweizer Sage nichts mehr. Von einer schönen und gütigen Herrin ist die Rede. Ein bißchen schimmert die Göttin im Bild der guten Landesmutter noch durch. Warum aber kann der Hirte Nicolas nicht damit zufrieden sein, ihr ein Lämmlein zu schenken? Weil sich die Verhältnisse seit den matriarchalen Zeiten, als Inanna Dumuzi zu ihrem Geliebten machte, radikal verändert haben. Nicht mehr dem ganzen Volk unter der Führung der Priesterin und dem von ihr erwählten König gehören die

Herden und die Erträge aus der Landwirtschaft, in der Schweizer Sage gibt es nur mehr eine kleine Schicht von Besitzenden, denen das Volk die Erträge seiner Arbeit zu übergeben hat. Die patriarchalen Besitzverhältnisse sind die Ursache für die neidischen Gefühle des Nicolas, der von einem Leben als Edelmann träumt.

Nicolas will also etwas Besonderes sein. Da er durch seine Geburt nicht auf die Butterseite des patriarchalen Erbrechts gefallen ist, muß er sich an den Teufel wenden. Interessant ist, daß die Sage den alten Mythen gar nicht unähnlich ist, nur daß die Göttin durch den Teufel ersetzt wurde. Inanna hat ihren Dumuzi noch in die Geheimnisse des Lebenszyklus initiiert, er mußte in die Unterwelt steigen, um im Frühling wieder auferstehen zu können. Auch die griechischen Mythen kannten die Unterweltsfahrt des Königs, symbolisiert durch ein schwarzes Widderfell. Zu diesem schwarzen Widder wird nun der Hirt Nicolas. Doch das Patriarchat hat kein Interesse mehr an der zyklischen lebenerneuernden Kraft der Göttin. Der Tod und die Unterweltsreise des Hirten führen nicht mehr zur Wiedergeburt durch die Göttin, dienen nicht mehr der Initiation alles Lebendigen, sondern der Hirte muß für seinen „selbstsüchtigen, eitlen" Wunsch mit dem Leben bezahlen.

Ohne die Wiedergeburt durch die Göttin geht der Sinn der Unterweltsfahrt verloren. Aus der patriarchalen Hölle gibt es kein Entrinnen. Der Teufel, der selbst oft als schwarzer Widder oder Bock erscheint, behält den Hirten für sich. Wie in vielen Sagen und Märchen hat der Teufel die Göttin abgelöst. Zum Vorteil der Menschen war es nicht.

Anmerkungen

1 Marija Gimbutas, *Die Sprache der Göttin*, S. 6.
2 ebd., S. 7.
3 ebd., S. 59.
4 ebd., S. 75.
5 ebd., S. 76.
6 ebd., S. 3ff, S. 58f, S. 67ff, S. 77ff.
7 ebd., S. 321.
8 erzählt nach Vera Zingsem, *Der Himmel ist mein, die Erde ist mein*. In diesem Buch liegt die erste vollständige Übersetzung des Inannamythos in deutscher Sprache vor.
9 ebd., S. 17ff.
10 Frei zitiert nach babylonischen Hymnen und Gebeten an Ishtar nach der Übersetzung von Vera Zingsem.

11 Robert von Ranke-Graves und Raphael Patai, *Hebräische Mythologie*, Kapitel 44 und 45, und Gerda Weiler, *Das Matriarchat im Alten Israel*, S. 126ff.
12 Gerda Weiler, Barbara G. Walker, Robert von Ranke-Graves und Raphael Patai haben mich auf die Spur der Schafgöttin Rahel gebracht.
13 Gerda Weiler, a.a.O., S. 131f.
14 Robert von Ranke-Graves und Raphael Patai, a.a.O., 34, 10.
15 Carol Ochs, *Behind the Sex of God*, S. 32, zit. in Barbara G. Walker, *Das geheime Wissen der Frauen*, S. 1173.
16 Robert von Ranke-Graves und Raphael Patai, a.a.O., Kapitel 34, 10.
17 Gerhard Wolf, *Salus Populi Romani. Die Geschichte römischer Kultbilder im Mittelalter*, S. 417, Abb. 71.
18 Homer Smith, *Man and His Gods*, S. 276, zit. in Barbara G. Walker, a.a.O., S. 602.
19 Inge Resch-Rauter, *Unser keltisches Erbe*, S. 94f.
20 Robert von Ranke-Graves, *Griechische Mythologie*, Kapitel 1.
21 Barbara G. Walker, *Die geheimen Symbole der Frauen*, S. 398. Auch die Übersetzung dieses Titels läßt zu wünschen übrig; im amerikanischen Original lautet er *The Woman's Dictionary of Symbols and Sacred Objects*.
22 Robert von Ranke-Graves, *Griechische Mythologie*, Kapitel 11, 2.
23 ebd., Kapitel 11, b, 2.
24 Der Hage- bzw. Weißdorn blieb im volkstümlichen Mythos noch lange mit der wunderhaften Empfängnis verbunden. Also: Vorsicht!
25 Robert von Ranke-Graves, *Griechische Mythologie*, Kapitel 12, c.
26 ebd., Kapitel 19, a, b.
27 ebd., Kapitel 11, 2.
28 ebd., Kapitel 7, a-e.
29 ebd., Kapitel 7, g.
30 Heide Göttner-Abendroth, Vorwort zu: Geraldine Thorston, *Sternzeichen der Göttin*, S. 17.
31 zit. in Robert von Ranke-Graves, *Griechische Mythologie*, Kapitel 70, 6.
32 ebd., Kapitel 70, 2.
33 zit. in Giuseppe Maria Sesti, *Die Geheimnisse des Himmels*, S. 245.
34 Sir E. A. Wallis Budge, *Gods of the Egyptians*, zit. in Barbara G. Walker, *Das geheime Wissen der Frauen*, S. 1173.
35 Doris Wolf, *Was war vor den Pharaonen? Die Entdeckung der Urmütter Ägyptens*.
36 frei zit. nach Giuseppe Maria Sesti, a.a.O., S. 245.
37 Buffie Johnson, *Die große Mutter in ihren Tieren*, S. 214f.
38 Patricia Monaghan, *Lexikon der Göttinnen*, S. 113.
39 Die interessantesten Beiträge zu den Kelten fand ich bei Sylvia und Paul Botheroyd, *Lexikon der keltischen Mythologie*, und Kurt Derungs, *Keltische Frauen und Göttinnen*.
40 Luisa Francia, *Eine Göttin für jeden Tag*, S. 40.
41 Ulf Diederichs, *Germanische Götterlehre*, S. 213, 226, 234, 261.
42 ebd., S. 274.
43 ebd., S. 173ff.
44 Richard Payne Knight, *A Discourse on the Worship of Priapus*, zit. in Barbara G. Walker, *Das geheime Wissen der Frauen*, S. 825.
45 Máire und Liam de Paor, *Alt-Irland*, zit. ebd., S. 825f.

46 Sir James G. Frazer, *Der goldene Zweig*, zit. in Barbara G. Walker, a.a.O., S. 825f.
47 Erna und Hans Melchers, *Das große Buch der Heiligen*, S. 57.
48 Musée du Louvre, *Sculptures allemandes de la fin du Moyen Age dans la collections publiques françaises 1400–1530*, S. 59; Herkunft der Statue unbekannt.
49 Barbara G. Walker, a.a.O., S. 14f.
50 Kurt Seligmann, *Magic, Supernaturalism and Religion*; H. Pomeroy Brester, *Saints and Festivals of the Christian Church*, zit. in Barbara G. Walker, *Das geheime Wissen der Frauen*, S. 15.
51 Barbara G. Walker, a.a.O., S. 14f; Otto Wimmer und Hartmann Melzer, *Lexikon der Namen und Heiligen*.
52 Leander Petzoldt (Hg.), *Sagen aus Kärnten*, S. 247.
53 Franz Jantsch, *Kultplätze im Land Kärnten*, S. 156f.
54 Leander Petzoldt (Hg.), *Sagen aus Kärnten*, S. 253f; Otto Wimmer und Hartmann Melzer, *Lexikon der Namen und Heiligen*, S. 56f.
55 So erzählte ein biblischer Mythos z.b. vom Helden Samson, der unbesiegbar blieb, bis ihm seine prachtvollen Haare abgeschnitten wurden. In Europa sind eine Unzahl magischer Vorstellungen bekannt, die auf der „heidnischen" Bedeutung des Haares basieren.
56 Hans Haid, *Mythos und Kult in den Alpen*.
57 Diese Informationen verdanke ich Frau Maria Warscher vom Tourismusbüro in Virgen.
58 Leander Petzoldt (Hg.), *Sagen aus der Steiermark*, S. 56f.
59 Ivan Tomazic (Hg.), *Unsere Vorfahren – die Veneter*.
60 frei zit. nach Arnold Büchli, *Schweizer Sagen*, S. 37ff.

III
Von der Sonnengöttin zu Maria im Strahlenkranz
Mythen über die Sonne und patriarchale Herrschaft

1. Das Sonnensymbol in Alteuropa und in der Astrologie

Ein Symbol für die Sonne zu finden, scheint das Natürlichste der Welt zu sein. Ganz selbstverständlich zeichnen wir einen Kreis und umgeben ihn mit Strahlen. Diese Darstellung kannten auch die Menschen Alteuropas. Wir finden Punkte oder Kreise, von denen Strahlen ausgehen, die oft von einem oder mehreren Kreisen eingefaßt werden.[1]

In manchen Zeichnungen fehlen die Strahlen, das Sonnenzeichen wird auf konzentrische Kreise mit einem Punkt in der Mitte reduziert. Solche konzentrischen Sonnenkreise finden sich auf den Steinen der Carschenna in Graubünden, den größten und bedeutendsten Felsritzungen der Schweiz. Daß es sich bei dieser abstrakten Darstellung noch immer um ein Sonnensymbol handelt, dafür sprechen Orte, an denen solche Zeichen gefunden wurden. So treffen z.B. in der Grabkammer von Sess Kilgren exakt am Tag der Sommersonnenwende die Strahlen der Sonne auf das in den Stein geritzte Zeichen.[2]

Für mich als Astrologin bestätigt noch eine andere Tatsache die Gültigkeit dieser Interpretation. Die einfachste Version des Symbols – ein Kreis mit einem Punkt in der Mitte – ist bis heute das Symbol für die Sonne in der Astrologie. AstrologInnen deuten das Zeichen wie die Archäologin Marija Gimbutas „als Symbol der Mitte und der konzentrierten Lebenskraft".[3]

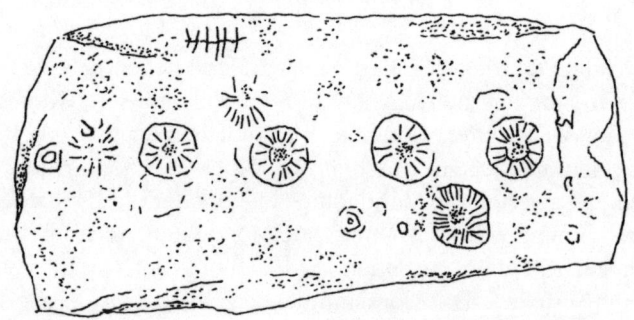

Abb. 15: Sonnensymbole aus Irland

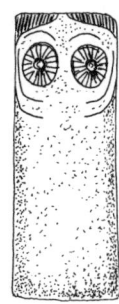 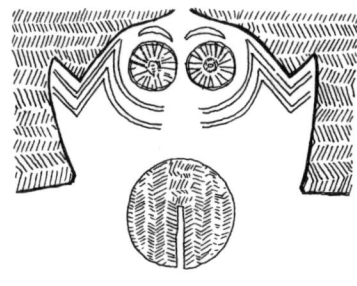

Abb. 16: Augengöttin auf Stein

In Westeuropa erscheinen die Sonnenmotive oft paarweise. Gimbutas erkennt in ihnen in Anlehnung an O.G.S. Crawford die Augengöttin. Das Sonnenmotiv ist zugleich ein Augensymbol und kann als „strahlendes göttliches Auge"[4] aufgefaßt werden. Aus spanischen Megalithgräbern blicken uns Augenidole an. Sie wurden auf Stein oder Knochen geritzt und als Grabbeigaben beigelegt. Wir erkennen deutlich in der abstrakten Darstellung der Göttin die Verbindung von Augen und Vulva. Auch die Ähnlichkeit der göttlichen Augen mit jenen von Eulen ist nicht zu übersehen, weshalb die Augengöttin mit den strahlenden Sonnenaugen auch Eulengöttin genannt wird.

Für die Austauschbarkeit von Auge und Sonne finden sich auch etymologische Beweise. So steht im Altirischen die Wurzel des Wortes suil für „Auge", in anderen Sprachen hingegen für „Sonne".[5] Dieser Doppelbedeutung von Sonne bzw. Auge werden wir bei den Sonnengöttinnen immer wieder begegnen.

2. Von der Herrin des Himmels zur Sonnengöttin

Offensichtlich wurden in vielen patriarchalen Mythen männliche Götter mit der strahlend hellen Kraft der Sonne identifiziert, während das sanfte Mondlicht durch Göttinnen personifiziert wurde. Als Beispiel hierfür seien aus der griechischen Mythologie der Sonnengott Helios und seine Schwester, die Mondgöttin Selene, oder die Zwillinge Apollon, ein Sonnengott, und Artemis, eine Mondgöttin, genannt. Nun gibt es aber auch Mythen, in denen die Zuteilung der Geschlechter andersherum erfolgte. Die GermanInnen erzählten beispielsweise von der Sonnengöttin Sol und ihrem Bruder, dem Mondgott Mani. Für mich stellt sich die Frage, ob wir es einfach als Tatsache hinnehmen müssen, daß verschiedene Völker bei der geschlechtlichen Zuordnung der beiden größten Himmelslichter zu unterschiedlichen Ansichten gekommen sind oder ob eine der beiden Versionen die ältere und somit die ursprüngliche ist.

Gerda Weiler vertritt in ihrem Buch „Der aufrechte Gang der Menschenfrau" folgende Ansicht: Als Göttin des Ursprungs erkennt sie das All, das große Runde, das uns von allen Seiten umgibt. Die Große Göttin ist das hervorbringende Himmelsgewölbe, das die Gestirne gebiert. Sie ist die Herrin des Himmels bei Tag und bei Nacht. Sie gebietet gleichermaßen über die Sonne, den Mond und die Sterne. Der zentrale Gedanke matriarchaler Weltvorstellung besteht darin, daß das Weibliche das Männliche (und selbstverständlich auch Weibliches) gebiert. Das Männliche ist immer bezogen auf das Weibliche, es ist ohne das Weibliche nicht existent und deshalb undenkbar.

Bezogen auf das matriarchale Weltbild kann die Sonne durchaus männlich aufgefaßt werden. Diese männliche Sonne ist immer ein Geschöpf der sie umgebenden Himmelsgöttin. Daß aus der Herrin des Himmels in manchen Mythen eine Sonnengöttin wurde, betrachtet Weiler als erste Herabstufung der Himmelsgöttin, auch wenn die Macht der Sonnensymbolik diese Entwicklung zunächst verschleiert.

Im patriarchalen Mythos wird die Symbolwelt der Mütter pervertiert. Götter imitieren das Gebären der Göttin und schwingen sich zu Schöpfergöttern auf. Die Große Göttin wird in die Tochtergeneration herabgestuft. Wenn nun die Sonne mit männlichen Göttern identifiziert wird, unterscheiden sich diese Sonnengötter radikal von der männlichen Sonne im matriarchalen Weltbild. Sie sind nicht mehr auf die Große Mutter, die Schöpferin des Universums bezogen, sondern unterstehen einem Himmelsvater und potenzieren männliche Allmachtsphantasien. Nicht mehr das Weibliche gebiert alles Leben, sondern das Männliche maßt sich Schöpfungs- und Gebärmacht an. Die Herrin des Himmels gebietet nicht mehr über alle Gestirne und den zyklischen Wechsel von Tag und Nacht.

Die patriarchalen Sonnengötter verkörpern fortan das Prinzip des Lichts und des männlichen Geistes, während den Göttinnen in Gestalt der Mondgöttinnen die Nachtseite des Himmels zugewiesen wird. Hier nimmt patriarchales Denken seinen Anfang, das bis in unsere Zeit dem Männlichen das Licht und den Geist und dem Weiblichen das Dunkel und das Unbewußte zuordnet.[6]

Diese Theorie Weilers erscheint mir klar und folgerichtig, auch wenn sie damit manches über den Haufen wirft, woran sich Feministinnen in den letzten Jahren orientiert haben, z.B. der Grundgedanke, daß das Weibliche durch den Mond verkörpert wird. Obwohl der Mond bzw. die Mondin den Frauen zu entsprechen schien, hatte diese Interpretation doch unleugbar den Nachteil, daß den Männer die Sonne, also das aktive Himmelslicht zugeordnet wurde. In der Astrologie gilt bis heute die Sonne als aktives männliches und der Mond als passives weibliches Prinzip, was für feministische Astrologinnen besonders ärgerlich ist.

Moderne AstrologInnen haben dieses Problem dadurch gelöst, daß in Frauen und Männern gleichermaßen aktive und passive Persönlichkeitsmerkmale erkannt werden. Feministische Astrologinnen vermeiden bewußt, diese Persönlichkeitsanteile weiblich oder männlich zu nennen. Eine solche Relativierung kann aber nicht Ziel einer mythengeschichtlichen Untersuchung sein. Deshalb ist es mein Anliegen, bei der Betrachtung der Sonnenmythen die Bedeutung der Sonnengöttinnen herauszuarbeiten. Bei den Mythen der Sonnengötter wird im Vordergrund stehen, welche Beziehung sie zur Himmelsgöttin haben und in welchem Verhältnis sie zu patriarchaler Machtentfaltung der Könige auf Erden stehen.

Andererseits möchte ich prüfen, ob sich Gerda Weilers These in den Mythen der verschiedenen Völker als richtig erweist.

3. Utu und Schamasch
Vom friedlichen Sonnengott zum herrlichen Krieger

Wenn wir versuchen, die Beziehungen der Göttinnen und Götter untereinander zu verstehen, ist ein Blick in die Familiengeschichte immer interessant, obwohl die Familienstrukturen, mythengeschichtlich betrachtet, ziemlich jungen Datums sind. Welche Göttinnen und Götter befinden sich im „familiären" Umfeld des Sonnengottes Utu?

Seine Mutter ist Ningal, die den Titel „große Herrin" trägt. Der Kult der Ningal ist schon gegen Ende des 3. Jahrtausends vom Zweistromland nach Syrien gelangt, die dorthin entlehnte Namensform syrisch *Nikkal* spiegelt einen frühen sumerischen Lautstand ihres Namens wieder. Ningal gehört somit zu den ältesten sumerischen Göttinnen.

Als nächste wäre Inanna zu nennen, Göttin des Venussterns, „Königin von Himmel und Erde". In Inanna begegnet uns die große Himmelsherrin, die Gebieterin über alle Himmelslichter, die Sonne, den Mond und die Sterne. Sie wird in der sumerischen Götterfamilie weit in die Tochtergeneration herabgestuft und hier als Tochter des Mondgottes und als Schwester des Sonnengottes genannt. Inannas Platz in der Götterfamilie verschleiert ihre wahre Größe, obwohl unzählige Anrufungen der Inanna als Königin des Himmels bekannt sind. Auch die „Gemahlin" des Sonnengottes, Schenirda, ist bis weit zurück ins 3. Jahrtausend v.u.Z. bekannt und gehört somit ebenfalls zu den ältesten für das Zweistromland belegten Göttinnen. Ihr zweiter Name, Sudanga, bedeutet „die Glänzende" und weist sie als Lichtgöttin aus. Sudanga ist als Beiname auch für Inanna bezeugt.

Wir sehen also, daß der Sonnengott nicht einfach nur der Sohn des Mondgottes ist, sondern daß die sumerische Götterfamilienstruktur ihn mit Göttinnen umgibt, die Titel wie „große Herrin", „Königin des Himmels und der Erde", „Glänzende" und „Lichtgöttin" tragen. So viele Himmelsgöttinnen sind kein Zufall, sondern zeigen das wahre ursprüngliche Verhältnis der Himmelsgöttin zu ihrem Sonnensohn.

Einen Eindruck, wie jung diese Familienverhältnisse sind, erhalten wir durch einen Blick auf die Geschichte des Zweistromlandes.

Wir wissen heute, daß ab der zweiten Hälfte des 4. Jahrtausends v.u.Z. SumererInnen aus einer nicht näher bekannten asiatischen Heimat in das Land zwischen Euphrat und Tigris eingewandert sind. Es wird angenommen, daß zu dieser Zeit schon SemitInnen hier ansässig waren. Etwa um 3000 v.u.Z. wurde in Sumer die Keilschrift erfunden.

Der Sonnengott Utu gehört zu den ältesten bekannten Göttinnen und Göttern des Landes, denn sein Name wird in der Liste von Fara (2600 v.u.Z.), der ältesten schriftlichen Aufzeichnung der Namen von Göttinnen und Göttern, genannt. Diese Liste nennt nicht nur die Götter An und Enlil, die Göttin Inanna, die Götter Enki und Nanna und an sechster Stelle den Sonnengott Utu sowie die anderen großen sumerischen GöttInnen, sondern gibt auch die beiden sagenhaften Könige Sumers, Lugalbanda und Gilgamesch als vergöttlichte Herrscher an. Daraus ist zu ersehen, daß wir es schon mit einem stark patriarchal bestimmten Weltbild zu tun haben.

Aus den Jahrhunderten danach existieren Weiheinschriften, Wirtschafts-, Vertrags- und Gerichtsurkunden, auf denen auch der Sonnengott Utu beschworen wird und die für ihn gebrachten Opfergaben verzeichnet sind. Der Sonnengott ist Richter und Wahrer des Rechts. Die ersten literarischen Quellen setzen vereinzelt in der Dynastie von Akkade (2350–2150 v.u.Z.) ein. Der Sonnengott erhält nun den akkadischen Namen Schamasch. Inanna wird Ischtar, der Mondgott Nanna trägt den Namen Sin, die Lichtgöttin Schenirda den Namen Aja.

Nach einem Jahrhundert der Fremdherrschaft durch die Gutäer wird durch Urnammu die 3. Dynastie von Ur begründet und eine Renaissance des Sumerertums eingeleitet. Am Anfang des 2. Jahrtausends v.u.Z. beginnen die ersten Streifzüge der im Norden lebenden Assyrer nach Babylon. In die altbabylonische Zeit, die bis zur Mitte des 2. Jahrtausends dauern wird, fällt die Regierungszeit des Königs Hammurabi von Babylon (1728–1687). Die meisten literarischen Texte in sumerischer Sprache, Mythen, Lehrgedichte, Epen, Streitgespräche, Götter-, Königs-, Tempelhymnen und Klagelieder stammen aus dieser Zeit. Akkadische Literatur aus dieser Zeit ist nur spärlich bekannt.

Der sumerische Sonnengott Utu hat, außer in der Lugalbanda- und Gilgameschdichtung, einen bescheidenen Platz eingenommen. Das ändert sich während der akkadischen Periode, in der der akkadische Sonnengott Schamasch eine hervorragende Stellung in Kult und Religion einnimmt. König Hammurabi hatte seine Herrschaft in Babylon mit einem Gesetzeswerk gekrönt, das auf eine Stele gemeißelt war, die vor dem Tempel des Sonnengottes aufgestellt wurde. Zuoberst auf der Stele zeigt ein Halbrelief den Sonnengott Schamasch, der Hammurabi die Gesetze übergibt. Die Gesetze des Hammurabi gelten noch heute als weise und als Meilenstein der Rechtsprechung.

Die Gesetze des Hammurabi sind auch aus der Sicht feministischer Geschichtsforschung bemerkenswert, weil Hammurabi darin das Amt der Oberpriesterin abschafft. Wie Carola Meier-Seethaler feststellt, ist dieser Akt ein wichtiges Stichdatum, um „die Ablösung des matrizentrischen König/innentums durch die patriarchale Monarchie historisch zu rekonstruieren... Zunächst versuchten die durch Kriegszüge erstarkten Könige, das Amt der Oberpriesterin mit ihren weiblichen Verwandten – Schwester, Töchtern oder Nichten – zu besetzen, um sich deren Einfluß zu sichern. Nach der Abschaffung dieses Amtes machten sie die Gattin ihrer Wahl zur Königin."[7]

4. Marduk
Ein Muttermörder macht als Sonnengott Karriere

Das Gesetzeswerk Hammurabis ist mythengeschichtlich auch noch aus einem anderen Grund interessant: Es birgt das älteste literarische Zeugnis für den Gott Marduk. Im Schöpfungsmythos „Enuma Elisch" erfährt dieser bis dahin relativ unbedeutende Stadtgott von Babylon eine mächtige Aufwertung zum Schöpfer- und Sonnengott.

Erzählt wird, wie sich Marduk gegen seine Mutter, die ursprüngliche Schöpfergöttin Tiamat, erhob und sie und ihre Mitstreiter im Kampf besiegte. Blutrünstig wird geschildert, wie Marduk Tiamats Unterleib zertrampelt, ihren Schädel mit seiner Keule zerschmettert, ihre Blutbahnen zertrennt, ihren Körper in zwei Hälften zerteilt und aus einer Hälfte den Himmel, aus der anderen die Erde „erschafft". Dem siegreichen Marduk huldigen alsdann die anderen Götter.

Marduk ist, wie viele andere Götter, ein „Schöpfergott", dessen schöpferische Tätigkeit im Muttermord bestand. Er ist zugleich ein gutes Beispiel für die Karriere eines lokalen Stadtgottes, der zum Nationalgott avanciert. Gierig behauptet er, für alle Lebensbereiche zuständig zu sein, so daß ihm kein besonderer Geltungsbereich mehr zugewiesen werden kann. Er wird zum Gott der Weisheit, der Beschwörungskunde, der Krankenheilung, er trägt aber auch die Züge eines Bewässerungs- und Vegetationsgottes, und als Lichtbringer und Richtergott ähnelt er dem Sonnengott Schamasch. Mit den Beinamen „Herr der Götter" und „Göttervater" erhebt er sich über alle Götter. Marduks Aufstieg, der zu Zeiten des Königs Hammurabi begann, ist im patriarchalen Götterhimmel eine Bilderbuchkarriere.

Ein Licht darauf, wie sich die Bedeutung des Sonnengottes verändert hat, wirft aber auch das akkadische Gilgameschepos. Es unterscheidet sich von der sumerischen Gilgameschdichtung insofern, als letztere aus fünf einzelnen Gedichten besteht, während das akkadische Epos die Dichtungen zu einem großen Reigen zusammengefügt und ergänzt hat. Das Epos hat die älteren Dichtungen zwar benutzt, sie stellenweise sogar wörtlich übertragen, trotzdem darf es nicht als späte Fassung der Dichtung angesehen werden. Es ist das Werk eines Dichters, der nicht nur ältere Teile zusammengefügt, sondern 1200 v.u.Z. ein eigenes Werk von hohem literarischen Rang geschaffen hat.

5. Die versteckte Sonnengöttin im Gilgameschepos

Im Gilgameschepos beschützt der Sonnengott Schamasch den heldenhaften König Gilgamesch, der wiederholt die Große Göttin Ischtar schmäht. Es ist keine angenehme Lektüre, die wir da vor uns haben. Aber zum Glück erscheint im Gilgameschepos eine bisher unerkannte Sonnengöttin, auf deren Entdeckung ich sehr stolz bin.

Einst war der weise Gilgamesch König und Herr von Uruk. Herrlich war der Sohn des Lugalbanda anzuschauen, vollkommen wie ein Gott das Kind der erhabenen Kuh Ninsun. Der Sonnengott hatte ihm Schönheit verliehen, der Donnergott den Mut des Löwen. Elf Ellen hoch war sein Wuchs, neun Spannen breit seine Brust. Zu zwei Teilen war er göttlich, ein Teil von ihm war Mensch. Wilde Kraft setzte er ein gleich dem Wildstier. Kein Gegner war Gilgamesch gewachsen. Doch die Menschen in Uruk waren nicht glücklich, denn zu herrisch regierte er die Stadt. In bitterem Frondienst ließ er eine riesige Mauer erbauen, welche die Stadt und den heiligen Tempelbezirk der Ischtar umgeben sollte. Es werkten die Männer Tage und Nächte. Dem Bau der Mauer war alles Leben verfallen.

Beim Lesen des Gilgameschepos geht es mir wie oft bei „großer Literatur". Ich bin beeindruckt von der Schönheit der Sprache, der Kraft der Worte und der Komposition. Aber der Inhalt läßt mir die Haare zu Berge stehen. Ein Epos zu Ehren des sagenhaften Königs Gilgamesch hat der Dichter verfaßt. Für mich ist es ein gewaltiges Lehrstück, wie patriarchale Herrschaft entsteht.

Zu Beginn wird uns ein Mann vorgestellt, der alle Talente besitzt, um König seines Volkes zu werden. Er ist zu zwei Dritteln göttlicher Abstammung, d.h. er existiert durch den Willen der Götter, genau genommen der Göttin. Als Sohn der Göttin Ninsun, die den Titel „Herrin der Wildkuh" trägt, ist er der starke Wildstier. Seine Kraft und sexuelle Potenz befähigen ihn, König zu werden, weil sie Sinnbild seiner aggressiven Kraft sind. Er hat alle Macht, die Probleme des Lebens zu meistern, ihnen – im wahrsten Sinne des Wortes *aggredere* – entgegenzutreten, sie anzugehen. So soll er dem Leben dienen. Doch davon scheint Gilgamesch nicht viel zu halten. Nicht die Probleme, die sein Volk meistern muß, um zu leben, hilft er ihnen zu lösen, sondern er macht alles Leben seinem Streben nach Macht untertan. Er will eine Mauer bauen, so groß, daß sie ihm auf Ewigkeit zu Ruhm verhilft.

Die Mauer um Uruk gilt als die älteste und größte aller Städte im Zweistromland. Diese Mauer verrät uns, daß Gilgamesch, der Sumerer, einem kriegerischen Volk angehörte, welches seine Wohnstätten – im Gegensatz zu den älteren friedlichen Völkern – mit einer Mauer „umfrieden" mußte. Der Reichtum Uruks kam nur zu einem Teil aus den fruchtbaren Böden, die, wenn sie bewässert wurden, reichen Ertrag an Getreide, Datteln und Früchten brachten, oder von den Herden der Schafe, Ziegen und Rinder. Uruks Reichtum entstand durch den Handel. Und wie die meisten Städte wurde auch Uruk in Zeiten militärischer Siege reich und berühmt, dann also, wenn die Kriegsbeute großzügige Ausgaben und die Anschaffung von Luxusgütern ermöglicht. Der König, sein Hofstaat und die Priesterschaft erhoben Pachtgelder und Steuern. Die Bauern, Handwerker, Kaufleute und vor allem die Sklaven waren von dieser kleinen gesellschaftlichen Oberschicht abhängig.[8]

Da erhörten die Götter den Aufruhr der Männer und das Weinen der Frauen. Aruru, die Schöpferin, schuf aus Lehm Enkidu, den zweiten Held, als Kampfgenossen und Freund für Gilgamesch, damit sich die Stadt Uruk von Gilgameschs Herrschaft erhole. Enkidu, den Gewaltigen, schuf sie, einen Helden, einen Sprößling der Nachtstille, mit Kraft beschenkt von Ninurta, mit Haaren bepelzt am ganzen Leibe, mit Haupthaaren versehen wie ein Weib: Das wallende Haar, ihm wuchs es wie der Nisaba! Bekleidet war er wie Sumukan, der Gott der Tiere. Der Stärkste im Land war er, Kraft hatte er, gleich der Festung des Anu gewaltig war seine Stärke. Er fraß das Gras mit den Gazellen, er lief mit den Tieren und war wie ihr König.

Doch Gilgamesch trachtete danach, die Kraft des Helden zu brechen, und schickte eine Magd aus dem Tempel, die Dirne Schamhat, in die Wildnis, um Enkidu zu verführen. Ihren Busen machte die Hure frei, tat auf ihren Schoß, und er nahm ihre Fülle. Sie freute sich an seiner Wildheit, viel Wonne schuf sie ihm. Sein Liebesspiel raunte er über ihr. Sechs Tage und sieben Nächte schlief Enkidu mit der Hure. Danach, als er aufspringen wollte, da versagten ihm die Knie, es flohen die Tiere von ihm, er war nicht mehr ihr Herr.

Die Dirne führte Enkidu nach Uruk. Sie gab ihm zu essen und zu trinken, kleidete ihn ein und versah ihn mit Waffen. Das Volk hatte sich versammelt und klagte über Gilgamesch. Er beschlief jede Braut, bevor er sie dem Gatten gab. Das Volk bestaunte Enkidu, dessen Gestalt der des Königs glich. Als Gilgamesch in prächtigem Zug nahte, da versperrte ihm Enkidu die Straße und verwehrte dem König den Eintritt zur Braut. In einem mächtigen Kampf stießen die Helden aufeinander, doch es kam, wie Gilgamesch es vorhergesehen hatte. Gilgamesch verspürte die Regung der Freundschaft, Enkidus Wut wich der Bewunderung für Gilgamesch.

Das Epos rühmt Gilgamesch, stark sei er und weise. Doch die Weisheit des Gilgamesch wird im Lauf der Geschichte nicht so recht deutlich, es dreht sich alles um seine Kraft. Nicht, daß er eifrig mithelfen würde, um die Mauer zu errichten, nein, er zeigt seine Kraft im Kampf und indem er sich „das Recht der ersten Nacht" anmaßt. Deutlicher als dadurch, daß er jede Frau entjungfert, bevor sie mit ihrem Mann schlafen darf, kann niemand den Herrschaftsanspruch erheben.

Hier zeigt sich wieder einmal klar, daß Hierarchie, einmal etabliert, immer auf Unterwerfung – von Frauen und Männern – abzielt. Spannend ist in dem Epos, daß immer dann, wenn der Dichter nicht umhin kann, zuzugeben, daß Gilgamesch ein Tyrann ist, der unrecht handelt, er einen Satz einfügt, indem er die große Weisheit Gilgameschs preist. Doch Gilgamesch quält sein Volk dermaßen, daß es sogar den Göttern zuviel wird.

Die Götter befehlen der Schöpfergöttin Aururu, einen Helden zu schaffen, der es mit Gilgamesch aufnehmen kann. Enkidu wird uns als Wildling, als primitiver Mensch vorgeführt, der erst zivilisiert werden muß. Tatsächlich ist er aber kein Wilder, sondern ein Mann im matriarchalen Sinn. Er versteht sich mit den Tieren, mit denen er im Einklang lebt. Die Kraft Enkidus zeigt sich über seine Haare. Bepelzt ist er am ganzen Leibe, sein Haupthaar ist lang wie das eines Weibes, es sprießt ihm wie der Ninsaba. Ninsaba ist die Getreidegöttin. Enkidus Haar gleicht dem fruchtbaren Land, auf dem Getreidefelder wogen. Sein Haar, von dem der Dichter mehrmals sagt, es sei niemals geschnitten worden, ist zugleich auch Zeichen seiner ungebändigten Lebenskraft. Vitalität, Lebenskraft sind Eigenschaften, die uns die Sonne schenkt. Lange Haare fungieren folglich oft als Sonnensymbol. Die wilde Mähne, die den Kopf des Löwen wie ein Strahlenkranz umgibt, macht ihn zum perfekten Symboltier der Sonne. Enkidus ungeschnittene Haarpracht weist ihn als einen matriarchalen Sonnenheros aus.

Enkidu feiert sieben Tage lang Hochzeit mit der Priesterin der Göttin. Wie weit die Göttin Ischtar im Ansehen gesunken ist, offenbart sich in ihren Priesterinnen. Nur von Tempeldirnen, Huren und Buhlerinnen ist noch die Rede. Die Freiheit, ihre Liebe zu verschenken an wen sie wollten, haben die Frauen und Priesterinnen verloren. Die Priesterinnen der Ischtar sind zu Tempelhuren geworden, da läßt die Sprache des Dichters keinen Zweifel. Aber das Bild, welches der Dichter uns bietet, wenn er von der Hure und Enkidu erzählt, ist das der Heiligen Hochzeit. „Ihren Busen machte sie frei, tat auf ihren Schoß, er nahm ihre Fülle. Sie scheute sich nicht, nahm hin seinen Atemstoß, entbreitete ihr Gewand, daß darauf er sich bettete...", das sind uralte Worte aus dem Ritual der Heiligen Hochzeit.

In diesem Zusammenhang finde ich interessant, daß Henrietta McCall in ihrem Buch „Mesopotamische Mythen" den Namen der Dirne angibt, die mit Enkidu schläft. Sie nennt sie Schamhat, ohne anzugeben, woher sie die Information hat. Das ist insofern bemerkenswert, als der Name Schamhat mit dem Namen einer ausanischen Sonnengöttin, Samahat, nahezu identisch ist. In semitischen Sprachen werden ausschließlich Konsonanten geschrieben, die Vokale werden ausgelassen. Der Konsonantenstamm der beiden Namen ist mit *smht* identisch (das *ch* in S*ch*amhat dient nur als Aussprachehilfe im Deutschen). Wird das *s* in semitischen Wörtern mit dem sch-Laut gesprochen, wird es in unserer Schrift mit š geschrieben. Die englische Schreibweise lautet meistens *sh*, die deutsche *sch*. Es ist daher sehr wahrscheinlich, daß sich hinter der Dirne Schamhat eine vorsumerische Sonnengöttin verbirgt, deren Namen sich in Arabien erhalten hat. Der Name der ausanischen Göttin Samahat (smht) läßt sich auf zwei Arten deuten. Er kann abgeleitet werden von arabisch *sama*, „hoch sein", oder von arabisch *sama*, „Himmel". Samahat ist also eine Sonnen- oder eine Himmelsgöttin.[9] Das ermöglicht, das Bild der Heiligen Hochzeit, das im Gilgamesch-Epos zum Besuch einer Dirne bei einem Wildling herabgewürdigt wird, genauer einzugrenzen: Meiner Ansicht nach sehen wir die Himmels- bzw. Sonnengöttin Schamhat/Samahat und ihren Sonnenheros Enkidu vor uns.

Nachdem die Dirne Schamhat mit Enkidu geschlafen hatte, versagen ihm die Knie, seine Kraft ist gebrochen. Auch dieses Bild ist alt. Nach der heiligen Hochzeit ist der matriarchale Mann nicht mehr frei, zu tun und zu lassen, was er will, sondern er hat sich der Göttin verpflichtet. Seine Pflicht ist es, dem Leben zu dienen. Nicht daß er den Frauen dienen muß, damit sie über ihn herrschen können, nein, er hat sich der sozialen Gemeinschaft der Frauen verpflichtet und hilft mit, Nahrung zu beschaffen, Häuser zu bauen und die Kinder aufzuziehen. Die Dirne nimmt Enkidu also mit nach Uruk, sie nimmt ihn in die menschliche Gemeinschaft auf und versieht ihn mit allem, was er braucht. Die Dirne und das Volk hoffen, daß sich jetzt endlich einer Gilgamesch in den Weg stellen wird, der Gilgameschs Machtstreben ein Ende bereiten kann. Und wirklich. Es kommt zum Kampf. Doch die beiden versöhnen sich und werden Freunde. So, wie es Gilgamesch vorausgesehen hat.

Ich halte das für eine Schlüsselstelle im Epos, wenn wir es als Lehrgedicht über patriarchale Machtentfaltung lesen. Herrschaft entsteht nicht nur dadurch, daß ein kriegerisches Volk die friedliche Urbevölkerung unterwirft, sondern auch immer dadurch, daß soziale Bündnisse mit den Eroberern eingegangen werden. Der matriarchale Mann Enkidu bewundert Gilgamesch und wird sein Freund.

Gilgamesch forderte den neugewonnenen Freund auf, mit ihm gegen den Riesen Chumbaba zu kämpfen, dessen Brüllen Sintflut war, dessen Rachen Feuer spie, dessen Hauch den Tod brachte. Obwohl Enkidu Gilgamesch warnte, die heilige Zeder zu fällen, die Chumbaba für Enlil bewachte, gelang es Gilgamesch, Enkidu zu überreden, mit ihm ruhmvolle Taten zu vollbringen und sich so einen Namen zu schaffen. Die Alten segneten Gilgamesch, und dieser erbat von seinem Schutzgott Schamasch gesunde Heimkehr nach Uruk, zum Wall der Mauer. Auch Gilgameschs Mutter, die Göttin Ninsun, bat den Sonnengott Schamasch bei Tag und den Mondgott Sin des Nachts, über beide Helden zu wachen.

Die beiden Freunde drangen in den Zedernwald ein, Gilgamesch fällte die heilige Zeder des Enlil und schlug dem um sein Leben bittenden Chumbaba das Haupt ab.

Eigentlich ist das Volk jetzt schlimmer dran als vorher. Gilgamesch hat einen starken Freund gefunden. Zum Glück drängt es Gilgamesch nach „Abenteuern"; er will ausziehen, den Riesen Chumbaba zu erschlagen. Da könnte das Volk ja in der Zwischenzeit einmal aufatmen. Der Riese Chumbaba wird als Ungeheuer geschildert. „Sein Brüllen ist Sintflut, Feuer sein Rachen, sein Hauch der Tod." Wie viele Ungeheuer ist Chumbaba ein Sinnbild für jahreszeitliche Rhythmen. Die Feuer der Hochsommersonne atmen den Hauch des Todes, im Brüllen der Stürme entladen sich Regengüsse.[10] Der matriarchale König müßte also alljährlich mit dem Ungeheuer ringen und es besiegen, indem er die Wassermassen auffängt und die sommerliche Dürre durch Bewässerung meistert. Gilgamesch hat davon keine Ahnung, er schlägt dem Chumbaba, der um sein Leben fleht, den Kopf ab. Als seien damit die Probleme ein für allemal gelöst. Das Ringen um den Erhalt des Lebendigen verkommt im Gilgamesch-Epos zu einer Abenteuerreise, die nur dazu dient, den Ruhm des Helden zu mehren.

Zurückgekehrt nach Uruk, reinigte sich Gilgamesch und legte neue Kleider an. Da war die Göttin Ischtar von seinem Anblick überwältigt.

„Komm, Gilgamesch! Du sollst mein Gatte sein! Schenke, o schenke mir Deine Fülle! Du sollst mein Mann sein, ich will dein Weib sein! Ich will dir bespannen lassen einen Wagen voll Gold und Lasurstein, mit goldenen Rädern und Hörnern von Mondstein! Mit Stürmen, mit großen Mauseln soll er bespannt sein! Unter Zederndüften betritt unser Haus!... Vor dir sollen knien Könige, Vornehme und Fürsten, die Lullubäer des Gebirges und das Land sollen dir Abgaben bringen! Die Ziegen sollen dir Drillinge werfen, die Schafe Zwillinge! Dein lastbarer Esel hole das Maultier ein! Dein Roß vorm Wagen, der feurigste Renner sei's! Dein Rind im Joch habe keines, das ihm gleich kommt!"

Da sprach Gilgamesch zu Ischtar: „Was muß ich dir geben, wenn ich dich nehme? Brauchst du Salbe für den Leib oder Gewänder? Fehlt es dir etwa an Brot oder Nahrung? Freilich habe ich götterwürdige Speise, habe manchen Trank, der dem Königtum ansteht! Doch wozu? An der Straße, da sei dein Sitz... dann wird dich nehmen, wer immer Lust hat!" Und Gilgamesch schmähte Ischtar weiter. Er nannte sie eine unfertige Tür, einen einstürzenden Palast, einen ungehorsamen Elefanten, Erdpech, das seinen Träger besudelt, einen Schlauch, der seinen Träger durchnäßt, einen Kalkstein, der die Mauer sprengt, einen Jaspis, der Feinde anlockt, einen Schuh, der seinen Besitzer kneift. Und er warf ihr vor, daß sie Dumuzi, ihrem Jugendgeliebten, bestimmt habe, Jahr für Jahr zu weinen, daß es allen, die sie je liebten, schlecht ergangen sei.

Und tatsächlich: Alle sind beeindruckt. Sogar die Göttin Ischtar. Sie kann sich nicht satt sehen an der stattliche Gestalt des Gilgamesch und bietet ihm ihre Liebe an. Und das ist ein Fehler. Nicht nur, weil der arrogante Kerl ablehnt, sondern ganz generell. Patriarchale Herrschaft etabliert sich nicht nur von außen – durch Eroberung –, sondern auch von innen, indem matriarchale Männer Freundschaft schließen mit den Eroberern, matriarchale Frauen sich blenden lassen von den herrlichen Männern. Ischtar hätte schon längst über Gilgamesch zürnen müssen. Uruk war ihre Stadt gewesen, Gilgamesch quälte ihr Volk. Doch sie glaubt, ihn zu einem matriarchalen Mann machen zu können, indem sie ihm ihre Liebe und alle Schätze ihres Reiches anbietet.

Aber Gilgamesch weist sie zurück. Er beschimpft sie, nennt sie eine Hure, die am Straßenrand auf Kundschaft warten soll. Schließlich soll es ihm ja nicht ergehen wie ihrem einstigen Liebhaber Dumuzi. Gilgamesch hat überhaupt nicht im Sinn, der Göttin, sprich dem Leben zu dienen. Vergessen ist, wie es dazu kam, daß Dumuzi halbjährlich in der Unterwelt weilen muß. Vergessen ist, daß es Sinn macht, wenn die Pflanzen in der Sommerhitze ruhen, während der Wein reift, also Geschtinanna, die Schwester des Dumuzi, die Göttin des Weinstocks, auf der Erde weilt. Gilgamesch hat keine Ahnung mehr von der Sinnhaftigkeit jahreszeitlicher Rhythmen. Er stößt die Göttin zurück, weil die Hochzeit mit ihr nicht nur Fülle bietet, sondern auch Pflichten mit sich bringt. Die Mauer, die er auch um ihren heiligen Bezirk erbaut, läßt er nicht zu ihren Ehren bauen, nur zu seinem Ruhm.

Kaum hatte Ischtar seine Rede vernommen, fuhr sie zornentbrannt zum Himmel empor, trat vor ihren Vater Anu und ihre Mutter Atum hin und erbat von Anu den Himmelsstier, damit er Gilgamesch töte.

Gewährte ihr Anu die Bitte nicht, so bräche sie selbst die Pforten zur Unterwelt auf, damit die Toten auf die Welt zurückkehrten und die Lebenden vernichteten. So drohte Ischtar in ihrem Zorn. Anu wollte wissen, ob sie bedacht hätte, daß der Himmelsstier alles Leben auf sieben Jahre auf der Erde zerstören würde, und ob sie vorgesorgt hätte für die Menschen, auf daß diese nicht verhungerten. Doch Ischtar antwortete, sie hätte Getreide in Menge angehäuft, genug Kraut für das Vieh wachsen lassen. Da übergab ihr Anu das Halfter des Himmelsstieres.
Da führte ihn Ischtar hinab auf die Erde. Aus den Nüstern des Himmelsstieres loderte Feuer, schon hatte er viele Menschen gefällt, und es schwelten die Fluten, es brannte das Korn. Doch die beiden Helden stellten sich dem Stier entgegen. Enkidu ergriff seinen Schweif, und Gilgamesch stieß ihm das Schwert zwischen Nacken und Hörner. Da lag im Blut der Himmelsstier Ischtars. Die Helden rissen ihm das Herz aus der Brust und boten es dem Sonnengott zum Opfer dar. Da verfluchte Ischtar den Gilgamesch: „Weh über Gilgamesch, der mich beschämt hat! Den Himmelsstier erschlug er!" Dies hörte Enkidu, riß die Keule des Himmelsstieres ab und warf sie der Göttin mitten ins Gesicht. Da scharte Ischtar die Dirnen um sich, die Huren und Buhlerinnen in lauten Klagen.
Gilgamesch aber rief die Handwerksmeister der Stadt herbei, damit sie die Hörner des Stieres bewunderten und schmückten. Die beiden Helden reinigten sich im Euphrat und zogen mit den Hörnern des Stieres im Triumph durch die Straßen von Uruk. Und Gilgamesch sprach zu den Dienerinnen seines Palastes: „Wer ist der herrlichste unter den Männern? Wer ist der gewaltigste unter den Helden? Gilgamesch ist der herrlichste unter den Männern! Gilgamesch ist der gewaltigste unter den Helden! Sie, der wir des Himmelsstieres Keule hinwarfen in unserem Grimm, Ischtar hat auf der Straße niemand, der ihr Herz erfreut!"[11]

Zornentbrannt schickt Ischtar den Himmelsstier zur Erde. Doch halt, so schnell geht das nicht. Erst muß sie ihren „Vater", den Himmelsgott um den Stier bitten. Wo ist die Himmelsgöttin geblieben, die einst den göttlichen Stier oder auch Widder an ihrer Seite gehabt hatte und sich einen Geliebten nahm, der dem Stier oder Widder ebenbürtig war? Herabgestuft in die Tochtergeneration eines Himmelsvaters muß Ischtar ihren Vater um Erlaubnis fragen, ob sie den Himmelsstier mitnehmen darf, der doch einst ihr Tier war. Der Dichter läßt den Gott Anu fragen, ob sie auch vorgesorgt hat, daß die Menschen und Tiere nicht verhungern, wenn sie den Himmelsstier zur Erde schickt. Und die Göttin hat vorgesorgt, die Kornkammern und Heuspeicher sind gefüllt. Ischtar will nur Gilgamesch strafen, seine Herrschaftszeit soll bekannt werden als Zeit der Dürre. An ihr Volk denkt Ischtar immer, mit reicher Ernte hat sie es in den vergangenen Jahren beschenkt.

Und Gilgamesch, der Wildstier, der Sohn der Kuhgöttin Ninsun, er ist ein trotziger Stier, der seine Bestimmung vergessen hat. Gilgamesch erschlägt mit Enkidu den Himmelsstier. Der Frevel ist unermeßlich. Ischtar verflucht Gilgamesch und zieht sich zurück. Frauen werden weiter zu Ischtar beten, vielleicht auch die Männer zur „Liebesgöttin", wenn sie eine Frau brauchen, aber Ischtars große Zeit ist vorüber.

Gilgamesch und Enkidu opfern das Herz von Ischtars Himmelsstier dem Sonnengott Schamasch. Der ist der neue Herr in Uruk. Und der herrliche, gewaltige Gilgamesch läßt sich feiern in Uruk. Von grenzenloser Machtentfaltung kann Gilgamesch nicht genug kriegen.

Der Mythos bricht an dieser Stelle nicht ab, sondern erzählt weiter, wie die Götter Enkidu zum Tod verurteilten, das Leben des Gilgamesch aber schonten, wie Gilgamesch um Enkidu trauerte und sich danach auf die Suche nach dem Kraut des ewigen Lebens begab. Als er dieses nach langen Abenteuern endlich gefunden hatte, stiehlt es die Schlange und nimmt es mit sich fort. Da begreift Gilgamesch, daß es ihm verweigert ist, unsterblich zu werden. Traurig kehrt er nach Uruk heim und erblickt die Stadtmauer, deren Bau er vollbracht hatte, und erkennt, daß die Mauer ewig von seinen Taten erzählen wird.

Mit der Suche nach dem Kraut des ewigen Lebens kann Gilgamesch nur scheitern. Denn auch für den patriarchalen Herrscher gelten die Gesetze des Lebens, gilt die zyklische Abfolge von Leben und Tod. Nur daß der patriarchale Mann den Blick für das Zyklische im Leben verloren hat. Noch Jahrtausende werden Männer gegen den Tod anrennen und nach ewigem Leben dürsten. (Und sie werden in allen Religionen den Frauen vorwerfen, daß sie Schuld sind an ihrem Sterben.) Die Männer haben nicht viel gelernt seit Gilgameschs Zeiten.

Das Gilgamesch-Epos zeigt, wie mit dem Erstarken des Patriarchats die Menschen nicht mehr der Großen Göttin, die das Leben verkörpert, dienen. Nun haben sie den Herrschern zu dienen, alles Leben ist patriarchaler Herr-lichkeit und Machtentfaltung untertan. Und parallel zur patriarchalen Machtentfaltung der Könige auf Erden wächst die Macht des Sonnengottes am Himmel.

6. Wurunsemu
Die Sonne von Arinna

Kleinasien, das Land auf dem Gebiet der heutigen Türkei, galt einst als das Land der tausend Götter. In diesem GöttInnenhimmel war die Sonnengöttin von Arinna die höchste Reichsgöttin.[12]

Die „Sonne von Arinna" wird nach ihrem Hauptkultort auch Ariniddu und Arinitti, „die Arrinnaische", genannt. Sie wurde unter dem kultischen Symbol der Sonnenscheibe verehrt. Ihre Titel zeigen, daß sie weit mehr war als eine Sonnengöttin. Als „Königin des Himmels und der Erde" ist sie die allumfassende Himmelsgöttin, als „Herrin der Länder" setzt sie die irdischen Herrscher in ihr Amt ein, sie schützt das Königtum und fungiert als Eides- und Schlachthelferin.[13] Und in diesen irdischen Belangen zeigt sich auch die Herabsetzung der Himmelsgöttin. Sie besitzt zwar noch die Macht, den König einzusetzen, sie hat seine Herrschaft aber auch zu schützen. Ihre Macht geht auf die Herrlichkeit ihres Königs über und wird dadurch eingeschränkt.

Auch wenn die meisten Mythologen betonen, daß Arinna die Gattin des Wettergottes Hatti war, und sie diesen deshalb gern den Hauptgott des Reiches nennen, müssen sie zugeben, daß ihr Name dem ihres Partners meist vorangestellt wurde. Als Kind der beiden wird der Wettergott von Nerik und Zippalanda genannt.[14] Sonnengöttin und Wettergott erscheinen – je nach Volk – unter verschiedenen Namen. Der älteste für Kleinasien belegte Name der Sonnengöttin ist Wurunsemu, ihr Partner heißt Taru, das göttliche Kind Telipinu. Im hurritischen Götterhimmel wird die Sonnengöttin Hebat genannt, ihr zur Seite steht der Wettergott Tesub, als gemeinsamer Sohn gilt Sarruma. In der Blütezeit des hethitischen Großreichs verschmolzen Arinna und Hebat zur einer unter verschiedenen Namen verehrten Sonnengöttin.

Bezeichnend ist allerdings, daß die aus Syrien stammende Göttin Hebat lange Zeit als alleinherrschende Göttin verehrt wurde. Erst die hurritischen Herren stellten ihr Tesub als Partner zur Seite.[15] Und so ist es nicht weiter verwunderlich, daß der einmal als Partner der Sonnengöttin etablierte lokale Wettergott mit dem zunehmenden Einfluß der Männer in der Gesellschaft zum König des Himmels avanciert. Aus der Sonnengöttin, der Herrin des Himmels, die den Wettergott mit Blitz und Donner ausstattet und den irdischen König legitimiert, wird die Sonnengöttin, die sich den Himmel mit ihrem Partner teilen muß, bis sie ihn schlußendlich ganz verliert. Die Regentschaft des Himmels geht auf den einst lokalen Wettergott über.

Hebat ist nach Ansicht Heide Göttner-Abendroths der Göttin Kubaba gleichzusetzen. Sie vermutet, daß die irdischen VertreterInnen die Namen der Göttin und des Gottes als Titel angenommen haben. Der König hieß demnach Tesub, die Königinmutter Hepat, Hebatu oder Kubaba. Als Beweis dafür zieht sie den überlieferten Namen der Königinmutter von Troja, Hekuba, heran.[16] Wenn ich Göttner-Abendroths Ansicht folge, hätte demnach über die syrische Göttin Hebat auch eine Göttin Westkleinasiens aus der Troja-Yortan-Kultur im zentralanatolischen Göttinnen- und Götterhimmel Platz genommen.

Parallel zur Sonnengöttin werden im Reich der Hethiter zahlreiche Sonnengötter verehrt: der hattische Estan, der hethitische Istanu, der hurritische Simigi, der luwische Tiwaz und der palaische Tijaz. Die Bedeutung all dieser Götter entspricht der Sonne als Tagesgestirn. Obwohl der hethitische Großkönig seine Herrschaft als Repräsentant des Wettergottes ausübt, trägt er, sobald er in kultischer Funktion auftritt, die Tracht des Sonnengottes, eine mit der Kappe verbundene Flügelsonne. Er nennt sich selbst, wohl nach einer ursprünglich aus dem Mund der Untertanen stammenden Majestätsbezeichnung, „Meine Sonne". Nach seinem Ableben behauptet er, Vergöttlichung zu erfahren und zur göttlichen männlichen Sonne aufzusteigen.[17]

Bemerkenswert ist, daß neben diesen männlichen Sonnengöttern noch eine Göttin mit Namen Istanus, die „Sonne der Erde", verehrt wird. Ihre Funktion ist aufschlußreich, denn sie steht für die Sonne, die unter der Erde verschwunden ist, die Nachtsonne. Nun sind aus dem Land der Tausend Götter viele Göttinnen und Götter aus Opferlisten nur dem Namen nach bekannt, wir wissen wenig über ihr Wesen und ihre Aufgabengebiete. Trotzdem erscheint mir der Gedanke nicht gewagt, daß der hethitische Götterhimmel exemplarisch deutlich macht: Sobald die männlichen Götter den Tageshimmel erobern, wird den Göttinnen die Nachtseite zugewiesen.

7. Schapasch
Die Sonnengöttin und der Vegetationsgott

In Syriens Hauptstadt Ugarit wurde die Sonnengöttin Schapasch verehrt, deren Beiname „Leuchte der Götter" war. Sie fungierte als Ratgeberin der übrigen GöttInnen. Eine 1961 in Ugarit gefundene Urkunde erwähnt auch noch ihre Tochter Pachalatu. Die Sonnengöttin Schapasch spielt eine wesentliche Rolle im Mythos von Anat und Baal.

Der Vegetationsgott Baal, der mit seiner Schwester Anat, der Herrin des großen Himmels verheiratet ist, muß gegen Mot, den Gott der Unterwelt kämpfen. Baal verliert diesen Kampf und wird von seiner Schwester Anat begraben. Laut ruft Anat nach Schapasch, der Leuchte der Götter. Schapasch möge den Leib des toten Baal ihr, Anat, auf die Schulter legen. Sie bringt ihn auf die Höhe des Berges Zapon und begräbt ihn gemeinsam mit der Sonne. Die Vegetation stirbt. Es kommt zu einem Kampf zwischen Anat und Mot, bei dem Mot getötet wird. Sofort ist Baal aus der Unterwelt befreit, kehrt zu den Lebenden zurück, und die Vegetation beginnt wieder zu blühen. Der Gott Il fordert die Sonnengöttin Schamasch auf, die vertrockneten Quellen wieder zum Fließen zu bringen. In einer anderen Version ist es Baal selbst, der in der Unterwelt mit Mot kämpft. Aber die Göttin Schamasch schreitet ein und beendet die Auseinandersetzung.[18]

Anats Titel „Herrin des hohen Himmels" und „Herrin des Reiches" weisen sie eindeutig als Himmelsgöttin aus. Ihr „Bruder" Baal ist der ihr zugeordnete Vegetationsheros, der alljährlich in die Unterwelt hinabsteigen muß, um nach dem Kampf mit Mot auf die Welt zurückkehren zu können. Die Version, in welcher Anat ihn in die Unterwelt trägt und ihn durch ihren Kampf mit Mot wieder daraus befreit, scheint mir die ältere Fassung des Mythos zu sein. Denn es ist eigentlich unklar, wie der tote Baal in der Unterwelt den Kampf gegen Mot aufnehmen kann. Wenn aber Anat, die Himmelsgöttin, es an der Zeit findet, daß die Vegetation zurückkehrt, kann sie Baal durch den Kampf mit Mot aus der Unterwelt befreien.

Dies alles geschieht unter den Augen der Sonne. Wenn die Sonne Baal zu Grabe trägt, ist dies ein Bild für die untergehende Sonne, die den Vegetationsgott an das Tor zur Unterwelt begleitet. Sobald der Kampf gegen Mot gewonnen ist, geht die Sonne im Mythos wieder auf. Der dunkle Teil des Jahres ist vorüber, die Sonne ermöglicht neues Leben, indem sie die Quellen sprudeln läßt. Dies ist ein Bild dafür, daß durch die Sonne der Schnee auf den syrischen Bergen zu schmelzen beginnt.

Schapasch ist der ugaritische Name für die Sonnengöttin, während sie im übrigen kanaanäischen Bereich Schemesch heißt. Meistens wird betont, daß Schemesch – in Anlehnung an den akkadischen Sonnengott Schamasch – männlich gedacht wird. Anton Jirku gibt dazu zu bedenken, daß der Wechsel von m und p in den Namen kein Grund für die Annahme sei, daß es sich hierbei um zwei verschiedene Namen handle. Der Wechsel von m und b ist im Ugaritischen nachweisbar, wie auch der Wechsel von b und p. Auch der Umstand, daß Schapasch immer weiblich ist, Schemesch aber männlich oder weiblich konstruiert wird, sei kein Anlaß, zwei verschiedene Personen anzunehmen.[19] Dies scheint mir ein interessanter Hinweis darauf zu sein, wie wechselhaft das Geschlecht der Sonne in den Mythen Syriens und Palästinas gewesen ist.

8. Schams
Die Sonnengöttin im Reich der Königin von Saba

In Südarabien lag im 10. Jahrhundert v.u.Z. das Reich der Königin von Saba. Dort hatten die Menschen ein sehr persönliches Verhältnis zur Sonnengöttin Schams, welche die Beinamen „die Hohe", aber auch „die Heiße" und die „Ferne" trug. Die letzten beiden Titel dürften für die Mittagssonne und die entfernte Morgen- oder Abendsonne stehen, wären aber auch als unterschiedliche Namen der Sommer- und der Wintersonne denkbar. Die Sonnengöttin war die „Herrin von Mayfa und Gayman", wo sich auch ihre Kultstätten befanden. Schams wurde auch als Göttin mit richterlichen Qualitäten verehrt, wie ihr Beiname „Herrin der Grenzsteine" verrät.

Die Sonnengöttin Schams bildete zusammen mit dem Gott des Venussterns, Attar, und dem Mondgott Almaqah eine Göttertrias. Die drei waren in Südarabien nicht durch einen Familienmythos verbunden, d.h. es darf nicht davon ausgegangen werden, daß die Sonnengöttin und der Mondgott die „Eltern" des Venussterns waren. Sie standen zueinander vielmehr in einer ebenbürtigen Verbindung. Die Kombination von Sonnengöttin und Mondgott ist im Nahen und Mittleren Osten recht häufig und für Südarabien mehrfach belegt. So z.B. für Qataban, wo der Name der Sonnengöttin Atirat, der des Mondgottes Amm war. Die Mondgötter hatten alle lokal unterschiedliche Namen, standen aber immer in Bezug zur Sonnengöttin.[20]

9. Samson
Der Sonnenheld und die Kraft in den Haaren

Am Beispiel der Geschichte des Sonnenhelden Samson läßt sich zeigen, wie eng die Mythen des Nahen und Mittleren Ostens verknüpft waren. Derselbe Held ist dort unter verschiedenen Namen bekannt. In

Arabien heißt er Schams-On.²¹ Sein Name bezeichnet ihn direkt als Sohn der arabischen Sonnengöttin Schams. Von Schams-On (oft in der Schreibweise *Šamson*) leitet sich der Name Samson her. Die hebräische Variante des Sonnenhelden wird Simson genannt. Im Deutschen sind beide Namensvarianten gebräuchlich; da ich hier seine Geschichte in der biblischen Version wiedergebe, habe ich den hebräischen Namen Simson gewählt.

Einst lebte ein Mann namens Manoach, dessen Frau unfruchtbar war und noch kein Kind geboren hatte. Zweimal erschien der Frau ein Engel des Herrn, der ihr verkündete, daß sie einen Sohn gebären werde, der von Geburt an gottgeweiht sei. Nie dürfe je ein Schermesser an sein Haupt gelangen, dann würde es ihm einst gelingen, Israel aus der Gewalt der Philister zu befreien. Die Frau gebar einen Sohn und nannte ihn Simson.

Der Knabe wuchs zu einem prächtigen Mann heran, ging hinab nach Timna, wo er eine Tochter der Philister zur Frau begehrte. Er bat seine Eltern, für ihn um diese Frau zu werben. Die Eltern fragten ihn, ob denn in seinem Stamm keine Frau sei, die er für sich wählen mochte. Doch Simson bestand auf seiner Wahl und ging mit seinen Eltern hinab nach Timna. In den Weinbergen begegnete ihm ein Löwe, der Geist des Herrn überkam ihn, und er zerriß den Löwen mit bloßen Händen. Nachdem er um die Philisterin gefreit hatte, kehrte er zurück. Da hatte sich ein Schwarm Bienen in dem Löwen eingenistet. Simson aß von ihrem Honig. Bei den Hochzeitsfeierlichkeiten gab er den Philistern ein Rätsel auf, das sich auf den Honig im Löwen bezog. Simson wettete mit den Philistern um 30 Leinengewänder und 30 Festgewänder. Die Philister konnten das Rätsel lösen, weil es Simsons Frau gelang, ihm das Geheimnis zu entlocken, und sie es an ihr Volk verriet. Zornig darüber, betrogen worden zu sein, erschlug Simson 30 Philister, gab die Leichen den Philistern und erfüllte so seinen Wetteinsatz.

Zur Zeit der Weizenernte kam Simson mit einem Ziegenböcklein, um seine Frau in ihrer Kammer zu besuchen. Doch ihr Vater verwehrte ihm den Eintritt. Daraufhin fing Simson 300 Schakale, band je zwei zusammen und befestigte zwischen ihren Schwänzen Fackeln. Er zündete die Fackeln an und brannte das Korn, die Weinberge und Ölbäume der Philister nieder. Da zogen die Philister aus und verbrannten seine Frau samt ihrem Vaterhaus. Simson kämpfte gegen die Philister und verschwand dann in der Felskluft von Etam. Die Leute von Juda zogen herauf nach Etam, um Simson zu fesseln, denn es schien ihnen ungeheuerlich, was er den Philistern, die die Herren von Juda waren,

angetan hatte. Sie fesselten Simson, doch – als der Geist des Herrn ihn überkam – gelang es Simson, die Stricke zu zerreißen, und er erschlug 1000 Mann. Danach war Simson durstig, und er rief den Herrn, seinen Durst zu stillen. Da ließ der Herr eine Quelle entspringen, und Simson lebte auf.
Danach verliebte sich Simson in Dalila. Und auch sie versuchte, ihm das Geheimnis seiner Kraft zu entlocken. Dreimal belog Simson Dalila, und sie verriet ihn jedesmal an die Philister. Kein Wunder, daß es Simson jedesmal gelang, sich wieder zu befreien. Erst als Simson ihr die Wahrheit sagte, daß seine Kraft in seinen ungeschnittenen Locken läge, wurde er besiegt. Denn Dalila machte ihn betrunken und schnitt ihm seine Haare ab. Lange mußte der gefangene Simson für die Philister die Mühlsteine drehen. Doch als er eines Tages einen Jungen bat, ihn doch die Säule des Palastes berühren zu lassen, da riß er die Säule aus und begrub sich und mehr Philister, als er je zu Lebzeiten getötet hatte, unter den herabstürzenden Trümmern des Daches. Das war die Rache des Simson, dessen Haare in der Gefangenschaft wieder nachgewachsen waren.[22]

Gerda Weiler hat aus dieser biblischen Geschichte den matriarchalen Kulttext herausgearbeitet.[23] Simson ist ein Mann mit übernatürlicher Körperkraft, ein Gottgeweihter. Von Simsons Mutter ist uns in der biblischen Version nicht einmal der Name überliefert. Sie wird immer nur als die Frau des Manoach bezeichnet. Nur daß sie unfruchtbar war, steht fest. Nun ist dies in matriarchalen Mythen aber immer ein Bild. Die unfruchtbare Frau steht für die temporäre Unfruchtbarkeit des Landes. Das Ritual, diese Unfruchtbarkeit zu beenden, ist das der Heiligen Hochzeit. Nur in der Heiligen Hochzeit kann ein solch prächtiger Held wie Simson gezeugt werden. Die Bibel ersetzt das Bild der Heiligen Hochzeit durch eine asexuelle, unbefleckte Empfängnis. Der Engel des Herrn erscheint der Frau des Manoach. Die Bibelautoren werden wohl einen Grund gehabt haben, uns ihren Namen zu verschweigen. Einmal mehr verschwindet der Name einer Stammesherrin, die für ihr Volk die „Herrin über Himmel und Erde" war. Sie, die namenlose Mutter in Israel, wird einen fürstlichen Himmels- oder Sonnennamen getragen haben. Denn nur eine solche Herrin kann einen Sohn wie Simson zur Welt bringen.

Wie der sumerische Held Enkidu ist auch Simson ein Sonnenheros. Die Kraft, die in seinen Haaren liegt, weist darauf hin. Wer wie Gerda Weiler hellhörig geworden ist für die Sprache matriarchaler Kulttexte, erkennt, daß seine Heldentaten dem Lauf der Sonne entsprechen. Zu kultischer Zeit – zur Zeit der Weizenernte – besucht er seine Frau, um mit ihr zu schlafen. Wie die heiße Sommersonne verbrennt er Felder, Weinberge und Ölbäume, bevor er sich in die Schlucht zurückzieht. Die dunkle unwegsame Schlucht steht für das Schwinden der Sonne, für ihre Unterweltsfahrt. Doch Simson steht wieder auf. In der Bibel liest sich das so, daß die Leute von Juda ihn aus der Schlucht zerren. Juda hat aber in der Richterzeit – aus dem Buch der Richter stammt dieser Text – noch nicht existiert. Simson kämpft also gar nicht gegen die Philister. Nein, er ist der Sonnenheld, der gegen die Mächte der Dunkelheit kämpft und sie besiegt. Deshalb ist er der siegreiche Held, nachdem er die Schlucht verlassen hat. Und wie nach dem Erscheinen des Gottes Baal aus der Unterwelt, als die Sonnengöttin die Quellen fließen läßt, entspringt auch nach Simsons Sieg eine Quelle.

Und wieder trifft er eine Frau, Dalila. Es ist wieder die Zeit der Heiligen Hochzeit. Doch Dalila gelingt es nach einiger Zeit (der Sommerzeit), ihm seine Kraft zu nehmen. Die tödlich starken Sonnenstrahlen werden milder. Doch das Haar wächst immer wieder nach. Simson ist der Sonnenheld, der unbezwingbar scheint, bis eine Frau, die Göttin, ihn seiner Macht „beraubt". Dann hat er mit den Mächten des Todes zu ringen. Sobald er siegreich wiederkehrt, fließen die Wasser, und es ist Zeit, wieder die Heilige Hochzeit zu begehen. Wie in einem Mühlrad durchläuft Simson, der Sonnenheld, das Jahr.

10. Nut
Die sternenreiche Himmelsgöttin Ägyptens gebiert die Sonne

Nut ist die Himmelsgöttin Ägyptens. Ihren mit Sternen bedeckten Leib wölbt sie über die Erde, personifiziert in dem Erdgott Geb, ihrem Gatten, auf den sie sich mit Fingern und Zehenspitzen abstützt. Sie gebiert jeden Morgen im Osten die Sonne und verschluckt sie abends im Westen, um sie immer wiederzugebären. Sie wird auch als sternenübersäte Himmelskuh betrachtet, die das Sonnenkalb gebiert, welches bis Mittag zum Stier heranwächst und seine eigene Mutter begattet. Am Abend stirbt der Sonnenstier, um am Morgen als sein eigener Sohn wiedergeboren zu werden.[24]

Davon wissen die neueren patriarchalen Mythen nichts mehr zu erzählen. Die Himmelsgöttin Nut ist in den Mythen aus Heliopolis nicht mehr die uranfängliche Himmels- und Schöpfergöttin. Wie der griechische Name sagt, handelt es sich bei *Heliopolis* um eine *polis*,

„Stadt", in welcher der Sonnengott, der hier mit seinem griechischen Namen *Helios* genannt wird, verehrt wurde. Kein Wunder also, daß die Priester des ägyptischen Sonnengottes Re ihn in den Mythen von Heliopolis als höchsten Gott, sogar als Schöpfergott propagierten.

Das Bild, das die Priester von Re-Atum als Schöpfergott verbreiteten, ist als patriarchales Konstrukt sofort erkennbar und entbehrt jeder schöpferischen Qualität: Re-Atum nimmt seinen Samen in den Mund und speit Schu, den Gott der Luft, und Tefnut, die Göttin der Feuchtigkeit, aus. Doch wer meint, Re-Atum sei da so ganz ohne weibliches Zutun am Werk gewesen, irrt. Das Weibliche ist angeblich durch Re-Atums Hand personifiziert, mit der er seinen Penis umfaßt. So wird die Große Göttin zur Hand degradiert, mit der Re-Atum masturbiert. Schu und Tefnut vereinigen sich dann in weiterer Folge geschlechtlich (interessant, daß es so natürlich weitergeht) und werden die Eltern von Geb und Nut. Re-Atum verliert Schu und Tefnut zwischendurch aus den Augen. Er schickt seine Tochter, sein Sonnenauge aus, welche die beiden wiederfindet. Vor Freude darüber weint Re-Atum Tränen, aus denen die ersten Menschen entstehen.

Das Bild von Re-Atum als Schöpfergott ist unglaubwürdig und jede daraus abgeleitete Generationenfolge erst recht. Daß die Himmelsgöttin Nut im Mythos über Re-Atum zu dessen Enkeltochter herabgestuft wurde, ist theologische Realität und zeigt, wie wenig Achtung den Frauen als Schöpferinnen entgegengebracht wurde und mit welcher Anmaßung Männer ihre schöpferische Potenz behauptet haben.

Re-Atum war in pharaonischer Zeit nicht der einzige Schöpfergott, in anderen Städten wurden andere Schöpfergötter verehrt: Ptah in Memphis, Amun in Theben. Ihre Priesterschulen standen in hartem Konkurrenzkampf zueinander und waren eifrig bemüht, ihren jeweiligen Gott als Schöpfergott zu postulieren.

11. Hathor
Die himmlische Kuh und der Sonnengott

Einst erhob Hathor sich in Gestalt einer riesigen Kuh aus den Urgewässern. Ihren Leib bedecken unzählige Sterne. Zwischen ihren Kuhhörnern trägt sie die Sonnenscheibe. Sie nimmt auch Frauengestalt an und trägt ihre Kuhhörner mit der Sonnenscheibe auf dem Kopf. Sie ist die Mutter des Sonnengottes Re. Am Morgen bringt Hathor im Osten das Horuskind zur Welt, welches sie an ihrer Brust nährt. Horus wächst zu Mittag zum Gott Re-Harachte heran. Re wird nun in menschlicher Gestalt mit dem Kopf eines Falken dargestellt. Als Abendsonne wird der Gott dann zu Atum oder Re-Atum in Gestalt eines Menschen mit der Doppelkrone der Könige. Hathor steht im Westen und empfängt ihn mit offenen Armen. Mit dem Untergang der Sonne stirbt der Gott aber nicht, sondern fährt mit einem Boot durch die Unterwelt (nun ist er ein widderköpfiger Gott), um am nächsten Morgen als Horuskind wieder auf die Welt zu kommen.[25]

Hathor ist mit Sicherheit eine sehr alte Göttin. Daß sie als Himmelsgöttin die Sonne zwischen ihren Hörnern trägt und sie Tag für Tag wiedergebiert, bringt matriarchale Weltbilder zum Ausdruck. Leider wissen wir den Namen dieser matriarchalen Göttin nicht mehr, ihr Name Hathor ist neueren Ursprungs und stammt aus der Zeit patriarchaler Machtergreifung. Hat-hor bedeutet „Haus des Horus". Ihr Name bezeichnet sie als Mutter des Gottes Horus. Aus ihr, aus ihrem „Haus" wird Horus geboren. Horus ist allerdings kein genuin ägyptischer Gott, sondern der Gott jenes Volkes, welches zu Beginn des 3. Jahrtausends v.u.Z. Ägypten eroberte.

Interessant ist, daß Leonard Woolley, der Ausgräber von Uruk im sumerischen Süd-Mesopotamien, annimmt, daß auch die Invasoren, die ungefähr zur gleichen Zeit Sumer überfielen und kolonisierten, aus dem Kaukasus, aus dem Gebiet um Elam, kamen. Anthropologen haben festgestellt, daß die Menschen, die in Sumer und in Ägypten als Herrscher auftraten, große Ähnlichkeiten aufweisen. Die Eroberer Ägyptens waren vermutlich ein indoeuropäisches bzw. indoarisches Volk mit weißer Hautfarbe. Die ägyptische Urbevölkerung bestand – wie im restlichen Afrika auch – aus Menschen schwarzer Hautfarbe. Zahlreiche Bilder und Statuen belegen eindrücklich, daß die herrschende Schicht der Pharaonenzeit einer anderen Rasse angehörte als das ägyptische Volk.

Was bedeutet dies nun in Zusammenhang mit der Göttin Hathor? Hathors Name „Haus des Hor" zeigt, daß die Eroberer Ägyptens die ägyptische Schöpfergöttin in Gestalt der sternenübersäten Kuh für ihren Falkengott Hor okkupierten. Hor, meistens griechisch Hor-us genannt, ist keine friedliche Verbindung mit der Kuhgöttin eingegangen. Die Eroberer verfolgten den matriarchalen Kult und erbauten die Tempel ihrer männlichen Götter über den urgeschichtlichen Heiligtümern der Göttin. Daß die Zerstörung der Kultschreine und Darstellungen der urgeschichtlichen Göttin von den Horus-Anhängern ausdrücklich angeordnet wurde, ist historisch belegt.[26]

Abb. 17: Hathor mit Horuskind

Genau das spiegelt sich aber nicht in dem Bild, das der Mythos über Hathor und ihren Sohn, den Sonnengott, kreiert. Da stürmt kein junger Falkengott heran und ermordet wie sein sumerischer Kollege Marduk die Muttergöttin. Nein, Horus nistet sich bei der Muttergöttin als Kind ein. Der Mythos entwirft ein Bild, in dem Hathor die liebende Mutter des Horuskindes ist. Und das macht die Sache so verwirrend. Es bleibt einerseits ein matriarchales Bild der Himmelsgöttin und ihres Sonnensohns bestehen, das andererseits in einen völlig patriarchalen Mythos eingebettet wird (vgl. hierzu auch S. 168). Erst durch den Trick, daß matriarchale Bilder in patriarchale Mythen eingewoben werden, konnte es überhaupt gelingen, patriarchale Mythen in den eroberten matriarchalen Völkern zu etablieren.

Die patriarchale Verehrung des Sonnengottes ist untrennbar verbunden mit dem Königtum der Pharaonen, die als Söhne des Sonnengottes Re galten und sich als Götter verehren ließen. In der ägyptischen Kunst gibt es zahlreiche Darstellungen eines Pharaos, hinter dem schützend eine Göttin steht. Auch Hathor steht auf diese Weise hinter dem Pharao und gibt ihm „Rückendeckung" oder steht ihm „zur Seite". Manchmal hält Hathor den Pharao auch als Säugling in den Armen und gibt ihm die Brust. Die ägyptischen Pharaonen waren sehr darauf bedacht, ihre Macht über die Göttin zu legitimieren.

Narmer, der Anführer der Shemsu-Hor, konnte als Eroberer sein Königtum in Ägypten nur legitimieren, indem er eine gefangengenommene südägyptische Prinzessin heiratete. Um zu verhindern, daß der Thron nach dem Tod eines König über die Königin in weiblicher Linie vererbt wurde, war im frühdynastischen Ägypten der Mord an der Königin und den Frauen bei Hofe üblich, sobald der Herrscher starb. Ägyptologen übersehen diese Praxis gern und kaschieren sie, indem sie die Frauen nicht erwähnen und nur von Dienern, Beamten, Hunden und Zwergen sprechen, die mit dem König begraben wurden. Oder sie sprechen von den Angehörigen des Harems und verstecken die Frauen in einer sprachlich männlichen Form. Oder es ist von Dienerinnen und Untergebenen die Rede, denen „es eine Ehre war", „die es sich erlaubten", mit dem Herrscher begraben zu werden. Wie Doris Wolf bemerkt, stellt dies eine untragbare Verharmlosung der Situation dar, in der Frauen, wenn sie Glück hatten, ermordet wurden, bevor sie begraben wurden. Viel grausamer war es, wenn sie lebend begraben wurden. Frauen- und Königinnenmord als Mittel patriarchaler Machtergreifung ist auch im frühdynastischen sumerischen Ur, im frühdynastischen Kerma im Sudan, im frühdynastischen chinesischen Shang und zu Beginn der Errichtung des Häuptlingtums in Südosteuropa belegt.[27]

Obwohl gesagt werden kann, daß der ägyptische Thron mit einigen markanten Unterbrechungen bis zu Kleopatra hauptsächlich mutterrechtlich vererbt wurde und die prachtvoll ausgestatteten Gräber der Königinnen von deren Wichtigkeit zeugen, darf das nicht darüber hinwegtäuschen, daß das Ägypten der Pharaonen ein patriarchal beherrschtes Land war.

Die Verflechtung eines matriarchalen Bildes mit patriarchalen Mythen einerseits und die Verbindung von mutterrechtlicher Thronvererbung mit patriarchalem Herrschertum andererseits spiegeln sich auch in der ägyptischen Religion wieder. Die Oberpriesterin wird nicht – wie durch Hammurabi in Babylon – abgeschafft, das Amt bleibt bestehen. „In Ägypten verlief der Übergang zur patriarchalen Monarchie etwas anders. Hier blieb die Königin immer Oberpriesterin, aber seit dem Aufstieg des Sonnengottes Re zum Staatsgott galt sie nicht mehr als irdische Verkörperung der Hathor oder Isis, sondern als ‚Gottesbraut' des Re, der mit ihr auf mystische Weise den jungen Pharao zeugt. Auf diese Weise wird die göttliche Vater-Sohnschaft garantiert, nur daß im ägyptischen Verständnis der Pharao seine männlich-sexuelle Rolle im Dienste des Gottes tatsächlich spielt."[28] Carola Meier-Seethaler bringt es auf den Punkt, und Doris Wolf fügt die Belege dafür hinzu, daß die Pharaonen auch nicht vor sexuellem Mißbrauch ihrer Töchter zurückschreckten, um sich die Herrschaft zu sichern.[29]

Wenn ich alles erzählte „Drumherum" (wer, was, wann, mit wem und warum etc.) weglasse und schaue, was übrig bleibt, dann ist auffällig, daß sich die Mythen der ägyptischen Göttinnen Nut und Hathor auf das Bild der sternenübersäten Himmelskuh, die die Sonne gebiert, reduzieren lassen. Natürlich besteht das „Drumherum" nicht aus Kleinigkeiten. Sondern die Geschichte verrät die Veränderung im Weltbild und im sozialen Leben der Völker; von der Thealogie, der Lehre von der Göttin, zur Theologie, der Gotteslehre; von matriarchalem Zusammenleben zu patriarchaler Herrschaft.

Bemerkenswert finde ich aber, daß selbst die patriarchalsten Mythen nicht auf matriarchale Bilder verzichten. Sie geben sie oft in grausam verzerrter Form wieder, sie werten sie ab, aber sie lassen sie nicht weg. Warum? Vielleicht kann nur der Mythos eine Reaktion in den Herzen der Menschen bewirken, der irgendwo und irgendwie lebendige matriarchale Bilder in sich birgt. Vielleicht bleibt deshalb auch in Ägypten das Bild von der Himmelskuh als Mutter der Sonne bestehen und schimmert zwischen allen patriarchalen Veränderungen und Deformationen durch.

Die Sängerinnen der Hathor am Tempel von Der el Bahari priesen die Göttin mit den Worten:

„Ich verehre die Goldene
und preise ihre Majestät.
Ich rühme die Gebieterin des Himmels,
ich künde Lob der Hathor und Ruhm der Herrin."[30]

12. Theia, Hyperion und Helios
Die Göttin läßt die Sonne über den Himmel wandern

Einst nahm die Göttin Eurynome die Gestalt einer Taube an und legte zu ihrer Zeit das Weltenei. Aus ihm fielen all die Dinge, die da sind: Sonne, Mond, Planeten, Sterne, die Erde mit ihren Bergen und Flüssen, ihren Bäumen, Kräutern und lebenden Wesen. Über jeden Planeten setzte Eurynome eine Titanin und einen Titanen. Der Sonne gab sie Theia und Hyperion.[31] *Theia gebar dem Hyperion einen Sohn, den Sonnentitan Helios.*[32] *Manche aber nannten Helios Hyperion.*[33]

Kurz und bündig ist der Sonnenmythos Altgriechenlands. Aus dem Ei der Schöpfergöttin Eurynome schlüpft die ganze Welt. Nichts auf der Welt kann sein, ohne daß die Göttin es gebiert. Auch Sonne, Mond und die Planeten sind ihre Kinder. Das Weltbild der AltgriechInnen ist anschaulich, einfach und verständlich. Die klare Anordnung zwischen der Göttin, von der alles stammt, auf die sich alles bezieht, wird sogar wiederholt. Die Titaninnen und Titanen sind die göttlichen Wesen Altgriechenlands. Theia heißt ganz einfach Göttin, und Hyperion ist der „Darüberwandernde", also die Sonne, die über den Himmel wandert. Damit auch ganz klar ist, wer da wen erschaffen hat, wird das Bild noch ein drittes Mal wiederholt. Theia, die Göttin, ist die Mutter des Sonnengottes Helios. Die Göttin gebiert die Sonne.

Überliefert wird uns der Mythos aber von patriarchalen Mythographen, die schreiben, daß Theia dem Hyperion den Sohn Helios gebar. Das patriarchale Recht, das den Mann zum Herrscher über seine Gattin und deren Kinder erklärt, wird dem vorpatriarchalen Weltbild aufgepfropft. Die Mythographen haben das Bild, welches sie aus ihrer Weltsicht betrachteten, aber auch gar nicht verstanden. Irritiert wird zugegeben, daß manche den Sonnentitan Helios Hyperion nannten. Nach patriarchalem Verständnis ist Helios der Sohn des Vaters Hyperion. Der Mythos ist zu einer komplizierten und widersprüchlichen Familiengeschichte geworden. Dem matriarchalen Weltbild nach gebiert einfach die Göttin die Sonne: am Anfang zu ihrer Zeit und täglich immer wieder. Die Sonne ist der Gefährte der Göttin, die Sonne ist ihr Sohn. Beide Bilder zeigen anschaulich, daß die männliche Sonne nicht denkbar ist ohne die Göttin. Wie sollte es auch anders sein?

Erst in den patriarchalen olympischen Mythen Griechenlands wird der Sonnentitan Helios zum Sonnengott Helios umgedeutet und seine Geschichte ausgeschmückt:

Helios ist der Bruder von Eos und Selene. Am Ende jeder Nacht erhebt sich die rosenfingrige und gelbgewandete Eos. Sie besteigt ihren Wagen, der von den Pferden Lampos und Phaëthon gezogen wird, und fährt zum Olymp. Dort verkündet sie die Ankunft ihres Bruders Helios. Geweckt von einem krähenden Hahn, der ihm geweiht ist, treibt Helios seinen vierspännigen Wagen täglich über den Himmel. Er fährt von seinem prunkvollen Palast im Fernen Osten, in der Nähe von Kolchis, zu einem gleich herrlichen im Fernen Westen. Eos begleitet Helios auf seiner Reise. Wenn er erscheint, wird sie Hemera und begleitet ihn, bis sie, als Hespera, ihre gemeinsame Ankunft an den westlichen Küsten des Okeanos verkündet. Dort läßt Helios seine ausgespannten Pferde auf der Insel der Seligen weiden. Dann segelt er heim entlang dem Strome Okeanos, der rund um die Welt fließt. Er lädt Wagen und Gespann auf eine goldene Fähre, die Hephaistos für ihn gebaut hat, und schläft die Nacht auf einem weichen Lager.[34]

Helios sieht alles. Auch die Göttin Aphrodite, die sich eines Morgens vom gemeinsamen Lager mit dem Gott Ares erhob. Prompt eilte Helios zu Hephaistos, um ihm vom Ehebruch seiner Frau zu berichten.

Als erstes fällt wieder auf, daß der Sonnengott Helios in Begleitung seiner Schwester Eos, Göttin der Morgenröte, unterwegs ist. Ranke-Graves gibt an, diese Göttin sei eine hellenische Erfindung, die von den Mythographen nur widerwillig als Titanin der zweiten Generation anerkannt wurde. Er bezeichnet ihre Ankündigung der Sonne als Allegorie.[35] Auch mir erscheint die Personifizierung der Morgenröte als eigenständige Göttin entbehrlich zu sein. Warum also gibt es sie? Vielleicht, weil der Sonnengott ohne weiblich-göttliche Begleitung unvollständig oder unglaubwürdig wirken würde?

Bemerkenswert finde ich, daß im olympischen Mythos Pferde den Sonnenwagen des Helios ziehen. Das vierspännige Gespann weckt Assoziationen zu griechischen Wagenrennen: schnell, brutal und tödlich. Niemand erzählt in den altgriechischen Mythen von Pferden und einem Wagen. Daraus schließe ich, daß Pferde und Wagen erst später zu Attributen des Sonnengottes wurden.

Auch die Herkunft des Bootes ist aufschlußreich. Der Schmiedegott Hephaistos hat es gefertigt. Das Schmiedehandwerk ist eine Erfindung der Bronzezeit. In dieser Zeit muß der gesellschaftliche Umbruch zwischen matriarchal orientierten und patriarchal beherrschten Gesellschaftssystemen angenommen werden. Frühe bronzezeitliche Kulturen zeichneten sich – wie Marija Gimbutas nachgewiesen hat – durch Friedfertigkeit aus. Sie erzeugten wunderschöne Keramik und beherrschten das Schmiedehandwerk, fertigten aber keine Waffen, sondern ausschließlich rituelle Gegenstände. Das Erstarken des Patriarchats ist mit zunehmender Bedeutung des Schmiedehandwerks für die Waffenerzeugung einhergegangen. Deshalb finde ich einen Schmiedegott wie Hephaistos als Zulieferer für den Sonnengott Helios beachtenswert. Der Mythos zeigt, wann der Wandel vom Sonnentitan Helios zum Sonnengott anzusetzen ist, nämlich in der Bronzezeit.

Wie sehr Helios dem Schmiedegott verpflichtet ist, zeigt sich auch in dem Moment, als er die Göttin Aphrodite, die in der olympischen Religion als Gattin des Hephaistos gilt, bei einem Liebesabenteuer mit Ares sieht. Schnell läuft er zu Hephaistos, erzählt ihm alles und gibt ihm so die Möglichkeit, vor der Versammlung der olympischen Götter über seine treulose Frau Aphrodite herzuziehen. Aphrodite, die einst als Große Göttin rund um das Mittelmeer verehrt wurde, wird der Lächerlichkeit preisgegeben.

Helios bekam von Zeus die Insel Rhodos zugesprochen. Rhodos war Eigentum der Mondgöttin Danaë, bis diese vom hethitischen Sonnengott Tesub vertrieben wurde. Die Rhoder erbauten zu Ehren des Helios den Koloß von Rhodos, der als eines der Weltwunder bekannt wurde. Die Anhänger des Helios behaupteten sogar, einer der Söhne des Helios sei nach Ägypten ausgewandert und habe die Stadt Heliopolis gegründet. Dies entspricht sicher nicht einer Tatsache, aber es ist wahrscheinlich, daß es zwischen den Heiligtümern des Re und jenen des Helios bzw. des Tesub auf Rhodos Beziehungen gegeben hat.[36]

13. Apollon
Ein Sonnengott auf Diebestour

Im Vergleich zu Helios sollte sich Apollon als wesentlich mächtigerer Sonnengott erweisen. So wie das entstehende Patriarchat in Sumer dem Sonnengott Schamasch zu Bedeutung und Macht verhalf, die ägyptischen Sonnenpriester Amun-Ra als Sonnengott protegierten, so gelang es dem Sonnengott Apollon, in Griechenland Karriere zu machen. Apollon kannte auf dem Weg nach oben keinerlei Skrupel.

Einst hatte der liebestolle Zeus sich und die Titanin Leto in Wachteln verwandelt, und sie paarten sich. Die eifersüchtige Hera entsandte die Schlange Python, daß sie Leto überall verfolge und verhindere, daß sie gebäre. Doch Leto brachte auf Ortygia Artemis zur Welt, neun Tage später gebar sie mit Hilfe der tüchtigen Artemis auf Delos Apollon.

Schon vier Tage nach seiner Geburt verlangte er nach Pfeil und Bogen, ein Wunsch, dem Hephaistos sogleich nachkam. Daraufhin zielte er auf die Schlange Python, verwundete sie schwer und wagte es schließlich, sie im Heiligtum von Delphi neben dem Orakelspalt zu töten. Mutter Erde berichtete Zeus diese Untat. Dieser befahl Apollon, zu Ehren der Python die Phythischen Spiele einzurichten und ihnen reuevoll vorzustehen. Zurück in Griechenland überredete Apollon den Gott Pan, ihm das Geheimnis der Kunst der Prophezeiung zu verraten. Daraufhin übernahm er selbst das Delphische Orakel und machte sich dessen Priesterin Pythia dienstbar.

Apollon tötete den Satyr Marsyas, einen Anhänger der Göttin Kybele, auf grausame Weise: Er zog ihm bei lebendigem Leibe die Haut ab und nagelte diese an eine Tanne. Grund war gewesen, daß Marsyas auf der Flöte ebenso schön spielen konnte wie Apollon auf seiner Leier. Der Gott war erzürnt und verlangte, daß der Satyr – wie er selbst – sein

Instrument umkehrte und verkehrt darauf spielte. Auf der Leier war dies möglich, mit der Flöte selbstverständlich nicht.

Apollon behauptete auch, der Vater des Asklepios zu sein und ihm alles Wissen über die Heilkunst beigebracht zu haben.[37]

Apoll, der Sohn des Zeus, ist ein unfähiger Gott, aber ein schlauer. Und so erschwätzt, erschwindelt und klaut er sich alle „Fähigkeiten", für die er sich rühmen läßt. Und womit beginnt das Elend? Mit Pfeil und Bogen aus der Hand des Schmiedegottes Hephaistos.

Es ist schon seltsam, daß jemand, der den größten Frevel begeht, der in der antiken Welt denkbar war, nämlich die heilige Schlange Python aus dem Orakel von Delphi zu töten, bestimmt wird, künftig dort Spiele abzuhalten und ihnen „reuevoll" vorzustehen. Offensichtlich ist, daß Zeus die Beschwerde der Mutter Erde nicht besonders ernst nimmt. Hera, der die Schlange Python gehörte, ist wie die Mutter Erde selbst eine Erdgöttin. Ihr gehört das Orakel, welches *Delphi*, „Mutterschoß", heißt. Da erschlägt Apollon zuerst die Schlange, dann präsentiert er die Spiele, schließlich überredet er Pan, ihm das Wahrsagen beizubringen, schon steht er dem Orakelheiligtum vor und läßt sich für seine Weisheit rühmen. Die Erdgöttin hat das Nachsehen. Wie Barbara Walker bemerkt, war die Kontrolle einer Orakelstätte, bei der sogar Könige Rat holten, für die Verbreitung einer patriarchalen Religion und neuer Gesetze von entscheidender Bedeutung.[38]

Auch für andere Fähigkeiten verdient der Gott Apollon kaum Bewunderung. Wie sich jemand durch einen fiesen Wettkampf, mit einer Leier, die er nicht einmal selbst gebaut hat (sie stammt von Hermes), zum Gott der Musik aufschwingen kann, ist mir rätselhaft. Eigentlich wird es ja deutlich gesagt: durch rohe Gewalt. Gleichzeitig wird klargestellt, daß das Leierspiel des Apollon – und somit sein Kult – dem Flötenspiel, wie es im Kybelekult üblich war, überlegen sei.

Er behauptet auch, der Gott der Heilkunst und Lehrer des Asklepios zu sein. Dabei gingen die Anhänger des Apollon in altbewährter Manier vor: Sie erklärten Apollon kurzerhand zum Vater des Asklepios. Die Mutter sei eine Sterbliche namens *Koronis*, „Krähe", gewesen. *Koronis* war allerdings ein Titel der Göttin Athene, und die Krähe war ihr Tier als heilkundiger Göttin.[39] Athene wird als die „Mutter" des Asklepios in dem Sinn bezeichnet, daß er sein Wissen und seine Fähigkeiten von ihr hatte. Was soll er da noch bei Apollon gelernt haben?

Das Ärgerlichste an Apollon ist aber sein Plädoyer zu Gunsten des Muttermörders Orest. Auf Apollon beriefen sich bis in die Neuzeit alle Männer, wenn es darum ging, die Mutterschaft abzuwerten.

Orest hatte eigenhändig seine Mutter Klytaimnestra ermordet. Deswegen wurde er aus der menschlichen Gemeinschaft ausgeschlossen und von den Erinnyen, den Rachegöttinnen, von Ort zu Ort gehetzt. Doch Apollon gewährte ihm Zutritt zum Heiligtum in Delphi und riet ihm, sich nach einem Jahr der Verbannung nach Athen zu begeben, dort das Bild der Athene zu umarmen, die ihn schützen und den Fluch der Erinnyen zunichte machen würde.

Orest tat, wie ihm geraten worden war, und es kam zum Prozeß. Athene vereidigte die edelsten Bürger von Athen als Richter, um das Urteil zu fällen. Apollon erschien als Verteidiger des Orest und die Älteste der Erinnyen als öffentliche Anklägerin. In einer langen Rede bestritt Apollon die Wichtigkeit der Mutterschaft: Eine Frau sei nicht mehr als die träge Furche, in die der Mann seinen Samen wirft. Als die Abstimmung unentschieden ausging, stellte Athene sich auf die Seite des Vaters und gab ihre Stimme zu Gunsten des Orest ab. So war Orest in Ehren freigesprochen. Er kehrte nach Argolis zurück und gelobte, den Athenern, solange er lebte, ein treuer Verbündeter zu sein.

Die Erinnyen beklagten laut die Vergewaltigung des alten Gesetzes durch die neuen Götter; und Erigone, Tochter der Klytaimnestra und des Aigisth, erhängte sich zutief verletzt. In einer Welt, in der Muttermord nicht mehr bestraft wurde, wollte sie nicht leben.[40]

Ein Grund für den Untergang matriarchaler Gesellschaften bestand in der Erkenntnis, daß Frauen nicht aus sich, parthenogen, Kinder gebären, sondern die Männer hierbei eine Rolle spielen. Diese Rolle haben die Männer aber lange Zeit krass überbewertet. Das Wort Same bringt dies anschaulich zum Ausdruck. Ein Same enthält alle Informationen, um eine neue Pflanze derselben Art wachsen zu lassen. Wenn der Same auf fruchtbaren Boden fällt, Wärme, Licht und Wasser bekommt, kann die Pflanze wachsen. Der männliche Same im Tierreich oder bei den Menschen ist aber kein Same, sondern eine Keimzelle, die auf das mütterliche Ei trifft, das nicht nur über ebenso viele Informationen wie die männliche Keimzelle verfügt, sondern auch auswählt, welche Keimzelle in sie eindringen darf.

Man(n) mag einwenden, daß das im Griechenland der damaligen Zeit noch nicht bekannt war. Trotzdem ist das Bild, das Apollon gewählt hat, ganz unzutreffend. Diese sogenannte „apollinische Meinung" wurde von christlichen Theologen übernommen. Die Mediziner haben ebenfalls lange gebraucht, um dem weiblichen Körper jene Bedeutung für die Entwicklung des Kindes zuzugestehen, die eigentlich offensichtlich ist.

14. Saule
Die Himmelsbäuerin und Sonnengöttin Lettlands

Nachdem wir uns durch die Patriarchalisierung der Sonne in Gestalt immer mächtiger werdender, skrupelloser Sonnengötter hindurchgearbeitet haben, erscheint der Mythos der lettischen Sonnengöttin Saule wie ein Lichtblick am Horizont. Die Göttin Saule ist geradezu eine Wohltat für die feministische Mythenforscherin. Sie ist eine selbstbewußte unabhängige Göttin, ihre Mythen und Riten bieten vielerlei interessante Informationen.

Saules Gesicht ist lieblich, ihr Haar leuchtet golden. Sie trägt silber- und golddurchwirkte Röcke aus Samt oder Leinen, seidene weiße Hemden und ein Umschlagtuch aus Wolle, das mit Silber- und Goldfäden bestickt ist. Prächtig ist auch der Schmuck der Saule. Der Kranz aus goldenen Zweigen und Röslein, der ihr Haar krönt, ein goldener Gürtel, ihre Spange und die Ringe, die ihre Hände bedecken, und selbstverständlich auch ihre Schuhe sind aus Gold oder Silber. Sie besitzt einen silbernen Kamm und wäscht sich in einer silbernen Wanne am Bach, wenn sie nicht in ihre himmlische Badestube geht.

Saule spinnt, webt feines Tuch und Segelleinen, flicht Gürtel und Kränze, schmiedet für ihre Töchter den Schmuck, kennt alle Kräuter.

Saule arbeitet fleißig auf ihrer himmlischen Hofwirtschaft. Früh steht sie auf, um ins Malhaus zu gehen. Sie siebt Gold und Silber, um es am Morgen und am Abend auf Felder und Meer und in den Apfelgarten zu säen. Sie pflegt ihre himmlischen Rosen, wendet Heu und sorgt für die Himmelspferde. Die Wirtschaft der Saule ist so umfangreich, daß in ihr eine größere Anzahl Gehilfen beschäftigt sind. An erster Stelle ihre Töchter, die ihr bei fast allen Arbeiten helfen. Auch Mägde leben auf dem Hof, die den Sonnentöchtern zur Seite stehen. Bei Feldarbeiten dienen der Saule die Gottessöhne als Knechte. Sie mähen ihre Seidenwiesen und eggen ihre Goldberge.

Für den Sonnenlauf finden sich unterschiedliche Vorstellungen.

Saule läuft um den Himmelsberg. Abends, wenn die Sonne untergeht, watet Saule ins Meer, bis nur mehr ihre goldenen Haarspitzen oder der Kranz darauf zu sehen ist. Saule versinkt im Meer. In ihrem goldenen Boot fährt sie nachts über das Meer. Am Morgen steigt Saule aus dem Boot, um ihren Lauf um den Himmelsberg erneut anzutreten.

Saule fährt in ihrem goldenen Wagen um den Himmelsberg. Ihre Rosse ermüden dabei nie. Jeden Abend und jeden Morgen schwemmt sie die Pferde im Meer oder im Fluß.

Am Randes ihres Sonnenweges steht der Sonnenbaum, ein Wunderbaum, an dem die Sonne hinaufsteigt, auf den sie Silber und Gold oder ihren goldenen Gürtel wirft. An dem Baum gleitet sie auch hinab und verschwindet hinter ihm.

Im Winter paßt Saule ihr Fortbewegungsmittel den geänderten Bedingungen an und reist dann auf einem Schlitten aus Lachsknochen.[41]

Der Name der Göttin entstammt der indoeuropäischen Wortgruppe *sauel-, suel-, sul* sowie *suen-, sun-* mit der Bedeutung „Sonne". Die Sonne tritt in dreierlei Gestalt auf: Sie ist *Saule*, die Sonne, und *Saules mate*, die Sonnenmutter. Oft ist sie auch die Sonnenjungfrau, *Saules meita*. Diese Bezeichnung ist mehrdeutig, denn sie kann Saule selbst in der Gestalt der Sonnenjungfrau bezeichnen, aber auch ihre Sonnentochter bzw. ihre drei Sonnentöchter. Zusätzlich wird der Ausdruck auch für Mädchen im allgemeinen gebraucht.

Saules Leben währt ewig. Sie bestimmt über die Dauer jeden Lebens. Die Sonnengöttin ist allwissend, sie sieht alles, was auf der Erde passiert. Saule überbringt den Menschen auch gern Nachrichten, wie z.B. von der Geburt eines Kindes in der Verwandtschaft. Manchmal schickt sie aber auch die Meise oder die Taube als Botinnen.

Die Menschen lieben Saule und nennen sie zärtlich Mütterchen. Sie machen sich viele Gedanken darüber, daß die Sonne so schwer arbeiten muß. Viele SängerInnen der alten Sonnenhymnen bemitleideten die Sonne, die niemals ausruhen kann und sich immer weiter bewegen muß. Daraus ist die Auffassung zu erklären, daß Saule sich in ihrem goldenen Boot nachts inmitten des Meeres zum Schlafen niederlegt. Auch ein Mittagsschläfchen haben die LettInnen der Sonne als hart arbeitender Himmelsbäuerin gegönnt. Diesen Mittagsschlaf hält sie in ihrem himmlischen Apfelgarten unter einem Apfelbaum, der ihr Gesicht während des Schlafs mit Apfelblüten bestreut.

Die Gestalt der Saule ist eng mit dem Leben der Bäuerinnen verknüpft. Saules Kleider entsprechen – wenn auch in prächtigerer Ausführung – der Kleidung der Lettinnen. Saule verrichtet die Arbeiten, die Aufgabenbereich der Frauen sind. Auffällig ist, daß sich Saules Kompetenzen auch auf Arbeiten wie das Schmieden erstrecken, das in Lettland wie überall von Männern gemacht wird. Auch spannt Saule ihre Pferde nicht nur vor den Wagen, sie reitet auch auf ihnen, dabei benutzt sie Steigbügel und Leine. Auch das Reiten war Männersache.

Am eindrücklichsten ist die Selbständigkeit und Unabhängigkeit der Saule in den Erzählungen über die himmlische Hochzeit.

Saule steht im Mittelpunkt der Himmlischen Hochzeit. Zum einen ist sie selbst die Braut. Alle himmlischen Götter freien um Saule. Ihr liebster Freier ist Auskelis, der Morgen- und Abendstern, aber auch Dievs, der Himmelsgott, Meness, der Mondgott, und Perkons, der Gott des Donners, halten um ihre Hand an. In anderen Versionen der Himmlischen Hochzeit verheiratet Saule ihre Töchter. Wie sehr Saule und ihre Töchter einander ähneln bzw. verschiedene Aspekte derselben Göttin bedeuten können, zeigt sich darin, daß alle Freier Saules zugleich auch die Freier ihrer Töchter sind. Saule vergibt ihre Hand – oder die ihrer Töchter – ganz nach eigenem Belieben. In den meisten Geschichten ist Auskelis der glückliche Bräutigam. Sobald ein Gott ihren Willen mißachtet, setzt sie sich mit aller Macht durch. Der Mondgott Meness zog sich ihre ewige Feindschaft zu, als er die Sonnentochter entführte, die Auskelis versprochen war. Saule zog ihr Silberschwert und zerhieb Meness das Gesicht. Die Narben trägt Meness bis heute.

Saule und die himmlischen Götter feiern zur Hochzeit ein prächtiges Fest, das in vielem Abbild eines lettischen Hochzeitsfestes ist Mit einer Ausnahme: Wenn Saule die Sonnentöchter verheiratet, dann tut sie es selbständiger, als dies für Brautmütter in Lettland üblich ist. Sie fährt mit dem goldenen Wagen vor, der mit der Aussteuer für die Töchter beladen ist. Auch die Hochzeitsgeschenke verteilt Saule selber an die neuen Familienmitglieder.

Wenn – wie in diesem Fall – eine Göttin so ganz anders handelt, als es den Frauen in dem Volk, das den Mythos erzählt, sonst zugestanden wird, halte ich das für ein Indiz, daß wir es hier nicht einfach mit dem Abbild einer irdischen Hochzeit zu tun haben. Ich glaube vielmehr, daß wir hier sehen, unter welchen Bedingungen die Göttin und die Götter aus unterschiedlichen Kulturen miteinander verbunden wurden. Wenn einerseits die himmlische Hochzeit so prächtig geschildert wird, ist doch andererseits auffällig, daß die Hochzeit oft als Ursache für die Feindschaft zwischen Saule und den Göttern genannt wird. Saule ist nicht nur mit Meness über die Vergabe der Töchter uneins, sondern darüber entsteht auch Streit zwischen ihr und dem Donnergott. Perkons ist ebenfalls wütend, daß Saule nicht ihm, sondern Auskelis eine Tochter gibt. Perkons reitet zornig vom Hof und zerschlägt eine goldene Eiche. Es muß sich um eine sehr besondere Eiche gehandelt haben, denn Saule weint darüber drei Jahre lang, während sie die goldenen Äste der Eiche aufliest.

Ältere Mythenforscher versuchen hierfür Erklärungen zu finden, die ausschließlich auf den Naturabläufen basieren. Doch läßt sich auf diese Art und Weise keine befriedigende und schlüssige Antwort finden. Biezais berücksichtigt zusätzlich die lettischen Hochzeitstraditionen, welche sicher Eingang in die literarische Ausgestaltung der himmlischen Hochzeit gefunden haben. Doch auch dieser Ansatz liefert keine Erklärung für das Ausmaß von Saules Trauer.

Wenn wettkampfähnliche Spiele zu lettischen Hochzeiten gehörten, dann müßte ein Streit ein ebenso spielerisch ritualisiertes Ende finden. Die Angabe, daß Saule über die Zerstörung der Eiche so traurig war, daß sie drei Jahre lang weinte, entspricht keinem „Hochzeitsspiel". Diese Information steht auch ohne jeden Bezug zur restlichen Hochzeitsgeschichte, denn die Hochzeit geht einfach weiter, ohne daß inzwischen drei Jahre vergehen. Ich finde es bezeichnend, daß alle männlichen Forscher die Idee, es könne sich bei den Streitigkeiten zwischen der Sonnengöttin und den anderen Göttern um einen Streit zwischen den göttlichen Wesen verschiedener Kulturen handeln, gar nicht in Betracht ziehen. Denn die Antwort auf diese These würde zweifelsohne auch etwas über das Verhältnis zwischen Menschen, welche eine Göttin, eben die Sonnengöttin Saule verehrten, bzw. denen, die männliche Götter verehrten, aussagen.

Mit der Selbständigkeit Saules in bezug auf ihre Entscheidungen tut sich sogar Biezais schwer, wenn er davon spricht, daß die Ursache des Streits zwischen Saule und Perkons in ihrem „Ungehorsam" dem Willen des Gottes gegenüber, ihm die Tochter zu geben, zu suchen sei. Biezais merkt gar nicht, daß von Ungehorsam keine Rede sein kann, wenn die Entscheidungsgewalt darüber, wen Saule oder ihre Töchter zum Mann nehmen, ausschließlich bei Saule liegt.

Wenn wir also von der Hypothese ausgehen, daß die Göttin und die Götter von verschiedenen Völkern verehrt wurden, dann ist die Frage interessant, aus welcher Kultur die Sonnengöttin Saule stammen könnte. Die baltischen Sprachen gehören zu den ältesten bis heute erhaltenen indoeuropäischen Sprachen. Deshalb geht man davon aus, daß in der baltischen Mythologie der Schlüssel zu den ursprünglichen Glaubensinhalten dieses Volkes liegt. Für die Mythen indoeuropäischer Völker ist eine patriarchal hierarchische Götterfamilie charakteristisch. Der oberste Gott ist jeweils ein Himmels- oder Sonnengott. Manchmal ist der Sonnengott einem Himmelsgott unterstellt, aber niemals einer Himmelsgöttin. Eine dermaßen starke und selbständige Sonnengöttin wie Saule ist für indoeuropäische Mythen absolut untypisch. Die litauische Forscherin Marija Gimbutas ist der Ansicht, daß Saule eine alteuropäische Göttin jener frauenverehrenden Kultur ist,

die bereits vor dem Eindringen der Indoeuropäer bekannt war. Ihrer Theorie nach war Saule zu groß und mächtig, um einer männlichen Sonnengottheit Platz zu machen.[42]
Die indoeuropäischen Völker waren Reitervölker. Deshalb wird das Auftauchen der Pferde in Bildzeugnissen und Mythen auch immer mit ihnen in Verbindung gebracht. Dies ist im Zusammenhang mit der Art, wie sich Saule über den Himmel bzw. um den Himmelsberg bewegt, bemerkenswert. Zu erforschen wäre, ob der Gedanke, Saule laufe um den Berg oder steige auf den Sonnenbaum, zur ältesten mythischen Überlieferung aus jener frauenverehrenden Kultur gehört, welche Marija Gimbutas als alteuropäische Kultur bezeichnet hat. Wenn sich Saule nach dem Eindringen eines indoeuropäischen Reitervolkes weiterhin als Sonnengöttin behaupten konnte, dann wäre nur zu verständlich, daß ihr Status dem des neuen Volkes angepaßt wurde und sie für ihre Sonnenreise Pferde erhielt (vgl. hierzu S. 240ff).

Die Sonnengöttin ist stark mit dem bäuerlichen Leben verbunden und deshalb im Brauchtum der LettInnen fest verankert. Es ist Saule, die das Korn reifen und die Ähren schwer werden läßt, indem sie durchs Roggenfeld watet. Dabei rafft sie ihre Röcke. Wo sie ihre Röcke, den Mantel oder die Schürze niederläßt, neigen sich die Ähren.

Das Fest zu Ehren der Saule wurde im Sommer, zur Sommersonnenwende, gefeiert. Die Frauen und jungen Mädchen schmückten sich mit Kränzen aus Blumen und frischem Grün. In der Nacht vor der Sommersonnenwende tanzten die Menschen um zahlreiche Feuer, die zu Ehren Saules brannten. Junge Mädchen baten ihre Mütter um goldene Gürtel, um mit Saule tanzen zu können. In dieser Nacht verwischte sich die Grenze zwischen den FestteilnehmerInnen und der Göttin; die Menschen hatten teil an ihrer Göttlichkeit.

In der Nacht der Sommersonnenwende wurde mit Honig gebrautes Bier getrunken, und die Hausfrau verteilte Käse, den sie extra für diesen Anlaß zubereitet hatte: Neun Ecken hatte der Käse, welche die Hausfrau abbrach und verschenkte, die Mitte des Käses behielt sie für sich. Alle warteten auf den Aufgang der Sonne, bis Saule in ihren goldenen Schuhen am Morgen der Sommersonnenwende über den Himmelsberg oder durch den Apfelgarten tanzte. Tanz war schon immer ein wichtiges kultisches Element. Deshalb haben sich Tänze wie der zu Ehren der Sonne lange erhalten. Sonnentänze sind durch Predigten bezeugt, in denen die Pfarrer gegen den heidnischen Kult wetterten.

Das Christentum, das die baltischen Länder erst viel später als andere Länder in Europa erreichte, hat den Kult um die Sonnengöttin zu unterdrücken versucht. Einerseits hat Maria die Rolle der Saule übernommen. Andererseits wurde mit Johannes dem Täufer versucht, die Sonnengöttin zur Sommerzeit durch einen Mann, den Vorgänger Christi, zu ersetzen. In Lettland wurde Johannes Janis genannt. In den volkstümlichen Bräuchen haben die Menschen die Göttin Saule in der völlig unchristlichen Gestalt der Frau des Janis oder der Mutter Janis, der Johannismutter, wieder hineingeschmuggelt.

Das Bild der Saule, die durchs Roggenfeld watet, wurde mehrmals kopiert. Im Christentum übernahmen die Johannismutter oder die heilige Maria diese Rolle. Auch der Sonnentanz zur Sommersonnenwende wurde in die christliche Mythologie aufgenommen und in den Tanz der Sonne am Ostermorgen – aus Freude über die Auferstehung Christi – verwandelt.

Der Donnergott Perkon mutierte zu einer christlichen Rettergestalt. Er wird in einem Lied aufgefordert, Saule, die zur Tochter Jods dämonisiert wurde, zu erschlagen. Aus den Söhnen des Dievs wurden „Gottessöhne"; ein Begriff, der mehrfach gedeutet werden kann. Dadurch, daß oft nurmehr von einem Gottessohn die Rede war, wurden die heidnischen Dievssöhne zum einen Gottessohn Jesus umgestaltet.

Der Arbeit von Harald Biezais, die mir als Grundlage für diesen Abschnitt diente, verdanke ich auch den Hinweis über eine Verbindung der Sonnengöttin Saule zur Heiligen Barbara. Biezais erwähnt ein Lied, in dem Saule mit dem Kosenamen Borbalen angesprochen wird. Borbalen entspricht der Heiligen Barbara, die bei den LettInnen als Patronin der Schafe verehrt wird.[43] Anderenorts berichtet derselbe Autor von der „Sonnentochter Barbelina".[44] Beide Hinweise haben mich in helle Aufregung versetzt, denn daß die Heilige Barbara einen Bezug zur mütterlichen Sonnengöttin aufweist, war mir im Bewußtsein. Allerdings hatte ich noch nie die Gelegenheit erhalten, sie mit einer Sonnengöttin zu verbinden, deren Mythos so reich belegt ist. Biezais kennt die Verbindung der Heiligen Barbara zur Sonnengöttin offensichtlich nicht, denn er fährt fort, daß er sich bemüht habe, in Europa weitere Belege für die Heilige Barbara als Patronin der Schafe zu finden, was ihm nicht gelungen sei. Biezais suchte am falschen Ort. Dafür, daß er den Hinweis auf Barbara nicht verschweigt, nur weil er selber nichts damit anfangen konnte, schätze ich ihn sehr. Denn für mich war der Hinweis ein lang gesuchtes Verbindungsstück (siehe dazu S. 140ff).

15. Sol
Die Sonnengöttin am nordischen Himmel

Von der lettischen Sonnengöttin Saule kommend erwarten wir am nordischen Himmel eine ebenso strahlende und gütige Sonnengöttin. Die Namensähnlichkeit Saule/Sol stützt diese Hoffnung. In der Lieder-Edda fragt Thor, der Gott des Donners, den Zwerg Alwis, wie die Sonne, die die Menschen sehen, bei den Bewohnern anderer Welten heiße. Alwis antwortet:

„Sonne bei den Menschen, Südglanz bei den Göttern, Dwalins Zwang beim Zwergenvolk, Leuchte bei den Riesen, Lichtrad bei den Alben, Allrein bei den Asensöhnen."[45]

Poetische bildhafte Namen, die der Zwerg aufzählt, würdig einer Sonnengöttin. Gar nicht göttlich hingegen erscheint die Sonne in der Prosa-Edda, in welcher erzählt wird, wie König Gylfi zu den Göttern, den Asen, ging, um den Grund für ihre Macht zu erfahren. Die Asen gaukelten dem König eine hohe Halle vor, in welcher drei Männer saßen, die seine Fragen beantworteten.

Einst hatten die Götter Odin, Willi und We aus dem Körper des Riesen Ymir Erde und Himmel geschaffen. Sie nahmen Funken aus Muspelheim und setzten sie als Lichter an den Himmel und bestimmten ihre Bahn. Odin, der Allvater, schenkte der Riesin Nacht und ihrem Sohn Dag zwei Pferde und schickte sie damit den Himmel hinauf, daß sie in je zweimal zwölf Stunden um die Erde fahren sollen. Die Nacht fährt voran mit dem Hengst Reifmähne, der betaut jeden Morgen die Erde mit dem Schaum seines Gebisses. Der Hengst des Dag heißt Leuchtmähne, von dessen Mähne fällt Glanz auf Himmel und Erde.

Der König fragt, wie es gelungen sei, die Sonne in ihre Bahn zu lenken, und wird belehrt:

Es war ein Mann namens Mundlifari, der zwei Kinder hatte; die waren so blond und schön, daß er seinen Sohn Mani, „Mond", und seine Tochter Sol, „Sonne", nannte, und diese gab er einem Mann namens Glen, „Glanz", zur Frau. Doch die Götter wurden zornig über diese Anmaßung, nahmen die Geschwister und versetzten sie an den Himmel, und Sol mußte die Rosse lenken, die den Wagen jener Sonne zogen, welche die Götter, damit sie die Welten erleuchte, aus einem Funken geschaffen hatten, der aus Muspelheim geflogen kam. Diese Rosse heißen Arwakr, „Frühwach", und Alswinn, „Allbebende". Unter deren Geschirr brachten die Götter zwei Blasebälge an, um ihnen Kühlung zu verschaffen.

Schnell zieht die Sonne dahin, fast als ob der Tod hinter ihr her wäre. Das ist auch kein Wunder, denn ein Wolf verfolgt sie, der sie eines Tages einholen und fressen wird. Der zweite Wolf trachtet danach, den Mond zu schnappen, auch das wird ihm eines Tages gelingen. Doch die Sonne wird nicht auf immer untergehen, sie wird eine Tochter gebären, bevor der Wolf Frenrir sie erfaßt. Reiten soll die Maid, wenn einst die Götter gestorben sein werden, auf der Mutter Bahn.[46]

Der nordisch-germanische Kosmos ist offensichtlich voller Widersprüche. Scheint es doch so, als hätten die Götter aus Funken eine Sonne geschaffen. Noch eine zweite Sonne taucht in der Gestalt eines Pferdes auf. Leuchtmähne ist der Name des Hengstes, welcher den Wagen des Dag, „Tag", zieht. Von der Mähne des Pferdes kommt das Licht, es fällt als Glen, „Glanz", auf Himmel und Erde. Doch anscheinend gibt es Schwierigkeiten, die Sonne in ihre Bahn zu lenken, denn warum sonst hätten die Götter Sol und ihren Bruder Mani in einer Strafaktion an den Himmel versetzen sollen, um auf diese Art und Weise die Bahn der Gestirne zu lenken? Warum zieht nicht die Sonne, welche Odin aus Funken schuf, eigenmächtig ihre Bahn? Was hindert Leuchtmähne, den strahlenden Hengst, an der Ausführung seiner Aufgabe? Warum muß auf dieser Welt – bis sie in ferner Zukunft im Ragnarök untergehen wird – die schöne blonde Frau Sol zur Strafe für die Anmaßung ihres Vaters, denn der hatte seiner Tochter den Namen Sol gegeben, die Rosse der Sonne über den Himmel lenken?

Die nordischen Völker waren auf die Wärme der Sonne angewiesen. Demzufolge müßte die Sonne das verehrteste göttliche Wesen in ihren Mythen gewesen sein. Bei den finnischen SamInnen war sie das auch. Mit großer Freude wurde dort Paive bei ihrem Erscheinen nach den Nächten der Dunkelheit begrüßt. Die baltischen Völker verehrten Saule, die ihr Getreide reifen ließ. Woher kommt also die armselige, strafversetzte Sonne in den nordischen Mythen? Und warum ist sie eine Frau? Dafür gibt es meiner Ansicht nach nur eine Erklärung. Es muß eine vom Volk seit langer Zeit verehrte Sonnengöttin gegeben haben, die durch die neuen Götter nicht verdrängt werden konnte, sondern in den patriarchalen Götterhimmel integriert werden mußte.

Die nordisch-germanischen Mythen vermitteln ein patriarchales Weltbild. Ein Allvater erschafft die Welt, ist Führer der Götter und Göttinnen und der Menschen. Wenn die nordischen Völker dieses Weltbild mit all seinen Konsequenzen akzeptiert hätten, dann zöge die von Odin geschaffene Funkensonne eigenmächtig ihre Bahn. Die Brüder des Odin, Willi und We, werden im Odinkult als Schöpfer später einfach nicht mehr erwähnt. Anscheinend war diese vom Allvater geschaffene Sonne aber nicht glaubwürdig. Odin versuchte es auf andere Weise: Er verschenkte das Roß Leuchtmähne. Auch dieses Bild war offensichtlich nicht überzeugend. Die Menschen wußten, daß die Sonnengöttin über den Himmel wanderte. Also mußte eine Geschichte erfunden werden, in die die weibliche göttliche Sonne integriert werden konnte, die zugleich aber auch das Ansehen der Sonne schmälerte und sie dem himmlischen Allvater unterordnete. Erst in Verbindung mit der Sonnengöttin gelang es, die von Göttern geschaffene Funkensonne am Himmel zu etablieren. Auch die Pferde und der Wagen konnten erst jetzt glaubwürdig in den Mythos eingebunden werden.

Die Geschichte vom stolzen Vater Mundlifari ist lächerlich und an den Haaren herbeigezogen. Sie dient einzig und allein dazu, eine möglichst abwertende Begründung zu finden, warum Sol, die Sonnengöttin, mit dem Sonnenwagen über den Himmel fahren soll. Daß Sol eine Göttin ist, darüber besteht kein Zweifel. Denn in der Prosa-Edda findet sich noch die beiläufig hingestellte Bemerkung, daß man auch Sol zu den Asinnen, das heißt den himmlischen Göttinnen, zähle; ihr Wesen sei schon früher erklärt worden.[47] Aber im restlichen Text findet sich davon kein Wort.

Für mich ergibt sich auch noch die Frage, ob Sol wirklich der ursprüngliche Name dieser nordisch-germanischen Sonnengöttin war. Die Anmaßung des Mundlifari besteht offensichtlich darin, daß er seine blonde schöne Tochter „Sonne", seinen Sohn „Mond" nennt. Diese Namen, die ja keine Namen, sondern Bezeichnungen für zwei Himmelslichter sind, werden uns mit Sol und Mani überliefert.

Mani stammt eindeutig aus dem Bereich der nordischen Sprachen. Wörter für Mond waren: althochdeutsch und altsächsisch *mano*, mittelhochdeutsch *mane*, altnordisch *mani*. Der Wortstamm hat sich im norwegischen und dänischen *maane*, im schwedischen *måne*, im englischen *moon* und im deutschen *Mond* erhalten. Bezeichnungen aus den nordischen Sprachen für Sonne waren: althochdeutsch, altsächsisch und altnordisch *sunna* sowie mittelhochdeutsch und altfriesisch *sunne*. Daraus entstanden das deutsche Wort *Sonne* und das englische *sun*. Kluge führt im Etymologischen Wörterbuch zusätzlich auch noch das altnordische Wort *sol* an, auf welches das schwedische und dänische *sol* zurückgehen.

Wenn meine Annahme also richtig ist und es einst eine Sonnengöttin gegeben hat, die verehrt wurde, bevor sich der patriarchale Götterhimmel bei den nordisch-germanischen Völkern etablieren konnte, dann kann ihr Name nicht *Sol* gewesen sein, sondern muß ebenfalls *Sunna* oder *Sunne* gelautet haben.

Vielleicht läßt sich aus dem Mythos um Sol und Mani aber auch noch eine Zwischenstufe der mythischen Entwicklung von der Sonnengöttin Sol hin zur strafversetzten Blondine rekonstruieren? Eigenartig ist, daß Mundlifari seine Tochter Sol einem Mann namens Glen zur Frau gibt. Glen ist nicht nur die wörtliche Übersetzung von Glanz, sondern auch der Name eines Asenpferdes. War der Mann der Sonnengöttin zu einem frühen Zeitpunkt das göttliche glänzende Pferd? Oder hat die Göttin das glänzende Pferd der Asen nicht als Partner akzeptiert und mußte erst „zur Strafe" gezwungen werden, zwei andere Rosse über den Himmel zu lenken? Fragen über Fragen, denen ich im Kapitel über das göttliche Pferd nachgehen möchte (S. 240ff).

Auch wenn ich zur Herkunft der Sonnengöttin Sol keine Antwort geben kann, die durch andere Textstellen belegt werden könnte, so möchte ich doch mit aller Nachdrücklichkeit feststellen, daß das Bild einer wegen der Arroganz ihres Vaters strafversetzten Blondine als Erklärung für die Sonne, von der doch das Leben der nordischen Völker abhing, absolut unglaubwürdig ist und nicht als ursprüngliches mythisches Bild angesehen werden kann.

Das Bild der Sonne, welche bei Gelegenheit von einem Wolf verschlungen wird, zuvor aber noch eine neue Sonne zur Welt bringt, die dann auf der Bahn der Mutter zieht, läßt sich nicht nur in bezug auf einen in ferner Zukunft angesiedelten Weltuntergang deuten. Es ist auch ein Bild für die astronomische Erscheinung der Sonnenfinsternis, bei der die Sonne am hellichten Tag wie verschlungen scheint, um kurz nach dem dunkelsten Moment wieder zum Vorschein zu kommen und auf derselben Bahn wie vorher weiterzuziehen. Wer je eine vollständige Sonnenfinsternis beobachtet hat, wird verstehen, warum dieser Moment den BeobachterInnen als bevorstehender Weltuntergang erschienen sein mochte.

Als Begründung für diese astronomische Interpretation kann angeführt werden, daß auch der Mond von einem Wolf verschlungen werden kann, was aber nie gleichzeitig mit dem Verschlungenwerden der Sonne geschieht. Deshalb sind es auch zwei Wölfe, die getrennt Sonne und Mond nachlaufen. Das entspricht völlig der astronomischen Situation: Mondfinsternisse finden jeweils zwei Wochen vor oder nach einer Sonnenfinsternis statt, aber nie gleichzeitig mit einer Sonnenfinsternis. Denn bei einer Sonnenfinsternis steht der Mond so zwischen Sonne und Erde, daß im Schatten des Mondes, der auf die

Erde fällt, das Sonnenlicht nicht mehr gesehen werden kann. Sonnenfinsternisse finden also prinzipiell bei Neumond statt, wenn Sonne und Mond, von der Erde aus gesehen, gleichzeitig an derselben Stelle am Himmels zu stehen scheinen. Eine Mondfinsternis hingegen kann nur bei Vollmond stattfinden. Zum Zeitpunkt des Sonnenuntergangs steht dann die Erde so zwischen der Sonne und dem am gegenüberliegenden Horizont aufgehenden Mond, daß der Schatten der Erde auf den Mond fällt und diesen verdunkelt. Der Mond wird dann aber nicht schwarz, sondern steigt blutrot am Horizont auf. Auch dieses Bild paßt ausgezeichnet zum Wolf, der den Mond verschlingt.

16. Sul
Die doppelsonnige Göttin von Bath

Bath in der Grafschaft Avon war lange bevor die Römer die *aque sulis*, die heißen Quellen der Göttin Sul, für ihren pompösen Tempel- und Badebezirk faßten und den Kult der keltischen Göttin auf die römische Minerva übertrugen, eines der wichtigsten Heiligtümer in Britannien. Unter dem Namen Suleviae wurden all jene Muttergöttinnen zusammengefaßt, denen an Quellheiligtümern von Gallien bis Ungarn und von Britannien bis Italien Verehrung entgegengebracht wurde. Die keltische Sul als Göttin einer heißen Quelle steht offensichtlich einem Wasserkult vor. Weswegen habe ich sie also in die Reihe der Sonnengöttinnen aufgenommen? Ausschlaggebend waren für mich die Forschungsarbeiten von Sylvia und Paul Botheroyd und Marija Gimbutas.

Die Botheroyds betonen Suls Charakter als Quellgöttin, ohne ihr die Sonnenkomponente abzusprechen. Als Beleg erwähnen sie den Gatten der Sul. Auf dem Schild der von den Römern „Minerva" genannten Göttin prangt ein sogenanntes „Medusenhaupt". Diese Bezeichnung ist irreführend, denn wir sehen ein männliches Gesicht, aus dessen Haar zwar wie bei Medusa sich Schlangen winden, Haar und Bart des männlichen Gesichts sind aber auch in kräftigen Strahlen bzw. Strähnen kranzartig um das Gesicht angeordnet. Dies und die weit geöffneten Augen, welche auf einen „Gott-der-alles-sieht" verweisen, unterstreichen nach Ansicht der Botheroyds die Sonnenkomponente des Gatten der Göttin Sul.

In Anlehnung an die Arbeit von Michael Dames sehen sie Sul als direkte Nachfolgerin der neolithischen Großen Mutter an, deren Emblem das Auge war, die also der „Eulengöttin" und der klassischen Minerva zugrunde liege.⁴⁸ Wo die Gedankenkette der Botheroyds zu einem Ende kommt, geht Marija Gimbutas einen (für mich entscheidenden) Schritt weiter. Auch sie erkennt in Sul die Augengöttin. Da ihr aber die Austauschbarkeit der Symbole von Auge und Sonne aufgefallen ist und sie diese Austauschbarkeit auch belegen kann, vertritt sie die Ansicht, daß die magischen, lebenerneuernden Augen der Göttin als Sonnen aufgefaßt wurden. Gimbutas übersetzt den Beinamen der Göttin Sul, *Suleviae*, mit „die Doppelsonnige".⁴⁹

Abb. 18: Gatte der Göttin Sul

Michael Dames betont, daß der Einflußbereich der Göttin Sul sich über den größten Teil Südwestenglands erstreckte. Ihre Verehrung scheint auf Hügeln stattgefunden zu haben, von denen sich Quellen überblicken ließen. So finden wir in der Nähe ihrer Quellen in Bath einen vereinzelt liegenden Hügel, der Solsbury oder Sulisbury genannt wird und vermutlich der Ort ihrer Verehrung war.⁵⁰ Wie läßt es sich erklären, daß die Sonnengöttin so offensichtlich auch in den Quellen verehrt wird? Die symbolische Verbindung von der Augengöttin zur Quellgöttin erklärt Marija Gimbutas durch Vergleiche mit anderen Göttinnenstatuen: Aus den Augen mancher Göttinnen aus der Steinzeit fließen Linien, die Augen der Göttin sind Quelle göttlicher Flüssigkeit.⁵¹ Es ist daher nur allzu verständlich, wenn die Augengöttin, die „Allessehende", im Fall der Göttin Sul die „Sonnengöttin", zugleich eine Quellgöttin ist.

Besondere Verehrung wurde der Sonnengöttin Sul in Britannien auf dem Silbury Hill, dem berühmten Grabhügel der megalithischen Anlage von Avebury, entgegengebracht.⁵² Die Anlage von Stonehenge, die zur Beobachtung des Sonnenlaufs verwendet wurde, mit der nicht nur Tagundnachtgleichen und Sonnenwende bestimmt werden konnten, sondern die es auch ermöglichte, Sonnenfinsternisse vorherzuberechnen, liegt in einem Gebiet, das heute noch Salisbury Plain genannt wird. Gerade Stonehenge, das erbaut wurde, bevor die KeltInnen die Insel besiedelten, kann als weiteres Indiz dafür gewertet werden, daß die Göttin Sul nicht keltischen Ursprungs gewesen, sondern auf eine ältere Göttin zurückzuführen ist. Stonehenge I, der Bau eines runden Erdwerks, die Errichtung des „Heel Stone" sowie eine im Zentrum der Anlage vermutete Holzkonstruktion, stammen aus der Zeit zwischen 1900 und 1700 v.u.Z. Darauf folgte Stonehenge II, der Bau des doppelten Kreises aus den eigens aus Wales herbeigeschafften „Blue Stones" in der Zeit von 1700 bis 1600 v.u.Z. Die dritte Bauepoche, Stonehenge III, mit der Errichtung der Sarsensteinkonstruktion und des Hufeisens der Trilithen in der Mitte, wird zwischen 1500 und 1400 v.u.Z. angesetzt. Die ersten Belege für das Auftauchen eines keltischen Volkes lassen sich aber erst ab 800 v.u.Z. finden. Wie Manfred Ehmer feststellt, hatten nicht die Druiden, die Stammespriester der Kelten, die Anlage von Stonehenge erbaut, sondern prä-keltische Völker. Als Erbauer nennt Ehmer die Windmill-Hill-Leute, dann die Träger der Glockenbecherkultur und zuletzt die hochbegabten Bauleute des Wessex-Volkes.[53]

Sul ist nicht die einzige Göttin, welche die KeltInnen mit der Kraft der Sonne in Verbindung brachten. Mir scheint die Göttin Etain besonders erwähnenswert. Da Etain aber eine pferdegestaltige Göttin ist, habe ich sie in das Kapitel über die Göttin mit dem Pferd eingeordnet (siehe S. 266).

17. Sol invictus
Der römische Sonnengott auf dem Siegeszug
gegen alle europäischen Sonnengöttinnen

Der römische Sonnengott, *Sol invictus*, die „unbesiegbare Sonne", trat gemeinsam mit den römischen Eroberern einen Kampf gegen alle europäischen Sonnengöttinnen an, den er fast überall gewann. Sol entspricht dem griechischen Sonnengott Helios. Sein Himmelswagen wurde von vier weißen Rossen gezogen. Sol galt deswegen als Schutzherr der Pferdegespanne. Sols Beiname *invictus*, der Unbesiegbare, bezieht sich auf die Fähigkeit der Sonne, nach der Wintersonnenwende wieder zu erstarken, ja unbesiegbar aufzuerstehen.

Die Religion der römischen Kaiser war durch östliche Mythen beeinflußt. Sol invictus, den Kaiser Elagabal zum allmächtigen römischen Staatsgott erhob, setzt die lange Tradition männlicher Sonnengötter wie Utu und Schamasch aus Mesopotamien, Helios und Apollon aus Griechenland sowie Re aus Ägypten fort. Späte römische Kaiser wie

Elagabal (218–222), der sich Heliogabal nannte, Aurelian (270–275), der sich auf Münzen mit der Strahlenkrone des Helios abbilden ließ, sowie Julian Apostata (331–363) huldigten nicht nur einem Sonnengott, sondern ließen sich auch als „sterbliche Götter" verehren. Der Sonnenkult hatte somit jede spirituelle Grundlage verloren und diente ausschließlich als Mittel patriarchaler Selbsterhöhung.[54]

Die Dominanz des männlichen Sonnengottes zeigt sich in all jenen europäischen Sprachen, die vom Lateinischen geprägt wurden. In diesen Sprachen ist die Sonne bis heute männlichen Geschlechts: *il sole, le soleil, el sol.* Überall dort, wo sich in den Mythen eine Sonnengöttin erhalten hat, also in den nördlichen Ländern vom Baltikum mit der Sonnengöttin Saule über Skandinavien und Germanien mit Sol bzw. Sunna bis Britannien mit der Göttin Sulis, konnte die Sonne auch im Sprachgebrauch ihr weibliches Geschlecht beibehalten. Die Zuweisung des weiblichen Geschlechts zur Sonne ist also nicht, wie oft behauptet, in der deutschen Sprache falsch erfolgt, sondern verweist in den nordisch-germanischen und baltischen Sprachen auf eine Jahrtausende alte Tradition von Sonnengöttinnen.

18. Christus
Auch das Christentum braucht einen Sonnengott

Die Funktion der Sonnengötter wurde im Christentum in erster Linie auf Christus selbst übertragen. Das Bild Christi prägten Sonnengötter wie Sol, Helios und Apollon, aber auch der orientalische Sonnengott Mithras, der sich in Rom großer Beliebtheit erfreute. Die Riten aus dem Mithras- und dem Attiskult wurden von den Frühchristen übernommen, die Christus ebenfalls als Sol invictus, als unbesiegbare Sonne, sahen. Deswegen wurde die Geburt Jesu auf den Tag festgesetzt, an dem auch die Geburt des Mithras gefeiert wurde: auf den 25. Dezember, gleich nach der Wintersonnenwende. Kaiser Konstantin erklärte den Helios-Christustag am 25. Dezember zum Staatsfeiertag und bestätigte dies auf dem ersten Reichskonzil von Nicaea im Jahr 325. Daß das Christentum schon wenige hundert Jahre nach Christi Geburt zur beherrschenden Religion des römischen Weltreichs aufsteigen konnte, ist sicher darauf zurückzuführen, daß Christus die wesentlichsten Züge der vor ihm verehrten Sonnengötter auf sich vereinigte.

Christus wird drei Tage nach der Wintersonnenwende geboren. Sein Geburtsfest wird am 24. Dezember gefeiert, also einen Tag vor jenem Tag, der laut römisch-katholischem Kirchenkalender „Christi Geburt" heißt. Die der Wintersonnenwende gegenüberliegende Sommersonnenwende wurde Johannes dem Täufer geweiht. Johannes, der Prophet, der am Jordan die Menschen taufte und darauf verwies, daß nach ihm einer kommen würde, der größer sei als er, wird als Vorläufer Christi bezeichnet. Auch das Fest des Johannes findet drei Tage nach der astronomischen Sommersonnenwende, die auf den 21. Juni fällt, nämlich am 24. Juni statt. Im baltischen Christentum hat sich Johannes auch als Janisvater und Ehemann der Mutter Janis, der ehemaligen Sonnengöttin Saule, eingeschlichen.

Christus und Johannes der Täufer markieren unübersehbar die Präsenz des Christentums an Festtagen, die vor ihnen Sonnengötter und noch früher Sonnengöttinnen innegehabt hatten. Die Verschiebung um drei Tage erkläre ich mir damit, daß es dem Christentum nicht gelungen ist, die „heidnischen" Kulte sofort zu verdrängen, welche das Fest noch zum Tag der Sonnenwende begangen haben, weshalb ein Ausweichdatum in Kauf genommen werden mußte. Die Theorie, das Christentum hätte sich bewußt gegen die heidnischen Kulte absetzen wollen und deshalb absichtlich drei Tage später gefeiert, ist eher unwahrscheinlich. Denn wo immer es möglich war, hat das Christentum heidnische Kulte verdrängt, deren AnhängerInnen ermordet und die Daten der Festtage übernommen. Weshalb sollten also ausgerechnet bei so wichtigen Festen die ChristInnen charmant zurücktreten? Ausschlaggebend war sicher, daß schon das Geburtsfest des Mithras von der astronomischen Wintersonnenwende auf den 25. Dezember gerutscht war.

19. Maria im Strahlenkranz
Die Himmelfahrt Mariens

Obwohl im Christentum die Aufteilung des Sonnen- und des Mondattributes eindeutig so aussieht, daß Christus als Sonne erscheint, während seine Mutter mit dem Mond verbunden wird, gibt es die Darstellungen der Maria im Strahlenkranz. Besonders häufig ist diese Art der bildhaften Darstellung in jenen Kirchen zu finden, die der Himmelfahrt Mariens geweiht sind.

Das Fest Mariä Himmelfahrt („Marie-Himml-ufi", wie es eine Freundin von mir auf schweizerisch nennt) findet am 15. August statt. Das Datum läßt sich nicht auf die Sommersonnenwende beziehen, fällt aber noch in jene Zeit, in der die Sonne das Sternzeichen Löwe durchwandert, dem in der Astrologie die Sonne zugeordnet wird.

Das Getreide haben die Bäuerinnen und Bauern zu dieser Zeit meistens schon geschnitten. In den alten Kulten wäre dies nun der Zeitpunkt gewesen, der Sonnengöttin zu danken, daß sie das Korn reifen ließ. Die christlichen Priester haben sicher nicht zufällig diese Zeit für das Fest zum Gedenken an die Erhebung Marias in den Himmel gewählt. Das Fest wurde in der Ostkirche bereits im 6. Jahrhundert gefeiert. 813 wurde es auch in der römischen Kirche eingeführt und gewann bald als „Großer Frauentag" den höchsten Rang unter den Marienfesten.[55] In der Zeit um Mariä Himmelfahrt und während der meisten Marienwallfahrten, die kurz darauf folgen, sind die Kirchen und die Bilder der Maria mit dem Strahlenkranz meistens wunderschön geschmückt.

20. Benedikt
Ein Mönch bestiehlt die Göttin

Es erstaunt mich immer wieder, daß ein Heiliger wie Benedikt ganz in der Stille zu Gott gefunden haben soll und keiner seiner Zeitgenossen seinen Namen in einem Dokument verzeichnet hat (obwohl er doch zwei Klöstern als Abt vorstand), und trotzdem wird im „Großen Buch der Heiligen" sein Lebenswandel bis hin zu den innersten Regungen der Seele auf vier Seiten ausgebreitet. Der Reichtum an detaillierten Informationen über einen Mönch, von dem nicht einmal die Kirche selbst mit Sicherheit nachweisen kann, daß er gelebt hat, läßt mich schon wieder mißtrauisch werden.

Angeblich stammte Benedikt aus Nursia in den Sabinischen Bergen und wurde um 480 geboren. Seine adeligen Eltern sandten ihn zum Studium der Rechtswissenschaften nach Rom. Doch Benedikt brach das Studium ab, da ihn die Verderbtheit des städtischen Lebens sowie seiner Mitschüler anekelte, und zog sich in die heimatlichen Berge zurück. Dort führte er ein gottgefälliges Leben und genoß trotz seiner Jugend bald hohes Ansehen. Benedikt flüchtete in die Einsamkeit und begegnete einem Mönch namens Romanus, der ihm eine unzugängliche Höhle zeigte, in der Benedikt drei Jahre in strengster Weltabgeschiedenheit zubrachte. Benedikt kämpfte einen ununterbrochenen Kampf mit sich selbst und Gott. Sinnliche Anfechtungen suchten ihn heim, bis er eines Tages, als er sich gerade entschlossen hatte, diese Lust in der Welt zu suchen, ein von Gott erleuchtetes dichtes Nessel- und Dornengestrüpp erblickte, in das er sich unbekleidet warf, um die Lust in Schmerz zu verwandeln.

Benedikt wurde der Ratgeber der Hirten und Landleute und übernahm – nach langem Bitten der Mönche – das Amt des verstorbenen Abtes des Klosters Vicovaro. Die Insassen des Klosters waren angeblich den zerrütteten Zeitverhältnissen entsprechend kein geregeltes Leben gewohnt, und die strenge Ordnung, die Benedikt bei ihnen einführen wollte, gefiel ihnen nicht. Sie versuchten, Benedikt zu vergiften. Benedikt verfaßte daraufhin seine berühmte Ordensregel, deren oberstes Gebot „ora et labora", bete und arbeite, lautete. Nach einem zweiten Mordversuch zog Benedikt mit seinen Schülern auf den Monte Cassino und baute dort auf den Ruinen eines Apollotempels ein neues Kloster. Er starb dort am 21. März 547.

Benedikt tat viele Zeichen und Wunder. Besonders aber war, daß er Dinge sehen konnte, die anderen verborgen blieben. Der Heilige besaß aus seiner Zeit als Einsiedler einige gezähmte Raben, die im Kloster lebten. Als ihm ein mißgünstiger Priester das vergiftete Brot sandte, trug es ein Rabe, ohne sich zu vergiften, auf Befehl des Benedikt weit fort und kehrte nach drei Tagen gesund zurück. Als der Teufel eine Wand einstürzen ließ, die einen Mönch unter sich begrub, ließ er den toten und zerquetschten Mönch in einem Sack zu sich bringen, erweckte ihn mit seinem Gebet zum Leben und sandte ihn wieder zur Arbeit.

Am Tag, als Benedikt starb, hatten zwei Mönche eine Vision. Beide sahen eine leuchtende Straße, die mit Teppichen bedeckt und mit Lichtern geschmückt war und von der Zelle des Heiligen empor zum Himmel führte. Ein Greis erklärte, dies sei die Straße, auf welcher der Freund Gottes, der Heilige Benedikt, in den Himmel auffahren solle.[56]

Wie die meisten Heiligenlegenden beinhaltet auch die Legende des Heiligen Benedikt Berichte über seine Gottsuche, zählt Beispiele für seine Keuschheit und Frömmigkeit auf und kennt wesentliche Informationen wie z.B. seine Herkunft, den Namen seiner Schwester, seine Ausbildung sowie ein genaues Sterbedatum. All dies wird um ein paar seltsame, wunderhafte Dinge und Begebenheiten gruppiert, die aber den Kern der Legende ausmachen. Genau jene wunderhaften Dinge sind es, die in der bildhaften Darstellung zu Attributen eines Heiligen werden. Der heilige Benedikt wird in schwarzem Mönchshabit dargestellt. Seine Attribute sind Becher und Schlange, das Buch mit der Mönchsregel in seinen Händen, der Rabe mit dem Brot im Schnabel, ein Kruzifix und eine feurige Kugel.

Ohne Mühe sind jene Symbole zu erkennen, mit denen sich schon der Sonnengott Apollon schmückte. Da wäre zuerst die Sonne, „die feurige Kugel". Es wird betont, daß die wunderbarste Eigenschaft des Benedikt war, alles sehen zu können. Dies ist die Eigenschaft jeder solaren Gottheit. Verstärkung erhält das Sonnensymbol durch die mit Lichtern geschmückte himmlische Straße, welche die Bahn vorgibt, auf der Benedikt in den Himmel auffahren wird. Wenn Benedikt betete, „schien die ganze Welt in einem Sonnenstrahl zusammengefaßt und so vor seine Augen gebracht zu sein".[57]

Als nächstes sehen wir die Symbole, die bereits Apollon gestohlen hatte: den Raben und die Schlange. Und für sein Kloster findet Benedikt ausgerechnet die „Ruine" eines Apollotempels. Selbst der Name des Heiligen verweist auf Apollon, der auch *Apollon Benedictus*, „Gut-Sprecher", genannt wurde, weil sich die Menschen von ihm als Gott der Heilkunst segensreiche Wirkung auf ihre Gesundheit erwarteten.

Schlange und Rabe waren einst Attribute der Göttin in ihrer Funktion als Heilerin, als Begleiterin durch den Tod, als Hebamme und Prophetin. Diese Eigenschaften der Göttin sind in ihrem schwarzen Aspekt, der Göttin in Gestalt der weisen Alten verkörpert. Nicht nur bei den Attributen des Sonnengottes Apoll hat sich die Benediktlegende bedient, sondern auch bei der weisen, alten schwarzen Göttin. Schwarz ist das Gewand des Mönchs, das wie alle Gewänder christlicher Priester ein Frauenkleid ist. Auch der Aspekt der Göttin als Hebamme wird kopiert. Weil es wohl unanständig wäre, wenn der keusche Benedikt einer Schwangeren beim Gebären helfen würde, und allzu unglaubwürdig, wenn der Heilige selbst ein Kind gebären würde, vollbringt er das Wunder, einen kleinen Mönch wieder zum Leben zu erwecken.

Es interessiert mich eigentlich nicht, ob der heilige Benedikt die freche, aber geniale Erfindung von Papst Gregor I. ist, welcher fünfzig Jahre, nachdem Benedikt angeblich gelebt hatte, die Geschichte des Heiligen erstmals in Dialogform aufzeichnete. Vielleicht hat er ja gelebt und war einer jener Christen, die die „Heiden bekehrten", indem sie Lebenslust als Sünde anprangerten. Vielleicht war er kein christlicher Mönch, sondern lebte als Priester in einem Tempel Apollons. Ich weiß es nicht. Aber ich muß zugeben, daß mich soviel offensichtlicher Symboldiebstahl immer mächtig aufgeregt hat.

Mittlerweile hat sich in mir die Überzeugung gefestigt, daß das Christentum nie zur Weltreligion geworden wäre, wenn seine Priester nicht systematisch alle anderen Glaubensformen bekämpft und deren

AnhängerInnen ausgerottet hätten. Brutale Gewalt allein hätte aber nicht ausgereicht, die Voraussetzung für den Sieg des Christentums war jene Übernahme von Bildern und Symbolen, die die Menschen Jahrtausende davor erdacht hatten und die in allen Religionen immer wieder aufgenommen wurden. Der Heilige Benedikt und seine Mönche, die schwarzen Benediktiner, die für die Kirchen- und Kulturgeschichte des Abendlandes eine einzigartige Bedeutung haben sollten, sind dafür ein außerordentlich gutes Beispiel.

21. Barbara
Die Heilige Sonnenfrau

Barbara ist die Heilige, mit der ich mich am ausgiebigsten beschäftigt habe. Sie ist mir als Heilige der Bergleute seit meiner Kindheit vertraut, denn ich stamme aus einem Bergwerksort, Eisenerz in der Steiermark, in dem sie alljährlich am 4. Dezember mit einer Messe im Berg, einer Prozession und einer abendlichen Tanzveranstaltung, dem sogenannten Barbara-Ball, geehrt wurde. Als Tochter eines Bergingenieurs und Enkelin zweier Großväter, die ebenfalls Bergmänner waren, bekam ich meinen Namen als Reverenz an die Heilige Barbara, die die Bergleute und somit meine Familie beschützte.

Der Legende nach wurde Barbara von ihrem Vater in einen Turm gesperrt, damit sie sich seinem Wunsch entsprechend mit einem Jüngling vermähle. Während der Abwesenheit des Vaters war Barbara Christin geworden: Ein Engel hatte sie besucht und ihr die heilige Kommunion gespendet, und sie hatte das Gelöbnis ewiger Jungfräulichkeit abgelegt. Der Vater stellte die Tochter vor die Wahl, entweder ihrem Glauben zu entsagen oder einen grausamen Foltertod zu sterben. Barbara blieb standhaft und ertrug Schmerz und Schmach. Der Vater war über ihre Standhaftigkeit dermaßen erzürnt, daß er selbst ihr mit dem Schwert den Kopf abschlug. Die Strafe Gottes ereilte ihn im selben Moment: Er wurde vom Blitz erschlagen.

Die Legende erzählt im üblichen Strickmuster die Geschichte einer christlichen Jungfrau und ihrer Verfolgung. In die Legende eingewoben sind jene Symbole, die uns Aufschluß darüber geben, welche Funktion die Heilige auszuüben hatte. Die Symbole erscheinen ebenfalls auf den bildhaften Darstellungen der Barbara. Da wäre als erstes der Turm zu nennen. Auf dieses Attribut berufen sich die Bauarbeiter, Architekten und Glockengießer, die sie alle als Schutzheilige verehren.

Das zweite Symbol der Barbara ist das Schwert, auf Grund dessen sie auch als Patronin des Militärs, im besonderen der Artillerie, gilt. (Bezeichnend für die christliche Religion finde ich immer die Tatsache, daß selbst heilige Frauen hartnäckig als Patroninnen bezeichnet werden, obwohl Matronin die einzig angemessene Bezeichnung wäre.) Barbara wird meines Wissens nach nie mit dem Blitz dargestellt, aber sie wird als Schutzheilige gegen Feuer und Blitzschlag angerufen. Die Attribute, die sie auf allen bildlichen Darstellungen begleiten, sind Kelch und Hostie. Barbara hält vor ihrer Brust einen Kelch, über dem eine Hostie schwebt. Der katholischen Überlieferung nach stehen Kelch und Hostie für die Stärkung, die der eingesperrten Barbara durch den Glauben zuteil wurde.

Weder die Legende noch die Attribute der Barbara liefern einen Anhaltspunkt für jene Verehrung, die die häufigste ist: als Schutzmatronin der Bergleute. Nichts deutet auf eine Heilige hin, die unter der Erde, im Berginneren beheimatet ist. Und davon, daß Barbara in Bezug zur Sonne steht, ist schon gar nicht die Rede. Um diese beiden Bereiche zu erklären, ist es notwendig, die Beziehung aufzuzeigen, welche Barbara mit den vorchristlichen Bethen verbindet.

Barbara gehört mit der Heiligen Katharina und der Heiligen Margarethe zu jenen im Volk geschätzten Heiligen, welche als die vierzehn Nothelfer verehrt und um Hilfe gebeten wurden. Daß außer elf männlichen Heiligen drei Frauen Aufnahme in das beliebte Grüppchen gefunden haben, ist kein Zufall. Barbara, Margarethe und Katharina entsprechen jener dreifachen Göttin, die in vorchristlicher Zeit als Bethen verehrt wurde. „Die Barbara mit'm Turm, die Margarethe mit'm Wurm und die Katharina mit'm Radl, das sind die drei heiligen Madl", weiß der Volksmund.

Margarethe entspricht der Göttin Ambeth, Katharina der Wilbeth und Barbara der Borbeth. Die drei vorchristlichen Bethen wurden zwar an manchen Orten auch einzeln verehrt, auffällig ist aber ihr dreifaches Auftreten: als drei Frauen, drei Jungfrauen oder drei Schwestern. Für die Interpretation der Bethen muß daher immer ihre Dreiheit berücksichtigt werden. Die drei Bethen stellen die vorchristliche Göttin in ihrer dreifachen Gestalt dar: Wilbeth ist die weiße junge, starke Göttin, Ambeth verkörpert den roten Aspekt der Göttin, und Borbeth ist die schwarze Göttin, die die Menschen durch die Unterwelt, durch den Tod begleitet. Als zyklische Tod-im-Leben-Göttin begleitet sie die Menschen und alles Lebendige nicht nur in den Tod, sondern durch ihn hindurch, um sie wieder ins Leben zu gebären.

Erst vor diesem Hintergrund ist verständlich, warum Barbara die Schutzheilige der Bergleute wurde, denn sie bitten sie nicht nur mit dem frommen Wunsch „Glück auf!" um eine gute Rückkehr aus den Gruben, sondern auch um eine gute Todesstunde oder einen gnädigen Tod, falls sie bei einem Grubenunglück im Berg eingeschlossen werden sollten. Was diesen Aspekt der Barbara bzw. der Borbeth angeht, sind sich alle Autorinnen der jüngst erschienene Bücher einig.[58]

Auf den Sonnenaspekt der Borbeth bzw. Barbara verweist bereits Hans Christoph Schöll in seinem Buch „Die drei Ewigen", das 1936 im Eugen Diederichs Verlag erschienen ist. Schöll ist, wie alle AutorInnen, seiner Zeit verhaftet und nennt sein Buch im Untertitel „Eine Untersuchung über germanischen Bauernglauben". Schöll leitet den Namen Borbeth vom keltischen Stammwort *borm*, das sich im deutschen „warm" wiederfindet, ab. Er fügt das altenglische Wort *beohrt*, mit der Bedeutung „glänzend, hell", bei, und vergleicht es mit althochdeutsch *përahta* und mittelhochdeutsch *bërht*, „leuchtend, glänzend". Auf diese Weise, findet er, sei auch der Name *Berchta* bzw. *Perachta* als die „leuchtende, glänzende Göttin" erklärt. Er ist der Ansicht, daß Wärme und strahlendes Licht die beiden Begriffe sind, die in der ersten Worthälfte des Namens *Bor-beth* zusammengesetzt sind. Schöll hält Borbeth für die mütterliche Sonne, „diu përhtel sunne", welche aus der Höhe Wärme und strahlendes Licht spendet.[59] Seiner Ansicht nach nannten die germanischen Vangionen zu Ehren der göttlichen Sonnenfrau ihre Hauptstadt *Borbetomagus*, „Borbetfeld", woraus sich *wormaz-velt* und schließlich Worms entwickelte.[60] Erni Kutter kann sich der Meinung Schölls nicht anschließen und wirft die Frage auf, ob die Wärme, die Worms den Namen gab, sich nicht auf die warmen Quellen bezog, die dort gesprudelt haben sollen.[61]

Ich persönlich denke, daß das eine das andere nicht ausschließt. Wie ich schon für die Göttin Sul gezeigt habe, besteht eine Verbindung von der Göttin heißer Quellen zur Augengöttin bzw. zur Sonnengöttin, die mit ihrem heißen lebenspendenden Feuer die Quellen zum Kochen bringt. Auch für den Sonnengott Apoll ist die Verehrung an Orten mit heißen Quellen belegt. Dies zeigt meines Erachtens einmal mehr, daß die Göttinnenvorstellungen früherer Zeiten viel komplexer und ganzheitlicher gedacht werden müssen, um verstanden zu werden. Daß sich jene Vorstellungen auch in neueren Göttern wie Apoll wiederfinden, spricht für die Sinnhaftigkeit der Idee, die nicht einfach beiseite gelassen werden konnte, sondern in patriarchalen Religionen übernommen wurde.

Für mich ergibt sich daraus die Frage, ob es Anzeichen gibt, daß die Heilige Barbara in Verbindung zu Quellen und zur Sonne betrachtet wurde. Die immer wiederkehrenden Attribute der Heiligen sind Kelch und Hostie. Sehr oft trägt Barbara den Kelch, über dem die Hostie schwebt, direkt vor der Brust. Ich frage mich, ob vielleicht der Kelch das Wasser und die Hostie die Sonnenscheibe symbolisieren. Diese Idee scheint auf den ersten Blick weit hergeholt, denn wir wissen, daß in der Symbolsprache des Christentums der Kelch für das Blut und die Hostie für den Leib Christi stehen. Andererseits bin ich oft auf die Tatsache gestoßen, daß die Heiligenlegenden häufig im krassen Widerspruch zur bildlichen Darstellung einer Heiligen stehen.

Daraus schließe ich, daß die bildlichen Darstellungen oft erst sinnvoll und richtig erscheinen, wenn ich die vorchristliche Göttin, die zur christlichen Heiligen umfunktioniert wurde, berücksichtige. Die Bildzeugnisse beinhalteten für das Volk, das der Schrift nicht mächtig war, die wesentlichen Informationen. Ich bin überzeugt, daß die Widersprüche zwischen Legende und Bild nicht auf zufälligen Fehlern beruhen, sondern mit gutem Grund zustandekamen. Dem Volk war eine neue Heilige leichter nahezubringen, wenn sie mit Symbolen und Attributen ausgestattet war, die die Menschen bereits kannten. Was sich nach einiger Zeit dramatisch änderte, war die Bedeutung des Symbols.

Abschließend sei gesagt, daß es vor dem Hintergrund des matriarchalen zyklischen Weltbildes durchaus verständlich ist, wenn die schwarze Göttin Borbeth mit der Sonne in Verbindung gebracht wird. Denn als Göttin der Wiedergeburt aus der Dunkelheit kann sie sehr wohl auch zur Wintersonnenwende, wenn die Sonne „stirbt", diese durch die Dunkelheit und wieder zurück ins Leben führen. Wenn also in lettischen Sonnenliedern die Sonnengöttin Borbalen oder die Sonnentochter Barbelina genannt wird, ist das kein Zufall, sondern ein wertvoller Hinweis auf die Sonnenkomponente der vorchristlichen Göttin Borbeth und ihrer Nachfolgerin, der Heiligen Barbara.

22. Mutter Sonne, Sonnentöchter und Sonnenprinzen im Märchen

Erwartungsgemäß ist die Sonnengöttin Sol bzw. Sunna auch in deutschen Märchen zu finden.[62] Besonders reich an Sonnenmüttern aber sind die slawischen Märchen.[63]

Im russischen Märchen „Die Hexe und die Schwester Sonne" pflegt die Sonne den Zarensohn Iwan Zarewitsch wie ihren eigenen Sohn.

Sie beschwört ihn, doch bei ihr zu bleiben und schenkt ihm zum Abschied, als er wieder nach Hause reist, eine Bürste, einen Kamm und zwei rotbackige Äpfel. Weil Iwan Zarewitsch diese Wunderdinge selbstlos anderen schenkt, gelingt es ihm fast, der Hexe zu entkommen. Zum Schluß der Geschichte verlangt die Hexe, daß eine Waage gebracht wird, und droht damit, ihn aufzufressen, falls sie schwerer sein sollte als er. Iwan Zarewitsch setzt sich auf die Waage. Als die Hexe auf die andere Waagschale klettert, ist sie aber um soviel schwerer als Iwan Zarewitsch, daß dieser – Schwups – bis direkt ins Gemach der Sonne geschleudert wird.[64]

Im böhmischen Märchen „Die Reise zur Sonne" verlieben sich eine Prinzessin und ein Küchenjunge ineinander.

Dem König ist das gar nicht recht. Deshalb schickt er den Küchenjungen auf eine Reise, von der er – so hofft der König – in hundert Jahren noch nicht zurück sein werde. Der Küchenjunge muß sich auf den Weg zur Sonne machen, um sie zu fragen, warum sie am Vormittag immer höher steigt und alles mehr und mehr erwärmt, am Nachmittag aber herniedersinkt und ihre Wärme immer schwächer wird. Der Küchenjunge wandert, bis er zu einem mächtigen, aber blinden König kommt, der ihn bittet, die Sonne doch zu fragen, warum er erblindet sei, und ihm dafür sein halbes Königreich verspricht. Der Küchenjunge läßt sich von einem Fisch übers Meer tragen, dem er zusichert, die Sonne zu fragen, warum der Fisch nicht bis zum Grund hinabschwimmen könne. So gelangt er bis zum strahlenden Sonnenball, der im Schoß seiner Mutter ruhte. Der Küchenjunge stellt die erste Frage, wegen der er ausgesandt wurde. „Ei, mein Lieber", antwortet der Sonnenball, „frage doch deinen Herrn, warum er, nachdem ihn seine Mutter geboren hat, wächst an Leib und Kraft, im Alter sich aber zur Erde neigt und immer schwächer wird. Auch mit mir verhält es sich so. Meine Mutter bringt mich jeden Morgen aufs neue als einen schönen Knaben zur Welt, jeden Abend aber begräbt sie mich als schwachen Greis." Auch die zwei anderen Fragen beantwortet der Sonnenball, so daß der Küchenjunge nicht nur vom Fisch wieder übers Meer getragen wird, sondern vom blinden König sogar das halbe Reich erbt, weil er weiß, welch hochmütiger Tat der König seine Blindheit verdankt. So fügt sich alles zum Besten. Der Küchenjunge kehrt als König heim und heiratet die Prinzessin.[65]

23. Das Märchen von der schönen Lattughina

Das Märchen von der Sonnentochter Lattughina, der das Feuer gehorcht, braucht keine weitere Erklärung. Es spricht für sich und bildet einen wunderschönen Abschluß dieses Kapitels.

Einst begab es sich, daß ein Wahrsager einer Königin die Geburt einer Tochter prophezeite, die in ihrem vierzehnten Jahr von der Sonne schwanger werden würde. Die Königin gebar bald ein schönes Mädchen, und König und Königin ließen die wunderschöne Tochter mit einer Amme in einen finsteren Turm sperren. Kurz bevor die Tochter vierzehn Jahre alt wurde, gelang es ihr, ein Löchlein in die Wand zu bohren. An ihrem Geburtstag drang ein zarter Sonnenstrahl durch die Ritze und fiel auf die junge Frau. Und als ihre Zeit gekommen war, gebar sie ein Töchterchen, das war so wunderschön, daß niemand auf der Welt etwas Schöneres gesehen hatte. Wie konnte es auch anders sein, da es ja die Tochter der Sonne war. Der König jedoch befahl, das Kind neben dem Turm auszusetzen, und nahm seine Tochter und die Amme mit auf das Schloß.

Da kam ein Königssohn vorbeigeritten, der das wunderschöne Kind zu sich nahm. Er ritt heim und bat seine Mutter, das Kind aufziehen zu lassen. Weil das Kind im Lattich gelegen hatte, nannte er es Lattughina. Lattughina wurde von Tag zu Tag schöner, und als sie älter geworden war, verliebte sich der Königssohn heftig in sie. Er wollte Lattughina zu seiner Gemahlin machen und fragte sie, wessen Kind sie sei. Sie antwortete: „Ich bin die Tochter von Hund und Katze. Wenn du mich nicht willst, so stirb und zerplatze!" Der Königssohn wurde über ihre Ablehnung so trübsinnig, daß die Königin beschloß, ihm eine Frau zu suchen.

Nachdem die Hochzeit gefeiert worden war, sah der Königssohn noch immer sehr unglücklich aus. Von seiner neuen Frau nach dem Grund für seine Trübsal befragt, gab er an, er habe eine Schwester, schöner als die Sonne, mit der er sich überworfen habe. Die Braut versprach, Lattughina am nächsten Morgen einen Teller voll Süßigkeiten zur Versöhnung zu schicken. Als der Diener die Süßigkeiten überbrachte, bat Lattughina ihn zu warten. Sie rief dem Feuer zu, es solle sich entzünden. Sogleich brannte ein helles Feuer im Herd. Dann rief sie eine Pfanne herbei und Öl, welches sich prompt in die Pfanne ergoß. Als es nun recht heiß in der Pfanne brodelte, legte sie ihre weißen Hände in die Pfanne, und als sie sie wieder herausnahm, lagen da zwei schöne goldene Fische. Ihre Hände aber waren ganz unversehrt. Sie legte die Fische auf einen Teller und bat den Diener, sie dem Königssohn in ihrem Namen zu überreichen.

Der Königssohn lauschte sprachlos der Erzählung des Dieners. Die junge Königin ging in die Küche und rief: „Feuer, entzünde dich!" Aber der Herd blieb kalt, ein Diener mußte das Feuer im Herd anzünden. Auch die Pfanne und das Öl gehorchten ihrem Befehl nicht. Und als die junge Königin ihre Hände ins heiße Öl legte, verbrannte sie ganz jämmerlich. Der Königssohn aber ging zu Lattughina und fragte, warum sie seine Frau getötet habe. Sie wollte wissen, was vorgefallen sei, und fragte dann, wer die junge Königin denn geheißen habe, etwas zu versuchen, das sie nicht könne? Da bat er Lattughina wieder, seine Frau zu werden oder ihm doch wenigstens zu sagen, wessen Kind sie sei. „Ich bin die Tochter von Hund und Katze. Wenn du mich nicht willst, so stirb und zerplatze!" Eine andere Antwort wollte sie ihm nicht geben.

Da heiratete der Königssohn ein zweites Mal, und auch die neue junge Königin ließ Lattughina einen Teller mit Süßigkeiten überbringen. Diesmal befahl Lattughina dem Feuer, sich im Ofen zu entzünden, dann kroch sie in den heißen Ofen. Sie blieb ein wenig drinnen, und als sie wieder herauskam, war sie noch schöner geworden. Und als sie ihre Flechten aufmachte, fielen Perlen und Edelsteine zu Boden. Damit füllte sie den Teller und schickte ihn dem Königssohn. Als die junge Königin erfuhr, wie sich alles zugetragen hatte, kroch sie in den heißen Ofen – und verbrannte. Wieder ging der Königssohn zu Lattughina und beklagte sich. Doch sie sprach: „Deine Frauen sind selbst schuld an ihren Unglück, da sie etwas nachmachen wollten, was nicht in ihrer Macht stand." Und wiederum lehnte sie es ab, seine Braut zu werden.

Der Königssohn heiratete ein drittes Mal. Als der Diener kam, um Lattughina mit den Süßigkeiten der jungen Königin zu beschenken, saß Lattughina auf dem Balkon in der Sonne. „Warte einen Augenblick", sprach sie und blieb ruhig sitzen. Als die Sonne nur mehr auf das Balkongeländer schien, stellte sie ihren Stuhl dort hinauf und setzte sich. Und siehe da, der Stuhl blieb ruhig stehen. Und als die Sonne hinter dem Dach verschwand, setzte sie sich gar mit dem Stuhl auf das Dach. Als die junge Königin versuchte, das Wunder zu wiederholen, fiel sie vom Balkongeländer und brach sich den Hals.

Da riet die Mutter, der Königssohn müsse endlich herausbekommen, wessen Kind Lattughina sei. Als er eines Tages über ein Feld ging, begegnete er einer alten Frau, der er sein Leid klagte. „Geh zu deiner

Liebsten", sprach die Alte, "und bitte sie, sie möge dir einen kühlenden Trank bereiten. Wenn sie ihre Gerätschaften herbeiruft, nimm ihren goldenen Mörser und halte ihn ganz fest, ohne daß sie es bemerkt. Vielleicht verrät sie sich dann in ihrem Unmut." Sogleich machte der Königssohn sich auf den Weg zu Lattughina. Lattughina rief Zitronen und Zucker herbei, auch das Glas und den Mörser. Doch den hatte der Königssohn zwischen seinen Knien versteckt. Als sie mehrere Male vergeblich gerufen hatte, verlor sie die Geduld und rief: "Bin ich doch die Tochter der Sonne, und so ein elender Mörser will mir nicht gehorchen!" Der Königssohn aber sprang auf und rief: "Wenn du die Tochter der Sonne bist, so sollst du auch meine Gemahlin sein." Da fiel sie ihm um den Hals, küßte ihn und versprach, ihn zu heiraten. Es wurde ein prächtiges Hochzeitsfest gefeiert, Lattughina lud auch ihre Mutter und ihre Großeltern dazu ein, und es herrschte große Freude im ganzen Lande.[66]

Anmerkungen

1 Marija Gimbutas, *Die Sprache der Göttin*, S. 57.
2 ebd.
3 ebd., S. 226.
4 ebd., S. 56.
5 ebd., S. 59; nach Hamp.
6 Gerda Weiler, *Der aufrechte Gang der Menschenfrau*, S. 190ff, 198ff, 217ff, 231ff.
7 Carola Meier-Seethaler, *Von der göttlichen Löwin zum Wahrzeichen patriarchaler Macht*, S. 174.
8 Henrietta McCall, *Mesopotamische Mythen*, S. 52f.
9 Hans Wilhelm Haussig, *Wörterbuch der Mythologie*, Band 1, S. 526.
10 Gerda Weiler, *Das Matriarchat im alten Israel*, S. 178.
11 nach Franzis Jordan, *In den Tagen des Tammuz. Altbabylonische Mythen*, S. 37ff; Zitate aus Wolfram von Soden (Hg.), *Das Gilgamesch-Epos. In der Übersetzung von Albert Schott*.
12 Hans Wilhelm Haussig, *Wörterbuch der Mythologie*, Band 1, S. 143ff.
13 ebd., S. 197.
14 ebd., S. 208f.
15 Gerda Weiler, *Der aufrechte Gang der Menschenfrau*, S. 110f.
16 Heide Göttner-Abendroth, *Die Göttin und ihr Heros*, S. 86.
17 Hans Wilhelm Haussig, a.a.O., S. 198f.
18 Anton Jirku, *Der Mythus der Kanaanäer*, S. 17f.
19 ebd., S. 55.
20 Hans Wilhelm Haussig, a.a.O., S. 528ff.
21 Barbara G. Walker, *Das geheime Wissen der Frauen*, S. 1020.
22 Altes Testament, *Buch der Richter*, Kapitel 13–16.

23 Gerda Weiler, *Das Matriarchat im alten Israel*, S. 173ff.
24 Heide Göttner-Abendroth, a.a.O., S. 64.
25 Roy Willis (Hg.), *Bertelsmann Handbuch Mythologie*, S. 46f; Hans Wilhelm Haussig, a.a.O., S. 399ff, 353, 356ff.
26 Doris Wolf, *Was war vor den Pharaonen?*, S. 56.
27 ebd., S. 146 und 148ff.
28 Carola Meier-Seethaler, a.a.O., S. 174f.
29 Doris Wolf, a.a.O., S. 180ff.
30 Peter H. Schultze, *Hatschepsut. Frau, Gott und Pharao*, zit. in Vera Zingsem, *Der Himmel ist mein, die Erde ist mein*, S. 112.
31 Robert von Ranke-Graves, *Griechische Mythologie*, Kapitel 1, b.
32 ebd., Kapitel 42, a.
33 ebd., Kapitel 42, 1.
34 ebd., Kapitel 42.
35 ebd., Kapitel 40, 1.
36 ebd., Kapitel 42, 4.
37 ebd., Kapitel 14 und 21.
38 Barbara G. Walker, a.a.O., S. 50.
39 Robert von Ranke-Graves, a.a.O., Kapitel 21, 9.
40 ebd., Kapitel 113 und 114.
41 Alle Mythen und Informationen über Saule bezog ich aus Harald Biezais, *Die himmlische Götterfamilie der alten Letten*; einzige Ausnahme ist eine Information von Monaghan, die gesondert bezeichnet wird.
42 zit. bei Patricia Monaghan, a.a.O., S. 245.
43 Harald Biezais, *Die himmlische Götterfamilie der alten Letten*, S. 195.
44 ebd., S. 207.
45 Ulf Diederichs, *Germanische Götterlehre*, S. 93.
46 ebd., S. 130f.
47 ebd., S. 150.
48 Sylvia und Paul Botheroyd, *Lexikon der keltischen Mythologie*, S. 36f, 316f.
49 Marija Gimbutas, a.a.O., S. 59.
50 Michael Dames, *The Silbury Treasure*, zit. in Barbara G. Walker, a.a.O., S. 1027.
51 Marija Gimbutas, a.a.O., S. 51.
52 Barbara G. Walker, a.a.O., S. 1027.
53 Manfred Ehmer, *Die Weisheit des Westens*, S. 53. Leider übersieht Ehmer in seiner Formulierung, daß die Glockenbecherkultur matriachal beeinflußt war und es angebracht wäre, von den Trägerinnen bzw. TrägerInnen der Glockenbecherkultur zu sprechen.
54 *Propyläen Weltgeschichte. Rom, die römische Welt*, Band 4, S. 423, und Manfred Ehmer, a.a.O.
55 Sepp Walter, *Der steirische Mandlkalender*, S. 69.
56 Erna und Hans Melchers, *Das große Buch der Heiligen*, S. 424ff.
57 Donald Attwater, *The Penguin Dictionary of Saints*, zit. in Barbara G. Walker, a.a.O., S. 95.
58 Inge Resch-Rauter, *Unser keltisches Erbe*, S. 229ff; Erni Kutter, *Der Kult der drei Jungfrauen*; Sigrid Früh, *Der Kult der drei heiligen Frauen*.
59 Hans Christoph Schöll, *Die drei Ewigen*, S. 40f. Als Beleg für seine These über Barbara als Sonnenfrau führt Schöll ein Bild an, bei dessen Interpretation ihm ein gravierender Fehler unterlief. Auf den Radgebschen Wand-

malereien im Kreuzgang des Karmeliterklosters in Frankfurt am Main ist keine Darstellung der Hl. Barbara mit der Sonne auf der Brust zu sehen, sondern bei der Figur handelt es sich um einen Baalspriester. Die Szene stellt die Präsentation des kleinen Jesuskindes im Tempel dar, bei der alle heidnischen Götzenbilder zerspringen. Zu Füßen des Priesters findet sich zwar tatsächlich der Name Barbara, dieser bezieht sich jedoch nicht auf die abgebildete Figur, sondern auf die Stifterin des Gemäldeabschnitts. Die Ausmalung des Kreuzganges ist von reichen Frankfurter BürgerInnen finanziert worden, deren Namen in einem Schriftband am unteren Rand der Wandmalereien festgehalten wurden. Diese wertvolle Information verdanke ich Herrn Helmut Nordmeyer vom Institut für Stadtgeschichte in Frankfurt. Als ich ihn nach dem bei Schöll in nahezu unkenntlich schlechter Qualität wiedergegebenen Bild fragte, wies er mich auf diese Fehlinterpretation Schölls hin.

60 ebd., S. 122.
61 Erni Kutter, *Der Kult der drei Jungfrauen*, S. 85f
62 Josef Haltrich, *Deutsche Volksmärchen aus dem Sachsenlande in Siebenbürgen*, zit. in Ulrike Blaschek-Krawczyk, *Märchen von Sonne, Mond und Sternen*, S. 44ff.
63 Dj. K. Stefanovic, „Das Siebengestirn", zit. ebd., S. 28ff.
64 A. N. Afanasjew, „Die Hexe und die Schwester Sonne", zit. ebd., S. 64ff.
65 Joseph Wenzig, *Westslawischer Märchenschatz*, zit. ebd., S. 57ff.
66 gekürzt wiedergegeben nach: Ulrike Blaschek-Krawczyk, *Märchen von Sonne, Mond und Sternen*, S. 79ff.

IV
GÖTTIN AUF DEM LÖWINNENTHRON UND SONNENLÖWE
MYTHEN ÜBER SCHÖPFUNG UND MACHT

1. Göttliche Löwinnen in Alteuropa

Die Elfenbeinstatuette einer göttlichen Löwin aus der Höhle Stadel im Hohlenstein ist die älteste mir bekannte Darstellung einer anthropomorphen Figur. Sie stammt aus Baden-Württemberg, ist 28 cm hoch und wird auf ein Alter von ungefähr 30 000 Jahren geschätzt. Unsere VorfahrInnen haben sie in der Altsteinzeit aus Mammutelfenbein geschnitzt. Die Figur hat eine interessante Forschungsgeschichte.

Die Bruchstücke wurden fehlerhaft zusammengesetzt, man(n) war überzeugt, eine männliche Figur mit Löwenkopf gefunden zu haben. Die Archäologin Elisabeth Schmid hat 1989 diesen Irrtum fachkundig korrigiert und bewiesen, daß die Figur eine Frau mit einem Löwinnenkopf darstellt.

Die fehlerhafte Zuweisung des Geschlechts ist bei der Statuette zweimal erfolgt: Zum einen wurde ihr ein Penis auf ein Schambeindreieck gesetzt. Dieser Fehler konn-

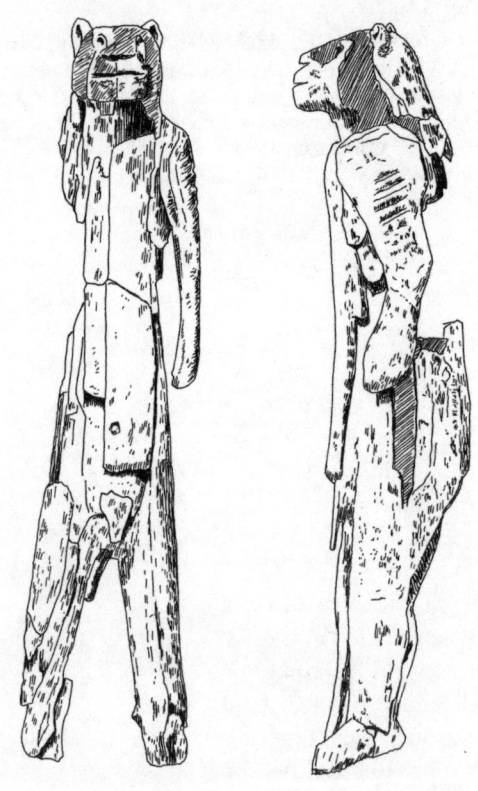

Abb. 19: Die göttliche Löwin aus dem Hohlenstein

te nur durch ausgeprägt männliche Sichtweise der Ausgräber entstehen, da aus der Altsteinzeit ausschließlich weibliche Kultidole bekannt sind. Der Fund eines männlichen Idols wäre eine archäologische Sensation gewesen. Auch der Kopf wurde vorschnell als Löwenkopf interpretiert. Das ist bezeichnend, auch sonst ist in archäologischen Kreisen oft von einem Löwen die Rede, auch wenn dem Tier die Mähne offensichtlich fehlt.[1]

Im Höhlenheiligtum Les trois frères in den Ausläufern der Pyrenäen wurden wunderschöne Felsritzungen von Löwinnen gefunden. In der „Kapelle der Löwin" genannten Kammer ist auf der Oberfläche eines altarähnlichen Tisches eine Löwin mit ihren Jungen eingraviert. An der Felswand befindet sich das Bild einer stehenden Löwin, die konzentriert geradeaus blickt. Die Darstellungen sind zwischen 18 000 und 14 000 v.u.Z. im Magdalenien ausgeführt worden.[2]

Aus Çatal Hüyük in der Türkei stammt die Statuette der gebärenden Göttin auf dem Löwinnenthron. Die füllige Frau sitzt zwischen zwei Löwinnen auf einem Thron. Ihre Hände ruhen auf Kopf und Rücken der Tiere. Zwischen den Beinen der Frau kommt der Kopf eines Kindes zum Vorschein. Die Figur wurde in einem Getreidebehälter eines Tempels aufgefunden. Sie ist knapp 12 cm hoch und wird auf 6000 v.u.Z., in die zentralanatolische Jungsteinzeit, datiert.[3]

Die Statue strahlt Ruhe aus und vermittelt den Eindruck, daß der Göttin das Gebären im Beisein der Tiere leicht fällt. Wer eine Geburt miterlebt hat, weiß, daß sich im Moment des Gebärens die Aufmerksamkeit der Gebärenden voll auf die Geburt richten muß. Die Göttin scheint sagen zu wollen, daß sogar Gebären leicht wird, wenn Löwinnen es begleiten. Die Geburt wirkt wie ein „Ergebnis" des entspannten Beisammenseins von Göttin und Katzentieren.

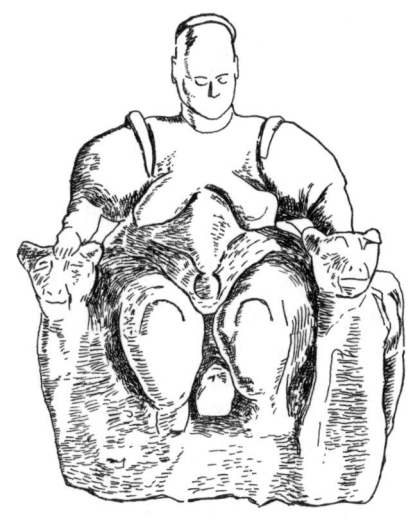

Abb. 20: Gebärende Göttin auf dem Löwinnenthron

Die Beobachtung des Verhaltens von Löwin und Löwe gibt Aufschluß darüber, was Frauen veranlaßt haben könnte, die Löwin als unterstützendes Symboltier beim Gebären zu wählen.

Löwinnen sind mutig und verstehen sich viel besser als die Löwen auf die Jagd. Sie sind exzellente Jägerinnen, die, solange sie Junge säugen, ihre Kraft genau einteilen müssen, um – gemeinsam mit den Jungtieren – zu überleben. Zwei, drei schlecht geplante und erfolglose Jagdversuche entscheiden oft über Leben und Tod. Die Löwinnen verstehen es meisterinnenhaft, ihre Kraft konzentriert einzusetzen. Genau diese Eigenschaften brauchen wir Frauen zum Gebären. Wenn wir uns ihrer sicher sein können, wenn frau also bildhaft gesprochen beim Gebären von Löwinnen begleitet wird, dann gelingt die Geburt.

Löwinnen ziehen ihre Kinder in Rudeln groß. Während eine Löwin auf der Jagd ist, achten die anderen Löwinnen auf deren Kinder. Löwinnen leben in Frauengemeinschaften und unterstützen einander.

Männliche Löwen hingegen sind Patriarchen, die ständig ihre Macht demonstrieren. Starke Löwen „beschützen" ein Rudel von Löwinnen und Jungtieren. Dieser Schutz ist allerdings nur notwendig, weil andere junge Löwen durch die Gegend streifen. Sollte es diesen umherstreifenden Löwen gelingen, die Beschützer eines Rudels im Kampf zu besiegen, werden sie die neuen Herrscher des Rudels. Ihre Macht demonstrieren sie, indem sie alle Jungen der Löwinnen umbringen. Sie erreichen so, daß die Löwinnen wieder läufig werden. Während dreier Tage ist die Löwin dann alle zwanzig Minuten zur Paarung bereit. Die Löwen können nach dem Mord an den Jungtieren ihrem Sexualtrieb fast grenzenlos frönen, wobei meistens zwei Löwen abwechselnd die Löwin decken, weil die Paarungsbereitschaft einer Löwin die sexuelle Potenz eines Löwen bei weitem übersteigt. Dabei erreichen die Löwinnen mit offensichtlichem Lustgewinn gleichzeitig die Sicherheit, nach drei Monaten wieder Junge werfen zu können. Für den Fortbestand der Art ist ihr Verhalten besonders wichtig, weil die Aufzucht von Löwenkindern mühsam und gefahrvoll ist.

Auch wenn die Löwinnen Junge säugen, müssen sie selbst auf die Jagd gehen. Von der erjagten Beute beanspruchen zuerst die Löwen ihren Teil, dann erst stärken sich die Löwin und ihre Kinder. Wenn wir auch noch berücksichtigen, daß der Löwe seine ganze Energie auf den Schutz des Rudels vor anderen Löwen verwendet, dann ist der soziale Beitrag der Männchen für das Fortbestehen der Art eigentlich null. Frau muß zu dem Schluß kommen, daß weiblicher Mut, weibliche Kraft und soziale Bindungen unter Frauen für das Fortbestehen des

Rudels ausschlaggebend sind. Es erscheint mir deshalb logisch, daß Frauen die Löwin als lebenspendendes Symbol gewählt haben. Der Löwe taugt nicht dazu, er repräsentiert nur das Streben nach Macht.

2. Antike Lügen

Auch wenn manche Beobachtungen zum Verhalten der Löwinnen und Löwen erst in jüngerer Zeit gemacht wurden, kann ich mir nicht vorstellen, daß Frauen in der Jungsteinzeit, 6000 v.u.Z., von all dem nichts gewußt haben. Was uns antike Schriftsteller Jahrtausende später über die Löwin überlieferten, kann unmöglich die Ansichten der jungsteinzeitlichen Gesellschaft widerspiegeln. Z.B. „berichtet" der Römer Plinius, die Löwin lasse sich vom Panther begatten. Danach spüle sie ihre Schuld (!) im Fluß ab, denn wenn der Löwe den Ehebruch (!) rieche, zerreiße er sie vor aller Augen. Nach antikem „Volksglauben" werfe die Löwin nur einmal, weil ihre Gebärmutter bei der Geburt durch die scharfen Krallen der Welpen zerrissen würde. Oder sie werfe bei der ersten Geburt fünf Junge, danach jedes Jahr eines weniger und nach fünf Geburten würde sie unfruchtbar. Deshalb sei die Begegnung mit einer Löwin für eine Frau Vorzeichen künftiger Unfruchtbarkeit.[4]

Schriftsteller wie Aristoteles, Claudius Aelianus, Plutarch und Plinius beschreiben den Löwen als König der Tiere und zeigen sich beeindruckt von seiner ungewöhnlichen Kraft, der majestätischen Gestalt und dem angsteinflößenden Gebrüll. Lauter Attribute, die ihn als Symboltier für männliche Herrschaft prädestinieren. Außerdem bestätigen sie dem Löwen viele gute Eigenschaften: Er greife eher Männer als Frauen an, Kinder nur bei großem Hunger; mit Flehenden habe er Mitleid; wenn er satt sei, füge er niemandem Schaden zu, er kenne weder List noch Argwohn.[5] Einem Löwen gleich, so sahen sich die Männer am liebsten selbst.

Jetzt, da wir uns der großen Zeitspanne zwischen der Jungsteinzeit und der Antike und des dazwischen erfolgten Symbolwandels bewußt sind, können wir uns der Bedeutung des Löwen in der Astrologie zuwenden, denn der astrologische Tierkreis ist in dieser Zeitspanne entstanden. Verändert und in die Form gebracht, die wir heute kennen, wurde der Tierkreis jedoch erst in Griechenland und Rom. Wenn wir schauen, welche symbolische Bedeutung noch heute mit dem Sternzeichen Löwe verbunden ist, machen wir eine erstaunliche Entdeckung: Als Charakteristika dieses Sternzeichens gelten königliches, selbstherrliches Auftreten und der Wunsch nach Beachtung und Bewunderung, verbunden mit verschwenderischer Prachtentfaltung. Menschen, die im Sternzeichen Löwe geboren sind, werden an dieser Stelle zu Recht entrüstet aufschreien, denn ich habe nur jene Merkmale aufgezählt, die – besonders wenn sie exzessiv ausgelebt werden – zu den negativen Seiten dieses Sternzeichens gehören. Zugleich sind das jene Eigenschaften, die wir für den patriarchalen Löwen als typisch erkannt haben. Wie wird der Löwe in der Antike beschrieben? Er sei von majestätischer Gestalt, verfüge über beeindruckende Kraft, und sein Gebrüll sei wahrlich Angst einflößend.

Ich habe jene Eigenschaft des Sternzeichens Löwe noch nicht genannt, die wohl seine wichtigste ist: die Fähigkeit zu schöpferischer Kreativität. Eines aber ist uns mittlerweile klargeworden: Der Löwe mag ja vieles sein, schöpferisch ist er bestimmt nicht. Die Löwin hingegen ist es. Das schöpferische Potential, das dem Sternzeichen Löwe bis heute zugewiesen wird, hat das Zeichen nicht vom männlichen Löwen, sondern von der Löwin übernommen.

Besondere Lebenskraft, überströmende Vitalität sind ebenfalls Eigenschaften, die als zum Sternzeichen Löwe gehörig betrachtet werden. Wie ist es damit bei den Tieren bestellt? Zugegeben, stark ist der Löwe schon, aber wofür verwendet er seine Kraft? Hauptsächlich für sich selbst oder für die Verteidigung gegen seinesgleichen. Die Löwin hingegen mag zwar dem Löwen kräftemäßig unterlegen sein, aber sie setzt ihre Kraft nicht für sich ein, sondern in erster Linie für ihre Jungen. Ihre Kraft dient der Arterhaltung und somit dem Leben. Daraus läßt sich die Erkenntnis ableiten: Obwohl seit mehr als dreitausend Jahren das Sternzeichen Löwe genannt wird, verbinden wir symbolisch bis heute Bedeutungen damit, die auf die göttliche Löwin zurückgehen. Für die Vitalität und Lebenskraft, die dem Sternzeichen zugeschrieben werden, ist die gebärende Göttin auf dem Löwinnenthron von entscheidender Bedeutung.

Wir machen beim Sternzeichen Löwe die gleiche Entdeckung wie beim Sternzeichen Widder: In der astrologischen Symbolik haben sich Bedeutungen erhalten, die sich aus der Zeit um 1700 v.u.Z., in der der Tierkreis entstanden sein soll, nicht erklären lassen. Die Symbolinhalte dieser Zeit waren nämlich schon eindeutig patriarchal geprägt, d.h. nicht mehr auf die Erhaltung des Lebens ausgerichtet, sondern auf die Errichtung und Verteidigung von Herrschaft. Jene Bedeutungen, die auf die ursprüngliche Lebenskraft verweisen, die den Zyklus von

Leben und Tod beschreiben, stammen aus wesentlich älteren matriarchalen Kulturen.

In der astrologischen Tradition wird jedem Sternzeichen ein Planet oder Himmelslicht zugewiesen. Zum Sternzeichen Löwe gehört die Sonne. Die Mähne des Löwen umgibt seinen Kopf wie ein Strahlenkranz. Der männliche Löwe ist deshalb ein Symboltier der Sonne geworden. Zuerst erschien er als das Symboltier der Göttin. Erst mit dem Stärkerwerden männlicher Götter bis hin zu ihrem Aufstieg in einen männlich dominierten Götterhimmel wurde der Löwe zum Symboltier männlicher Sonnengötter. Daß er gleichzeitig zum Symboltier der irdischen Herrscher wurde, ist im Patriarchat die logische Konsequenz.

3. Kybele
Die Große Göttin auf dem Löwenthron

6000 Jahre nachdem eine Statuette der gebärenden Göttin auf dem Löwinnenthron in das Getreidegefäß eines Tempels in Çatal Hüyük gelegt wurde, existiert in Kleinasien noch immer der Kult um eine ähnliche Göttin. Das Geschlecht der Tiere, die auf der Seite ihres Thrones stehen, hat sich allerdings gewandelt. Die Göttin sitzt nun auf einem Löwenthron. Sie wurde unter dem Namen Kybele in den kleinasiatischen Reichen Phrygien und Lydien verehrt. Sie gilt als Nachfolgerin der Göttin Kubaba, die in altassyrischen Texten bezeugt ist und deren wichtigster Kultort Karkamisch war. Der Kult der Göttin gelangte, ausgehend von Kleinasien, auch im Römischen Reich zu großer Popularität. Über den Mythos der Kybele berichtet im 1. Jahrhundert u.Z. der Historiker Diodor:

Die Königin Dindyme gebar ihrem Mann Maion, der König über Lydien und Phrygien war, eine Tochter. Der König hatte sich aber einen Knaben als Thronfolger gewünscht und ließ deshalb seine Tochter auf dem Berg Kybelon aussetzen. Dort ernährten wilde Tiere das Kind; dann nahmen Frauen es mit sich und zogen es auf. Sie nannten das Mädchen Kybele. Als Erwachsene verliebte Kybele sich in einen schönen Jüngling, den Hirten Attis. Während ihrer Schwangerschaft wurde sie von ihren Eltern wiedererkannt und gelangte in den Palast.

Der König raste vor Zorn: Seine Tochter war am Leben, befand sich wohlbehalten im königlichen Palast und erwartete ein Kind von einem einfachen Hirten. Der König ließ Attis töten und mit ihm die Frauen, die Kybele erzogen hatten. Ihre Leichen ließ man unbestattet liegen.

Trauernd und klagend zog Kybele durchs Land und suchte Attis. Seuchen befielen das Land, und die Menschen litten große Not. Befragt, wie die Seuche und Dürre zu beenden seien, befahl das Orakel, Attis zu begraben und Kybele als Göttin zu verehren. Da aber der Leichnam des Attis verschwunden war, verfertigten sie das Bild eines Jünglings, um das sie jährlich zur Sühne für den Frevel eine Trauerfeierlichkeit veranstalteten. Der Kybele bauten sie Altäre und brachten ihr jährlich ein Opfer dar.[6]

Obwohl uns hier die Göttin Kybele anfangs als sterbliche Prinzessin vor Augen geführt wird, gibt es Hinweise, die ihre Göttlichkeit bestätigen. Dindyme ist nicht nur der Name der Königin von Phrygien und Lydien, sondern auch der eines Gebirges bzw. der zum Gebirge gehörenden Berggöttin. Kybele, die Tochter der Erd- bzw. Berggöttin, wird – ihrem Wesen entsprechend – auf dem Berg Kybelon von Frauen erzogen. Auch der Liebhaber Kybeles, Attis, stammt aus den Bergen, er ist ein Hirte.

Der König Maion will seinen Thron offensichtlich in männlicher Linie vererben und setzt seine Tochter auf dem Berg Kybelon aus. Er wagt es zu diesem Zeitpunkt anscheinend noch nicht, die unerwünschte Tochter selber zu ermorden. Als er erfährt, daß sie nicht umgekommen ist, sondern zu einer jungen Frau heranwachsen konnte, wagt er es immer noch nicht, die eigene Tochter beseitigen zu lassen. Aber er setzt ein Zeichen für alle, die Kybele unterstützen könnten, indem er ihren Liebhaber Attis und jene Frauen, die sie aufgezogen haben, ebenfalls umbringen läßt und ihnen das Begräbnis verweigert. Damit ist deutlich klargestellt: Wer sich gegen die patriarchalen Machtinteressen des Königs Maion stellt, stirbt einen schmachvollen Tod. Der König kann sich mit dieser Forderung aber nicht durchsetzen, denn seit dem Tod des Attis trauert Kybele so, daß im ganzen Land die Fruchtbarkeit versiegt. Die Lebensmittel werden unbezahlbar teuer, und die Menschen leiden an Krankheiten wie der Pest. Das Orakel nennt als einzigen Ausweg, daß Kybele als Göttin zu verehren sei, daß ihr Opfer zu bringen seien und daß der Tod ihres Geliebten Jahr für Jahr zu betrauern sei.

Der Mythos erzählt meiner Ansicht nach nicht, wie der Kult der Kybele primär entstanden ist. Es wird vielmehr von einem König berichtet, der versucht, den frauenbestimmten Kult der Berggöttin Dindyme und ihrer Tochter Kybele zu unterbinden, indem er die Erbfolge in weiblicher Linie zu verhindern sucht. Mit welchen Riten Kybele vorher verehrt wurde, läßt sich daraus nicht schließen, sehr wohl aber, daß der Göttin als Buße für den frevelhaften Mord an ihrem Geliebten Opfer in Form von Feierlichkeiten darzubringen waren.

Während des Zweiten Punischen Krieges, als Rom nahe daran war, von Hannibal erobert zu werden, befragten die RömerInnen in ihrer Not das Orakel von Delphi. Dieses riet, die Mutter vom Berge Ida nach Rom heimzuholen. Die RömerInnen, welche ihr Geschlecht von Aeneas herleiteten, dem trojanischen Prinzen, der nach dem Sieg der Griechen über Troja Kleinasien verlassen hatte und bis an die Küste Latiums gesegelt war, erkannten, daß mit der Mutter vom Berge Ida die kleinasiatische Muttergöttin Kybele gemeint war.

Abb. 21: Kybele auf dem Löwenthron

Sie verhandelten mit König Attalos und baten, ihnen den schwarzen Meteorstein, der als Symbol der Kybele, der Magna Mater, galt, zu überlassen. Im Jahr 204 v.u.Z. erreichte die Göttin auf dem Schiff den Hafen von Ostia und die Hauptstadt Rom. Der Stein der Kybele wurde in den Tempel der Göttin Victoria gebracht, es gelang den Römern, Hannibal zu schlagen. Dreizehn Jahre später konnte der erste Kybeletempel auf dem Palatin eingeweiht werden. Die Abbildung zeigt die Göttin Kybele auf dem Löwenthron. Die Statue stammt aus Ostia, aus dem 3. Jahrhundert u.Z.[7]

Die Göttin Kybele wird oft mit einer Mauerkrone dargestellt, da sie in besonderer Weise als Schutzgöttin der *mura*, der Stadtmauern, galt.

Auf Statuen oder Bildern begleiten immer Löwen die Göttin. Wenn die Göttin auf ihrem Thron sitzt, so befinden sich die Löwen entweder zu ihrer Seite oder sie hält ein Löwenjunges auf ihrem Schoß. Manchmal ruhen auch die Füße der Göttin auf einem Löwen. Zwei oder auch vier Löwen ziehen den Wagen der Göttin, auf dem sie steht oder mit dem ihr Kultstandbild gezogen wird. In den 6000 Jahren, die zwischen der Statuette der gebärenden Göttin aus Çatal Hüyük und Kybele auf dem Löwenthron vergangen sind, haben die Tiere offensichtlich ihr Geschlecht gewechselt. Das ist kein Zufall, sondern es ist generell zu beobachten, daß viele Eigenschaften, die symbolisch mit weiblichen Tieren verbunden waren, im Patriarchat von den männlichen Tieren vereinnahmt wurden. Da machen die Löwen als Begleittiere der Göttin Kybele keine Ausnahme.

In der Antike wurden dem Löwen Eigenschaften zugeschrieben, die wirklich aufhorchen lassen. So weiß der „Physiologus", ein Sammelwerk hellenistischer Zoologie, zu berichten, daß die Löwin ihre Jungen tot gebäre und die Jungen dann drei Tage lang unverwandt anschaue, bis der Löwenvater käme. Dieser hauche die Löwenkinder an und erwecke sie mit seinem Atem zum Leben.[8]

Welche Konsequenz ergibt daraus für die Göttin Kybele? Anfangs dachte ich, sie hätte mit dem erstarkenden Patriarchat das Geschlecht ihres Symboltieres gewechselt, um zu zeigen, daß sie weiterhin eine mächtige Göttin war. Es wäre durchaus verständlich, daß sie das im Patriarchat mit mehr Prestige behaftete Tier, den Löwen, wählte, um die eigene Bedeutung in der aktuellen Symbolsprache zu betonen. Mittlerweile halte ich aber auch das Gegenteil für möglich: Meiner Ansicht nach wurde Kybele, die direkte Nachfolgerin der Göttin auf dem Löwinnenthron in Kleinasien, benutzt, um den Löwen als Symboltier groß und mächtig werden zu lassen. Indem er an ihre Seite gestellt wurde, wurde der Löwe symbolisch aufgewertet. Das Patriarchat maßte sich an, den Löwen zum Begleittier jener Göttin zu erheben, die einst die gebärende Göttin gewesen war. Das ist die einzige logisch mögliche Konsequenz, wenn zeitgleich mit der Blüte des Kybelekultes in der Antike die Behauptung aufkommt, die Löwin brächte ihre Jungen tot zur Welt, diese müßten erst durch den Atem des Löwen zum Leben erweckt werden. Hätte es der Löwe ohne die Aneignung weiblicher Fähigkeiten als Symboltier zu so großer Verbreitung gebracht?

Weitere Attribute, an denen die Göttin Kybele leicht zu erkennen ist, sind das *tympanum*, ein „trommelartiges Schallbecken", und die *patera*, die „Opferschale". Kybele ist die Herrin der wilden Tiere, sie gebietet über die Fruchtbarkeit, weshalb sie auch manchmal Ähren in der Hand hält oder Früchte in den Falten ihres Gewandes liegen. Ihre Heiligen Berge sind die Berge Kybelon, Agdos und Ida. Merkmale ihres Geliebten Attis sind die phrygische Mütze und der Hirtenstab.[9]

Abb. 22: Kybele auf dem Löwenwagen, Attis unter der Pinie

Kybele wurde im Römischen Reich als Staatsgöttin verehrt. Die Hauptfeierlichkeiten ihrer Verehrung waren die Megalisien am 4. April. Die RömerInnen feierten die Einweihung ihres Tempel in einem jährlichen Geburtstagsfest. Zu Beginn wurde das Standbild der Göttin auf einem Wagen durch die Stadt gezogen, dann trafen sich ihre VerehrerInnen zu Schlemmereien und Spielen in Theater und Circus.

Die RömerInnen trugen ihre Verehrung in alle römischen Provinzen. Kybele wurde in Kleinasien, Griechenland und Italien verehrt, in Ägypten, Nordafrika, Spanien, Gallien, Britannien, Germanien, Raetien (der heutigen Schweiz), Noricum (ein Teil Österreichs) und in den Donauländern des Balkans. Der holländische Gelehrte Maarten J. Vermaseren, der sich um die Erforschung des Kybelekultes besonders verdient gemacht hat, sammelte die Kybele-Denkmäler Europas in sieben Büchern. Der Reichtum an Statuen, Reliefs, Wandgemälden und vor allem unzähligen Terrakottafigürchen, die von der Beliebtheit der Göttin im Volk erzählen, ist beeindruckend.

Die Macht der Kybele zeigt sich auch in der Geschichte ihres Tempels in Rom. Kaiser Augustus errichtete seinen Palast auf dem Palatin gegenüber dem Kybeletempel. Augustus betrachtete seine Gattin Livia Augusta als Inkarnation der Kybele auf Erden und sich als irdischen Gatten der Göttin. Die Kirchenväter teilten die Begeisterung römischer Kaiser für die Göttin Kybele nicht, sie nannten sie Mutter der Dämonen und Huren. Trotzdem errichteten die ChristInnen die Kirche St.

Peter auf jenem Platz, auf dem das Phrygianum, ein Kybeletempel, gestanden hatte. Die Via Appia, auf der die Prozession der Kybele stattfand, wurde der verklärte Schauplatz christlicher Legenden.[10]

4. Der Attiskult
Vom Menstruations- und Gebärneid der Männer

Der Kult um den Gott Attis bestand darin, daß Männer sich im Rausch entmannten, um Priester des Attis und der Kybele werden zu können. Der Attiskult wird immer in Beziehung zum Kybelekult betrachtet. Auf den ersten Blick scheint dies logisch zu sein. Schließlich war Attis der Geliebte der Kybele. Im Kybelemythos kommt eine Selbstkastration des Attis aber definitiv nicht vor. Kybeles Vater, König Maion, läßt Kybeles Geliebten Attis mit allen Frauen, die sie erzogen haben, ermorden. Die Idee, Männer müßten sich kastrieren, um Attis zu gleichen und der Göttin Kybele zu gefallen, stammt aus einem anderen Mythos, in dem die Göttin Kybele bezeichnenderweise unter ihrem Namen gar nicht mehr vorkommt.

Der griechische Reiseschriftsteller Pausanias erzählt im 2. Jahrhundert folgenden Mythos, den auch der Kirchenschriftsteller Arnobius zwei Jahrhunderte später wiedergibt.

Es begann auf dem Felsen Agdos, wo die Große Mutter im Schlaf lag. Zeus näherte sich ihr, um sie zu begatten, doch die Göttin verweigerte sich ihm. Die Erde empfing aber den Samen des Gottes und gebar das Zwitterwesen Agdistis.

Der Einfluß der griechischen Götterwelt in diesem Mythos ist gleich zu Beginn offenkundig: Wieder einmal will Zeus, der oberste Gott des Olymp, seine Vorherrschaft über eine Göttin, ihr Land und ihren Kult demonstrieren, indem er mit ihr schläft. Doch die Große Mutter Kleinasiens weist Zeus zurück. Wir erkennen in ihr die Göttin Kybele. Agdos war ein Ort ihrer Verehrung. Raffiniert umgeht Zeus die Weigerung der Göttin und bespritzt mit seinem Samen die Erde. Da die Große Mutter das Land selbst verkörpert, kann der Same des Zeus die Erde, d.h. die Große Mutter als Göttin der Erde, befruchten.

Die Männer, die seit einiger Zeit ihren Anteil an der Schöpfung, d.h. die Zeugung, erkannt hatten, machen sich die Erscheinungsvielfalt der Göttin zunutze: Ursprünglich waren die Göttin in Frauengestalt und die Göttin in Erdgestalt identisch. Die beiden werden nun voneinander getrennt. So kann sich zwar die Göttin in Frauengestalt weigern, mit Zeus zu schlafen, aber es nützt ihr nichts, als Göttin in Erdgestalt muß sie sein Kind ja doch austragen. Dieses Kind, Agdistis, ist ein Zwitterwesen, weist die Merkmale beider Geschlechter auf, ist Mann und Frau zugleich.

Zweigeschlechtigkeit im Mythos sollte uns immer aufhorchen lassen, denn die Vorstellung androgyner göttlicher Wesen ist eine patriarchale. Der matriarchale Mythos kennt keine Androgynie. Schon das Wort ist für matriarchales Denken unvorstellbar, setzt es doch das Männliche vor das Weibliche. Matriarchale Göttinnen und Frauen haben eines gemeinsam: Sie beweisen ihre Schöpferinnenkraft durch ihre lebensspendende Fähigkeit, das Gebären. Dabei gelingt ihnen ein Wunder: Sie können nicht nur Wesen gebären, die ihnen gleichen, Töchter, sondern auch Wesen, die von ihnen verschieden sind, Söhne. In diesem Sinn tragen Frauen und die nach ihrem Vorbild gestalteten matriarchalen Göttinnen beide Geschlechter in sich. Wohlgemerkt: Sie sind nicht zweigeschlechtig, sondern sie tragen zwei Geschlechter in sich, können Menschen beiden Geschlechts gebären. Das unterscheidet sich radikal von dem, was der Begriff Androgynie beschreibt. Ein Mischwesen, bei dem noch dazu das Männliche dominant an erster Stelle steht, hat nichts gemein mit der uralten matriarchalen Erkenntnis, daß das Weibliche Weibliches und Männliches umfaßt.

Androgyne Götter wie Agdistis sind Produkte männlichen Wunschdenkens, das sich weibliche Schöpferinnenfähigkeit anmaßt. Es ist kein Zufall, wenn wir von androgynen Göttern sprechen, d.h. ihnen die grammatikalisch männliche Form zuweisen. Androgyne Götter werden in unserem Sprachgebrauch durchweg männlich aufgefaßt. Sie offenbaren so ihr wahres Geschlecht, sie sind Männer, die Weibliches usurpieren. Und genau das ist auch das Zwitterwesen Agdistis: Es ist das Produkt des Zeus, der die Weigerung der Göttin mißachtet und ihren Körper in Gestalt der Erdgöttin usurpiert.

Der Mythos nimmt nun einen interessanten Fortgang. Er greift das uralte matriarchale Thema auf, daß Weibliches parthenogen, das heißt aus sich selbst gebären kann.

Der junge Agdistis bedeutete für Götter und Menschen eine große Gefahr. Durch eine List wurde er betrunken gemacht. Im Rausch entmannte er sich. Aber sein Blut befruchtete die Erde. Ein Mandelbaum mit schönen Früchten wuchs an der Stelle. Als die Jungfrau Nana eine Mandel von dem Baum aß, wurde sie schwanger und gebar Attis.

Ein matriarchales Ritual schimmert durch: Die Göttin Agdistis, denn um eine Göttin müßte es sich jetzt handeln, schließlich hat sie sich ihres männlichen Anteiles entledigt, läßt ihr Blut auf die Erde tropfen. Nun ist das Blut der Frauen seit jeher Zeichen ihrer fruchtbaren Phase. Jahrtausende lang ließen sie es auch auf die Erde tropfen, mit deren Fruchtbarkeit sie sich eins wußten. Das ist der Gedanke, der allen Erdgöttinnen in Frauengestalt zugrunde liegt. Die Erde ist fruchtbar wie die Frau. Im Mythos tropft aber „sein" Blut auf die Erde. Es ist nicht Menstruationsblut, das Zeichen der Fruchtbarkeit, sondern das Blut, das fließt, nachdem der Gott Agdistis sich kastriert hatte. Diesem Blut fehlt jegliche fruchtbarmachende Eigenschaft. Das ignoriert der Mythos, aus „seinem" Blut entsteht ein Mandelbaum.

Es ist auffällig, daß wir nicht erfahren, warum der junge Agdistis eine Gefahr für die Menschen darstellte und deshalb betrunken gemacht werden mußte. Das ist auch nicht weiter wichtig, denn meiner Ansicht nach dient die Geschichte ausschließlich dazu, den Mythos vom fruchtbarmachenden männlichen Kastrationsblut zu etablieren.

Dann tritt eine Jungfrau auf den Plan, die ganz zufällig den Namen einer Göttin trägt, Nana. Sie ißt die Mandel, wird schwanger und gebiert einen Sohn, Attis. Das uralte Thema der jungfräulichen Geburt. Schon wieder suggeriert der Mythos, diesmal über das Motiv der jungfräulichen Geburt, ein matriarchaler, ein alter Mythos zu sein. Doch es gibt keinen matriarchalen Mythos, an dessen Beginn ein sich kastrierender zweigeschlechtiger Gott steht. Dieser Vorstellung fehlt der matriarchale, d.h. ganzheitliche Denkansatz. Was aber weiß der Mythos über Nana und Attis?

Die Jungfrau Nana war eine Prinzessin. Ihr königlicher Vater ließ seine Tochter einsperren und beschloß, den kleinen Attis gleich nach der Geburt aussetzen zu lassen. Aber Mutter und Kind wurden auf wunderbare Weise gerettet und ernährt.

Zum ersten Mal taucht eine Parallele zum Kybelemythos auf. Der Vater will den unerwünschten Erben und dessen Mutter, seine Tochter töten. Doch Attis ist in diesem Mythos nicht der Sohn einer Prinzessin bzw. Göttin, die in einer frauenorientierten Kultur aufwuchs. Er ist einfach nur ein unerwünschter Erbe, mehr nicht. Würde der Mord an Attis und Nana gelingen, ginge die Pointe verloren, auf die alles hinausläuft. Deshalb müssen die beiden „auf wunderbare Weise" gerettet werden. So nebenbei wird uns eingeredet, daß das schon ein ziemlich göttliches Kind sein muß, wenn es errettet wird. Was aber macht dieser verheißungsvolle Sprößling mit seinem Leben?

König Midas von Pessinus bestimmte seine Tochter dem Attis zur Frau. Doch Agdistis liebte seinen Sohn, erschien auf der Hochzeit und versetzte alle Teilnehmer des Festes in Wahnsinn. Auch Attis wurde von bacchischer Raserei ergriffen. Mit der Syrinx – einer Flöte – stürmte er umher, bis er sich endlich unter einer Pinie niederwarf und sich durch Abschneiden der Geschlechtsteile tötete. Agdistis aber bereute, was er dem Attis angetan hatte, und bat Zeus, ihn wieder zu beleben. Dieser gewährte jedoch nur, daß sein Körper nicht verweste, seine Haare weiter wüchsen und sein kleiner Finger lebendig bliebe. Damit zufrieden bestattete Agdistis den Leichnam in Pessinus und ließ ihn durch jährliche Feste und Einsetzung einer Priesterschaft als Gott verehren.[11]

Wenn das kein Showdown ist! Attis kastriert sich selbst und stirbt dabei. Ist es das, wofür der kleine Attis auf wundersame Weise errettet werden mußte? Sehr seltsam. Zum einen spricht der Mythograph – in diesem Fall ein gewisser Arnobius – schon wieder von Agdistis in der grammatikalisch männlichen Form (Agdistis liebte seinen Sohn). Inhaltlich soll uns aber vermittelt werden, die Göttin Agdistis liebte ihren Sohn dermaßen, daß sie rasend vor Eifersucht das Hochzeitsfest stürmte. Seltsamerweise steckt sie Attis mit diesem „Wahn" an, der sich daraufhin entmannt. Und dann wird es erst richtig spannend: Agdistis bereut, was sie dem Attis angetan hat. Der Wahn des Attis befreit diesen also von jeder Verantwortung für sich und sein Handeln. So gesehen ist es folgerichtig, wenn Agdistis ihre „Tat" bereut. Doch wo ist da die Tat oder auch nur eine Aufforderung dazu? Attis entmannt sich selbst. Agdistis hat das nicht von ihm gefordert.

Der Mythos hat versucht, aus Agdistis ein göttliches Wesen aus einer matrilinearen Dynastie zu machen. Agdistis erhielt den Namen nach der Mutter, der Erdgöttin in Gestalt des Felsen Agdos. Jetzt – am Ende des Mythos – offenbart sich, daß das Zwitterwesen Agdistis keine lebenspendenden Fähigkeiten besitzt. Agdistis muß Papa Zeus bitten, er möge Attis zum Leben erwecken. Da bittet sie aber den Falschen, Zeus kann niemand zum Leben erwecken. Er kaschiert sein Unvermögen recht gut, indem er nur ein wenig Lebendigkeit „gewährt". Aber Zeus tut, was eigentlich von ihm erwartet wurde – er befiehlt, daß Attis von nun an als Gott zu verehren ist.

Der Zweck dieses völlig verqueren patriarchalen Mythos ist endlich erfüllt: Attis ist nicht mehr der Geliebte der Kybele, dessen Tod wie bei anderen Vegetationsgöttern betrauert werden muß, bis er nach seinem Tod, seiner Unterweltsreise, aufersteht und mit ihm das Land zu neuem Leben erwacht. Nein, Attis ist nun der Sproß eines männlichen Kastrationsopfers und kastriert sich – angeblich im Wahn, „aus Liebe" zur Göttin Agdistis. Das Männliche hat sich in androgyner Gestalt

Schöpferinnenmacht angemaßt. Der ekstatische Attiskult birgt nicht lustvolle Sexualität, durch den Mythos werden Perversitäten – wie Selbstkastration – legitimiert und religiös verbrämt.

Pervers muten auch andere blutige Riten an. In der sogenannten Bluttaufe stieg der Myste, der in das Mysterium des Kybele-Attis-Kultes eingeweiht werden wollte, in eine Grube, die mit Brettern bedeckt war. Darauf schlachtete ein Priester einen Stier (das Fest hieß dann *taurobolium*) oder einen Widder (*criobolium*) und ließ dessen Blut auf den darunter stehenden Mysten rinnen, der darauf achtete, daß Blut auch über Augen, Mund, Nasen und Ohren rann. Danach stieg der Myste „für die Ewigkeit wiedergeboren" aus der Grube und wurde von den Gläubigen als Person verehrt, der die Gottheit innewohnte.

Der Kult um Opferblut, das aus getöteten Tieren oder auch Menschen fließt, ist charakteristisch für männliche Kulte. Er hat mehr mit der Nachahmung des Attis zu tun als mit der Verehrung einer Göttin. Es ist deshalb meiner Ansicht nach falsch, von einem Kybele-Attis-Kult zu sprechen. Frauen konnten seit Urzeiten lebendiges Menstruationsblut in die Erde fließen lassen und so mit ihrer Fruchtbarkeit die Fruchtbarkeit der Mutter Erde symbolisch unterstützen. Männliches Opferblut ist der relativ hilflose Versuch, sich der Göttin anzudienen, indem mann rein äußerlich blutet wie sie. Nicht einmal das exzessive Maß, in dem in diesem Kult geblutet wurde, kann die Unfähigkeit zu bluten – und damit fruchtbar zu sein – überdecken. Es erzählt aber viel über eine alte Sehnsucht danach.

Irgendwann während der 6000 Jahre, die zwischen der gebärenden Göttin auf dem Löwinnenthron aus Çatal Hüyük, dem Mythos der Göttin Kybele auf dem Löwenthron und dem neuen Attismythos liegen, müssen Männer in ihrer Sehnsucht nach weiblicher schöpferischer und spiritueller Potenz diesen Kult erfunden haben. Da sich der ekstatische Kult um Kybele und Attis von den nüchternen Riten, die in den Kulten um die patriarchalen männlichen Schöpfergötter üblich wurden, markant unterschied, gelangte er besonders im Römischen Reich zu weiter Verbreitung.

5. Die Göttin mit den Löwinnen auf Kreta und in Griechenland

Auf Kreta und in Griechenland befinden sich jene Bildzeugnisse, die mehr über die Löwin als Begleittier der Berggöttin erzählen. Wir machen daher einen Zeitsprung zurück und wenden uns vom Mythos der

Kybele, wie er um die Zeitenwende aufgezeichnet wurde, der Späten Palastzeit in Kreta zu, die von 1700 bis 1450 v.u.Z. dauerte.

Eindrucksvoll demonstriert auf einem Siegelabdruck aus Kreta die Berggöttin ihre Macht. Die Göttin steht, der Mode kretischer Frauen entsprechend mit nackten Brüsten und mit einem Stufenrock bekleidet, auf einem Berg. Sie hält ihren Herrscherinnenstab einem männlichen Adoranten entgegen, der die Hand zum Gruß erhoben hat. Zwei LöwInnen blicken zu ihr auf, deren Geschlecht in beiden Fällen nicht eindeutig zu bestimmen ist. Hinter der Göttin steht offensichtlich eine Löwin, zwischen der Göttin und dem Jüngling eine Raubkatze, die entweder eine Mähne hat, also einen Löwen darstellt, oder eine Löwin mit Halsband abbildet.[12] Die WissenschaftlerInnen sind sich da nicht einig.

Die Löwin, einst ein Symboltier der lebenspendenden Göttin, verteidigt hier schon Herrschaftsansprüche. Die Pose der Göttin markiert den Anspruch auf Anerkennung ihrer Autorität auf eine Art und Weise, wie sie den steinzeitlichen Göttinnenstatuen, die natürliche Selbstverständlichkeit ausstrahlten, völlig abging. Daß das Siegel in einer Zeit entstand, in der die Autorität der Göttin schon angezweifelt wurde, scheint mir offensichtlich, denn sonst hätte sie diese nicht so eindrucksvoll zu demonstrieren brauchen.

Im 7. Jahrhundert v.u.Z. begleiten noch immer Löwinnen die Göttin. Über dem Eingang zur *cella*, dem Allerheiligsten des Tempels in Prinias auf Kreta, thront die Göttin auf einem Türbalken mit drei Löwinnen. Ungefähr aus derselben Zeit stammt das berühmte Löwentor von Mykene, das nach Übereinkunft der ForscherInnen eindeutig ein *Löwinnen*tor darstellt.[13] Zwei stehende Löwinnen stützen sich mit ihren Vorderpfoten auf einer Säule ab. Die Säule gilt als Symbol der Göttin in ihrer Baumgestalt. Wir sehen also die Göttin, flankiert von zwei Löwinnen, vor uns.

Ebenfalls aus dieser Zeit (7. Jahrhundert v.u.Z.) stammt das bekannte Relief der Hera mit zwei Löwinnen aus Theben. Die Regenten jener Länder bauten ihre Burgen auf strategisch wichtigen Anhöhen und Plätzen aus schweren Steinen. Mächtige Wälle schützten die frühen Königshöfe Griechenlands. All diese Prinzen und Landesherren verehrten zweifellos die Berggöttin mit den Löwinnen und baten sie, ihre Burgen zu beschützen. In Griechenland war der Name dieser Göttin Hera. Sie war die Göttin der Berge und Wälder, die Herrin der wilden Tiere. Als Beschützerin der Burgmauern, begleitet von Löwen, weist Hera große Ähnlichkeit mit Kybele aus Kleinasien auf.

Abb. 23: Hera mit den Löwinnen

Auch der Held Herakles, dessen Name „Heras Ruhm" bedeutet, trug das Symbol der Göttin mit sich. Sein Helm war ein Löwenkopf, das Löwenfell hing ihm über die Schulter. Herakles erlegte im Kampf einen Löwen und meisterte heldenhaft zwölf Arbeiten, die unbewältigbar schienen. Er ist ein typischer Sonnenheld. Und die Arbeiten, die ihm aufgetragen wurden, symbolisieren die zwölf Tierkreiszeichen, die die Sonne jedes Jahr durchläuft. Herakles ist die irdische Inkarnation des Gottes Zeus, er ist sein sterblicher Sohn, der zum Schluß vergöttlicht, also unsterblich gemacht wird.

Ohne näher auf die Heldentaten des Herakles einzugehen, sei hier darauf hingewiesen, daß das Auftauchen der unterschiedlichsten Helden als Partner der Göttin die Wende von der Verehrung der Großen Göttin hin zum „gemischten Götterhimmel" kennzeichnet. Auch die Art der Verehrung, die Riten, ändert sich mit dem Erscheinen der Helden in den Mythen. Nicht mehr alle Menschen wurden als Kinder der Göttin betrachtet und durften ihr Verehrung entgegenbringen, sondern einzelne auserwählte männliche Helden mußten bzw. durften ihre Stärke beweisen. Sie leisteten diese Arbeit – angeblich – für andere, im Namen der Gemeinschaft. Für ihre Heldentaten wurden ihnen Bewunderung und Verehrung entgegengebracht.

Als Held gilt einer, der etwas kann, was andere nicht können oder nicht zu können glauben oder gar nicht erst versuchen dürfen. Der Held im Mythos meistert allein alle Aufgaben und besteht alle Prüfun-

Abb. 24: Die etruskische gebärende Göttin

gen. Somit hat auch nur er die Chance, der Göttin näherzukommen. Heldenmythen zeigen das exklusive Recht einzelner Männer auf eine Verbindung zur Göttin. Der sterbliche Held verdient sich über seinen Mut die Nähe zur Göttin, er wird selber vergöttlicht. In diesem Sinn waren einst alle Götter sterbliche Helden, die sich erst langsam ihren Platz im Himmel der Göttinnen, der dann bezeichnenderweise Götterhimmel heißt, erobert haben.

Die Göttin Hera ist allerdings mehr als „nur" eine Berggöttin in Begleitung von Löwinnen. Sie ist die Große gesetzgebende Göttin Kretas und Griechenlands. Sie ist eine weise Göttin (vgl. S. 207ff).

6. Die etruskische gebärende Göttin zwischen den Löwinnen

Eine Göttin aus Italien hat mich sehr beeindruckt. Ich kenne den Mythos nicht, der zu ihr gehört, aber ich möchte sie unbedingt erwähnen. Sie stammt aus Perugia, aus der Zeit um 500 v.u.Z. Das Bronzerelief zeigt eine Göttin mit abwehrendem Gesicht in einer Haltung, die nicht augenscheinlicher die Macht zu gebären und die Bereitschaft, diesen Vorgang zu verteidigen, demonstrieren könnte. Die Göttin hockt mit breit gespreizten Beinen auf dem Boden. Sie stützt sich auf zwei mächtige Löwinnen, die ihr Halt geben.

„Gorgo Medusa", wie diese Göttin üblicherweise bezeichnet wird, war sicher nicht ihr etruskischer Name, sondern verweist nur auf eine in Griechenland ähnlich dargestellte Göttin mit abwehrendem Gesicht. Ich halte es für möglich, daß wir die etruskische Göttin Uni vor uns sehen. Uni war die göttliche Schöpferin, die Mutter, die das Universum gebar. Sie hat ihre „Nachfolgerin" in der römischen Göttin Juno gefunden, welche u.a. Frauen beim Gebären ihrer Kinder unterstützte (vgl. S. 211f).

Fünfeinhalb Jahrtausende liegen zwischen der Gebärenden aus Çatal Hüyük und ihr. Die Zeiten haben sich geändert. Die Frauen werden nicht mehr wie früher dafür geachtet, daß sie im mutigen Akt des Gebärens, bei dem es für Mutter und Kind immer um Leben und Tod geht, die Zukunft ihres Volkes sichern. Daß um 500 v.u.Z. das Gebären noch einmal als ein von Löwinnen unterstützter Akt machtvoll demonstriert wird, gefällt mir außerordentlich.[14]

7. Sachmet
Die Löwen- und Sonnengöttin Altägyptens
im Kampf gegen den Sonnengott Re

Einst, als Götter und Menschen noch vereint waren, ersannen die Menschen Anschläge gegen den Sonnengott Re, denn er war alt geworden. Re erkannte das Komplott gegen sich und ließ durch sein Gefolge das Sonnenauge, Schu, Tefnut, Geb und Nut, zusammen mit den Vätern und Müttern, die noch mit ihm waren, als er sich im Urgewässer Nun befand, rufen. Er wollte die Götter um ihren Rat fragen, bevor er die Menschen zu vernichten gedachte. Alle Götter erschienen vor Re und verneigten sich tief. Re fragte Nun, was gegen die Menschen zu tun sei. Nun nannte Re einen Gott, größer als der, der ihn gezeugt hatte, und älter als die, die ihn erschaffen hatten. Dann gaben die Götter Re den Rat, sein Sonnenauge auszusenden, auf daß es die Bösewichte bloßstelle. Und obwohl das Auge ihm, dem Sonnengott nicht überlegen sei, gebe es niemand Trefflicheren, um die Menschen zu schlagen, als das Sonnenauge in Gestalt der Hathor.

Der Mythos erzählt nicht, wie Re „sein" Sonnenauge zur Bestrafung der Menschen aussandte. Auch die Tat selber wird nur in der Rückschau geschildert. Gleichzeitig hat der Gott offenbar seine Meinung geändert und möchte die Menschheit nicht mehr ganz und gar vernichten.

So kam diese Göttin zurück, nachdem sie die Menschen in der Wüste getötet hatte. Und die Majestät des Gottes Re sprach: „Willkommen in Frieden, Hathor, die dem Schöpfer geholfen hat, als ich zu ihr gekommen bin!" Darauf sagte die Göttin: „So wahr du für mich lebst, als ich mich der Menschen bemächtigt habe, war es angenehm für mein Herz." Und die Majestät des Re sprach: „Ich werde Macht über sie haben als König, als der, der sie vermindert hat." So war es, daß Sachmet entstand, das Gebräu der Nacht, um in der Menschen Blut zu waten von Herakleopolis an.

Nun wird Re aktiv, um die Vernichtung der Menschen durch Hathor zu verhindern.

Re sandte Boten aus, ließ sich aus Elephantine viel Ocker bringen und wies den Priester in Heliopolis an, diesen zu zerreiben. Dienerinnen bereiteten Bier zu und vermischten es mit dem Ocker, so daß es aussah wie Menschenblut. So entstanden 7000 Krüge Bier. Re verkündete, daß er die Menschen vor Sachmet schützen wolle.

Dann brach der Tag an, an dem die Göttin die Menschen töten sollte. Re stand deshalb früh auf, noch in tiefer Nacht, um den Schlaftrunk ausgießen zu lassen, so daß das Ackerland drei Handbreit hoch mit dem roten Bier bedeckt war. Die Göttin ging am frühen Morgen aus und bemerkte, daß das Land überschwemmt war. Ihr Gesicht wurde schön dadurch, und sie trank – da war es lieblich in ihrem Herzen. Trunken kam sie zurück und konnte die Menschen nicht mehr erkennen. Re sprach: „Sei willkommen, willkommen in Frieden, du Liebliche!" und verfügte, daß in Zukunft seine Dienerinnen für Hathor an ihren Jahresfesten diesen Schlaftrunk zubereiten sollen...

Doch Re war müde geworden. Als er sich zurückzog, brach die Finsternis herein über die Welt. Da verwandelte Nut sich in eine Kuh und nahm ihn auf ihren Rücken und trug ihn hoch in den Himmel, und es war wieder heller Tag.[15]

Dies ist ein gutes Beispiel für einen patriarchalen Mythos, denn die Geschichte stimmt hinten und vorn nicht. Wie immer wird ein patriarchales Ziel verfolgt, nämlich eine Göttin zu diskreditieren und die Herrschaft eines Gottes zu sichern. Dabei werden matriarchale Bilder verwendet, die – aus dem ursprünglichen Zusammenhang gerissen – nur mehr eine unlogische Geschichte ergeben.

Es beginnt bereits damit, daß ein Gott und eine Göttin auftreten, die beide die Sonne verkörpern. Somit kann es sich nicht mehr um einen echten Mythos handeln. Echte Mythen sind immer auch der Versuch, Vorgänge in der Natur in einem ganzheitlichen Bild darzustellen.

Der echte Mythos ist immer in sich stimmig und logisch. Das ist hier nicht der Fall. Wir haben einerseits den Sonnengott Re vor uns, von dem bekannt ist, daß er die Morgen-, Mittags- und Abendsonne verkörpert, und der als Sonnengott auch siegreich die Fahrt auf seinem Sonnenboot durch die Nacht meistert, um am Morgen jubelnd begrüßt zu werden. Es ist vollkommen unverständlich, warum ein Sonnengott noch über ein zusätzliches Sonnenauge verfügen soll. Da gäbe es ja gleichzeitig zwei Sonnen am Himmel.

Andererseits ist da die Göttin Hathor, von der wir schon wissen, daß sie eine Himmelsgöttin ist, die die Sonne zwischen ihren Kuhhörnern trägt. Anscheinend kann sie auch die Gestalt der Sonne annehmen und wird zum Sonnenauge. Wir finden somit die symbolische Verbindung von Sonne und Auge – wie sie Gimbutas für Alteuropa erwähnt – auch in Ägypten. Daß eine Himmelsgöttin als Sonnenauge auftritt, ist in sich logisch. Das Sonnenauge muß nicht unbedingt männlich sein, es kann auch weiblich, also eine Sonnengöttin sein. Dann ist die Sonnengöttin – wie hier – ein Teil der Himmelsgöttin.

Die Behauptung des Sonnengottes Re, es handle sich um sein Sonnenauge, ist nicht nur in sich ein Widerspruch, sondern wird durch andere ägyptische Mythen stark in Frage gestellt. Es ist nämlich nicht so, daß Re sein Sonnenauge nach Belieben aussenden kann, das Sonnenauge führt offensichtlich ein Eigenleben. Manchmal entfernt es sich so weit, daß Re es nur mit Mühe und Not zurücklocken kann.

Die Überlieferer des Mythos kommen auch in Bedrängnis, sobald Sonnengott und Sonnengöttin gleichzeitig auftreten. Da geraten die Angaben zur Tageszeit völlig außer Kontrolle: Der Tag bricht an, an dem die Menschen vernichtet werden sollen. Also dämmert der Morgen. Nein, doch nicht. Als nächstes steht der Sonnengott früh auf. Da müßte es ja nochmals hell werden. Fehlanzeige! Es wird betont, daß der Sonnengott besonders früh, eben noch in tiefer Nacht, aufgestanden ist. Wie soll denn das nun wieder gehen? Wie kann der Sonnengott aufstehen, ohne daß es Tag wird? Das wird nicht berücksichtigt; es ist tiefe Nacht. Punktum. Wie geht es weiter? Die Göttin geht am frühen Morgen aus und bemerkt, daß das Land überschwemmt ist. Da stimmt die Tageszeit plötzlich wieder: Die Sonnengöttin geht aus, es ist früher Morgen. Wenn wir die Tagesanbrüche mitzählen, bricht der Tag zweimal an. Und zusätzlich müßte es eigentlich nochmals hell werden, wenn der Sonnengott aufsteht.

Der einzig mögliche Schluß, der aus dem Auftreten zweier Sonnen in dem Mythos abgeleitet werden kann, ist, daß es sich um eine Göttin und einen Gott handelt, die von unterschiedlichen Völkern als Sonnengöttin und Sonnengott verehrt wurden. Folglich zeigt der Mythos den Kampf zwischen den beiden.

Da ist zuallererst die Sonne, die in Ägypten im Sommer so heiß ist, daß es allem Lebendigen schwerfällt zu überleben. Sie brennt so heiß hernieder, daß selbst die Löwen aus der Wüste an die Ufer des Nil kommen, um zu trinken. Aber matriarchale Menschen wußten, daß die Kraft der Sonne wieder abnehmen würde, sobald sie die Sommersonnenwende überschritten hatte. Die Sonne muß nicht überlistet werden – wie der Mythos behauptet –, sie wird von allein schwächer. Die Menschen wußten auch, daß die jährliche Überschwemmung des Nil sie aus der Dürre erlösen würde. Und dafür fanden sie Bilder: die strahlende Sonnengöttin in Gestalt eines Löwen, umkränzt von der sonnenhaften Mähne. Im zyklischen Weltbild matriarchaler Menschen hatte es die Große Göttin so eingerichtet, daß die Kraft der Sonne, die auch ihre Kraft war, zum richtigen Zeitpunkt wieder schwächer wurde. Sie hatte für die Menschen vorgesorgt, indem sie Regenfälle schickte und die Wasser des Nil ansteigen ließ. Jahr für Jahr sorgte sie so dafür, daß das Land fruchtbar blieb. Die Göttin in Löwengestalt blickte dann auf das überschwemmte Land, und ihr schönes Gesicht spiegelte sich im Wasser, das rot wie die Erde Ägyptens war.

Die matriarchalen ÄgypterInnen haben das Naturgeschehen gemäß ihrer Weltanschauung interpretiert und diese Interpretation dauerhaft festgehalten. Sie haben ihren Mythos in den Himmel projiziert, indem sie Sternbilder benannt haben. In der Zeit zwischen 4000 und 2000 v.u.Z. fand die Sommersonnenwende vor jenem Sternbild statt, welches sie Löwe nannten. Wenn die Sonne in das Sternbild Löwe eintrat, war in Ägypten die heißeste Zeit angebrochen. Das Sternbild war dann nicht zu sehen, denn die Sonne überstrahlt die Sterne. Jenes Sternbild, das, sobald die Sonne untergegangen war, am Himmel aufging, verbanden die ÄgypterInnen mit ihrer Erwartung des Regens, den die Göttin schicken würde. Dieses Sternbild heißt heute Wassermann, war früher aber ein Bild für die himmlischen Wasser der Göttin, die sie regnen ließ.

Die prädynastische Göttin in ihrer Löwengestalt war untrennbar mit der wasserspendenden Göttin verbunden, die das Land überschwemmte. Deshalb war sie auch keine unbarmherzige Göttin. Erst dadurch, daß ein einzelner Aspekt der Göttin aus dem zyklischen Verständnis herausgelöst wurde, konnte sie als furchterregende Löwengöttin diskreditiert werden. Sogar sehr neue ägyptische Darstellungen zeigen, wie die Menschen sich die prädynastische matriarchale Göttin einst gedacht haben. Da steht die Göttin hinter dem Löwen und legt ihm in einer besänftigenden Geste die Hand auf den Rücken oder hält ihn dezent am Schwanz.

Es ist ausgemachter Humbug, zu erzählen, daß die Göttin durch rotes Bier überlistet wurde und deshalb ihre Kraft erlahmte. Aber die Geschichte mußte so zurechtgebogen werden, damit das Bild der Löwengöttin, die sich im Wasser spiegelt, erhalten blieb. Dieses Bild war – wie alle matriarchalen Symbole und Bilder – einfach und komplex zugleich. Es war Abbild der Naturerscheinungen, die Jahr für Jahr wiederkehrten und deshalb im Gedächtnis der Menschen fest verankert waren. Der Mythos berichtet, wie sich der Gott Re dieses matriarchalen Bildes bemächtigt: indem er vorgibt, bewirkt zu haben, daß die Göttin erlahmt. Er spielt sich als Retter der Menschheit auf, der die Menschen vor ihrer angeblich endgültigen Vernichtung durch die – ach so grausame – Göttin Sachmet bewahrt.

Dabei war es ja Re selbst, der am Anfang die Menschen vernichten wollte. Auch diese Passage ist äußerst verworren. Wäre Re der mächtige Schöpfergott, größer als alle anderen Götter und Göttinnen, dann müßte es ihm ein Leichtes sein, die Menschen auf einen Schlag zu vernichten. Doch nein. Er fragt seine Kinder und Kindeskinder und die alten Götter um Rat. Ein seltsames Vorgehen für einen mächtigen Gott. In seiner Reverenz, die er, der angebliche Schöpfergott, den alten Göttern, den Vätern und Müttern, erweist, indem er ihren Rat erbittet, gibt er auch zu, daß er kein ursprünglicher Schöpfergott ist. Denn anscheinend gibt es Götter, die gleich alt oder älter als er sind. Welchen Sinn hat also die ganze Aktion? Soll demonstriert werden, daß sich alle alten Götter und Göttinnen vor ihm verneigen? (Im Text ist immer von Göttern die Rede. Die Göttinnen werden gar nicht mehr gesondert erwähnt, obwohl er auch Tefnut und Nut und die Mütter zu sich gerufen hat.) Oder will der Sonnengott vermeiden, die Entscheidung für die Vernichtung der Menschen allein zu treffen und allein zu verantworten? So kann er sich gegebenenfalls später darauf hinausreden, er habe ja den Rat der Götter befolgt. Es scheint ihm auch ganz gut zu passen, daß er die Tat nicht selber ausführen soll.

Bis hierher wird ganz sachlich, im Ton einer militärischen Aktion, über die Vernichtung der Menschen geredet, aber plötzlich wird die Sprache bildhaft und anschaulich. Von Sachmet, die in Löwengestalt unter den Menschen ein Blutbad anrichtet, ist die Rede. Ein Gebräu der Nacht wird sie genannt, und lebhaft wird geschildert, wie sie lustvoll im Blut watet. Es wird ein grauenhaftes, furchterregendes Bild von der Göttin gezeichnet.

Und plötzlich überlegt es sich der Sonnengott anders und beschließt, die Menschheit doch nicht ganz zu vernichten. Die meisten InterpretInnen sind an dieser Stelle ratlos, denn sie sind der Ansicht, daß wir leider nicht wissen, was den Sonnengott zur Änderung seiner Absichten bewogen haben könnte. In der Übersetzung von Erik Hornung, der den Mythos aus fünf unterschiedlich lückenhaften Versionen weitgehend rekonstruieren konnte, wird der Grund aber deutlich genannt. Re sagt: *„Ich werde Macht über sie haben als König, als der, der sie vermindert hat."*

Ich denke, Re hat seine Meinung gar nicht geändert. Er hat es von Anfang darauf angelegt, daß er die Entscheidung nicht verantworten muß. Und jetzt legt er seine Karten offen auf den Tisch. Er möchte Macht über die Menschen haben. Und damit diejenigen, zu deren Beschützer er sich aufschwingt, ihn auch respektvoll fürchten, will er der König sein, der sie vermindert hat. Damit die Menschen in Zukunft wissen, was ihnen blüht, wenn sie sich gegen den Sonnengott erheben. Es geht um nichts anderes als patriarchale Herrschsucht und Machterhaltung.

Auch als Retter der Menschen macht Re eine eigenartige Figur. Seltsamerweise läßt er, der oberste Gott, die Göttin Sachmet, die ja „sein" Sonnenauge ist, nicht einfach zu sich kommen und befiehlt ihr, die Ermordung der Menschen einzustellen. Nein, er denkt sich eine aufwendige List aus: Er läßt 7000 Krüge rotes Bier brauen und das Land überschwemmen. Und die dumme Göttin fällt auf die List herein, besäuft sich und wird harmlos und friedlich. Re will über die Menschen herrschen, und das kann er nur dadurch, daß er das matriarchale Bild der Löwengöttin, die ihr Gesicht im Wasser der Nilüberschwemmung spiegelt, aufnimmt und für seine Zwecke verändert. Er muß sich irgendwie in den althergebrachten matriarchalen Mythos hineinzwängen. Dabei bleibt sogar die patriarchale Logik auf der Strecke.

Das Ende dieses versteckten Zweikampfes zwischen Re und Sachmet ist ebenso verblüffend wie alles Bisherige. Obwohl der Gott die Göttin ausgetrickst hat, stiftet er ihr zu Ehren fortan an ihren Jahresfesten einen Rausch- bzw. Schlaftrunk. Viel überzeugender wäre, wenn er sich feiern ließe, da doch er das Unheil beendet hat. Woher kommt die plötzliche Großzügigkeit des Gottes? Oder schummelt Re sich gerade wieder um eine Tatsache herum, an der er nichts ändern kann? Meiner Ansicht nach ist genau das der Fall.

Abb. 25: Sachmet, die altägyptische Sonnengöttin mit dem Löwinkopf

Darüber, daß die Göttin im Anschluß an die Zeit der größten Hitze auch Wasser spendete, waren die matriarchalen ÄgypterInnen so glücklich, daß sie ihr zu Ehren ein rauschendes Fest feierten. Vielleicht haben sie Trankopfer ausgegossen, um die Göttin um Regen zu bitten. Vielleicht haben sie das Fest gefeiert, sobald der Regen fiel und die Wasser des Nil das Land überschwemmt hatten. Auf jeden Fall haben sie zu Ehren der Göttin ein Fest gefeiert. Von diesem Fest erzählt auch der Mythos.

Wie allen neuen patriarchalen Religionen, die sich erobernd einem matriarchalen Weltbild gegenüber behaupten wollten, fiel es den Anhängern des neuen Sonnengottes Re schwer, die Menschen von ihren althergebrachten Bräuchen abzubringen. Also mußten diese Bräuche integriert und in einen neuen – patriarchalen – Zusammenhang gebracht werden.

Die Kluft zwischen der offiziellen Lehre und den Volksbräuchen, die als Aberglauben bezeichnet werden, konnte die Katholische Kirche in 2000 Jahren nicht überbrücken. Das wird in Ägypten nicht viel anders gewesen sein. Auch wenn im frühdynastischen Ägypten die Kultschreine der Göttin vernichtet und ihre AnhängerInnen ermordet wurden und die Göttin selbst mythisch diskreditiert wurde, sind eben doch ein paar Rituale, Bräuche und Feste übriggeblieben, die für die Menschen so wichtig und sinnvoll waren, daß sie nicht bereit waren, sie aufzugeben. Diese Riten wurden dann mehr oder minder geschickt integriert. Meiner Meinung nach eher weniger geschickt, denn daß der siegreiche Re der überlisteten Sachmet-Hathor ein jährliches Trankopfer spendet, entbehrt jeder Logik.

Wenn wir schauen, welches Bild der Göttin Sachmet uns überliefert wird, dann treffen wir nirgends auf das Bild einer furchtbaren, rasenden Löwengöttin. Auffallend schön ist Sachmet. Ihr Frauenkörper ist schlank und wohlgeformt. Auf ihrem Löwenhaupt trägt sie die glänzende Sonnenscheibe und die Perücke der Königinnen. Sie sitzt auf ihrem goldenen Sonnenthron, ihr Kleid ist mit einem Muster aus zahlreichen Sonnenscheibchen verziert. Die Kultstatuen der Göttin Sachmet, die noch im dynastischen Ägypten verehrt wurden, entlarven das Bild der grausamen Göttin, welches der Gott Re von ihr in seinem Mythos zeichnet, als offensichtliche Lüge.

Aus der Göttin Sachmet hat sich langsam die Katzengöttin Bastet entwickelt. Sie symbolisierte die freundlicheren Wesenszüge der wilden Sachmet. Ursprünglich war sie die Göttin des Sonnenuntergangs. Später wurde sie zur Göttin von Musik und Tanz. Ihre VerehrerInnen feierten ihr Fest in Bubastis, dem Zentrum ihres Kultes, mit ausgelassenen Tänzen und farbenprächtigen Zeremonien. Die AnhängerInnen hofften, daß Bastet ihnen geistige und körperliche Gesundheit schenkte.[16]

Es stimmt schon, daß die Katzengöttin Bastet eine gezähmte, fast hausbackene Version der Löwengöttin Sachmet darstellt, wie Carola Meier-Seethaler feststellt. Trotzdem halte ich die Verehrung, die ihr in so großem Maß entgegengebracht wurde, daß sie die Artemis vom Nil genannt wurde, für aufschlußreich. Göttinnen wie Sachmet, deren ursprüngliche Potenz unterdrückt wurde, haben eigentlich nur zwei Möglichkeiten zu überleben. Sie können dämonisiert werden, oder sie werden verniedlicht. Die Kraft der Göttin, die nicht nur die sengende Sonne scheinen läßt, sondern auch den erlösenden Regen und die Nilüberschwemmung schickt, war anscheinend so groß, daß Sachmet auf beide Weisen „überleben" konnte: in dämonisierter Form als furchterregende Göttin, der trotzdem ein überschwengliches Fest mit Trankopfern gewidmet wurde, und als verniedlichte Katzengöttin.

8. Löwe und Löwin in christlicher Darstellung

Im „Physiologus", den ich schon zur Interpretation des Löwesymbols in der Antike herangezogen habe, wird die hellenistische Zoologie noch um eine spätjüdisch-christliche Allegorese ergänzt. Der „Physiologus" muß spätestens um 150 u.Z. entstanden sein, denn im Jahr 200 wird er schon zitiert. Das Buch ist deshalb so interessant, weil es bis ins 16. Jahrhundert Künstlern, die ein Bild christlichen Inhalts mit Allegorien schmücken wollten, als Nachschlagewerk diente. Der „Physiologus" hat die christliche Kunst über vierzehn Jahrhunderte entscheidend beeinflußt und ist daher für die „Übersetzung" der Symbole in „Kirchensprache" eine unschätzbare Hilfe.

Über den Löwen wiederholt er die Anschauung der hellenistischen Zoologie, allerdings mit einer kleinen, markanten Abweichung:

Wenn die Löwin das Junge gebiert, gebiert sie es tot, und setzt sich ihm gegenüber drei volle Tage lang und blickt es an. Blickt sie aber weg, so wird es nicht lebendig. Nach drei Tagen kommt der männliche Löwe und bläst in seine Nasenlöcher den Atem des Lebens, und es wird zum Leben gebracht und erholt sich.

So haben auch die ungläubigen Heiden während der dreitägigen Grabesruhe und der Auferstehung unseres Herrn Jesus Christus aufgeblickt und sind lebendig gemacht worden. Denn vor der Taufe wurden sie tot und blind genannt, sie wurden aber fest angesehen von der Löwin, das heißt vom Heiligen Geist, bis zum Ende der dreitägigen Grabesruhe. Als nun der männliche Löwe kam, das ist das lebendige Wort, hauchte es auf sie den Heiligen Geist und machte sie lebendig und erweckte sie alle aus dem Totenreich.[17]

Das Christentum verändert konsequent alle alten Symbole, die immer anschaulich waren und sich auf die reelle Wirklichkeit bezogen, hin zu abstrakten Gedankengebäuden. Die Abstraktion ist ein gutes Mittel, Symbolinhalte ins Absurde zu verändern, ohne daß es auffällt. Wer die Abstraktion nicht gleich begreift, bekommt den Eindruck vermittelt, nicht über die nötigen Verstandes- und Geisteskräfte zu verfügen, um den komplexen Gedanken verstehen zu können. Dabei strotzen christliche Abstraktionen nur so von Widersprüchen. So auch hier.

Die Rolle der Löwin ist höchst zweifelhaft. Da wird ihr zuerst die Fähigkeit, Leben zu gebären, abgesprochen. Die Voraussetzung zum Lebendigwerden hängt aber doch von ihr ab: nämlich von der Standhaftigkeit ihres Blickes. Das ist Kompliment und Hinterlist in einem. Denn nun ist der Löwe, der ja als wahrer Lebensspender auftritt, jeglicher Kontrolle dieser behaupteten Fähigkeit enthoben. Sollte es ihm also nicht gelingen, dann liegt die Schuld bei der Löwin. Und diese Schuld muß ihr nicht einmal groß nachgewiesen werden. Nur ein Augenblick, den niemand bemerkt haben muß, und schon ist es passiert.

Als nächstes wird das Leben – und somit auch die Fähigkeit, Leben zu schenken – massiv abgewertet. Im Christentum zählt nur mehr die Lebendigkeit im Geiste. Alle, die einfach auf der Welt leben, sind Tote, die noch nicht zum Leben erweckt wurden. Und wieder werden die

Frauen mit einem Bild geködert: Der Heilige Geist, das ist die Löwin. Aber der Dämpfer folgt sogleich, denn was ist weiblicher Geist, wenn nur der Mann ihn in Worte fassen, nur er ihn aushauchen kann? Und dann kriegt der Löwe, damit auch ja niemand auf die Idee kommt, in ihm noch verehrenswerte Kräfte zu vermuten, den Todesstoß versetzt, er wird dämonisiert. Der Physiologus beschreibt, wie der Löwe kleine Tiere in die Irre führt, um sie zu fressen, und fährt fort:

Sieb nun auch du zu, Mensch, mit deinem Laufen und Herumwandern in diesem irdischen Leben, bleib im Willen Gottes, damit du nicht in die Versuchungen des Löwen fällst, das ist des Teufels. Denn der, wenn er sich auch den Menschen nicht zeigt, sucht in den Versuchungen, welchen er verschlinge, wie der Löwe in seinem Lager.[18]

Die größte Versuchung der ChristInnen ist bekanntlich die Sexualität, die „lüsterne Begierde", welche wahre ChristInnen, die Heiligen, gänzlich ablehnen. Wer, bitte schön, der Versuchung gar nicht widerstehen kann, soll es ohne Lust tun und nur, um Kinder zu gebären. Die Abscheu vor allem Lebendigen zeigt sich in der Erhöhung der Keuschheit unzähliger Heiliger und dem Keuschheitsgelübde katholischer Priester. Wenn der Löwe daher Heilige begleitet, dann ist er meistens Zeichen dafür, wie sie der Versuchung widerstanden haben, oder das mörderische Instrument der Gegner, die den ChristInnen nach dem Leben trachteten.

a) Ignatius mit dem Löwen
Heiligsprechung für die Verachtung des Lebens
Für die vom Christentum propagierte Verachtung des Lebens ist Ignatius von Antiochien wohl das extremste Beispiel. Ignatius wird mit dem Löwen dargestellt, weil er in der Arena durch einen Löwen zu Tode gekommen sein soll. Die Briefe des Bischofs gehören angeblich zum Schönsten, was aus der frühchristlichen Literatur überliefert ist.[19] Als Ignatius der Märtyrertod droht, schreibt er:

Ich möchte die Bestien, die mir bestimmt sind, genießen. Es mögen über mich kommen Feuerqualen, Kreuzigung, aufgehetzte Tiere, es mögen meine Gebeine zerstreut, meine Glieder zerhackt, mein ganzer Leib zermalmt werden, es möge der Teufel mich schinden: Wenn ich nur Jesus Christus finde!

Ein seltsamer Gott, der auf diesem Wege zu finden ist. Welch seltsame Religion, die masochistische Visionen zur schöngeistigen Dichtung hochstilisiert. Den von ihm gewünschten Weg durfte der Heilige angeblich im Jahr 108 oder 110 beschreiten. Bemerkenswert finde ich, daß es noch heute Menschen gibt, welche die Ansicht Polykarps, des Bischofs von Smyrna, teilen, daß der Inhalt der Briefe des Ignatius „Erbauung ist, die zu unserem Herrn führt". Zur Göttin führt die Lektüre sicher nicht.

b) Hieronymus und der Löwe
Ein Heiliger bestreitet die lebenspendende Kraft Mariens
Auch dieser „Heilige" hat gar nichts mit dem Löwen als Sonnensymbol zu tun, dafür aber mit patriarchaler Macht und der Verachtung des Lebendigen.

Einstmals saß Hieronymus mit seinen Brüdern beisammen, um die Heilige Schrift zu lesen. Da kam ein Löwe hinkend ins Kloster. Die anderen Brüder flohen, Hieronymus hingegen schritt auf ihn zu und begrüßte ihn wie einen Gast. Der Löwe wies ihm seinen wunden Fuß. Hieronymus rief sogleich die Brüder und gebot ihnen, den Fuß zu waschen und nach der Wunde zu suchen. Das taten sie und fanden, daß der Löwe sich einen Dorn in den Fuß getreten hatte. Sie zogen ihn heraus und pflegten ihn, und der Löwe wurde so zahm und heimisch, daß er im Kloster lebte wie ein Haustier.[20]

Abgesehen von der beschönigenden Annahme, daß Hieronymus selbst den Mut hatte, den Dorn aus dem Fuß des Löwen zu ziehen, wird er natürlich nicht wegen dieser rührseligen Geschichte von einem Löwen begleitet. Hieronymus hatte Zeit seines Lebens gegen unzählige Versuchungen zu kämpfen. „Seine leidenschaftliche Natur verlangte nach Widerhall." Er hielt es nicht aus, Einsiedler zu sein, denn er hatte Sehnsucht nach den Menschen und nach dem Leben in der Stadt. Besonders schlimm war aber sein Drang nach Wissen, sein Wunsch, ein berühmter Gelehrter zu werden. Die Geschichte mit dem verletzten Löwen ist nur eine Ablenkung, die den eigentlichen Symbolgehalt des Bildes verbirgt. Es geht um die Abtötung der Lebenslust und um Ruhmsucht; da paßt der Löwe symbolisch ja perfekt.

Hieronymus war ein Theologe, der der Kirche unschätzbare Dienste erwiesen hat. Er gründete 386 in Bethlehem ein Männerkloster, in dem er zahllose Schreiber beschäftigte, die seine theologischen Schriften und Bibelübersetzungen zu Papier brachten. Valéry Larbaud schreibt über ihn im „Großen Buch der Heiligen": „Die Vorteile der Keuschheit sehen wir und kennen ihren Wert... Wir wissen, daß die wissenschaftliche Forschung, das Studium, die Kunst anspruchsvolle Gattinnen sind, und daß die Kraft und die Ausstrahlung der Werke des Geistes fast immer, ob wir es wollen oder nicht, auf Kosten der sinnlichen Befriedigung erlangt werden. Wir wären daher durchaus bereit, mit Hieronymus die Ehe für Silber, die Jungfräulichkeit aber für Gold zu erklären, und wir sind der Meinung, daß die leibliche Vaterschaft keineswegs begehrenswert ist, verglichen mit der geistigen oder geistlichen Vaterschaft. Wir bewundern... seine Lehre über die ‚Immerwährende Jungfräulichkeit' (Mariens)... wir können uns die allumfassende Kirche nicht zu Füßen einer reichgesegneten Familienmutter vorstellen!"[21] Warum eigentlich nicht?

Da erhebt einer in typisch männlicher Manier das Geistige über alles irdisch Lebendige. Er spricht Maria die Körperlichkeit ab, indem er über ihre Immerwährende Jungfräulichkeit faselt. Und eine Frau stimmt dem bei, weil sie sich die Kirche nicht zu Füßen einer reichgesegneten Mutter vorstellen kann. Jahrtausende lang war das die einzig denkbare Vorstellung: die Menschen als Kinder einer Großen Mutter, die das Universum und alles Lebendige geboren hat und immer wieder gebiert.

9. Maria auf dem Löwenthron
Und sie hat ihn doch geboren

Ich habe mich schon als Kind gewundert, warum eine Kirche, die sich rühmt, ihr Held, der Sohn Gottes, sei auferstanden, nicht den Auferstandenen als Symbol gewählt hat, sondern den Gekreuzigten. Die Erhöhung des Sterbens, des Leids, der Marter war mir unverständlich, davor hat mir gegraust. Trotzdem bin ich gern in die Kirche gegangen, weil ich die Stimmung mochte, in der sich Menschen etwas Größerem öffnen, und weil ich beeindruckt von den Ritualen war. Ich mußte dabei nur darauf achten, daß ich nicht hochguckte, denn dann geriet der überlebensgroße Gekreuzigte in mein Blickfeld, der über dem Hauptschiff der Kirche schwebte. Wenn ich geradeaus schaute, sah ich Maria mit dem Kind, und die Welt war für mich in Ordnung.

Im Lauf der Zeit habe ich beobachtet, daß viele Menschen es mir gleich taten. Besonders Frauen waren fast ausschließlich vor Maria anzutreffen. Daß die Welt in Ordnung war, wenn ich Maria sah, war damals eine Erkenntnis auf Gefühlsebene. Mittlerweile hat sich dazu auch eine geistige Erkenntnis gesellt. Ich bin der festen Überzeugung, daß die christliche Religion nur deshalb 2000 Jahre überlebt hat und zu einer Weltreligion werden konnte, weil sie dem Symbol des Todes und des Niedergangs des Lebens, dem Gekreuzigten, zum Ausgleich das Symbol des wiederkehrenden Lebens, Maria mit dem Kind, gegenübergestellt hat.

Da mag einer wie Hieronymus noch so sehr darauf pochen, daß Maria ihren Sohn jungfräulich geboren habe, womit er einerseits meint, sie sei ohne den sexuellen Akt mit Hilfe des ominösen männlichen Geistes schwanger geworden. Andererseits behauptet das Dogma von der Jungfräulichkeit Mariens, sie sei auch nach der Geburt unversehrt, d.h. jungfräulich geblieben. Das ist lachhaft, jede Frau weiß es. Das Bild der Maria mit dem Kind weiß davon nichts, es zeigt Maria, die geboren hat. Die Bildaussage ist uralt und stammt aus matriarchaler Zeit. Der Grund für unser aller Existenz ist das Wunder der Geburt, die Fähigkeit der Frauen und weiblichen Tiere zu gebären.

Selbstverständlich ist Maria keine Göttin im matriarchalen Sinn, denn sie ist nicht frei und unabhängig, sondern einem Gott untergeordnet, der sich ständig beeilt, uns zu sagen, daß sie nur erhoben wird, weil er in seiner Güte das so wollte. Aber das Bild ist matriarchal. Und genau darin liegt die Macht der christlichen Religion, daß sie immer wieder matriarchale Bilder transportiert und die damit verbundene Aussage für sich reklamiert. Die katholischen Kirchen sind voll von Mariendarstellungen. Auf romanischen Statuen zeigt Maria uns ihr Kind mit bescheidenem Blick, auf gotischen Flügelaltären blickt Maria mit dem Kind selbstbewußt, auf Barockaltären ist sie eine Fülle verheißende Frau mit ihrem Kind, alles scheint zu rufen: „Seht her, sie hat ihn geboren!"

Daß Maria ohne männliche Hilfe schwanger geworden sein soll, mutet moderne Menschen reichlich seltsam an. Aber auch hinter dieser Aussage steckt ein matriarchales Bild. Maria wird in die Tradition jener Göttinnen gestellt, die aus sich heraus, also parthenogen, d.h. jungfräulich geboren haben. Ich erinnere an die pelasgische Göttin Eurynome, die den Wind gebar und das Weltenei, an die Himmelsgöttin, die die Sonne gebar, an die griechische Göttin Hera, die ohne Hilfe des Zeus ihre Kinder zur Welt brachte.

Auffällig oft präsentieren Göttinnen stolz ihren Sohn: Hathor mit ihrem Sonnensohn Re, Theia und Helios. Maria mit dem Jesuskind bildet da keine Ausnahme. Nun ist aber nicht die Wichtigkeit des männlichen Geschlechts der Grund dafür, daß so viele göttliche Kinder Söhne sind. Vielmehr dienen die Söhne als Beweis für die wahrhaftig göttlichen Fähigkeiten der Mutter. Dadurch, daß die Göttin nicht „nur" die gebären kann, die ihr gleicht, die Tochter, sondern auch den, der von ihr verschieden ist, den Sohn, demonstriert sie das Wunder ihrer

Schöpfungskraft. Das ist eine „Nebensächlichkeit", die man(n) im Patriarchat allzu gern vergessen hat.

Mitten im patriarchalen Christentum finden wir in Maria mit dem göttlichen Sohn ein uraltes matriarchales Bild wieder. Aller christlichen Lebensverachtung zum Trotz zeigt sie das Wunder des ewigen Lebens, das sich auf die Schöpferinnenkraft der Frauen gründet.

Damit wäre eigentlich der Reigen, den ich mit der gebärenden Göttin auf dem Löwenthron begonnen habe, abgeschlossen. Das Tüpfelchen auf das i setzte jedoch im 15. Jahrhundert der Maler Rogier van der Weyden. Er nannte sein Marienbild „Madonna mit dem Kind in einer Nische" (vielleicht haben es auch nur die KunsthistorikerInnen so betitelt). Korrekt müßte es aber „Maria vor dem Löwenthron" heißen. Wer genau hinsieht, entdeckt vergnügt die zwei kleinen Löwen, die den Thron der Königin Maria zieren.

Abb. 26: Maria vor dem Löwenthron

Zum Glück gibt's Maria auf dem Löwenthron und Maria Lionza oder Madonna leone, wie sie in Südamerika genannt wird, die uns Frauen an unsere Fähigkeit, Leben zu gebären erinnert. Selbstverständlich tut sie dies in christlicher Darstellung nicht in Gebärhaltung, sondern einer Königin gleich steht sie vor dem Löwenthron. Aber sie gibt ihrem Kind die Brust, was bei allem christlichen Schamgefühl erstaunlich ist. Daß diese Art der Mariendarstellung als *Maria lactans*, als milchspendende Maria, im Christentum sehr häufig ist, wundert uns natürlich schon längst nicht mehr, denn wir erkennen wiederum die matriarchale Bildersprache.

Und weil ihr Kind, der kleine Jesus, der Sohn Gottes auf Erden ist, darf Maria auch im Christentum verehrt werden. Maria ist die einzige Frau als Nachfolgerin der Göttin, die Männer und Frauen gleichermaßen dafür lieben und ehren, daß sie geboren hat. Daß Jesus seinen AnhängerInnen aber das „wahre Leben" erst durch seinen Erlösungstod schenkt und damit das Gebären als Leben spendende Macht wieder abwertet, das ist christliche Logik.

10. Markus mit dem geflügelten Löwen

Der bekannteste Heilige, der von einem Löwen begleitet wird, ist der Evangelist Markus. Er wird mit dem geflügelten Löwen, einem aufgeschlagenen Buch und der Feder dargestellt. Markus hatte weder unter zahlreichen Versuchungen zu leiden, noch haben ihn Löwen seinem Gott näher gebracht. Die Kirche ist sich nicht einmal sicher, ob er überhaupt den Märtyrertod erlitten hat. Der Grund, warum der geflügelte Löwe das Symboltier des Markus wurde, ist ein anderer.

Markus ist einer der vier Evangelisten. Lukas wird mit dem geflügelten Stier dargestellt, Markus mit dem geflügelten Löwen, Johannes mit dem Adler, aber auch mit der Schlange, die sich aus einem Kelch windet, und Matthäus mit einem Engel bzw. einem geflügelten Menschen. Die vier Evangelisten werden zusammen an den vier Strömen dargestellt, die aus dem Baum des Lebens entspringen. Die Tiere der Evangelisten gelten als die Symboltiere der vier Himmelsrichtungen.

Für mich als Astrologin sind die vier Tiere bzw. Gestalten sogleich als vier Tierkreiszeichen zu erkennen: Stier und Löwe sind allgemein als Sternzeichen bekannt. Das Sternzeichen Skorpion wurde in manchen Kulturen als Schlange bezeichnet, womit die Schlange, die sich aus dem Becher windet, als drittes Sternzeichen identifiziert wäre. Der Engel hingegen scheint vorerst nicht zum Sternzeichen Wassermann zu passen. Früher hieß das Sternzeichen jedoch nicht Wassermann, sondern es wurde durch die Göttin symbolisiert, die ihre himmlischen Wasser auf die Erde goß, auf der dann der Wasserträger, z.B. in Ägypten der als Gott personifizierte Nil, ihr Wasser erhielt. Somit erkennen wir auch im Engel, dem himmlischen Wesen, das ursprüngliche Sternzeichensymbol wieder.

Weil die Sternbilder Stier und Skorpion, Löwe und Wassermann einander jeweils direkt gegenüber liegen, sind die Tiere zu Symboltieren für die Himmelsrichtungen geworden. Die astronomische Zuordnung zu den Himmelsrichtungen stammt aus der Zeit zwischen 4000 und 2000 v.u.Z., als der Frühlingsknotenpunkt, der Tag der Tagundnachtgleiche, im Sternbild Stier lag.

Die einzelnen Tiere entsprachen, je nach der Kultur, aus der sie stammten, den unterschiedlichen Aspekten der Göttin, die zu verschiedenen Jahreszeiten deutlich wurden. Oft wurden diese Aspekte der Göttin auch im Sternenhimmel „erkannt" und Sternbilder entsprechend benannt. Ebenfalls aufschlußreich war die Anzahl der Tiere, die zu einem Kalendertier, einem Tier, welches das ganze Jahr symbolisierte, zusammengesetzt wurden. Ein Kalendertier, bestehend aus zwei Tieren, stand für ein in zwei Hälften geteiltes Jahr, aus drei Tieren für das dreigeteilte Jahr, und vier Tiere markierten das viergeteilte Jahr, welches sich an den Tagundnachtgleichen im Frühling und Herbst sowie der Sommer- und der Wintersonnenwende orientierte.[22]

Die Kalendertiere, welche die Verantwortung der Göttin für den Jahreszyklus symbolisierten, wurden als heilige Tiere verehrt. Sie erschienen in allen von männlichen Göttern dominierten Religionen als Ungeheuer, die bekämpft und besiegt werden mußten. Judentum und Christentum machen da keine Ausnahme. Die alte „heidnische" Zuordnung wurde sowohl in die jüdische als auch in die christliche Religion übernommen. Da alles Heidnische dämonisiert werden mußte, sind die vier Tiere auch Symboltiere für die Apokalypse geworden. Hier zeigt sich wieder, daß neue Religionen zwar alles verteufeln, was davor heilig gewesen ist, von den Symbolen aber doch nicht lassen können und wiederum diejenigen mit ihnen umgeben, welche zu den Heiligsten gehören. Im Christentum hatten die vier Evangelisten die Ehre, mit den Kalendersymbolen der Göttin dargestellt zu werden.

11. Thekla und die Löwen
Eine Heilige umgeben von den Kalendertieren der Göttin

Markus ist nicht der einzige Heilige, der sich eines Symboltieres aus dem Kalender der Göttin bemächtigt hat. Mit besonderem Vergnügen las ich die Legende der Heiligen Thekla. Sie nahm sich gleich alle vier Symbole auf einmal.

Thekla war eine gebildete Heidin, die, nachdem sie den Apostel Paulus predigen gehört hatte, Christin wurde. Da sie sich weigerte zu heiraten, statt dessen mit den Anhängern des Apostels umherzog, wurde sie, als Paulus flüchten mußte, gefaßt und mit dem Tod bedroht.

Sie wurde ihrer Kleider beraubt und in die Rennbahn geführt, und die wilden Tiere wurden hereingelassen. Doch leuchtender Glanz umgab sie, daß keiner sie anzuschauen vermochte. Die Löwen wichen vor der zarten Jungfrau zurück, legten sich ihr zu Füßen und beleckten diese wie Schoßhunde. Auch die Stiere rührten sie nicht an. Als alle erkannten, daß die Bestien ihr nichts anhaben wollten, verurteilte der Prokonsul sie zum Feuertod. Man schichtete das Holz auf, und Thekla bestieg den Scheiterhaufen. Sie streckte die Arme in Gestalt des Kreuzes aus, segnete sich, und man legte Feuer an. Aber die Flamme berührte sie nicht. Auf einer Wolke schoß Wasser mit Hagel vermischt vom Himmel herab und löschte das Feuer. Doch nicht genug, denn nun warf man Thekla in einen Kerker voll giftigem Gewürm. Aber siehe, es fuhr ein Blitzstrahl vom Himmel und vertilgte die Schlangen, Thekla aber blieb unversehrt.

Alle waren tief beeindruckt. Und als Thekla ihren Herrn pries, der sie vor aller Gefahr gerettet hatte, traten viele Menschen zum Christentum über.[23]

Thekla ist ein Glücksfall für jede Mythenforscherin. Wir erkennen mühelos die vier Kalendersymbole: die wilden Stiere und Löwen, das giftige Gewürm und den himmlischen Regen. Der christliche Gott bewahrt sie vor den bösen Mächten aus allen Himmelsrichtungen. Sinnigerweise wurde Thekla die Patronin der Sterbenden.

Die Legende erzählt puren Horror, das Bild ist friedlich. Klarerweise betont auch die Legende die Friedfertigkeit der Tiere (außer bei den Schlangen), darin besteht ja ihr wundersamer Teil. Die Frage, weshalb eine Heilige ausgerechnet jene Martern erdulden mußte, die den Kalendersymbolen entsprechen, ist berechtigt. Vielleicht diente die Legende wieder einmal nur dazu, ein Bild zu kreieren, das der Göttin mit ihren Kalendertieren, der Göttin als Herrin des Jahres glich? Die Legende der Thekla ist zu gut erfunden, um wahr sein zu können. Das beabsichtigte Plagiat ist offensichtlich.

Warum also wurde Thekla verehrt? War das Bild so gut, weil es alte Symbole beinhaltete und optisch unverändert wiedergab? Oder konnte in Thekla die Göttin überleben?

Barbara Walker hat die Antworten auf diese Fragen gesammelt. Thekla, „die Berühmte", war ein Titel der Diana von Ephesos, deren Heiligtum in Seleukia in heidnischer Zeit ein beliebtes Pilgerziel war und es bis ins 17. Jahrhundert u.Z. blieb, als die Göttin schon längst christianisiert und in eine Heilige verwandelt worden war.[24] Die frühen Kirchenmänner liebten weder die Heilige Thekla noch ihr Heiligtum. Im 4. Jahrhundert wurde es unter der Leitung einer „Diakonin" von einer Gruppe betreut, deren Mitglieder sich Apotaktiker nannten, weil sie nach dem Vorbild der ersten ChristInnen auf jeden Besitz verzichtet hatten. In späterer Zeit wurden sie folgerichtig der Ketzerei bezichtigt.[25] Manche ChristInnen behaupteten, Thekla sei eine Priesterin der Diana gewesen.[26] Andere, z.B. Tertullian, wußten, daß es sich bei ihr nur um einen Beinamen der Großen Göttin handelte. Tertullian widersprach der Legende, nach der Thekla eine Schülerin des Apostels Paulus gewesen sein sollte. Er nannte das eine Lüge, die von einem irregeführten Kirchenältesten „aus Liebe zum Apostel Paulus" erfunden worden sei[27] – eine seltsame Erklärung, die darauf hinweist, daß Paulus sich dieser Verbindung offenbar nicht hätte schämen müssen.

12. Das Märchen von der Löwenfrau

Die schönsten Löwinnen- und Löwenmärchen finden sich in Afrika. Dort werden Löwin und Löwe nicht nur gefürchtet, sondern verehrt, da man ihnen Fruchtbarkeit, Hilfe beim Gebären und lebensspendende Wirkung zuschreibt. Dies spiegelt sich sowohl im Brauchtum als auch in den Märchen wieder. Afrikanische Frauen waren (oder sind) davon überzeugt, daß es hilfreich ist, auf einem Löwenfell zu gebären. Davon erzählt das folgende Märchen.

Mama heiratete. Musa heiratete. Mamas Frau wurde schwanger. Musas Frau wurde schwanger. Mama sagte: „An dem Tag, an dem meine Frau niederkommen wird, werde ich am Boden Kauris ausstreuen. Über ihnen soll meine Frau gebären." Musa sagte: „An dem Tag, an dem meine Frau niederkommen wird, werde ich am Boden ein Löwenfell ausbreiten. Über dem soll meine Frau gebären." Mamas Frau kam in die Wehen und gebar über den Kauris.

An dem Tag, als Musas Frau in die Wehen kam, nahm Musa Erdnüsse und Guineakorn und ging in den Busch. Er traf eine alte Frau, gab ihr Erdnüsse und Guineakorn, und sie zeigte ihm den Platz eines Löwen. Die Löwin war ausgegangen. Es waren zwei junge Löwen da. Musa nahm die beiden mit und ging nach Hause. In seinem Gehöft band er einen jungen Löwen an, den anderen tötete er und zog ihm die Haut ab. Musa breitete die Löwenhaut auf dem Boden aus. Über der Löwenhaut gebar die Frau Musas.

Die Löwin kam an ihren Platz zurück. Als sie sah, daß die Jungen gestohlen waren, suchte sie die Spuren und fand Musas Weg bis zur

Stadt. Am Stadtwall sagte die Löwin: „In dieser Stadt sind also meine Kinder." Die Löwin ging in den Busch zurück. Sie nahm ein Blatt. Sie schlug es. Das Blatt verwandelte sich in ein Kleid. Die Löwin selbst verwandelte sich in eine Frau. Die Frau schlug einen Stein. Der Stein verwandelte sich in einen Korb. Die Frau nahm den Korb auf den Kopf. So ging sie in die Stadt.

Die Frau kam an vielen jungen Männern vorbei. Jeder der jungen Leute wollte, daß die Frau zu ihm komme. Die Frau sagte: „Werft alle mit Steinen nach meinem Korb. Wer den Korb trifft, bei dem will ich schlafen." Sie stellte den Korb auf den Boden, aber keiner der jungen Männer traf den Korb. Alle hatten es versucht, nur Musa hatte noch nicht geworfen. Die Frau sagte: „Dieser Mann hat noch nicht geworfen." Musa nahm einen Stein und traf den Korb. Die Frau ging mit Musa, um bei ihm zu schlafen.

Musa ging mit der Frau in sein Haus. Sie sah den jungen Löwen vor dem Haus und bewunderte Musa für seine Stärke. Sie fragte, wie er ihn gewonnen habe, und bat ihn, ihr den jungen Löwen zu schenken. Doch Musa fragte: Was willst du damit machen?" Sie sagte nur: „Schenke ihn mir!" Aber Musa wollte nicht, und die Frau sagte: „Es ist gut", und ging mit ihm.

Die Frau schlief nachts im Hause Musas. Musa schlief, doch die Frau wachte, ging hinaus und band den jungen Löwen los, der zurück in den Busch lief. Dann ging sie zurück ins Haus. Sie dachte: „Nun werde ich Musa töten." Doch es waren die sieben Hunde Musas in dem Zimmer, und sie drohten der Frau, sie ebenfalls zu töten. Die Frau weckte Musa, und sagte, die Hunde ließen sie nicht schlafen. Und Musa brachte alle Hunde hinaus und schlief wieder ein. Als die Frau wieder den Vorsatz faßte, Musa zu töten, sprach der Topf mit den Sibi, den magischen Mitteln: „Wenn du Musa tötest, dann töten wir dich!" Die Frau weckte Musa und klagte, der magische Topf ließe sie nicht schlafen. Musa brachte den Topf hinaus, doch es fielen ein paar Tropfen der Flüssigkeit auf den Boden. Als die Frau wiederum Musa töten wollte, sagten ihr die Sibitropfen, daß sie sie töten würden. Die Frau weckte abermals Musa, und beschwerte sich, sein Haus ließe sie nicht schlafen. Doch Musa sagte: „Ich habe kein anderes. Du mußt in diesem schlafen."

Als am Morgen der Hahn krähte, sah Musa, daß der junge Löwe verschwunden war. Die Frau zeigte ihm das gerissene Seil und sagte: „Ich werde jetzt gehen. Willst du mich begleiten?" Musa bejahte und wollte sein Pferd besteigen, doch die Frau sagte, das Pferd würde sie tottreten. *Musa wollte seinen Stock mitnehmen, doch die Frau sagte, sie fürchte sich vor dem Stock. Da nahm Musa ein Kamel und bestieg es. Sie kamen bis zu jenem Platz, an dem Musa die jungen Löwen mitgenommen hatte. Musa sagte: „Hier werde ich umkehren." Die Frau sagte: „Es ist auch weit genug!" Musa wandte das Kamel um. Die Frau verwandelte sich in eine Löwin und setzte Musa nach. Musa trieb sein Kamel an und jagte auf die Stadt zu. Dabei verlor er seinen Turban. Die Löwin rief: „Nimm deinen Turban mit!" Doch Musa rief, daß er ihn nicht brauche. Er kam mit seinem Kamel bis an die Stadtmauer. Gerade als er durch die Stadtmauer reiten wollte, packte die Löwin mit den Vorderpranken das Kamel am Hinterteil und riß Fleischstücke herab. So kommt es, daß die Hinterteile der Kamele dünner sind als die der Pferde.*[28]

Auch wenn das Märchen zum Schluß nur eine Erklärung für die Statur der Kamele zu sein scheint, erfahren wir doch viel. Der Beginn der Erzählung läßt die Vermutung aufkommen, daß es sich nicht um die Geschichte zweier Männer, sondern zweier Stämme handeln könnte. Vielleicht gab es einen Stamm, bei dem die Frauen auf Kaurimuscheln, und einen anderen, bei dem sie über einem Löwenfell gebaren. Das Motiv, daß die Löwin sich in eine Frau verwandeln kann, nehmen mehrere sudanesische Märchen auf. Es scheint ganz selbstverständlich zu sein, daß Frauen sich in Löwinnen verwandeln und umgekehrt. Zwar wird in einer Erzählung die Frau als Menschen mordende Löwin dargestellt und dementsprechend gefürchtet, aber die Furcht birgt auch ein großes Stück Respekt in sich. Im Sudan und bei den Pokomo in Kenia werden schöne Mädchen Löwinnen genannt.[29]

13. Löwe und Löwin in europäischen Märchen

Der Löwe, der ursprünglich fast überall auf der Welt anzutreffen war, starb in Westeuropa vor etwa 6000 Jahren aus, in Südosteuropa war er bis zum Ende des 1. Jahrhunderts u.Z. beheimatet. In der Zeit der Kreuzzüge war er in den arabischen Ländern noch anzutreffen, vielleicht auch in Palästina. Gegen Ende des 19. Jahrhunderts wurde er in Nordafrika, Syrien, Mesopotamien und Persien ausgerottet. Heute ist er nur noch in wenigen Gebieten in Indien und Afrika zu finden.[30] Als Quellen für europäische Löwenmärchen dienten daher die Angaben antiker Schriftsteller wie Aristoteles, Claudius Aelianus, Plutarch und Plinius. Auf die Einseitigkeit, mit der der Löwe bewundert und erhoben, die Löwin hingegen abgewertet wurde, habe ich im Abschnitt über die symbolische Bedeutung von Löwin und Löwe hingewiesen. Die Werke der antiken Schriftsteller haben Eingang in europäische Dichtung und Märchen gefunden. So träumt der Held des Rolandsliedes davon, den Ringkampf mit einem Löwen zu bestehen. In einer deutschen Sage kämpft Friedrich, Sohn des Grafen Huno von Oldenburg, gegen einen Löwen, um die Treue seines Vaters zum Kaiser unter Beweis zu stellen. Die Tapferkeit des Helden Wiprecht soll vom Kaiser Heinrich dadurch auf die Probe gestellt worden sein, daß dieser einen Löwen auf ihn losließ. Wiprecht zerzauste dem Tier die Mähne, worauf es gedemütigt von ihm abließ.

In deutschen Sagen tut ein Löwe einem geborenen Helden kein Leid an. In rumänischen und spanischen Volksliedern sind siegreiche Löwenkämpfe ein weitverbreitetes Thema.[31] Der Löwe ist überall mit Helden- und Königtum verbunden. Er ist das Symboltier männlicher Macht geworden.

Sogar die Löwin erkennt in einer sephardischen Romanze das königliche Blut eines ausgesetzten Neugeborenen und stillt dieses wie ihre eigenen Jungen.[32] Als würde sich die Mütterlichkeit der Löwin nur auf die Aufzucht königlicher Kinder beschränken.

Trotz dieser Fülle von Heldenthemen in Verbindung mit dem Löwen fand ich ein Wiener Märchen, das von einem Mädchen und einem Löwen erzählt.

Das Märchen von der Löwenbraut
Im Lust- und Jagdschloß Kaiser Rudolfs II. wurde eine Menagerie unterhalten, deren Prachtstück ein Löwe war.

Einst feierte die kaiserliche Familie ein Fest, und des Tierwärters vierjähriges Töchterlein Berta trat, als Schutzgeist Österreichs gekleidet, vor die kleine Prinzessin, deren Geburtstag der Anlaß der Festlichkeiten war, und brachte ihr im Namen aller Anwesenden einen herzlichen Glückwunsch dar. Da donnerten die Kanonen, schmetterten die Trompeten und jubelten die Gäste. Plötzlich trat, zum sprachlosen Schrecken aller, der Löwe majestätischen Schrittes in den Saal. Durch das Getöse wild gemacht, war er aus seinem Käfig ausgebrochen, hatte sich in den Garten gestürzt und war endlich zum Lustschloß gekommen, in das er eindrang. Er war geblendet von allem, was er sah, und starrte verdutzt die Versammlung an. Schon waren die Wachen herbeigeeilt, um den so unwillkommenen Störenfried niederzuschießen. Da warf sich die kleine Berta an den Hals des Löwen und bat flehent-

lich, ihm nichts zu tun; sie werde ihn schon zu seinem Käfig führen. Und merkwürdig! Zum Staunen aller ließ sich der Löwe von seiner kleinen Führerin aus dem Saal seinem Käfig zuführen und ging freiwillig hinein. Der Kaiser sah dem sonderbaren Schauspiel zu und befahl, von nun an die kleine Berta nie anders als Löwenbraut zu nennen, der Löwe aber bleibe ihr Eigentum.[33]

Das Märchen ist nicht besonders alt. Das scheint mir auch nicht weiter wichtig. Der Grund, weshalb ich es ausgewählt habe, ist, daß hier noch einmal das Motiv des Mädchens bzw. der Frau mit dem Löwen auftaucht. Der Löwe ist zwar längst zum patriarchalen Machtsymbol degradiert und fristet sein Leben als Schaustück in der kaiserlichen Menagerie. Aber in der Gestalt des kleinen Mädchens zeigt sich, daß nur diejenige mit dem Löwen umgehen kann, die ihn nicht als Vorzeigeobjekt mißbraucht, sondern ihn achtet und liebt.

Mir gefällt auch, daß das Mädchen Berta heißt. Der Name leitet sich von der Göttin Percht ab und ist auch mit den drei Bethen verwandt. Es wäre sicher Unsinn und zu weit hergeholt, wollte ich behaupten, daß sich die Gestalt der Tierwärterstochter Berta direkt auf die Göttin Percht bezieht und ihr auch noch den Löwen als Symboltier zuordnen. Aber es erstaunt immer wieder zu sehen, wie sich Bilder wiederholen und als Sagenmotiv Jahrhunderte später wieder „auftauchen".

Da gab es einst die Göttin mit den Löwinnen und später dem Löwen. Die Frau mit dem Löwen bleibt als Bild in manchen Heiligenlegenden (z.B. der Thekla) bestehen und blitzt noch einmal in der Sage auf. Und die Sage wiederum vereint alle möglichen Bedeutungen, die sich um den Löwen ranken: Es gibt eine Herrschaftsfamilie, der prächtige Löwe mitsamt der Menagerie zeugt von Luxus, Geld und Macht, da ist eine kleine Prinzessin und ein Mädchen, die ausgerechnet Berta heißt.

Ich denke, daß matriarchale Symbole wie z.B. die Göttin mit dem Löwen eine so große Anziehung auf die Menschen ausüben, daß sie ihrer Macht gar nicht beraubt werden können. Sie können zwar patriarchal verformt werden, aber sie gleichen einem unterirdischen Strom von Bildern, der immer wieder aus der Tiefe als Quelle emporkommt. Und deshalb gibt es meiner Ansicht nach auch zu allen Zeiten und immer wieder Geschichten, bei denen sich auf wundersame Weise alles „richtig" zusammenfügt. Diese Geschichten rühren dann unsere Seele an, die sich nach Symbolen und Bildern sehnt.

Dabei will ich gar nicht verschweigen, daß die Sage von der Löwenbraut zum Schluß doch noch schlecht ausgeht.

Berta umsorgte den Löwen liebevoll, bis sie eine junge Frau geworden war. Doch als ein junger Mann um ihre Hand anhielt, besuchte sie ihren Löwen immer seltener. Der Löwe wurde immer trauriger. Am Tag der Hochzeit besuchte Berta ihn ein letztes Mal, um sich von ihm zu verabschieden, denn sie sollte ihn fortan nicht mehr pflegen. Da versperrte ihr der Löwe den Weg aus dem Käfig. Als sich der Bräutigam in den Käfig stürzte, erschlug der Löwe Berta mit einem Tatzenschlag und ließ sich dann vom entsetzten Bräutigam niederschießen.

Die Versuchung ist groß, das Ende der Geschichte psychologisch zu deuten und zu sagen, da könne frau sehen, wohin es führt, wenn sie sich vorschreiben läßt, was sie zu tun hat, und sich an patriarchale Regeln anpaßt. Aber es geht mir mehr um die prinzipielle Erkenntnis, daß eine Geschichte in patriarchaler Umgebung nicht einfach „gut ausgehen" kann. Matriarchale Motive sind in patriarchaler Umgebung zum Scheitern verurteilt, wenn die handelnden Personen nicht bereit sind, die patriarchalen Regeln zu durchbrechen. Selbst dann ist der glückliche Ausgang, das sinnvolle Ende der Geschichte, nicht garantiert, wird aber zumindest wieder möglich.

14. Magie und Frauenhaar

Haare sind etwas überaus Magisches und Symbolträchtiges. Der Löwe wurde u.a. deswegen zum Symboltier für die Sonne, weil seine Mähne den Sonnenstrahlen ähnlich sah. Die Mähne des Löwen zeigt in ihrer Fülle aber auch, wie gesund und vital der Löwe ist. Viele Völker glaubten, daß Lebenskraft und Vitalität beim Menschen ebenfalls in den Haaren liegen. Ein Sonnenheld, dessen Kraft in den Haaren lag, war – wie wir gesehen haben – Samson. Das Motiv der gebändigten, „zivilisierten" Kraft zeigte sich auch beim sumerischen Sonnenhelden Enkidu. Selbstverständlich ist nicht nur bei den Männern die Lebenskraft mit den Haaren verbunden, bei den Frauen ist das ebenso.

In diesem Zusammenhang ist es interessant zu beobachten, wie Frauen ihre Haare tragen bzw. tragen dürfen. Offene lange Haare waren in der Antike ein Zeichen der Jungfräulichkeit. Die Römerinnen weihten ihr Haar vor der Heirat der jungfräulichen Göttin Diana.[34] Auch die Christinnen trugen ihr Haar ab der Heirat nicht mehr offen, sondern gebunden oder in geflochtenen Frisuren. Der Ausdruck „unter die Haube kommen", der noch heute gebräuchlich ist, geht auf das Mittelalter zurück, als Frauen nach der Hochzeit eine Haube tragen mußten und es für sie als unschicklich galt, das Haar offen zu tragen. Langes Haar wurde im Mittelalter ausschließlich zum Symbol weiblicher Verführung.

Eine kuriose Doppeldeutigkeit ist in der christlichen Symbolsprache zu beobachten. Lange offene Haare bezeichnen einerseits Huren und schmücken andererseits auch viele heilige Jungfrauen. Die reuige Sünderin Maria Magdalena vereint beide Merkmale auf sich. Die einstige Hure wird als Heilige verehrt. Die Art, wie sie in der christlichen Kunst dargestellt wird, ist nicht ohne Pikanterie: nackt, nur spärlich von ihren Haaren bekleidet. Ein schönes Beispiel hierfür ist die nebenstehende Figur aus dem späten Mittelalter.[35] Nonnen, die als Bräute Christi gelten und ihre Sexualität nicht leben dürfen, pflegen ein radikales Haaropfer. In manchen Orden ist es üblich, die Haare immer kurz zu scheren. Sie unter einem Schleier zu verbergen, gehört in allen Orden zur Regel.

In Mitteleuropa opferten die Frauen ihr Haar der Göttin Percht. Das wirkliche Haaropfer wurde schon früh durch ein symbolisches ersetzt. In der Schweiz ist seit Jahrhunderten das Backen von Zopfbroten an Feiertagen üblich. Dieser Brauch geht auf das ursprüngliche Haar- und spätere Zopfbrotopfer der Frauen anläßlich ihrer Hochzeit zurück. Orthodoxe jüdische Frauen schneiden noch heute bei der Hochzeit ihr

Abb. 27: Maria Magdalena

Haar ab und verbergen die nachwachsenden Haare unter einer Perücke oder einem Kopftuch. Die Begründung dafür: Nur der Ehemann habe das Recht, das Haar seiner Frau zu sehen. Daß es sich hierbei nicht um einen ursprünglich jüdischen Brauch handelt, hat Salcia Landmann nachgewiesen. Nur jene Jüdinnen kennen ihn, deren VorfahrInnen aus Ost- und Mitteleuropa – also dem Verbreitungsgebiet der Göttin Percht – stammen, die den Brauch des Haaropfers also von den Frauen übernommen hatten, die ihr Haar der Percht opferten. Der jüdische Name für das Zopfbrot, das die Jüdinnen an hohen Feiertagen und am Sabbat backen, lautet *Berche* und verrät noch deutlich seine Herkunft.[36]

Es macht einen Unterschied, ob Frauen ihr Haar schneiden oder verbergen müssen, weil ihre Vitalität und Lebensfreude beschnitten oder gebändigt werden soll, oder ob sie der Göttin Diana oder Percht freiwillig ein reales oder symbolisches Haaropfer widmen. Frauenhaar hat in den letzten Jahrtausenden nichts von seiner magischen Macht eingebüßt, sonst wäre es bis heute nicht so stark symbolisch besetzt. Vielleicht können wir die gegenwärtige Mode, Haare in allen Tönen zu färben, nicht nur als Versuch der Frauen interpretieren, ihr graues Haar zu verbergen, um jünger und attraktiver zu erscheinen, sondern auch als Ausdruck dafür sehen, besonders lebendig, lebensfroh und vital sein zu wollen? Diese Lebendigkeit springt uns bei den jungen Frauen besonders ins Auge, deren Haar blau, grün und in allen anderen knalligen Farben leuchtet. Der Wunsch, aufzufallen, zu schockieren, mag Auslöser für diese Mode sein. Ob sie bemerken, daß sie sich damit ein Mittel zu eigen gemacht haben, das in der Natur den männlichen Vögeln vorbehalten ist, die mit bunten Federn und auffälligem Verhalten sich als attraktive Sexualpartner anbieten?

Zum Abschluß dieses Kapitels über Löwinnen und Löwen will ich eine Sage präsentieren, die zeigt, wieviel Lebenskraft und Glück in Frauenhaaren liegt und wie frau, wenn sie klug ist, diese Lebenskraft für sich und ihre Lieben gewinnen kann.

15. Die Sage vom Segen der Wildfrau

Eine Wildfrau verliebte sich in den Bauern Paul Wolf. Dieser war aber schon verheiratet. Doch die Bäuerin, welche wußte, wie rachsüchtig die Wildfrauen waren, wenn man ihren Wünschen entgegentrat, war klug und zeigte keine Eifersucht. Im Gegenteil, sie trat der Wildfrau ihre Rechte ab. Wenn sich die Wildfrau in das Bett der Bäuerin legte und dabei das glänzende Haar in langen Strähnen auf den Boden niederfiel, dann richtete die Bäuerin der Schlafenden das Kissen zurecht, hob die Haare empor und tat sie schön fein und sorgsam unter die Bettdecke.

Dafür war die Wildfrau überaus dankbar und sagte beim Abschied: „Solange auf diesem Bauerngut ein Paul Wolf hausen wird, soll Glück und Segen darauf sein." Und so war es bis auf den heutigen Tag.[37]

Die Angst der Bäuerin vor der Rachsucht der Wildfrau mutet seltsam an, denn die vielen Sagen, die in meiner Heimat, der Steiermark, über die Wildfrauen erzählt werden, zeichnen ein freundliches und gütiges Bild dieser sagenhaften Frauen:

Die Wildfrauen waren schön und liebreizend, ihre Erscheinung hatte aber auch immer etwas Erhabenes. Sie trugen lange weiße, in einem Stück gewebte Kleider, die blonden Haare waren kunstvoll in Zöpfe geflochten oder fielen in goldener Fülle über Nacken und Schultern. Die Wildfrauen pflegten Arbeiten wie Brotbacken, Spinnen und Weben zu verrichten. Wem sie ein Brot oder einen Striezel, ein Zopfbrot, schenkten, hatte ein Leben lang zu essen. Wenn nur ein Stückchen von dem Brot übrig blieb, wuchs es immer nach.

Sie lebten in Höhlen wie dem Wildfrauenloch, oben in den Bergen. Wenn sie ins Tal kamen, dann benutzten die Wildfrauen immer den gleichen Weg, den sogenannten „Betsteig", der leicht erkennbar war, denn die Bäume waren dort niedriger, auch die Halme auf den Getreidefeldern waren kürzer, die Ähren darauf jedoch länger und immer prall voll schöner großer Körner. Die Wildfrauen waren sehr hilfsbereit. Sie warnten vor Gewittern, damit die Bäuerinnen und Bauern ihr Heu rechtzeitig einbringen konnten. Sie packten aber auch mit an, wo Hilfe Not tat. Die Anwesenheit der Wildfrauen brachte Glück und Wohlstand unter die Bauersleute. Sie schütteten ihren Segen über die Früchte des Feldes, über Haus und Hof und vermittelten ihren Schützlingen häuslichen Frieden und Familienglück.[38]

In manchen Sagen wird die Verchristlichung der vorchristlichen heiligen Frauen besonders deutlich. So zum Beispiel wenn berichtet wird, sie hätten einander mit Taufnamen gerufen und wie Bischöfe ein goldenes Kreuz auf der Brust getragen. Und das, obwohl oft beschrieben wird, wie sie Bauernburschen bei sich aufnahmen oder sich in die Betten der Bäuerinnen legten. Viel wahrscheinlicher ist, daß sie ein anderes Symbol an der Goldkette trugen als ausgerechnet das christliche Kreuz. Daß ihre Stellung eine gehobene war, können wir aus ihrem Auftreten und aus dem Vergleich mit dem Bischof schließen.

Der „Betsteig", auf dem die Wildfrauen ins Tal gingen, hat auch sicher nichts damit zu tun, daß sie in die Kapelle zum Beten gingen, wie mancherorts behauptet wird. Betsteige sind die uralten Wege, die zu den Plätzen der vorchristlichen Göttinnen, den drei Bethen führten.[39] Unser Wort „beten" stammt von der eindringlichen Bitte ab, welche früher an die Bethen gerichtet wurde. Daß die Betsteige sich von anderen niedergetrampelten Pfaden unterscheiden, wird deutlich gesagt: Die Halme sind zwar kürzer, aber reich mit Körnern besetzt. Dort wo die Wildfrauen, die Nachfolgerinnen der Bethen ihre Füße hinsetzen, dort ist Fruchtbarkeit und Fülle.

Daß die Frau in der Sage der Wildfrau alles zuliebe tat, weil sie sich vor ihrer Rachsucht fürchtete, halte ich für die patriarchale Änderung einer älteren Erzähltradition. Wovor hätte sie sich fürchten sollen, da die Wildfrauen doch als so wohltätig galten? Es ist auch offensichtlich eine patriarchale Modifikation, wenn der Name des Bauern, Paul Wolf, erwähnt wird, und die Wildfrau ihren Segen dem Hof nur solange gibt, wie ein Paul Wolf darauf lebt, der Segen also an patriarchale Namengebung und Erbe gebunden wird. Der Dank der Wildfrau gilt der Bäuerin. Sicher hat sie den Hof und das Land gesegnet, und die Bäuerin hat mit ihrer Güte und Weitsicht diesen Segen für sich und ihre Lieben erworben, weil sie die langen Haare der Wildfrau geehrt hat.

Es ist magisches Frauenhaar, das mitten in den Alpen Lebenskraft besitzt und den Menschen Freude, Glück und Wohlstand bringt.

Anmerkungen

1 Carola Meier-Seethaler, *Von der göttlichen Löwin zum Wahrzeichen männlicher Macht*, S. 50; E. Schmid, „Die altsteinzeitliche Elfenbeinstatuette aus der Höhle Stadel im Hohlenstein", in *Fundberichte aus Baden-Württemberg*, Stuttgart 1989.
2 Buffie Johnson, *Die große Mutter in ihren Tieren*, S. 114f.
3 Marija Gimbutas, *Die Sprache der Göttin*, S. 107.
4 zit. in *Enzyklopädie des Märchens*, Band 8, Spalte 1208.
5 ebd., Spalte 1207.
6 zit. nach Maarten J. Vermaseren, *Der Kult der Kybele und des Attis im römischen Germanien*, S. 6; ergänzt durch *Cybele and Attis. The myth and the cult*, S. 112.
7 Maarten J. Vermaseren, *Die Orientalischen Religionen im Römerreich*, S. 293.

8 Ursula Treu (Hg.), *Physiologus*, S. 6.
9 Das Relief stammt vom Taurobolium-Altar des Phrygianums im Vatikan; 295 n.u.Z. Aus Vermaseren, *Cybele and Attis*.
10 Maarten J. Vermaseren, *Cybele and Attis*.
11 zit. nach Maarten J. Vermaseren, *Der Kult der Kybele und des Attis im römischen Germanien*, S. 5f.
12 Carola Meier-Seethaler, a.a.O., S. 56.
13 Maarten J. Vermaseren, *Cybele and Attis*.
14 Buffie Johnson, a.a.O., S. 124.
15 Nach der Übersetzung von Erik Hornung, *Der ägyptische Mythos von der Himmelskuh*, S. 37ff.
16 Patricia Monaghan, *Lexikon der Göttinnen*, S. 46.
17 Ursula Treu, a.a.O., S. 7.
18 ebd., S. 8.
19 Erna und Hans Melchers, *Das große Buch der Heiligen*, S. 675f.
20 ebd., S. 630f.
21 ebd., S. 629f.
22 Wegweisend in bezug auf Kalendertiere sind die Arbeiten von Ranke-Graves.
23 Erna und Hans Melchers, a.a.O., S. 60ff.
24 Donald Attwater, *The Penguin Dictionary of Saints*, zit. in Barbara G. Walker, *Das geheime Wissen der Frauen*, S. 1082.
25 Elise Boulding, *The Underside of History*, ebd.
26 H. Pomeroy Brewster, *Saints and Festivals of the Christian Church*, ebd.
27 Salomon Reinach, *Orpheus*, ebd.
28 Leo Frobenius, *Volkserzählungen und Volksdichtungen aus dem Zentralsudan*, S. 241ff.
29 Leo Frobenius, *Märchen aus Kordofan*, S. 297f.
30 zit. in *Enzyklopädie des Märchens*, Band 8, Spalte 1207.
31 ebd., Spalte 1208f.
32 ebd., Spalte 1209.
33 Gustav Gugitz, *Die Sagen und Legenden der Stadt Wien*, zit. in Leander Petzoldt (Hg.), *Sagen aus Wien*, S. 50f.
34 Gertrude Jobes, *Dictionary of Mythology, Folklore and symbols*, S. 709f.
35 Musée du Louvre, *Sculptures allemandes de la fin du Moyen Age dans la collections publiques françaises 1400–1530*, S. 204; Herkunft der Statue unbekannt.
36 Salcia Landmann, *Die jüdische Küche*, S. 47ff.
37 Johannes Krainz, *Mythen und Sagen aus dem steirischen Hochlande*, in Leander Petzoldt, *Sagen aus der Steiermark*, S. 51.
38 Außer meiner Erinnerung dienten mir als Grundlage: Leander Petzoldt, a.a.O., S. 47 ff, und Franz Baumer, *Steirische Heimathefte*, Band 6.
39 Inge Resch-Rauter, *Unser keltisches Erbe*, S. 246.

V
GÖTTINNEN DER ERLEUCHTUNG UND DER WEISHEIT
MYTHEN ÜBER SEHERINNEN UND DIE MACHT DES WISSENS

1. Licht und Weisheit in der alteuropäischen Kultur

In der Symbolsprache Alteuropas ein Bild für Licht zu finden, hat sich als schwierig erwiesen. Schon im ersten Kapitel mußte ich feststellen, daß in der Fachliteratur weder Symbole für irdisches Feuer noch für Licht beschrieben werden. Denkbar wäre natürlich, daß entsprechende Symbole existieren, wir sie aber bisher nicht erkannt haben. Licht entsteht entweder durch die Sonne – und ist daher mit dem Sonnensymbol verknüpft – oder durch Feuer. Licht als Voraussetzung dafür, etwas zu sehen, führt zu Erleuchtung, Erkenntnis und Weisheit. Es erscheint mir daher durchaus richtig, nicht nur nach Symbolen für Licht, sondern auch für Weisheit zu suchen.

Marija Gimbutas verbindet in der Kultur Alteuropas Weisheit mit zwei Tieren: der Schlange und der Eule. Bei der gekrönten Schlangengöttin ist ihrer Ansicht nach die Krone nicht nur das Zeichen ihres Ranges, sondern auch ihrer Allwissenheit.[1] Bekannter als Weisheitstier ist die Eule. Man sagte ihr hellseherische Fähigkeiten nach und die Macht, Unglück abzuwehren. Da die Eule mit ihrem Sehvermögen alle anderen Tiere zu übertreffen schien, hat man ihren Augen heilige Kraft zugeschrieben. Andererseits wurde die Eule auch zur Erscheinungsform der gefürchteten Todesgöttin.[2]

Schlange und Eule haben etwas gemeinsam: Beide finden sich im Dunkeln zurecht. Die Schlange wohnt in Erdhöhlen oder Felsspalten, die Eule ist ein Nachtvogel. Weisheit war im matriarchalen zyklischen Denken die Fähigkeit, über alle Aspekte des Lebens Bescheid zu wissen, die Zusammenhänge zu erkennen. Die Fähigkeit zu sehen, was menschlichen Augen verborgen bleibt, muß beeindruckt haben. Beide Tiere haben im Patriarchat eine ähnliche Karriere gemacht: Sie wurden dämonisiert. Die Schlange traf es am härtesten. Sie wurde das böse Tier schlechthin. Da hatte es die Eule etwas besser. Sie gilt bis heute als Weisheitstier. Aber daß es heutzutage so wenige Eulen gibt, hat nicht nur damit zu tun, daß es zu wenige große alte Bäume gibt, sondern auch daß die Eule, wo man ihrer habhaft werden konnte, als Hexentier zur Abwehr von Unglück ans Tor genagelt wurde.

Wie kommt es, daß Tiere, die einmal als weise galten, gefürchtet und dämonisiert wurden? Dieser Widerspruch hat meiner Meinung nach damit zu tun, daß die Menschen nicht mehr an Wiedergeburt glaubten und den Tod zu fürchten begannen. Die Todesfurcht wurde durch patriarchale Jenseitsvorstellungen eines richtenden und strafenden Gottes noch verstärkt.

2. Matriarchale Weisheit
Die Weisheit der Materie

Matriarchales Denken ist auf die Erhaltung des Lebens ausgerichtet. Was dem Leben dient, was die Beziehungen unter den Menschen und zwischen den Menschen und ihrer Umwelt lebendig und im Gleichgewicht hält, ist weise. Matriarchale Weisheit erwächst aus der Beobachtung der Natur, die die zyklischen Gesetzmäßigkeiten von Geburt, Wachstum, Reife, Alter, Sterben, Tod und Wiedergeburt lehrt.

Gerda Weiler hat viel über den Begriff der matriarchalen Weisheit nachgedacht. Sie stellt fest, daß ÄgypterInnen und GriechInnen noch glaubten, die Menschen dächten mit dem Herzen. Archaische Völker hielten die Gebärmutter für den Sitz aller Weisheit. Das Sanskrit-Wort für Weisheit hat die konsonantische Wurzel *mt*. Daraus leiten die alten Weisheitsgöttinnen ihre Namen her: Maat, Mut und Metis. Wir sind uns dessen nicht bewußt, aber aus dieser Wortwurzel stammen auch Mater, Mutter, Materie und der Begriff „Matrix", der Gebärmutter bedeutet, aber auch Urquell, Ursprung, Anfang allen Seins. Unsere Sprache bewahrt eine Erinnerung an die Weisheit, wenn wir sagen, wir gingen mit einem Gedanken schwanger. Archaische Völker wußten, daß Intelligenz der Materie innewohnende Weisheit ist.[3]

Der fatalste Irrtum patriarchalen Denkens ist, daß der Mann sich mit dem Geist identifizierte, während er der Frau die Natur zuwies. Es entstand nicht nur die Polarität von Mann und Frau, wobei „vergessen" wurde, daß Mann und Frau zwar Gegensätze sind, der Mann sich aber in die soziale Gemeinschaft der Frauen und Kinder eingliedern, d.h. das Männliche sich auf das Weibliche beziehen muß, um Leben zu ermöglichen. Es entstand auch die Polarität zwischen Geist und Materie. Der – selbstverständlich männliche – Geist strebte fortan danach, sich vom Verhaftetsein an das Irdische, die Materie zu befreien. Die Überzeugung festigte sich, Geist könne ohne Materie existieren. Intelligenz wurde als Fähigkeit definiert, abstrakt, also nicht durch konkrete Materie eingeengt, denken zu können. Dieser Anspruch, den der männliche Geist an das Denken und den Verstand stellte, hatte Folgen in bezug darauf, was als Intelligenz und Weisheit definiert wurde.

Das matriarchale Weltbild geht davon aus, daß die Materie der Ursprung allen Seins ist und daß der Materie Weisheit innewohnt. Geist und Weisheit brauchen eine materielle Grundlage. Deshalb ist matriarchales Denken immer konkret. Die Bilder, die die Welt oder das Göttliche erklären sollen, sind anschaulich. Matriarchale Weisheit ist immer auf das Ganze bezogen, sie ist eine Weisheit der Beziehungen zwischen Mensch und Natur und der Menschen untereinander.

Das patriarchale Weltbild geht vom Grundsatz aus, der Geist habe die Materie erschaffen. Das spiegelt sich auch in patriarchalen Schöpfungsmythen wider, die behaupten, am Anfang sei das Wort gewesen. Oder am Anfang schwebte der Geist über den Wassern. Daß als erstes das Wasser, also Materie dagewesen sein muß, wird ignoriert. Der männliche Geist versucht die Materie zu überwinden. Deshalb sind seine Weltbilder auch nicht vom Leben abgeschaut, nicht anschaulich, nicht bildhaft, sondern abstrakt.

Das männliche Weltbild kommt aber nicht ohne matriarchale Weisheit aus, es vereinnahmt sie. Gerda Weiler bringt es auf den Punkt: „Die urbildlich kosmische Idee matriarchaler Weisheit ist unter dem Einfluß der patriarchalen Begriffsentwicklung in der Tat überall zum ‚abstrakten Begriff' verkommen."[4]

Ziel dieses Kapitels ist herauszuarbeiten, woher die einzelnen Weisheitsgöttinnen ihre Weisheit beziehen, worauf sich ihre Weisheit gründet. Hier wird das Licht wieder wichtig: Es stellt sich die Frage, ob Weisheit einseitig mit der Fähigkeit, im Licht sehen zu können, verbunden ist oder ob Weisheit auch die Kenntnis des im Dunkeln Verborgenen einschließt. Dazu kommt die Frage, wie männliche Götter zu Weisheit gelangt sind. Ich will sichtbar machen, wie die alten Weisheitsgöttinnen von patriarchalen Göttern vereinnahmt wurden.

3. Weisheit aus astrologischer Sicht

In der Astrologie werden Weisheit, Erkenntnis und die Fähigkeit, ein Weltbild zu formulieren – sei es religiöser, philosophischer oder politisch-gesellschaftlicher Natur –, mit einem Planeten unseres Sonnensystems verbunden. Seit römischer Zeit trägt dieser Planet den Namen Jupiter. Jupiter und sein griechischer Vorgänger Zeus standen dem römischen und griechischen Götterhimmel als oberste Patriarchen vor. Die Namenswahl ist sicher nicht zufällig. Jupiter ist der größte Planet unseres Sonnensystems. Wenn er am nächtlichen Himmel seine Bahn zieht, ist er ein auffälliges Gestirn von großer Helligkeit.

Wenn wir auf die Bedeutungen blicken, die astrologisch mit dem Planeten Jupiter in Verbindung gebracht werden, machen wir eine – uns mittlerweile vertraute – Entdeckung. Die Weisheit, die dem Planeten als Prinzip zugeschrieben wird, ist definitiv keine Eigenschaft, derer sich die Patriarchen Zeus und Jupiter rühmen dürfen. Wir finden Weisheit bei jenen matriarchalen Göttinnen, die die beiden sich einverleibt haben. Auch ihre Ehefrauen haben wesentlich mehr davon.

Hingegen sind ausgerechnet jene Charakteristika, die die negativen Seiten dieses Planetenprinzips bilden, bei den beiden Göttern stark ausgeprägt: die Überzeugung, das einzig gültige Weltbild formulieren zu können, und die damit verbundene fanatische Verfolgung Andersdenkender, die Meinung, die Weisheit mit Löffeln gefressen zu haben, und der Wunsch nach Größe, die sich ins Gigantomanische steigert. Gerechtigkeit – ebenfalls eine Eigenschaft dieses Planetenprinzips – lassen die beiden Götter nur jenen widerfahren, die denken wie sie und sie verherrlichen und bewundern.

4. Gula-Bau
Die weise Ratgeberin und Traumdeuterin der Könige

Die babylonische Himmelsgöttin war unter mehreren Namen bekannt: Bau, Baba, Bahu und Bohu. Die verschiedenen Namen bedeuteten „Älteste des Himmels" oder einfach „Himmelsraum". Bau war in sehr frühen Zeiten die Göttin der sumerischen Stadt Lagasch. Irgendwann stieg sie zur Muttergöttin von Babylonien und Phönizien, zu einer lebenspendenden Hoheit auf, die im Licht jedes Morgens erschien.[5]

Gatamdug war die akkadisch-babylonische Muttergöttin des Tigrisgebietes. Sie gilt als Ratgeberin der Könige und Traumdeuterin.[6]

Gula-Bau, die Verschmelzung beider, wurde die akkadisch-babylonische Muttergöttin, die die Macht besaß, Krankheiten aufzuerlegen und zu heilen. Sie wurde dargestellt mit dem achtspeichigen Rad der Lebensglut, der Hitze des Körpers, die das Leben aufrecht hält und – durch Fieber – auch vernichten kann.

Gula-Bau lebt in einem Garten im Zentrum der Welt, wo sie den Baum wässert, der die Erdachse bildet. Der Mondmann, ihr Gefährte, steht am Himmel über dem Baum, von dem sie Früchte pflückt und jenen zur Belohnung darreicht, die sie verehren.[7]

Bau als Göttin des gesamten Himmelsraumes scheint eine sehr alte Göttin zu sein. Ich bin mir allerdings gar nicht sicher, ob ihr Aufstieg zur Muttergöttin, „die im Licht jedes Morgens erschien", wirklich einen Aufstieg, eine Ausweitung ihrer Kompetenzen bedeutet. Es ist zwar bemerkenswert, wenn einer Göttin das Licht zugeschrieben wird, da in männlich orientierten Götterhimmeln meistens Götter sich diese Funktion angeeignet haben und die Göttinnen gern auf die Nachtseite verdrängt wurden. Andererseits meinte ihr ursprünglicher Titel „Himmelsraum" den ganzen Himmel zur Tages- und Nachtzeit. Die Weisheit einer Göttin des täglichen und nächtlichen Himmelsraumes reicht weiter als die einer Göttin, die im Licht des Morgens erscheint.

Von Gatamdug ist nicht viel überliefert, außer eben, daß sie weise war. Anscheinend war sie so weise, daß Könige ihren Rat einholten. Ihre Weisheit erstreckte sich auch auf nächtliche Gefilde. Sie war eine Traumdeuterin.

In Gula-Bau werden beide Kompetenzen vereint: die des Lichtes und die der nächtlichen Traumdeuterin. Am interessantesten finde ich ihr Emblem, das achtspeichige Rad, ein Symbol des Universums, das sich die Menschen als sich immerfort drehendes Rad vorstellten. Das achtspeichige Rad ist aus der Sonnenbeobachtung entstanden. Es besteht aus den zwei Hauptachsen der Tagundnachtgleichen und der Sonnenwenden, denen zwei weitere Achsen, die sich an bäuerlichen Arbeiten und Festtagen orientierten, hinzugefügt wurden. Die vier Achsen ergeben ein achtspeichiges Rad. Monaghan, die leider nie angibt, woher sie ihre Informationen bezieht, nennt das achtspeichige Rad ein Rad der Lebensglut. Als Sonnensymbol ist das achtspeichige Rad sicher ein Symbol des lebenspendenden Feuers, im Universum genauso wie in jedem einzelnen Lebewesen.

Entscheidend ist aber, daß lebenspendendes und lebenzerstörendes Feuer als Dualität bezeichnet werden, daß diese Dualität sich sogar im Doppelnamen Gula-Bau widerspiegeln soll. Es setzt schon eine Abspaltung all jener Kräfte ein, die das Leben begrenzen und zerstören, weil die Begrenzung des Lebens nicht mehr als Teil des zyklischen Kreislaufs von Leben und Tod begriffen wird. Das Beispiel des Fiebers macht dies besonders deutlich. Fieber ist ein Zustand, den die Menschen fürchten, weil er zum Tode führen kann. Zugleich wissen wir aber, daß Fieber große Heilkräfte besitzt. Fieber ist keine Krankheit, sondern verbrennt die Krankheitserreger, es bedeutet für den

Körper einen Reinigungsprozeß, und es leitet den Heilungsprozeß ein. Vom griechischen Philosophen und Arzt Parmenides ist der Ausspruch überliefert: „Gebt mir die Macht, Fieber zu erzeugen, und ich heile jede Krankheit."
Gula-Bau war eine Göttin, die sich auf die Kunst, Fieber zu erzeugen, verstand, denn sie hatte die Macht, Krankheiten aufzuerlegen und zu heilen. Gula hatte von der Göttin Baba den Titel „Ärztin der Schwarzköpfigen" übernommen.[8] Das weist sie als Heilgöttin der Urbevölkerung Mesopotamiens aus. Es wäre durchaus denkbar, daß in Mesopotamien in der Heilkunst der gleiche Wissensverfall durch die neuen Herrscher zu beobachten ist, wie er für Ägypten nachgewiesen wurde. Die Heilkunst der ägyptischen Urbevölkerung, die von den pharaonischen Herrschern ebenfalls die „Schwarzköpfigen" genannt wurde, ging in der Pharaonenzeit verloren, der medizinische Standard in der Bevölkerung verschlechterte sich drastisch.[9] Wenn daher bei Gula-Bau die HeilerInnen lernen konnten, die „Krankheit" Fieber aufzuerlegen, die aus dem achtspeichigen Rad der Lebensglut kam, dann war dies nichts, dessentwegen die Göttin hätte gefürchtet werden müssen. Es war vielmehr eine Kunst, die zu Zeiten des Parmenides in Griechenland offensichtlich niemand mehr beherrschte.

In diesem Licht betrachtet erscheint Gula-Bau mit dem achtspeichigen Rad wahrhaft als weise Göttin. Ihre Weisheit umfaßt den ganzen Himmelsraum, das Licht des Tages und die Träume der Nacht und läßt den Baum der Weltenachse (um die sich wohl ihr achtspeichiges Rad dreht) gedeihen. Als Heilerin weiß sie, was zu tun ist, um das Leben zu erhalten, aber sie begrenzt das Leben auch, wenn es an der Zeit ist. Sie ist die Herrin der Geburt und des Schicksals. Die Pluralform ihres Namens, *Gulsen*, weist sie als schreibende Schicksalsgöttin aus.[10]

Ihr Symbol, das achtspeichige Rad, wird uns im Lauf dieses Kapitels noch öfter begegnen.

5. Hokkmah
Beraterin und Geliebte Jahwes

Die HebräerInnen kannten ebenfalls eine Weisheitsgöttin, die sich im Buch der Sprüche als göttliche Weisheit Hokkmah wiederfindet:
Mich schuf der Herr als Erstling seines Wirkens vor seinen Werken in grauer Urzeit. In fernsten Zeiten bin ich gebildet worden, im Anfang vor dem Anbeginn der Erde. Als noch kein Weltmeer war, bin ich ge-

boren; als es nicht Quellen gab, an Wassern reich. Bevor die Berge tief verankert wurden und vor den Hügeln wurde ich geboren. Als er noch nicht gemacht die Erde und die Fluren, noch insgesamt die Schollen auf dem Festland, als er den Himmel schuf, war ich zugegen, als er die Wölbung abmaß über Wassertiefen. Als er befestigte die Wolken oben, als er erstarken ließ die Quellen aus der Tiefe, als er dem Meer seine Grenzen setzte, die Wasser sein Gebot nicht überschritten, als er der Erde Fundament legte, da stand ich als Beraterin auf seiner Seite.
    Und ich war seine Wonne Tag für Tag, indem ich vor ihm spielte allezeit. Ich spielte auf dem Umkreis seiner Erde, und meine Wonnen sind die Menschenkinder.[11]

    Selbstverständlich wird uns die Weisheit als Schöpfung Gottes vorgeführt, was aber recht seltsam wirkt, da sie im Schöpfungsbericht der Genesis überhaupt nicht erwähnt wird. Da macht sich Gott im Stil von: „Im Anfang schuf Gott Himmel und Erde. Die Erde war wüst und leer, Finsternis lag über der Urflut, und der Geist Gottes schwebte über den Wassern" an die Arbeit. Keine Rede davon, daß die Weisheit ihm als Beraterin zur Seite stand. Die Zeitangabe zur angeblichen Schöpfung der Weisheit durch den Herrn nimmt sich ebenfalls merkwürdig aus: „im Anfang vor dem Anbeginn..." Doch plötzlich ändert sich der Stil in den „Sprüchen" deutlich, und die Weisheit erscheint einer lieblichen Göttin gleich als Geliebte des Herrn. Tag für Tag erfreute er sich ihrer Wonnen.

    Erwartungsgemäß befindet sich hier eine Fußnote, in der die Kommentatoren der Bibel darauf hinweisen, daß die „göttliche Schöpferweisheit" stark personifiziert wurde, um die „lebendige Wirkkraft der göttlichen Eigenschaft" deutlich zu machen. Dies sei eine beliebte dichterische Form der damaligen Zeit gewesen, von einem selbständigen, von Gott irgendwie unterschiedlich vorgestellten Wesen könne keine Rede sein. Allein schon die Formulierung „von Gott irgendwie unterschiedlich vorgestelltes Wesen" zeigt, daß die Existenz einer Weisheitsgöttin die Vorstellungskraft des Kommentators eindeutig – und nicht irgendwie – überschreitet.

    Aber irgendwie, so ein bißchen unterschiedlich von Gott, halt doch nicht ganz ungetrennt, muß die Weisheit schon existiert haben, sonst wäre der Schreiber des Buchs Hiob wohl kaum zu der Ansicht gelangt:
Die Weisheit aber, woher sie nur kommt, und wo ist die Stätte der Einsicht? Sie ist ja verhüllt vor aller Lebenden Augen und verborgen vor den Vögeln des Himmels... Gott ist es, der den Weg zu ihr weiß, und nur er weiß ihre Stätte... Als er dem Wind sein Gewicht verlieh und die

Wasser bestimmte nach Maß... damals erschaute er sie und zählte sie ab, stellte sie fest und forschte sie aus.[12]

Gott hätte sich kaum die Mühe machen müssen, die Weisheit abzuzählen und auszuforschen, hätte er sie selbst erschaffen. Da geht Gott brav in die Lehre bei der Weisheitsgöttin, damit er nichts falsch macht bei seiner Schöpfung. Hokkmah ist die hebräische Variante der gnostischen Göttin, die im Lateinischen als Sapientia, im Griechischen als Sophia bekannt war. Ihr Symbol war die Taube, die die ChristInnen später als Symbol des „Heiligen Geistes" übernahmen. So schwer, wie Hiob behauptet, ist die Weisheitsgöttin auch gar nicht zu finden.

Strahlend und unverwelklich ist die Weisheit, leicht wird sie erkannt von denen, die sie lieben, gefunden von denen, die sie suchen. Den Verlangenden gibt sie sich rasch und schon im voraus zu erkennen. Wer früh sich aufmacht nach ihr, braucht sich nicht abzumühen; denn er findet sie an seiner Tür sitzend... Sie selbst geht ja umher und sucht, die ihrer würdig sind, freundlich erscheint sie ihnen auf ihren Pfaden, und in jedem Gedanken begegnet sie ihnen.[13]

Ein großer Teil der jüdischen Weisheitsliteratur geht auf orientalische und ägyptische Quellen zurück, in denen die Göttin als Inspiration des Denkens in Fragen der Moral und der Religion beschrieben wurde. Möglicherweise war der hebräische Name der Hokkmah ebenfalls ägyptischen Ursprungs, denn dort gab es die alte Bezeichnung der Isis als Heq-Maa, Mutter des magischen Wissens, die auf Heq, die weise Stammesfrau der vordynastischen Zeit zurückging.[14]

Am merkwürdigsten ist, wenn ein Gott, der von den Frauen nichts hält – und von der Sexualität noch weniger –, sich der Weisheit wie einer Geliebten zuwendet. Sie ist seine Wonne Tag für Tag, sie spielt vor ihm allezeit. Aber Gott ist nicht der einzige, der sich der Göttin in erotischem Umfeld zuneigt, auch der König Salomon preist die Weisheit als seine „Braut" und sagt:

Sie erstreckt sich kraftvoll von einem Ende zum anderen und leitet das All vortrefflich. Diese (die Weisheit) liebte und erstrebte ich von Jugend auf, suchte sie als Braut mir heimzuführen und wurde ein Liebhaber ihrer Schönheit. Ihrer adeligen Herkunft macht sie Ehre, da sie mit Gott zusammenwohnt, und der Herrscher des Weltalls hat sie liebgewonnen.[15]

Das Wissen über die adelige Herkunft der Weisheitsgöttin ist in der Bibel so gut es ging verschleiert worden; der Drang, die Weisheit als Braut heimzuführen, sich ihr in Freude hinzugeben, hat sich im jüdischen Brauchtum allerdings erhalten. Beim Fest *Simchat Thora*, „Gesetzesfreude", nehmen erwachsene männliche Juden die Thora in die Arme und tanzen damit um die Synagoge. Die Thora (die fünf Bücher Moses) besitzt im jüdischen Glauben eine eigene Persona, sie ist die Braut Gottes. Das Studium der Thora ist Männersache, den Frauen ist es verboten.

Der Weg der Weisheitsgöttin, die Gott einst um Rat fragen mußte, damit sie ihm sagte, wie die Welt auf rechte Weise zu erschaffen wäre, führt klar in die Abstraktion weiblicher Weisheit, der sich – das ist der Gipfel – nur noch Männer widmen dürfen. Wir werden sehen, daß andere Religionen bei der Vereinnahmung der Weisheit weniger subtil vorgegangen sind. Trotzdem stimmt es ärgerlich, daß orthodoxe Juden ihren Frauen das Thorastudium verbieten. Und es ist sehr zu begrüßen, daß moderne Jüdinnen sich ihr Recht auf Religionsstudium und Priesterinnentum zurückholen.

6. Metis
Wie Zeus sich die matriarchale Weisheit einverleibte

Zeus, den wir als Widderkind der Göttin Rhea kennengelernt haben, hätte es ohne die Hilfe der matriarchalen Weisheitsgöttin nie geschafft, zum obersten Gott des griechischen Götterhimmels aufzusteigen.

Der Titan Kronos hatte alle seine Kinder – bis auf eines – gefressen. Rhea hatte ihm an Stelle ihres jüngsten Sohnes Zeus einen Stein in Windeln gewickelt, und so konnte Zeus bei den Hirten des Ida-Gebirges zum Mann heranwachsen. Dann suchte er Metis auf, die weise Titanin, die am Okeanstrom lebte, und fragte sie, wie er seinen Vater Kronos überwinden könne. Metis riet ihm, sich zum Mundschenk des Kronos machen zu lassen und ihm unbemerkt Senf und Salz in den Honigtrunk zu mischen. Zeus tat, was ihm geraten worden war, und wirklich mußte sich Kronos derart erbrechen, daß er die Kinder, die er verschlungen hatte, wieder ausspie. In einem zehn Jahre dauernden Krieg gelang es den Kindern des Kronos unter der Führerschaft des Zeus, ihren Vater und mit ihm die Titanen zu besiegen. Die Titanen wurden auf eine Insel weit im Westen verbannt. Die Titaninnen wurden geschont, um Metis und Rheas willen.

Aber einmal, da gelüstete es Zeus nach Metis. Um ihm zu entfliehen, verwandelte sie sich in vielerlei Gestalten. Zeus aber wurde ihrer doch habhaft und schwängerte sie. Ein Orakel der Mutter Erde verkündete, daß es ein Mädchen sein und daß Metis, sollte sie wieder empfangen, einen Sohn gebären würde, der vom Schicksal bestimmt wäre, Zeus zu entthronen, wie Zeus Kronos entthront hatte und Kronos den Uranos. Daher lockte Zeus Metis mit honigsüßen Worten auf sein Lager, öffnete seinen Mund und verschlang sie. Dies war das Ende der Metis, obwohl Zeus später behauptete, sie säße in seinem Bauch und gäbe ihm Ratschlag.

Im Lauf der Zeit aber geschah es, als Zeus entlang dem Ufer des Tritonsees wandelte, daß er von einem tobenden Kopfschmerz erfaßt wurde. Ihm schien, als ob sein Schädel bersten wolle. Er heulte vor Schmerz, bis das Firmament erbebte. Da lief Hermes herbei, der sofort den Grund des Schmerzes erfaßte. Er überredete Hephaistos, Hammer und Keil zu bringen und einen Spalt in den Schädel des Zeus zu schlagen; und diesem entsprang mit einem mächtigen Schrei die vollbewaffnete Athene.[16]

Nicht einmal der göttliche Zeus, der oberste aller olympischen Götter, kann, was alle Frauen können: gebären. Kein Wunder, daß die Kopfgeburt „seiner" Tochter Athene zu einem lächerlichen Spektakel gerät, bei dem ihn nur der Schmiedegott Hephaistos aus seiner peinlichen Lage befreien kann. (Schon wieder ist es der in der Bronzezeit vergöttlichte Schmied, hier in der Gestalt des griechischen Hephaistos, der die Etablierung der patriarchalen Mythen ermöglicht.) Athene, Tochter der Metis, die zur Vatertochter par excellence wurde, galt als weise, hatte sie doch nicht nur das Handwerk, sondern auch alle Wissenschaften erfunden. Zeus unterließ selten, sich seiner Tochter zu rühmen, die, klug wie sie war, seinem Kopf entsprungen war.

Die Art, wie sich Zeus die Weisheit der Titanin Metis angeeignet hat, ist unglaublich: Er hat sie einfach gefressen. Und hatte sogar noch die Frechheit zu behaupten, sie säße in seinem Bauch und würde ihn beraten. Wie praktisch. Der junge Zeus, der anscheinend selber keine Idee hatte, wie sein Vater zu entmachten sei, mußte sich noch zur Titanin Metis auf den Weg machen, um sich einen Rat zu holen. Das konnte er sich zukünftig sparen, denn er hatte die Weisheit ja in sich. Aber wahrscheinlich hat er sie doch nicht recht begriffen. Noch heute sagt man, jemand habe „die Weisheit mit dem Löffel gefressen" und meint damit, jemand rede einfach siebengescheit über Dinge, die er nicht begriffen hat. Und dieser Siebengescheit konnte sich rühmen, der Vater der weisen Athene zu sein.

7. Maat
Die Mutter der Wahrheit und Gerechtigkeit

Im Schöpfungsmythos aus Heliopolis geht es ähnlich konfus zu wie im hebräischen Schöpfungsmythos.

Das Ereignis, welches den Beginn der Zeiten markierte, war das Auftauchen des ersten Landes aus dem Meer Nun. Dieser Urhügel bot Raum für die Entstehung der ersten Gottheit, die sich in Gestalt eines Falken – manche sagen in der Gestalt eines Reihers oder einer gelben Bachstelze – dort niederließ. Die erste Gottheit war mit verschiedenen göttlichen Kräften ausgestattet: Hu, das machtvolle Wort, Sia, Erkenntnis, und Heka, Magie. Mit Hilfe dieser Kräfte schuf die Gottheit aus dem Chaos die Ordnung. Diese göttliche Ordnung wurde durch Maat, die Tochter des Sonnengottes, personifiziert. Als der ersten Gottheit bewußt wurde, daß sie allein war, schuf sie Götter und Menschen nach ihrem Ebenbild und eine Welt, die diese bevölkern sollten. Dem Mythos zufolge entstanden die Gottheiten aus dem Schweiß des Sonnengottes, die Menschen aus seinen Tränen.[17]

Laut den Mythen aus Heliopolis, der Stadt des Sonnengottes, war die erste Gottheit selbstverständlich der Sonnengott. Den Gott umgeben „Kräfte", die ihm helfen, Ordnung ins Chaos zu bringen. Diese „Kräfte" müssen also vor ihm dagewesen sein. Es wirkt seltsam, wenn der Gott feststellt, daß er allein sei. Sind doch schon das göttliche Meer, in Gestalt der Göttin Nun, und eben die Weisheitsgöttin da. Schnell werden die Weisheitskräfte als „Tochter" des Sonnengottes personifiziert. Trotzdem ist der Gott noch immer allein, deshalb macht er sich an die Erschaffung der Götter und der Welt.

Wie aber schafft es der Sonnengott, selber weise zu werden? Maat umarmt ihn Tag und Nacht. Eine eigenartige Vorgehensweise für eine „Tochter". Maat gewährleistet den regelmäßigen Aufgang und Untergang der Sonne und ist die Steuerfrau des Sonnenwagens am Himmel und in der Unterwelt. Maat ist die Lebensessenz des Gottes, ohne die er weder Ruhe noch Tatkraft hat.[18] Anscheinend kann der Sonnengott rein gar nichts ohne sie, denn viel mehr Aufgaben hat er ja wohl nicht.

Wir erkennen in Maat eine jener Göttinnen wieder, die ihren Namen von der konsonantischen Wurzel des Sanskritwortes *mt* für Weisheit und Mutterschoß herleiten. Maat war einerseits das Alles-sehende-Auge, die Mutter der Wahrheit.[19] Ihr Zeichen ist die Feder, gegen die sie in der Unterwelt die Taten der Menschen aufwiegt. Leicht wie die Feder der Maat – nicht von Sünden schwer – muß die

Seele des Menschen sein, damit er nach dem Tod Frieden findet. Ägyptische Priester zogen die in grüne Farbe getauchte Feder Maats über ihre Zunge, um ihren Worten die Kraft der Wahrheit zu verleihen und durch sprachliche Magie Wirklichkeit zu erschaffen.[20]

Andererseits sind auch die Symbolverbindungen der Maat zum Mutterschoß sehr deutlich. Ägyptischen Vorstellungen zufolge hatten die Menschen sieben Seelen. Die wichtigste Seele war *ab*, die „Herz-Seele". Sie war das göttliche lebendige Blut vom Herzen der eigenen Mutter, das vor der Geburt in ihren Schoß herabgekommen war. Diese *ab*, die Herz-Mutterschoß-Seele war die, die nach dem Tod von der Göttin Maat gewogen wurde.[21] Dies ist nicht das einzige Mutterschoß-Symbol in der ägyptischen Unterwelt. Den Gehorsam gegen das Gesetz der Göttin Maat symbolisieren die geknoteten Schnüre, welche die Weisheit ihrer Nabelschnur darstellen.[22]

Wir haben in Maat eine sehr alte Göttin vor uns, deren Weisheit sich nicht auf die Lichtseite des Tages beschränkt, sondern die alles sieht. Sie ist die Lenkerin der Sonne genauso wie die Richterin in der Unterwelt. Dabei ist ihr Gesetz, das matriarchale Gesetz des Mutterschoßes gütig, weise und gerecht.

8. Hera
Die gesetzgebende Göttin

Hera ist uns bereits als Berggöttin mit den LöwInnen in Kreta und Griechenland begegnet. Sie wurde durch erzwungene Heirat zur Ehefrau des griechischen Gottes Zeus. Die olympischen Mythen erzählen von Hera als einer eifersüchtigen Göttin, die ständig ihren Ehemann kritisiert. Dazu hatte sie allen Grund.

Hera, Tochter der Titanin Rhea und des Titanen Kronos, war auf der Insel Samos oder – wie manche sagen – in Argos geboren worden. Sie wurde in Arkadien von Temenos, Sohn des Pelasgos, aufgezogen. Die Jahreszeiten waren ihre Ammen. Nachdem Heras Bruder Zeus den Vater Kronos verbannt hatte, suchte er sie zu Knossos auf Kreta auf; vielleicht auch – wie manche meinen – auf dem Berg Thornax in Argolis, der heute Kuckucksberg genannt wird. Hier umwarb Zeus Hera zuerst erfolglos. Aber als er die Gestalt eines zerzausten Kuckucks annahm, erbarmte sie sich seiner. Während sie ihn zärtlich an ihrem Busen wärmte, nahm er seine wahre Gestalt an und vergewaltigte sie, so daß sie, um der Schande zu entgehen, ihn heiraten mußte.

Alle Götter brachten Gaben zur Hochzeit. Mutter Erde schenkte Hera einen Baum mit goldenen Äpfeln, den die Schlange Ladon und die Hesperiden in Heras Garten auf dem Berg Atlas hüteten. Hera und Zeus verbrachten die Hochzeitsnacht, die dreihundert Jahre dauerte, auf Samos. Hera aber badete regelmäßig in den Quellen von Kanathos, in der Nähe von Argos, und erneuerte so ihre Jungfräulichkeit.
Heras Kinder waren Ares, Eris, Hephaistos und Hebe. Manche behaupten, daß Ares und seine Zwillingsschwester Eris von ihrer Mutter empfangen wurden, als sie eine gewisse Blume, und Hebe, als sie einen Salatkopf berührte, und daß auch Hephaistos ihr parthenogenes Kind war. Ein Wunder, welches Zeus nicht glauben wollte, der darauf bestand, der Vater der Kinder zu sein. Zeus setzte Hera in einen mechanischen Stuhl, dessen Arme sich um sie schlossen, und zwang sie, beim Fluß Styx zu schwören, daß sie die Wahrheit gesagt hätte.[23]

Der Mythos von Hera, ihrer Vergewaltigung durch Zeus und der erzwungenen Heirat mit ihm ist ein hervorragendes Beispiel dafür, wie die Göttinnen des Alten Europa durch die neuen indoeuropäischen Götter vereinnahmt und ihre matriarchalen Gesetze unterdrückt wurden. Marija Gimbutas stellt diesen Vorgang so dar:

„Der Zusammenprall der indoeuropäischen Religion mit der des Alten Europa hatte zur Folge, daß die alten Göttinnen entthront wurden, ihre Tempel, Kultgegenstände und heiligen Symbole verschwanden und religiöse Darstellungen in der Kunst selten wurden. Diese Verarmung begann in Ostmitteleuropa und breitete sich allmählich über das gesamte Mitteleuropa aus. Die Ägäischen Inseln, Kreta und die zentralen und westlichen Mittelmeerregionen setzten noch für einige Jahrtausende die Traditionen des Alten Europa fort, doch der Kern seiner Zivilisation ging verloren."[24]

Auch wenn Gimbutas der Ansicht ist, daß „der Wandel nicht in der Verdrängung einer Kultur durch eine andere, sondern in einer allmählichen gegenseitigen Durchdringung zweier Symbolsysteme bestand", zeigt das Beispiel der Göttin Hera doch, mit welcher Brutalität diese „Durchdringung" vonstatten ging. „Parthenogenetische Göttinnen, die aus sich selbst und ohne männlichen Samen Leben schufen, verwandelten sich im patriarchalen und patrilinearen System indoeuropäischer Kulturen allmählich in Bräute, Gattinnen und Töchter."[25] Der Mythos der Hera ist für mich das deutlichste Beispiel dafür, daß die Göttin „sich nicht selbst in eine Gattin verwandelte", sondern sich mit allen ihr zur Verfügung stehenden Mitteln dagegen wehrte. Aber anscheinend hatte sich das religiöse und gesellschaftliche Umfeld der

Göttin schon so stark patriarchalen Normen angepaßt, daß ihr gar nichts anderes übrig blieb, als den Vergewaltiger Zeus zu heiraten, „um der Schande zu entgehen". Zu verfolgen, wie es soweit kommen konnte, macht deutlich, wie dieser Prozeß historisch abgelaufen sein könnte.

Wie ich im zweiten Kapitel (vgl. S. 65ff) ausgeführt habe, war Zeus auf Kreta einst ein Gott, der alljährlich als kleines Kind wiedergeboren wurde. Dies ist mythengeschichtlich gesehen das älteste Relikt. Aus späterer Zeit stammt die olympische Version, die Zeus zum jüngsten Bruder der Hera erklärt. Nach der olympischen Version gebar Rhea zuerst Hestia, dann Demeter und Hera, dann Hades, Poseidon und als letzten Zeus. Nur weil Kronos seine Kinder, die genannten Göttinnen und Götter, verschlungen hatte und es Zeus mit dem weisen Rat der Metis gelungen war, seine Geschwister aus dem Bauch des Vaters zu befreien, konnte er seine Geschwister überreden, ihn zum Anführer im Kampf gegen Kronos zu machen. Dieser Kampf ermöglichte Zeus, sich zum obersten Gott des griechischen Olymp aufzuschwingen. Es ist denkbar, daß es eine Zeit gemeinsamer Bündnisse gegeben hat, während derer Zeus als Führer anerkannt wurde. Aus der Sicht der Göttinnen dürfte sich die Anerkennung der Oberherrschaft des Zeus aber auf die Zeit dieses Kampfes beschränkt haben. Denn oberste Gottheit hin oder her: Die Göttinnen gingen nach dem Kampf ihrer Wege, ohne Zeus weiter zu beachten, d.h. die „Neuordnung" hatte keine Auswirkung auf den Kult der einzelnen Göttinnen.

Doch anscheinend erhoben die Anhänger des Zeus Anspruch auf dessen permanente Oberherrschaft über alle religiösen Kulte. Es gelang ihnen nicht, seine religiöse Macht – und die damit verbundene wirtschaftliche – ohne die Unterwerfung der Göttinnen vor dem Volk zu legitimieren. Deshalb mußte Zeus im Mythos die Göttin Hera, die das Volk seit langem verehrte, zu seiner Gattin machen. Da sich Hera ihm nicht freiwillig unterordnete, indem sie die „Ehe", eine Erfindung des Patriarchats, mit ihm einging, unterwarf Zeus sie mit Gewalt.

Robert von Ranke-Graves hält Heras erzwungene Heirat mit Zeus für die in den Mythos übersetzte Eroberung Kretas und des mykenischen Griechenlands und den Sturz der Göttin in beiden Ländern. Daß Zeus sich Hera als zerzauster Kuckuck nähert, ist seiner Ansicht nach so auszulegen, daß Hellenen, die als Flüchtlinge nach Kreta gekommen waren, die Macht an sich rissen. Menschen, die im Dienst der Göttin Hera standen, durften ihr Emblem, den Kuckuck tragen. Knossos wurde anscheinend zweimal durch die Hellenen dem Erdboden gleichgemacht: 1700 und 1400 v.u.Z.; Mykene fiel etwa ein Jahrhundert später in die Hände der Achaier.[26] Diese Eroberungen decken sich mit dem Vorrücken indoeuropäischer Religionen, wie Gimbutas es beschrieben hat. Der Mythos nennt genau die Gebiete des Herakults. Und auch die Methode, mit der es Zeus gelang, Hera zu überwältigen: durch vorgetäuschte Unterordnung, indem er sich als ihr Tier, als Kuckuck ausgibt.

Die Länge der Hochzeitsnacht, dreihundert Jahre, vermittelt uns eine Vorstellung, wie lange es dauerte, bis die „Heirat" vollzogen, d.h. die Unterordnung des Herakultes unter den Zeuskult abgeschlossen war. Während dieser dreihundert Jahre muß es jährlich wiederkehrende Unabhängigkeitsbestrebungen der AnhängerInnen der Göttin in Kanathos gegeben haben. So ist die mythische Aussage zu verstehen, daß Hera jedes Jahr ihre Jungfräulichkeit durch ein Bad in den Quellen von Kanathos erneuerte. Denn Jungfräulichkeit bedeutete in alten Mythen nicht sexuelle Unberührtheit bzw. „Reinheit", sondern Unabhängigkeit und Ungebundensein. Wenn Hera ihre Jungfräulichkeit durch ein Bad wiederherstellt, dann demonstrierten ihre AnhängerInnen damit Jahr für Jahr, daß sie die Unterwerfung des Herakultes unter den Zeuskult nicht akzeptierten. Die Tradition, die Statue der Göttin jährlich zu waschen, sie durch das Bad zu erneuern und zu bekräftigen, hat sich in vielen Kulten erhalten. Aber das Baden der Statuen, d.h. sie ganz praktisch zu säubern, aber auch rituell zu reinigen, hat mit der Zeit die ursprüngliche Bedeutung, nämlich Unabhängigkeit zu demonstrieren, verloren.

Trotz der dreihundert Jahre dauernden Hochzeitsnacht gerät die Ehe von Zeus mit Hera nicht zum Guten. Nichts ist für einen patriarchalen Vater peinlicher, als wenn seine Vaterschaft über „seine" Kinder angezweifelt wird. Daß sich hartnäckig das Gerücht halten konnte, Hera hätte ihre Kinder parthenogen zur Welt gebracht, macht deutlich, wieviel schöpferische Potenz das Volk dem Zeus zuzusprechen bereit war: gar keine. Was den Zeusanhängern nicht gelang, haben die antiken Schriftsteller und Autoren, die antike Stoffe aufgriffen, zuwege gebracht. Wer heute über humanistische Schulbildung verfügt und von der Göttin Hera hört, denkt sofort an eine eifersüchtige, zänkische Ehefrau. Daß Hera allen Grund hatte, ihrem Mann die Meinung zu sagen, wird verschwiegen. Zeus hingegen, der pausenlos auf Vergewaltigungstour war, gelang eine glanzvolle Karriere als „Verführer".

Nachdem wir den Heramythos analysiert haben, ergibt sich folgendes Bild: Hera ist eine unabhängige Göttin, die auf Kreta und Samos, in Arkadien und auf der Argolis verehrt wurde. Ihre Kinder, die sie allein zur Welt gebracht hat, sind das Zwillingspaar Ares und Eris, die Tochter Hebe und der Sohn Hephaistos. Das heißt, daß während der Blütezeit des Herakultes auch die Göttin als junge Frau mit den Lebenswassern (Hebe) verehrt wurde. Auch das männliche Element war in den Herakult eingebunden. Das Wort Heros bezeichnete ursprünglich den männlichen Anhänger der Göttin.[27] Im Herakult wurde also auch dem Männlichen die Ehre in Gestalt des Wachstums- und Vegetationsheros Ares erwiesen. Schließlich war die Erfindung des Schmiedehandwerks eine Errungenschaft der Kupfer- und frühen Bronzezeit, als Hera noch verehrt wurde. Deshalb gilt der vergöttlichte Schmied Hephaistos als ihr „alleiniger" Sohn.

Die Göttin Hera weist überdies zahlreiche Ähnlichkeiten mit der Großen Mutter aus Kleinasien auf. Wie Kybele gilt auch Hera als Herrin der Tiere. Die Tiere, die sie begleiten, sind der Kuckuck als Frühlingstier, die Löwinnen des Sommers und die Schlange des Winters. Hera war eine Kalendergöttin, die das ganze Jahr regierte. Als Kind schon wurde sie in den Jahreskreislauf eingeweiht, die Jahreszeiten waren ihre Ammen. Hera beging alljährlich die Heilige Hochzeit mit ihrem Heros und war die weise Alte, die Schlangengöttin der Orakelstätten. Ihr Name bedeutet Herrin, Dame, vielleicht auch *he era*, „die Erde", und könnte auch von ihren Ammen, den Jahreszeiten *hora* oder dem Titel *hiera*, „Heilige" abgeleitet sein. Die ihr geweihte Pflanze war der rote Mohn, aus dem das Opiat Heroin gewonnen wird.[28] Hera war die bedeutendste Göttin des prähellenischen Griechenlands. Das Zeichen ihrer Macht und ihrer matriarchalen Gesetze war die kretische Doppelaxt, die Labrys, welche ihr Heiligtum und den Palast in Knossos, das Labyrinth, schmückte. Hera hat die Labrys nicht freiwillig an Zeus abgegeben, es muß ihre AnhängerInnen erzürnt haben, sehen zu müssen, wie Zeus mit der Doppelaxt in der Hand Blitze vom Olymp schleuderte und so seine Herrschaft behauptete.[29]

9. Juno
Die Göttin des allumfassenden Mutterschoßes

Die Göttin Juno hatte viel weitreichendere Kompetenzen, als nur die eheliche Treue zu hüten. Zu dieser Aufgabe kam Juno als Gattin des Jupiter, der wie sein griechischer „Kollege" Zeus ständig hinter Frauenröcken her war. Wie Hera mußte auch Juno das Image der keifenden Ehefrau ertragen. Das Bild der Juno, das noch heute vermittelt wird, ist von der patriarchalen Sichtweise geprägt, die männliche Untreue als Beweis der Potenz bewertet und jungenhafte Unverbindlichkeit nicht verantwortungslos, sondern attraktiv und interessant nennt.

Juno war die römische Version der sabinisch-etruskischen Göttin Uni, der Dreieinigkeit der Großen Mutter, die das Universum gebar. Sie war die, die alles umgab, „Uni-versum". Ihr Symbol war identisch mit dem weiblichen Geschlecht; ihr Name ist verwandt mit der Yoni, wie das als heilig geltende Geschlechtsorgan der Frauen in Indien heißt.[30] Uni ist der Mutterschoß, aus dem alles entstand. Auch die Weisheit kommt aus ihrem Schoß. Nur wenige Studierende wissen, daß sie die Universität, den weisen Mutterschoß besuchen, um sich bei der *Alma Mater*, der nahrungspendenden Mutter, mit Weisheit zu nähren. Ahnungslos *immatrikulieren* sie sich, glauben, „sich einzuschreiben", nicht wissend, daß sie sich der weisen Göttin Uni zuwenden. (Aber vielleicht ist das gut so, denn an den Universitäten wird die Weisheit der Väter gelehrt, Mutterweisheit ist dort selten zu finden.)

Selbstverständlich unterstützt Uni bzw. Juno die Frauen in ihrem Schöpferinnentum: Als *Juno Februa* ist sie die Göttin der erotischen Liebe, des Liebesfiebers, als *Juno Populonia* die Göttin der Empfängnis. Als *Juno Ossipago* stärkt sie die Knochen des Fötus und bewahrt als *Juno Sospitia* die Gebärende während der Wehen vor Verletzungen der Gebärmutter und des Muttermundes. Als *Juno Lucina* hält sie der Gebärenden eine Hand entgegen, um ihr Kind zur Welt und ans Licht zu bringen. Juno Lucina vereint in sich auf wunderschöne Weise die Geburtsgöttin mit der Lichtbringerin, der Lichtgöttin. Die Symbole der Juno Lucina waren eine Lampe und eine Opferschale. Sie schenkte den Menschen das Licht, die Erleuchtung und die Sehkraft und öffnete neugeborenen Kindern die Augen. In der Gestalt der *Juno Rumina* spendet sie dann die Milch in der Mutterbrust. So wird sie als *Juno Populonia* auch noch die Mutter des Volkes. Vielleicht bezeichnet ihr Beiname Populonia aber auch den Ort, wo sie einst verehrt wurde? Denn Populonia war auch eine Stadt in Etrurien.

Doch all diese Fähigkeiten hätten im patriarchalen Rom nicht ausgereicht, um die Mutterschaft der Frauen glücklich zu gestalten. Daher ist die Göttin als *Juno Pronuba* die Brautführerin, die Göttin, die die Frau in das Haus des Mannes begleitet. Sie gilt als Stifterin guter Ehen, woraus wir entnehmen können, daß es sehr wohl auch schlechte gab. Als *Juno Moneta* bewahrt sie vor finanziell ruinösen Ehen. Da die römische Münzanstalt im Tempel der Juno untergebracht war, glaubte man, daß die Münzen, die dort hergestellt wurden, ihren Segen in sich trugen und zu wertvollen *monetae* wurden.[31] *Moneten* hat sich bis heute im Deutschen als volkstümlicher Ausdruck für Geld erhalten.

Interessant finde ich, daß die Frauen offenbar auch eine Beschützerin in der Hochzeitsnacht benötigten. *Cinxia* ist der Beiname der Göttin als Beschützerin beim ersten Entkleiden durch den Gatten. Das Wort Cinxia lässt sich von *cingo* ableiten, was einerseits „umgeben, umgürten", aber auch „aufschürzen" bedeutet. Weiter bedeutet es „umwinden, umkränzen", was gut zu den Hochzeitskränzen passen würde.

Abb. 28: Maske der Juno Lucina[32]

Und es hat noch eine andere Bedeutung, nämlich „feindlich umzingeln, umringen, einschließen". Ich denke, daß Cinxia die Göttin war, welche die Sabinerinnen anriefen, als sie von den Soldaten des Romulus umzingelt waren, die ausgezogen waren, um sich auf Befehl ihres Führers Frauen zu rauben, damit sie nicht länger „unbeweibt" wären. Wofür sonst hätten die Römerinnen in ihrer Hochzeitsnacht eine Beschützerin gebraucht, wenn nicht die Römer ihre Frauen immer wieder brutal „entkleidet" hätten?

Juno war nicht nur Göttin, sondern auch die lebensspendende weibliche Macht, die jeder Frau innewohnt. Es ist sicher kein Zufall, daß wir heute nicht mehr von der „Juno einer Frau" sprechen, das männliche Gegenstück, der „Genius des Mannes", der die männliche Lebendigkeit symbolisierte, aber sehr wohl noch zum Sprachgebrauch gehört. Wenn wir die Geschichte der Ehe zwischen Juno und Jupiter betrachten, die die Ehegeschichte von Hera und Zeus kopiert, läßt sich erneut feststellen, daß Jupiter im römischen Mythos ebenfalls erst zum Himmelsvater und Staatsgott aufsteigen konnte, nachdem er sich bei der Göttin eingeschlichen hatte.

Bevor der Gott als *Ju-piter*, „Himmels-vater" auftauchte, trat er als *Jovis*, als „Junge" in Erscheinung. In dieser Form gelang es ihm, sich in die zuvor ausschließlich weibliche Dreiheit der Capitolinischen Göttinnen hineinzudrängen. Sie bestand aus Juventas, Juno und Minerva. Jovis besetzte die Rolle der Jungfrau Juventas und wurde später als austauschbar mit seinem Vater Jupiter angesehen. Nicht Juno ist also die Gattin des Jupiter, sondern Jupiter hat sich zum Gatten der *Juno Regina*, „Juno, der Königin", die mit einem Zepter dargestellt wird, befördert.[33] Erst durch die Allianz mit ihr gelang ihm der Aufstieg zum Gott der Capitolinischen Dreiheit von Juno, Jupiter und Minerva.

Die RömerInnen verehrten in Juno auch die Schicksalsgöttin. Als Juno Fortuna hat sie Karriere gemacht. Fortuna ist die Glücksgöttin, die Göttin des gütigen Schicksals. Ihre Attribute sind das Füllhorn und das sechs- oder achtspeichige Rad. Die EtruskerInnen nannten die Göttin mit dem Rad *Vortumna*, „die das Rad dreht". Daraus entstand die römische Göttin, die ohne Unterlaß das Rad des Himmels dreht, auf dem die Jahreszeiten und die Schicksale der Menschen eingezeichnet sind.[34] Nach der sumerischen Göttin Gula-Bau ist dies die zweite weise Göttin des Himmelsraums, deren Symbol das Rad ist.

Obwohl der ursprüngliche Mythos verloren gegangen ist und Junos Mythen einfach die perfekte Kopie der Heramythen sind, geben uns ihre Beinamen einen Überblick über ihre weitreichenden Befugnisse: Sie ist die Göttin des großen, allumfassenden Runden, des Universums, des Mutterschoßes. Aus ihr kommt alles Leben, bei ihr ist das Schicksal alles Lebendigen verzeichnet. Wer sich ihr zuwendet, wer das zyklische Gesetz ihres Lebensrades begreift und akzeptiert, erhält weisen Rat und kann das Leben mit ihrer Hilfe glücklich gestalten.

10. Wilbeth
Die Lichtgöttin, Seherin und weise Rad-Bethe

Auf die drei Bethen Ambeth, Wilbeth und Borbeth habe ich schon im Abschnitt über Barbara hingewiesen (vgl. S. 141f). Inge Resch-Rauter hat Wilbeth, die weiße junge, starke Göttin, als Rad-Bethe identifiziert. Wilbeth bestimmte den Lauf des menschlichen Geschicks vom Werden aus der Erde bis zur Rückkehr in die Erde, in einem ewigen Kreislauf ohne Anfang und Ende. Das Attribut der Göttin war daher das vierspeichige oder zwölfspeichige Rad, das sowohl den Jahreslauf mit den vier Jahreszeiten bzw. den zwölf Monaten als auch den ewigen Kreislauf des Seins darstellt.

Im Englischen heißt das Rad *wheel*, was phonetisch vollkommen der Silbe Wil des Namens Wilbeth entspricht. In *wheel* ist das keltische

Wort *Vel-es* enthalten, das „die/der Sehende" bedeutet. So wurden PriesterInnen, Gelehrte und DichterInnen bezeichnet. *Vel* hängt mit „wissen", mit übernatürlicher Kenntnis und Klarheit, mit „in-die-Zukunft-blicken" zusammen.

Die Orte, an denen Wilbeth verehrt wurde, sind durch eine exponierte Höhenlage mit besonders guter Aussicht gekennzeichnet. Hoch oben in den Bergen liegen heute Kirchen, die der Heiligen Katharina geweiht sind, die die gar nicht immer so christliche Nachfolge der Göttin Wilbeth angetreten hat. Aus Österreich seien als Beispiele St. Kathrein am Hauenstein, St. Katharein am Offenegg, St. Katharein an der Laming, das Katharinenkapellchen am oberösterreichischen Mondsee und der Kathreinkogel oberhalb Velden am Wörthersee genannt. Landschaftlich wunderschön präsentiert sich auch St. Katrein im Südtiroler Schnalstal. Ebenfalls dürften Orte, die vom Christentum als „Maria Schnee" übernommen worden sind, ursprünglich der Wilbeth geweiht gewesen sein. Sie liegen an ähnlich markanten Höhenplätzen, der Name Maria Schnee verweist wieder auf die hellstrahlende starke junge Göttin. Die exponierte Lage der Kirchen und Kapellen hat Archeogeodäten veranlaßt, diese Orte als frühe Vermessungspunkte und Peilsteine für den Sonnenlauf anzusehen.[35]

In Wilbeth sehen wir eine weiße Göttin, die Lichtgöttin, Seherin und weise Radbethe zugleich ist, vor uns. Deutlich wird dies in den Sagen und Bildern, die ihrer Nachfolgerin, der Heiligen Katharina, zugeschrieben werden. Das Bild der kosmischen weisen Lichtgöttin wiederholt sich aber auch in besonders schöner Weise in der Gestalt der „Maria Schnee". Maria trägt das weiße Kleid der jungen Göttin und den hellblauen Mantel in der Farbe des Himmels, um ihren Kopf strahlen zwölf Sterne als kosmisches Rad. Bei der vorchristlichen Wilbeth und „Maria Schnee" zeigt sich für mich wieder in beeindruckender Weise, daß die Göttin ihre Attribute und Symbole über die Jahrtausende beibehält und vom Volk verehrt und geliebt wird, gleichgültig welche Religion gerade offiziell anerkannt wird.

11. Katharina
Die weise Jungfrau mit dem Rad

Katharina mit dem Rad trat in Europa die direkte Nachfolge der vorchristlichen Wilbeth, der Rad-Bethe, an. Die Lebensgeschichte der Heiligen Katharina wird erst seit dem 10. Jahrhundert bezeugt, in älteren Quellen ist ihr Name nicht zu finden. Trotzdem glauben die Christ-Innen felsenfest daran, daß Katharina um das Jahr 320 den Märtyrerinnentod erlitten hat, und ehren sie bis heute an ihrem Namenstag, dem 25. November.

Katharina war eine Königstochter, die, da ihre Eltern gestorben waren, allein in einem großen Palast lebte, umgeben von zahlreicher Dienerschaft. „Sie war zart und schön und erschien allen sonderlich lieblich mit wunderlicher, unsäglicher Schönheit", betont die Überlieferung. Sie war in allen Künsten und Wissenschaften ausgebildet und galt als überaus weise, so daß es ihr gelang, die Argumente von fünfzig heidnischen Philosophen gleichzeitig zu widerlegen.

Schönheit, Reichtum und Weisheit beeinflußten ihren Charakter auf negative Weise. Die junge Frau war so hochmütig, daß sie jeden Freier ausschlug. Keiner schien ihr gut genug. Zum Glück begegnete Katharina einem Einsiedler, der sie auf Christus als den wahren Bräutigam verwies. Überwältigt von der Lehre Christi überwand sie ihren Stolz. Da zeigte sich Jesus ihr in einer Vision und steckte ihr zum Zeichen seiner mystischen Vermählung einen Ring an den Finger.

Als Kaiser Maxentius nach Alexandrien kam und das Volk zusammenrief, damit es den Götzenbildern opferte, ließ er die Christen, die sich weigerten, zum Tod verurteilen.

Da trat die kühne Jungfrau vor den Kaiser und sagte, ihre Klugheit gebiete ihr zu schweigen, ihr Glaube aber befehle ihr zu sprechen. Katharina führte dem Kaiser vor Augen, daß seine Götzenbilder zwar Kunstwerke, aber nur von Menschenhand gemacht seien, wogegen ihr Gott Himmel und Erde, das Meer, die Sonne und die Planeten geschaffen habe. Nur er, der Gott aller Götter verdiene Verehrung. Der Kaiser war beeindruckt von der Schönheit der Jungfrau und ihrer freimütigen Rede und ließ sie in seinen Palast bringen. Um ihrer Schönheit willen bat er sie, von ihrem Glauben abzulassen, und versprach ihr, sie nach der Kaiserin zur ersten Frau im Palast zu machen und ihr Bild wie das einer Göttin verehren zu lassen.

Doch Katharina wies sein Ansinnen zurück. Da ließ der Kaiser sie nackt ausziehen, mit Ruten schlagen und ohne Speise in einen finsteren Kerker sperren. Dann verreiste er. Die Kaiserin hatte Mitleid mit der Jungfrau und besuchte sie nachts im Kerker. Wie erstaunte sie, als sie Katharina von strahlendem Licht umgeben fand und Engel erblickte, die die Wunden der Jungfrau mit Salben pflegten. Katharina predigte der Kaiserin in beredten Worten von ihrem Glauben, so daß die Kaiserin auf die Knie fiel und nach der Taufe verlangte.

Nach seiner Rückkehr fand der Kaiser zu seiner Verwunderung Katharina bei blühender Gesundheit und schöner denn je vor. Da befahl er, sie auf ein Rad mit spitzen Nägeln zu binden und sie auf dem brennenden Rad zu Tode zu bringen. Als man Katharina zur Marter führte, erschien ein Engel und zerstörte mit einem Blitz das Räderwerk, so daß es zerbarst. Der Kaiser verurteilte Katharina zum Tod mit dem Schwert. Als man sie enthauptet hatte, floß aus ihrem Leib kein Blut, sondern Milch. Ihr Leichnam wurde von Engeln aufgehoben, die ihn zum Berg Sinai, an den Ort trugen, wo einst Moses von seinem Herrn die Gesetzestafeln erhalten hatte. Nach Jahren haben Einsiedler ihren unverwesten Leib am Fuß des Gottesberges entdeckt, an der Stelle, wo Moses vor dem brennenden Dornbusch gestanden hatte.[36]

Die weise Göttin mit dem Rad ist uns mittlerweile vertraut und deshalb hinter der Legende leicht zu erkennen. Die Verfasser christlicher Legenden wählten oft Frauen von angeblich königlicher Herkunft aus, um sie zu Heiligen zu machen. Der Rang der Heiligen kann gut als Hinweis auf die Wichtigkeit der Göttin verstanden werden, die durch die Heilige ersetzt werden sollte. Katharina mußte an die Stelle einer sehr bedeutenden Göttin treten. Allein schon ihre Beschreibung als schöne, kluge und reiche Frau von königlicher Geburt, umgeben von Gelehrten, läßt die Göttin der Weisheit im Kreis ihrer Anbeter erahnen.

Wie immer wird das Attribut der Göttin zum Marterwerkzeug der Heiligenlegende umfunktioniert. Die Heilige wird immer mit dem Rad, aber auch mit Schwert, Palme und einem Buch dargestellt. Katharina bekommt nie den demütig unterwürfigen Blick, der bei christlichen Heiligen so häufig anzutreffen ist, sie blickt selbstbewußt und würdevoll. Schade ist, daß aufgrund der Legende sie oft mit dem zerborstenen Rad gezeigt wird, was den ursprünglichen Symbolgehalt des Rades als zyklisches Zeichen des Universums unsichtbar macht. Katharina trägt wie die Heilige Barbara und die Heilige Margarethe immer eine Krone, weshalb die drei gekrönten Frauen bei Abbildungen der vierzehn Nothelfer immer sofort auffallen.

Herkunft, Eigenschaften und Symbole Katharinas ließen sich als zufällige Ähnlichkeiten zu vorchristlichen Göttinnen abtun, wäre da nicht noch der Ort, an den angeblich ihr Leichnam gebracht und Hunderte Jahre später unversehrt aufgefunden wurde. Warum mußte es der Berg Sinai sein? Der Sinai war ursprünglich der Berg der Großen Göttin als Tänzerin auf dem Feuerrad im Mittelpunkt des Universums.[37] Wie jede universale Göttin war auch diese eine gesetzgebende Göttin. Die Schreiber der biblischen Mythen hatten den Berg Sinai,

Abb. 29: Die Heilige Katharina vom Berg Sinai

auf dem auch der Mondgott Sin verehrt wurde, für die Übergabe der Gesetzestafeln an Moses ausgewählt, weil er seit langem als ein Ort der gesetzgebenden Göttin eingeführt war. Ausgerechnet dahin wurde der Leichnam Katharinas getragen.

Um die Heiligkeit des Ortes hervorzuheben, wird sogar darauf hingewiesen, daß genau dort Moses vor dem brennenden Dornbusch gestanden habe.

Es wirkt auch nicht gerade überzeugend, daß einer Heiligen, deren Legende erst seit dem 10. Jahrhundert bezeugt ist, bereits zwei Jahrhunderte früher, im 8. Jahrhundert ein griechisches „Frauenkloster" geweiht gewesen sein soll. Die „Nonnen", die sich *katharoi*, „die Reinen", nannten, haben vom Namen her eine gewisse Ähnlichkeit, die Barbara Walker mit den Kathakali-Tempeltänzerinnen, die ihren Tanz zu Ehren von Kali, der indischen Großen Göttin des karmischen Rades aufführten, in Verbindung bringt.[38] Diese Namensähnlichkeit ist zwar wegen des Radsymbols bemerkenswert, aber eine Göttin ähnlichen Namens ist gar nicht so weit entfernt. Die ugaritische Religion kannte eine Göttin, die über die angemessene Ordnung, in der alle Dinge getan werden müssen, entschied. Ihr Name war Kathirat.[39]

Das Katharinenkloster am Fuße des Sinai ist noch heute ein Ort der Gelehrsamkeit. Das Kloster besitzt mit 3500 Handschriften neben dem Vatikan die älteste Bibliothek der christlichen Welt. Zum Schutz der antiken Bücher dürfen TouristInnen nur während einer kurzen Öffnungszeit die Bibliothek besichtigen. Katharina wird oft die Heilige des Lehrstandes genannt, weil sie philosophischen Fakultäten, Bibliotheken und Schulen vorsteht. Besondere Bedeutung hat Katharina für die Mädchenbildung, da Nonnen ihres Ordens es sich nie verbieten ließen, Mädchen zu unterrichten. Doch nicht nur wegen ihrer Gelehrsamkeit wird die Heilige verehrt. Auch ihre Schönheit gibt Anlaß dazu: Modistinnen und Schneiderinnen der Pariser Modehäuser nennen sich ihr zu Ehren „Catérinettes".

Katharina wurde von vielen berühmten Künstlern dargestellt. Als Beispiel habe ich ihr Bild aus dem Katharinenkloster auf dem Sinai gewählt. Wir sehen Katharina, ganz im Stil weiser Göttinnen umgeben von Büchern und mit Meßgeräten ausgestattet. In der rechten Hand trägt sie die Palme, die sie als Märtyrerin ausweist, die linke stützt sie auf ihr achtspeichiges Rad, das, da es ja ein Marterwerkzeug darstellen soll, mit Stacheln versehen ist. In der linken Hand hält sie auch noch ein Kreuz. Im Hintergrund ist ganz klein Moses zu erkennen, der auf dem Berg Sinai die Gesetzestafeln erwartet.

12. Sophia
Die Weisheit der Philosophen

In den Göttinnen Hokkmah, Metis und Maat trat uns die Weisheit als uranfängliche Schöpferin, als eigenständige Göttin entgegen. Durch die zunehmende Patriarchalisierung der Gesellschaft wurde die Weisheitsgöttin immer stärker ihrer göttlichen Eigenständigkeit beraubt. Sie wurde so lange entpersonalisiert, bis sie als abstrakte Kraft keine Konkurrenz zum männlichen Schöpfergott mehr darstellte.

Die griechischen Philo-sophen, die „Liebhaber und Freunde der Weisheit" trugen maßgeblich dazu bei, die weibliche schöpferische Weisheitsgöttin zu entmythologisieren und sie in abstrakte philosophische Denkweisen umzuwandeln. Wenn also von Sophia als Göttin der Philosophen die Rede ist, dann ist mit Sophia keine eigenständige Göttin gemeint, sondern die Liebe der Philosophen zur Abstraktion. Ich habe schon darauf hingewiesen, daß in unserer Gesellschaft die Fähigkeit zu abstrahieren, also die Fähigkeit, sich von der konkreten Anschauung zu lösen, als Beweis für Gedankenkraft, für geistige Potenz, angesehen wird. Diese Definition von Intellektualität wurde durch die griechischen Philosophen begründet. Ihr Ziel war, die Natur zu entmythologisieren und sie auf abstrakte Strukturprinzipien zurückzuführen. Die Göttin wurde von ihnen zu einem wesenlosen Gedanken reduziert. Die eigenständige Weisheitsgöttin verkommt zu bloßer „Qualität", zur *sophia inspirata*, zur „Inspiration", welche die Kreativität des Mannes befruchtet, als selbständige Weiblichkeit jedoch nie in Erscheinung tritt.[40]

Erst im Mittelalter erscheint diese Abstraktion wieder im Gewand einer neuen Personifizierung. Die Äbtissin Herrad von Landsberg, die im 12. Jahrhundert dem Frauenkloster auf dem Odilienberg vorstand, verfaßte zur Belehrung ihrer Stiftsfrauen eine umfangreiche Bilderhandschrift. Auf über dreihundert Pergamentseiten beschrieb Herrad nicht nur Geschichten aus dem Alten Testament, die Lebens- und Leidensgeschichte Christi, die Apostelgeschichte, die Geschichte des Römischen Kaiserreichs und die Kirchengeschichte bis zu ihrer Zeit, sie fügte auch allerhand Wissenswertes über Erdkunde und Straßenbauwesen bei und widmete sich eingehend der Philosophie, Mythologie und Magie. Sie versah ihr Werk mit einer Fülle von Illustrationen, die sie harmonisch in die Texte einfügte. Herrad war überzeugt, daß es auch für Frauen eine Lust sei, in den Bereichen des Wissens und der religiösen Belehrung zu wandeln, und nannte ihr Werk deshalb *Hortus deliciarum*, was sich mit „Paradiesgarten", „Wonnegarten", aber auch mit „Garten der Lüste" übersetzen läßt.

Im Wonnegarten der gelehrten Frau entdecken wir eine personifizierte Darstellung der Philosophia. Sie thront im Tempel der Weisheit und trägt auf dem Kopf die dreigesichtige Krone, die sie als Göttin ausweist. Aus ihr fließen die Ströme der Weisheit. Ganz dem christlichen Denken entsprechend, läßt Herrad die Weisheitsströme aus dem Knopfloch oder einer Brosche der Philosophia entspringen. Ob sie gewußt hat, daß die Weisheit einst aus der Gebärmutter der Göttin kam bzw. in Strömen aus ihren Brüsten floß? Wahrscheinlich hatte die christlich gebildete Herrad davon keine Ahnung, aber intuitiv lag sie mit ihren Weisheitsströmen nur knapp daneben. Unter Philosophia sitzen die Philosophen Sokrates und Platon beim Studium. Herrads Illustration bietet eine Fülle an Details und Beschriftungen in lateinischer Sprache, die in der nebenstehenden vereinfachten Abbildung weggelassen wurden, da sie nicht mehr zu lesen wären. Das Original zeigt Philosophia, umgeben von den sieben Säulen der Weisheit. Sieben Jungfrauen, die wahren Töchter der Weisheit, stehen zwischen den Säulen und verkörpern die sieben mittelalterlichen Künste: Grammatik, Dialektik, Rhetorik, Musik, Arithmetik, Geometrie und Astronomie.

Dazu ist anzumerken, daß sich Sokrates und Platon selbst sicher nie so gesehen haben: gleichsam am Busen der Weisheit genährt. Im

Zentrum der Weisheit zu sitzen, davon waren sie aber sicher überzeugt. Die sieben Jungfrauen verkörpern Künste, die schon Jahrtausende früher als Erfindungen der Göttin galten. Trotz allem ist der Prozeß der Repersonifizierung bemerkenswert. Da hatten sich die großen Denker viel darauf eingebildet, alles so schön abstrahiert zu haben, und dann kommt Herrad von Landsberg und malt eine Göttin der Weisheit.[41]

Abb. 30: Philosophia

Sophia, die weibliche Weisheit, wurde besonders von den ChristInnen der Ostkirche verehrt, die ihr im 6. Jahrhundert eine Kirche, die Hagia Sophia in Konstantinopel, widmeten. Die Verehrung der Sophia kam in Rom, das sich mittlerweile als Hauptstadt der Christenheit betrachtete, nicht gut an. Daher erfand man in der Römischen Kirche die Legende einer Heiligen Sophia, einer unbedeutenden Jungfrau, die den Märtyrerinnentod erlitten haben soll. Die gefälschte Legende gibt nicht einmal ihre Lebenszeit an und weiß nur zu „berichten", daß sie ihrer standhaften Jungfräulichkeit wegen ermordet wurde. In einer anderen Version war Sophia eine vornehme Witwe aus Mailand, die nach Rom gekommen war, um gemeinsam mit ihren drei Töchtern den Märtyrerinnentod auf sich zu nehmen. Die Töchter waren – wie könnte es anders sein – Jungfrauen und hießen *Spes, Fides* und *Caritas*, „Glaube, Hoffnung und Liebe".[42] Wie immer geben erst die unterschiedlichen Versionen der Legende das ganze Bild: Die jungfräuliche Mutter und Witwe ist eine perfekte Kopie der Göttin als junge Frau, Mutter und weise Alte. Bei den Namen der Töchter stand wohl das Sprichwort „Weisheit gebiert Glaube, Hoffnung und Liebe" Pate.

Daß solch eine naive Legende von römischer Seite als Begründung für den Bau der Hagia Sophia in Konstantinopel herangezogen wurde, ist schon erstaunlich, galt die Kirche doch als eines der sieben Weltwunder. Aber anscheinend war das nicht weiter wichtig. Vielleicht auch deshalb, weil die meisten Menschen ja nicht weit reisten und die

Unverhältnismäßigkeit zumindest in der Westkirche nicht weiter auffiel. Vielleicht waren die widersprüchlichen Legenden der Sophia aber auch gar nicht so naiv, wie sie auf den ersten Blick scheinen? In ihr begegnen wir wiederum einer Heiligen, deren bildhafte Symbolik mit der Göttin, die sie zu ersetzen hat, wunderbar harmoniert. Dargestellt wird die Heilige Sophia als Mutter mit drei Töchtern, Palme und Buch tragend. Sie entspricht mit Palme und Buch der weisen Göttin, wie sie auch durch die Heilige Katharina kopiert wurde. Meiner Ansicht nach ist die Kopie der Symbole sowie ihre dreifache Gestalt als Jungfrau, Mutter und Witwe der Grund für ihre Beliebtheit.

In traditionellen bäuerlichen Gegenden ist sie bis heute als „kalte Sophie" bekannt. Ihr Namenstag, der 15. Mai, folgt auf die Namenstage von Pankratius, Servatius und Bonifatius. Die vier Heiligen gelten als die „Eisheiligen", da mit ihnen oft eine letzte Kälteperiode einhergeht, die die GärtnerInnen abwarten, bevor sie frostempfindliche Pflanzen ins Freie setzen. Der Kult der Sophia wurde in Deutschland durch Berichte gefördert, wonach ihre Gebeine im 8. Jahrhundert nach dem Frauenkloster Eschau bei Straßburg im Elsaß überführt wurden. Ihre Reliquien werden aber auch in San Martino al Monte und in der Peterskirche in Rom verehrt.[43]

Nützlich war die Legende der Sophia auf jeden Fall, und zwar auf doppelte Weise. Man hatte nicht nur die göttliche weibliche Weisheit hinter einer unbedeutenden Märtyrerin versteckt, sondern konnte auch drei in Mitteleuropa sehr beliebte Göttinnen durch die Töchter der Sophia ersetzen: die drei Bethen Ambeth, Wilbeth und Borbeth, die bis dahin als drei edle Jungfrauen überlebt hatten. Viele Heiligtümer der drei Jungfrauen wurden fortan den personifizierten christlichen Tugenden Glaube, Hoffnung und Liebe geweiht.[44]

13. Luzia
Die Lichtbringerin und Augenheilige

Die heilige Luzia war eine edle Jungfrau aus Syrakus. Sie pilgerte mit ihrer kranken Mutter zum Grab der Heiligen Agathe, die ihr im Gebet erschien. Die beiden kehrten heim, denn Luzia hatte den Blutfluß ihrer Mutter nur mit der Kraft ihres Glaubens geheilt. Zum Dank erlaubte die Mutter ihrer Tochter, daß sie ihre reiche Mitgift an die Armen verschenken und das Gelübde ewiger Keuschheit ablegen dürfe. Ihr enttäuschter Bräutigam, ein heidnischer Jüngling, war dar-

über so erbost, daß er sie beim Statthalter von Syrakus als Christin denunzierte.

Manche erzählen eine etwas drastischere Version. Luzias Keuschheit war angeblich so groß, daß sie, nachdem ihr Verehrer ihre schönen Augen bewundert hatte, sich diese aus den Augenhöhlen schnitt, sie ihm auf einem Tablett zuschickte und darum bat, künftig in Ruhe gelassen zu werden.⁴⁵

Zur Strafe sollte Luzia in ein öffentliches Bordell gebracht werden, auf daß sie ihre Keuschheit verliere und der Heilige Geist, der sie erleuchtete, von ihr weiche. Da wurde die Heilige von eben jener Kraft und Gnade des Heiligen Geistes so schwer, daß man sie, wie einen unbeweglichen Felsen, nicht von der Stelle bewegen konnte. Nun errichtete man einen Scheiterhaufen, doch auch Feuer und siedendes Öl, mit dem man die Jungfrau übergoß, taten ihr keinen Schaden. Da bekam der Statthalter große Angst und befahl, sie mit dem Dolch zu töten. Mit dem Dolch im Hals lebte sie aber noch so lange, bis sie die heilige Kommunion empfangen hatte. Erst dann starb sie.⁴⁶

Abb. 31: Heilige Luzia mit Schale und Augen

Diese aufsehenerregende Häufung unwahrscheinlicher Begebenheiten kommentiert „Das Große Buch der Heiligen" folgendermaßen: „Die Existenz der Heiligen ist zweifellos historisch, ihrer Leidensgeschichte hat sich die Legende bemächtigt." Dabei ist gerade die Leidensgeschichte so bestellt, daß man sie für pure Wahrheit halten kann. Nur darf man die Geschichte nicht auf eine lebendige Jungfrau beziehen, sondern muß sie als Bericht darüber lesen, was mit der Statue der Göttin Juno Lucina in deren Tempel passierte, als er von den ChristInnen geplündert wurde. Dann fügt sich alles zu einem sinnvollen Bild zusammen. Aber die Akteure wechseln das Lager, und das ist nicht unwesentlich. Was gibt Anlaß dazu, die Heiligenlegende ausgerechnet so zu interpretieren? Da ist zum ersten die Namensgleichheit mit Juno Lucina und zweitens die Darstellung der Heiligen zu nennen. Luzia wird mit den Attributen der Göttin Juno Lucina abgebildet: der *patera*, der Opferschale, auf der zwei Augen liegen. Manchmal trägt sie auch eine Lampe oder ein Schwert, das Zeichen ihrer Marter. Als nächstes ist interessant, wofür die Heilige um Hilfe gebeten wird. Luzia wird als Schutzpatronin für Augenkranke gepriesen, was bei einer Heiligen, die sich die Augen ausgestochen hat, nun wirklich keinen Sinn macht. Zur Göttin Juno Lucina, die den Neugeborenen die Augen öffnet und den Menschen das Augenlicht schenkt, paßt das schon viel besser. Wie zur Juno Lucina, deren Priesterin eine Maske trug, gehört auch zur christlichen Heiligen eine Augenmaske. Sie erhält sie als Votivgabe.

Auch als Lichtbringerin macht die Göttin eine bessere Figur als die Heilige, die mit siedendem Öl übergossen und angezündet wurde. Die Umwandlung heiliger Attribute der Göttin zu Marterwerkzeugen der Heiligen ist uns schon vertraut. Darüber hinaus erhalten wir die Information, Luzia hätte durch die Kraft ihres Gebetes ihre Mutter vom Blutfluß geheilt. Warum ausgerechnet vom Blutfluß? Auch hier ist es viel naheliegender zu vermuten, daß die Mutter Kraft ihres eigenen Gebetes vom Blutfluß geheilt wurde, nachdem sie die Göttin Juno um Hilfe gebeten hatte, die ja für alle Geburtsbelange und Frauenkrankheiten zuständig war. Auffällig ist, daß mit der Heiligen Agathe, zu deren Grab die Frauen angeblich gepilgert waren, noch eine weitere christianisierte Göttin Siziliens in der Legende erwähnt wird.

Aufschlußreich ist auch der Ort, an dem Luzia in Syrakus verehrt wird. Im Dom ist ihr eine Kapelle geweiht. Der Dom selbst ist in einen antiken Tempel hineingebaut.[47] Daß der Tempel einst der Juno Lucina geweiht war, ist naheliegend. Die Verehrung der Göttin Juno Lucina muß die ChristInnen im 4. Jahrhundert sehr gestört haben. Auch ist bekannt, wie rigoros sie „heidnische" Tempel zerstörten und plünderten. Der Teil der Legende, der behauptet, Luzia hätte ihre Mitgift an die Armen verschenkt, könnte eine geschönte Version der Plünderung des Tempelschatzes der Göttin sein. Plünderungen hatten immer die Zerstörung der Göttinnenstatuen zum Ziel. (Wer einen Gang durch die Antikensammlung diverser Museen unternimmt, wundert sich plötzlich nicht mehr über die zahlreichen abgeschlagenen Brüste an Göttinnenstatuen, an denen viel filigranere Teile ganz geblieben sind.)

Solche Statuen hatten oft kostbare Einlegearbeiten aus Edelstein. Es ist viel wahrscheinlicher, daß man versuchte, der Statue die Augen auszubrechen, als daß sich eine Jungfrau zum Beweis ihrer Keuschheit die Augen ausgestochen hätte. Die Statue der Göttin muß überlebensgroß und so schwer gewesen sein, daß sie unverrückbar dastand und auch nicht auseinanderbrach, als um sie her Feuer gelegt wurde.[48] Erst mit Meißeln konnte zumindest ihr Hals gebrochen werden.

Die Heilige Luzia hatte in der Katholischen Kirche die Aufgabe, die Verehrung der Göttin Juno Lucina im besonderen und aller lichtbringenden Mittwintergöttinnen im allgemeinen zu unterbinden oder zu verchristlichen.[49] Deshalb wurde der Tag der Heiligen Luzia auch auf den Tag, an dem das Volk die vorchristliche Lichtbringerin erwartete, festgesetzt: den Tag der Wintersonnenwende.

Durch die Gregorianische Kalenderreform im Jahr 1582 erfuhr die Feierordnung des christlichen Kalendariums eine einschneidende Veränderung. Der Luzienfeiertag rutschte auf den 13. Dezember vor. Der Sinnzusammenhang zwischen der christlichen Lichtheiligen und der längsten Nacht, in der die Menschen auf die Wiederkehr des Lichtes warteten, ging verloren. Der Kult um die vormals beliebte Volksheilige verödete. Leopold Kretzenbacher hat festgestellt, daß dort, wo aus diversen Gründen die Gregorianische Kalenderreform boykottiert wurde, das Luzienfest also noch immer am richtigen Tag stattfinden konnte, Luzia weiterhin eifrig verehrt wird. Beispiele für Länder, in denen sich die Kalenderreform erst nach langen konfessionell und politisch begründeten Kämpfen durchsetzen konnte, sind Skandinavien und der Balkan.

Die Verehrung der vorchristlichen Lichtfrau, der Lutzlfrau, Lussibrud, Luzienbraut, lebte vor allem in jenen Gebieten wieder auf, deren Menschen (oder Fürsten) sich der Reformation anschlossen, die also auf das Bild der Lichtbringerin in ihrer Religion verzichten mußten. Dies erklärt, warum besonders im Norden Europas Luzia mit einem Lichterfest geehrt wird. In Schweden tritt beim Lichterfest noch immer eine junge Frau mit einem Kranz brennender Kerzen auf dem Kopf auf, die *Lussibrud*, „Luzienbraut", genannt wird. Die SchwedInnen hatten sich nicht nur lange gegen die Kalenderreform gewehrt, sie sind auch größtenteils protestantischen Glaubens. Ihre Luzia hat also mit der katholischen Heiligen nichts gemein, sondern wurzelt in der vorchristlichen Lichtbringerin.[50]

In Südosteuropa blieb die Verehrung der vorchristlichen Mittwinterfrau ebenfalls lebendig. Dies veranlaßte die Katholische Kirche zu einer zweiten Christianisierungswelle gegen das „heidnische" Brauchtum. Ausgangspunkt dieses neuen Luzienkults war Venedig. Mit einer Vielzahl von Luzienkirchen, -statuen und -bildern überflutete die Kirche besonders das Gebiet des ehemaligen Patriarchats von Aquilea (die Diözesen Görz, Laibach und Marburg-Lavant). Das slowenische Volk konnte seit dem Hochmittelalter eine eigene religiöse Volkskultur ausbilden, die von der Katholischen Kirche als sehr gefährlich angesehen wurde. Wer die wunderschönen Kirchen besichtigt, bekommt einen Eindruck davon, wieviel Geld die Kirche auszugeben bereit war, um ihre Machtposition zu festigen.[51]

Slowenische Frauen pflegen noch heute den Brauch, am 13. Dezember ein Luzienbrot zu backen. Mitten in der Nacht steht die Hausfrau auf und holt aus der Kammer eine Schüssel aller Körnersorten, die sie vorrätig hat. Sie malt das Korn, indem sie die Mühle verkehrt herum dreht, und gibt dann zum Mehl Samen und Kräuter, die sie zu Johanni, also zur Sommersonnenwende, gesammelt hat. Daraus backt sie ein ungesäuertes Brot, von dem alle im Haushalt lebenden Menschen und Tiere noch vor dem Sonnenaufgang des 13. Dezember zu essen bekommen. Schöner könnte der Wunsch, die Fülle des Sommers möge mitten im Winter alle gesund und am Leben erhalten, nicht zum Ausdruck gebracht werden.[52] Dieser Brauch ist in ähnlicher Form auch von der dalmatinisch-kroatischen Küste und den vorgelagerten Inseln bis an den Südrand der Steiermark üblich.[53]

In den Alpen hat die Lichtgöttin unter dem Namen Lutzlfrau, Luzi, Luz oder Lutscherl überlebt. In Südtirol (und auch in Kroatien und Dalmatien) bringt Luzia den Kindern Gaben, wie das sonst der Heilige Nikolaus tut. In jenen Gegenden, in denen das Perchtenbrauchtum, das Umgehen der dunklen und lichtbringenden Alpengöttin, stark verbreitet ist (Bayern, Südsteiermark und Slowenien), finden wir Luzia als dunkle Schreckgestalt. Sie geht mit einem Teller um, auf dem zwei glühende Kohlen oder ein Paar Augen liegen, meist von Schweinen, die um diese Zeit geschlachtet werden, oder sie trägt ein großes Messer mit sich. Die gräßliche Lutz droht den Kindern, ihnen die Augen auszureißen oder den Bauch aufzuschlitzen, wenn sie nicht folgsam sind. Mancherorts bringt sie auch Gaben. Hier zeigt sich wieder eindrucksvoll, wie manchmal im Brauchtum eine Göttinnengestalt in seltsam zwiespältiger Weise – als Gabenbringerin einerseits, dämonisierte Schreckgestalt andererseits – überlebt.

Mein besonderes Interesse gilt dem sogenannten Luzisteig in der Schweiz. Durch Inge Resch-Rauter war ich auf „Weiße Berge" und

„Lichte Steine" aufmerksam geworden. Resch-Rauter, die beobachtet hat, daß es sich bei diesen Ortsbezeichnungen selten um auffällig helle Berge handelt, wirft die Frage auf, ob die so benannten Berge nicht eher als Markierungen in bezug auf den veränderten Sonnenlauf der Jahreszeiten gedient haben könnten. Sie hält für möglich, daß im Fürstentum Liechtenstein auf Grund seiner exponierten Höhenlage ein Forschungs- und Kultzentrum bestanden haben könnte. Ich habe mit Vergnügen entdeckt, daß von der Schweizer Seite der Luzisteig nach Liechtenstein führt. Für die Namengebung dieses Steiges wird allerdings der heilige Luzius herangezogen, dem die Kathedrale von Chur geweiht ist. Chur ist das älteste Bistum der Römisch-Katholischen Kirche nördlich der Alpen, was darauf schließen läßt, daß der Ort eine vorchristliche kultische Bedeutung gehabt haben muß, die ihn für eine Christianisierung interessant gemacht hat.

Das bestätigt auch Christian Caminada, der 1941 Bischof von Chur wurde. Er hat sich um die volkskundliche Erfassung der vorchristlichen Kulte bemüht und ihnen gegenüber eine Akzeptanz an den Tag gelegt, die für einen christlichen Würdenträger außergewöhnlich ist. Caminada vermutet, daß der Luzisteig zu einem alten Kultweg gehörte, der von der Lombardei durch das Val Camonica (mit den frühgeschichtlichen Felsritzungen) nach Poschiavo, durchs Engadin, über den Julierpass, nach Chur und weiter über den Luziensteig nach Schaan und via Bodensee, Augsburg und Passau an die Donau und somit an die Grenze des rätischen Gebietes führte. Der für die Benennung des Steiges herangezogene Heilige Luzius trat der Legende nach als Glaubensbote gegen die göttliche Verehrung von Stierkälbern im Marswald (durch den der Steig führt) auf. Der Heilige wurde angeblich in einen Brunnen geworfen. Doch er konnte auf wundersame Weise errettet werden, und die Stiere kamen, um seine Füße zu lecken. Das beeindruckte die Bewohner von Chur, sie kamen ihm mit Lichtern und Weihrauchgefäßen entgegen.[54]

Es ist interessant, daß Caminada nicht die Heilige Luzia als Namensgeberin in Betracht zieht, wo doch seine Bezeichnung „Luziensteig" dies nahelegt. Caminada erwähnt den Steig im Zusammenhang mit Baumkulten in Rätien. Ich kann mir vorstellen, daß er die Ähnlichkeit mit Luzia nicht bemerkt hat. Er erwähnt die Heilige auch sonst nicht in seinem Buch. Vielleicht hat er sie auch nicht gekannt? Ich persönlich halte den Heiligen Luzius für den zweiten – diesmal männlichen – Versuch der Kirche, die Lichtgöttin zu christianisieren. Daß der Paß des Luzisteiges auf direktem Weg nach Liechtenstein führt, scheint mir ein gewichtiges Argument für die Verehrung einer Lichtgöttin, die durch die Heilige Luzia ersetzt wurde.

Doch anscheinend konnte eine Heilige allein den Kult der vorchristlichen Lichtfrau nicht unterdrücken. Aus dem Elsaß stammt die Verehrung der Heiligen Odilia, deren Festtag auch prompt auf den Feiertag der Heiligen Luzia gelegt wurde. Beide Heilige werden gleichzeitig am 13. Dezember gefeiert.

14. Odilia
Auf den Spuren der Augengöttin, zweiter Teil

Zu Zeiten König Childerichs gebar Peresinda, die aus hochadeligem Geschlecht war, eine Tochter, die von Geburt an blind war. Als Herzog Alderich hörte, daß seine Tochter blind war, erkannte er, daß er Gott erzürnt hätte, und befahl, sie zu töten oder auszusetzen.

Doch Peresinda zögerte, dem Befehl ihres Gatten nachzukommen. Sie ließ eine Frau, die sie von Kindheit an in ihrem Haus freundschaftlich aufgezogen hatte, die man aber eines Vergehens wegen aus dem Haus gewiesen hatte, zu sich kommen. Die Dienerin empfand großes Mitleid mit ihrer Herrin und gelobte, das Kind zu stillen und aufzuziehen. Nach einem Jahr brachte die Amme das Mädchen auf Geheiß ihrer Herrin in das Kloster Balma und zog es dort auf, bis ein Bischof namens Erhard aus dem Bayernland in einer Vision folgenden Auftrag erhielt: Er solle nach Balma gehen und das blinde Mädchen, das er dort vorfinden würde, auf den Namen Odilia taufen, damit es nach der Taufe die Sehkraft erlangte. Erhard tat, wie ihm geheißen worden war, und wirklich: Odila erlangte das Augenlicht.

Die Nonnen zogen Odila auf und machten ihr zur Pflicht, sich in die Heilige Schrift zu versenken. Odilia bemühte sich, geschickt im Vorlesen und wachsam im Gebet zu sein, und erduldete standhaft die Dürftigkeit des Klosterlebens. Doch geschah es, daß der Anstifter aller Übel einige ihrer Mitschwestern dazu brachte, ihr viel Widerwärtiges zuzufügen. Odilia aber kümmerte sich nicht darum, sondern ertrug aus Liebe zu Gott willig alle Schmähungen und reifte täglich im Dienst des Herrn.

Alderich weigerte sich weiterhin, seine Tochter zu sich kommen zu lassen. Der Bruder Odilias versuchte vergeblich, den Vater gnädig zu stimmen. Im Geheimen sandte er Odilia einen Wagen und alles zur Reise Nötige und ließ sie heimkehren. Als Alderich seine Tochter sah, erschlug er im Zorn seinen Sohn, weil er es gewagt hatte, Odilia zurückzurufen. Danach bereute Alderich seinen Zorn und ging ins Kloster. Seine Tochter vertraute er einer Klosterfrau aus England an und setzte ihr den Unterhalt einer Magd aus.

Odilia war zufrieden mit ihrem kärglichen Leben. Doch des Höchsten Güte beschloß, ihr Licht auf den Leuchter zu stellen, damit es allen leuchte, die das Haus beträten. So geschah es eines Tage, daß Alderich sah, wie Odilia von dem Wenigen, das sie besaß, den Armen etwas abgab. Daraufhin schenkte er ihr das Kloster Hohenburg mit allem Zubehör. Kurze Zeit später starb Alderich. Odilia aber erkannte, daß ihr Vater im Fegefeuer weilte. Als Odilia sich zum Gebet für seine Erlösung niedergeworfen hatte, umstrahlte sie aus geöffnetem Himmel von oben gesandtes Licht derart, daß der betreffende Teil des Gemachs aufleuchtete, und eine Stimme verkündete ihr, daß sie für ihren Vater Vergebung erlangt habe.

Unter der Obhut von Odilias Leitung lebten etwa 130 Klosterfrauen, denen Odilia ständig mit gutem Beispiel in der Beachtung der Lehre voranging. Sie nahm, außer an Feiertagen, nichts anderes zu sich als Gerstenbrot und Gemüse. Auch pflegte sie als Bett ein Bärenfell zu haben und als Kopfkissen einen Stein unterzulegen. Da es den Pilgern und Kranken schwerfiel, den Berg des Klosters zu besteigen, ließ Odilia zuerst eine Kirche am Fuß des Berges bauen, der sie später auch noch ein Kloster hinzufügte.

Odilia verehrte besonders die Reliquien Johannes des Täufers, hatte sie doch durch die Taufe ihr Augenlicht erhalten. Sie bat Johannes, ihr den Ort für den Bau einer Kirche zu zeigen, die sie ihm zu Ehren errichten lassen wollte. Als sie sich eines Nachts betend auf einem gewaltigen Felsen ausstreckte, erschien ihr Johannes der Täufer, umgeben mit strahlender Helligkeit. Eine fromme Frau aber, die vor die Pforte trat, konnte inmitten der ungeheuren Helligkeit nur Odilia sehen; den Heiligen Johannes aber sah sie nicht. Odilia offenbarte der Frau, daß die Helligkeit nicht ihretwegen erschienen sei, sondern wegen des Heiligen Johannes.

Zu Lebzeiten Odilias geschahen zahlreiche Wunder. Am bemerkenswertesten aber ist wohl das Wunder ihres Todes: Odilia wußte, daß ihr Tod bevorstand, versammelte alle Schwestern in der Kirche des Heiligen Johannes, ermahnte sie, stets Gott zu lieben, und schickte sie dann in die Chorkapelle. Sie selbst blieb allein zurück, und ihre reine Seele löste sich vom Körper. Als die Nonnen nach vollbrachtem Gebet Odilia tot vorfanden, weinten sie sehr. Auf wunderbare Weise bewirk-

te das einhellige Gebet die alsbaldige Rückkehr der Seele in den Körper. Odilia bedauerte dies, denn sie hatte durch Gottes Gnade die Jungfrau Luzia getroffen. Als die Nonnen ihr sagten, sie hätten nur um ihre Rückkehr gebetet, damit sie nicht ohne die letzte Wegzehrung verscheiden müsse, ließ Odilia sich den Kelch mit dem Blut und dem Leib Christi bringen, empfing die Kommunion und verstarb. Es war dies der 13. Dezember.[55]

Viele halten Odilia für eine historische Person, d.h. sie sind davon überzeugt, daß Odilia im Kloster auf der Hohenburg gewirkt und das Kloster in Niedermünster am Fuß des nach ihr benannten Odilienberges gegründet hat. Die Aufzeichnung über das Leben der Heiligen stammt von einem unbekannten Kirchenmann aus der Mitte des 9. Jahrhunderts, wurde also ca. 130 Jahre nach ihrem Ableben, das spätestens im Jahr 721 erfolgt sein soll, verfaßt. Ob Odilia wirklich gelebt hat oder ob ihre Lebensgeschichte erfunden ist, mag zwar für viele eine wichtige Glaubensfrage darstellen, ist aber für die Betrachtung der Legende, des Heiligenmythos, unerheblich. Wesentlich ist, daß wir wieder eine ausgeschmückte Vita vor uns haben, die eine vielleicht durchaus reale Person zur Heiligen überhöht.

Wie in allen Heiligenlegenden meistert Odilia ein Schicksal, das sie von Geburt an als Auserwählte kennzeichnet. Interessant ist die Information, ihr Vater hätte sich an ihrer Behinderung schuldig gefühlt, sich ihrer geschämt und versucht, diesen „seinen" Makel zu verbergen, indem er den Befehl gab, sie zu töten oder auszusetzen. Blindheit und jede andere körperliche Behinderung waren bei dem gallischen Volk, dem Alderich entstammte, ein göttliches Zeichen, daß vor allem der Vater sich einer Verfehlung schuldig gemacht hatte. Doch Peresinda kommt seinem Befehl nicht nach, die Tochter auszusetzen, was mit ziemlicher Sicherheit deren Tod bedeutet hätte, sondern übergibt sie einer Amme. Odilia übersteht also schon zu Beginn ihres Lebens einen Tötungsversuch, wie ihn viele mythische Kinder wie Kybele, Moses oder Romulus und Remus überlebten, die entweder göttlicher Abstammung oder zu FührerInnen ihres Volkes auserwählt waren.

Bemerkenswert ist in diesem Zusammenhang auch, durch wessen Hilfe das Kind überlebt. Die Legende erzählt, die verängstigte Mutter habe gezögert, dem Tötungsbefehl ihres Gatten nachzukommen. Wir sehen zwar eine der Tochter hilfreiche Mutter, doch es schwingt ein Unterton mit, der suggeriert, Peresinda sei zu feige, zu ängstlich gewesen, den Befehl auszuführen. Kein Wort davon, daß sie sich offen weigerte. Die nächste Frau in der Überlebensstory ist die Amme, eine einfache Bauersfrau, eine Dienerin, der Peresinda das Kind anvertraut, obwohl sie einst wegen eines Vergehens aus dem Haus gewiesen wurde. Die Amme ist, obwohl sie als lieb, fürsorglich und hilfreich beschrieben wird, mit einem nicht näher bezeichneten Makel behaftet. Selbst als Odilia, geheilt durch die Taufe, vom Bischof den Nonnen ans Herz gelegt wird, gibt es wiederum Mitschwestern, die sie plagen und Bosheiten gegen sie ersinnen.

Es ist auffällig, daß der Verfasser der Legende an keiner der beteiligten Frauen ein gutes Haar läßt. Sie mögen richtig handeln, wie Peresinda, aber er legt ihre Handlung nicht als selbstbewußte Weigerung ihrem Mann gegenüber aus, sondern bezichtigt sie der Ängstlichkeit. Sie mögen lebenspendend dem Kind die Brust reichen, wie die Amme, doch sie ist nur eine mindere Dienerin (was uns allerdings mißtrauisch machen sollte, nach den vielen Göttinnen, die die patriarchale Überlieferung als Dienerinnen bezeichnet). Obwohl es einen männlichen Hauptbösewicht, den Vater Odilias, gibt, wird betont, daß die Frauen um Odilia, die ihr das Leben schenkten, sie nährten und aufzogen, ängstlich, nicht makellos, sogar bösartig waren. Ihr „wahres" Leben verdankt Odilia einem Mann: Der Bischof Erhard schenkt ihr das neue Leben in Christus durch die Taufe, durch die sie auch ihr Augenlicht erhält. Die Heilige Odilia, die nur unter Frauen aufwuchs, wird meines Erachtens ganz bewußt außerhalb einer frauengeprägten Kultur und Tradition dargestellt.

Dabei war gerade diese weibliche Tradition bedeutender, als die Legende das vielleicht zugeben möchte. Petra van Cronenburg, die überzeugt ist, Odilia sei eine merowingische Prinzessin gewesen, zeigt auf, daß nicht nur Odilias Vater auf Grund des patrilinearen Erbrechts zum Stammvater bekannter Adelshäuser wie der Salier, Hohenstauffer, Kapetinger und Habsburger, der Markgrafen von Zähringen-Baden, der Herzöge von Lothringen und der elsässischen Grafen von Flandern wurde, sondern daß auch die Familie ihrer Mutter Peresinda weitaus bedeutender war, als dies allgemein angenommen wird. Ihrer Ansicht nach stammt Peresinda, die sie Bereswinde nennt, aus der Familie der merowingischen Sakralkönige und war Erbin einer frauenzentrierten Gesellschaft.

So gesehen hätte Alderich allerdings einen handfesten materiellen Grund gehabt, seine Tochter zu töten. Hätte Odilia weitergelebt, wäre das Erbe ihrer Mutter auf sie und nicht auf Alderich, der bloß der Ehemann der Peresinda war, gefallen. Das läßt auch den Mord Alderichs an seinem Sohn in einem anderen Licht erscheinen. Nach dem Tod sämtlicher Kinder Peresindas wäre ihm, dem Ehemann, der ganze Besitz Peresindas nach deren Ableben zugefallen.[56]

Es ist ungemein spannend, den Mordversuch an Odilia als Intrige gegen eine frauenzentrierte Dynastie zu sehen. Gleichermaßen interessant ist die Idee, Odilia habe als Priesterin schamanische Riten praktiziert, bei denen die Bärin als Totemtier eine Rolle gespielt habe. (Der Hinweis, Odilia habe auf einem Bärenfell geschlafen, erscheint in der Legende ja nicht gerade als Beispiel bescheidener Lebensführung.) Wer sich mit diesem Gedanken näher beschäftigen möchte, der sei van Cronenburgs Buch „Geheimnis Odilienberg" empfohlen.[57]

Ich möchte auf den Mythos um Odilia noch einmal zurückkommen, weil mich die daraus resultierende Verehrung und die Frage, welche Absicht die katholische Kirche damit verbunden hat, interessiert. Die Legende behandelt wiederholt das Thema des Augenlichts, des Lichts und der Erleuchtung generell. Zum ersten erhält Odilia das Augenlicht durch die Taufe. Dann betont der Verfasser, daß es Gott gefallen habe, „das Licht der Odilia auf den Leuchter zu stellen, damit es allen leuchte, die das Haus betreten". Er meint damit ihre Bescheidenheit und ihre Wohltätigkeit.

Ich denke, daß er das Bild des Lichtes auf dem Leuchter nicht zufällig gewählt hat. Als Odilia für ihren Vater im Fegefeuer bittet, umstrahlt sie ein himmlisches Licht derart, daß ein Teil ihres Gemachs aufleuchtet. Wohlgemerkt, nicht Odilia leuchtet, sondern von oben fällt Licht auf sie herab. Und noch einmal, als sie Johannes den Täufer um ein Zeichen für den Bau der Kirche bittet, ist sie von einer ungeheuren Helligkeit umgeben. Wiederum legt Odilia Wert darauf, daß dieselbe von Johannes ausging und eigentlich nichts mit ihr zu tun hätte. Von der wichtigsten Lichtbegegnung Odilias hätten wir allerdings keine Kunde, wäre sie nicht vom Tod auferstanden. Wer sonst, wenn nicht Odilia selbst, hätte uns erzählen können, daß sie die Gesellschaft der Heiligen Luzia genoß? Fünfmal betont der Verfasser ihr Licht und das Licht, das sie umstrahlte. Dann setzt er noch eins drauf: Odilia stirbt ausgerechnet am 13. Dezember, dem Tag, der der heiligen Luzia geweiht ist.

Kirchliche Autoren haben viel Verständnis dafür, daß in Heiligenlegenden das einzige „sichere" Datum der Todestag sei, schließlich sei das der Geburtstag für das Leben im Himmel und deshalb das einzige merkwürdige Datum. Mir scheint dieses Datum aus ganz anderen Gründen merkwürdig. Wie ich schon bei der Heiligen Luzia erwähnt habe, war der 13. Dezember vor der Gregorianischen Kalenderreform der Tag der Wintersonnenwende, und es liegt nahe, in Odilia wiederum eine Heilige zu vermuten, die die Verehrung der Mittwintergöttin, der in der dunkelsten Zeit wieder erstarkenden Sonne, weiterführte. Die Legende erzählt davon ja sogar ganz ausdrücklich, indem sie behauptet, Odilia sei wieder zum Leben erwacht.

Außer den vielen „Lichterscheinungen" und dem Wiederauferstehen gibt es noch einen Hinweis auf Odilia als Mittwintergöttin: ihre Liebe zu Johannes dem Täufer. Den Hinweis auf Johannes verdanke ich Salomé Stauffer, die über Odilia geforscht und den Odilienberg wiederholt besucht hat. Die Legende begründet das Interesse Odilias für Johannes den Täufer damit, daß sie der Taufe ihr Augenlicht verdanke. Für die Heilige, die die Position der Göttin der Wintersonnenwende einnimmt, gibt es aber gar keinen anderen Heiligen, für den sie sich interessieren könnte, als Johannes. Schließlich besetzt er ihr gegenüber die Position der Sommersonnenwende im christlichen Kalender.

Abb. 32: Heilige Odilia aus Arlesheim

Die Heilige Odilia wird mit einem Buch, auf dem zwei Augen liegen, einem Kelch oder einer Schale mit einem Augenpaar abgebildet.[58] Sie ist immer mit dem Nonnenschleier bekleidet und trägt den Äbtissinnenstab, wodurch sie von der Heiligen Luzia leicht zu unterscheiden ist. Das Buch können wir als Hinweis auf die Weisheit verstehen, zu der Odilia der Legende nach über Visionen gelangte. Der Kelch ist besonders bemerkenswert, erinnert er doch daran, daß sich Odilia nach ihrer Wiederauferstehung den Kelch mit Blut und Leib Christi geben ließ und sich selber die Kommunion reichte. Dürfen wir daraus schließen, daß es zu Odilias Zeiten den Frauen noch nicht verboten war, die Kommunion zu reichen? Das ließe auf eine weitgehende Selbständigkeit der Frauenklöster schließen, die in den nachfolgenden Jahrhunderten verlorenging, als Nonnen für diesen Dienst immer einen Priester benötigten.

Die Darstellung der Odilia mit einer Schale, auf der ein Augenpaar liegt, läßt an Deutlichkeit nichts zu wünschen übrig. Die volkstümliche Legende hat dafür sogar die Geschichte erfunden, Odilia habe sich für einen englischen König, der die Frau mit den schönen Augen begehrte, diese herausgerissen und sie ihm auf einem Teller übersandt. Die Geschichte, die schon bei Luzia herhalten mußte, um die Opferschale mit den Augen zu erklären, wird ein zweites Mal bemüht.

Für mich stehen die Kulte um Odilia und Luzia ganz in der Tradition der Augen- bzw. Lichtgöttinnen. Sie nehmen das Motiv der Lichtbringerin Juno Lucina auf, die den Menschen die Augen öffnet und sie ans Licht führt. Beide Heiligen werden bei Augenleiden um Hilfe angerufen. Die Erzählung, Odilia habe, als ein vor Durst verschmachtender Pilger bei einem Felsen unterhalb des Klosters lag, mit ihrem Stab auf den Felsen geschlagen, worauf aus diesem eine heilkräftige Quelle entsprang, wurde erst später der Legende hinzugefügt.[59] Ähnlich verhält es sich mit der sogenannten Fluchtlegende: Als Odilia vor ihrem Vater geflüchtet sei, der sie gegen ihren Willen verheiraten wollte, kam sie bis Freiburg im Breisgau, wo sie sich auf wunderbare Weise in einem Felsen verbarg. Auch aus diesem Felsen floß, als Odilia gegangen war, eine heilkräftige Quelle.[60] Beide, die Heilige Odilia und die Heilige Luzia, präsentieren uns ihre Augen, beide werden um Hilfe gegen Augenleiden angerufen, beide sind Lichtbringerinnen.

Odilias Heilkraft ist mit einem Quellheiligtum verbunden. Menschen, die sich mit dem Wasser aus der Odilienquelle die Augen benetzen, erhoffen sich noch heute Heilung bei Blindheit und anderen Augenleiden. Die Odilienquelle liegt unterhalb ihres Klosters auf dem Odilienberg. Fassen wir zusammen: Die Heilige vereint auf sich ein Bergheiligtum, ein Quellheiligtum und einen Augenkult. Die Ähnlichkeit mit der in Südengland verehrten Sonnengöttin Sul ist auffällig. Auch Sul wurde auf Bergen verehrt, war Göttin nahegelegener Quellheiligtümer und galt als „Doppelsonnige", als Augengöttin. Ich denke daher, daß Odilia in der Nachfolge einer vor ihr auf dem Odilienberg verehrten Augengöttin steht.

Darauf verweist auch ein weiteres Element ihrer Legende. Es wird erzählt, sie habe so lange auf dem „Tränenstein" gekniet und um ihren im Fegefeuer schmorenden Vater geweint, bis der Stein eine Vertiefung bekam, in der sich die Tränen sammelten. Petra van Cronenburg berichtet, daß die Nonnen des Odilienklosters Wasser von der Quelle zum Tränenstein brachten, und meint, die Frauen der Heiligen Odilia hätten damit einen vorchristlichen Quellkult aufrechterhalten.[61] Dem stimme ich zu. Wie bereits dargelegt (vgl. S. 133), waren die „Tränen" der Göttin auch ein Symbol der göttlichen Flüssigkeiten, welche die Göttin durch die Brüste und durch den Tränenstrom abgeben konnte. Die Tränen bezeichnen den „Tränenstein" also ganz richtig als Quellstein, als Stein für die Tränen der Göttin, für das göttliche Wasser aus ihrer Quelle. Der Brauch, Wasser aus der Odilienquelle, d.h. Wasser aus dem Tränenstrom der Göttin auf den dafür bezeichneten Stein, den Tränenstein, zu gießen, wird erst so verständlich.

Äußerst spannend finde ich, daß auf dem Odilienberg auch eine Luzienquelle existiert. Die beiden Heiligen werden nicht nur am selben Tag im christlichen Kalender verehrt, sie teilen auch denselben heiligen Berg. Die heiligen Frauen Odilia und Luzia haben in Legende und bildhafter Darstellung soviel Ähnlichkeit miteinander, daß es kein Zufall sein kann.

Zusammenfassend betrachtet gibt es einerseits viele Gründe anzunehmen, daß Odilia wirklich gelebt hat. Die Legende beschreibt den Ort und die Zeit ihres Lebens glaubwürdig, und ich kann mir gut vorstellen, daß Odilia die Befähigung besaß, einfach zu leben, und sich der Visionssuche hingab, daß sie aber auch, ausgestattet mit dem Reichtum und den Befugnissen einer merowingischen Prinzessin, als umsichtige Äbtissin einem Kloster vorstand, in dem eine große Anzahl von Menschen lebte. Ob Odilia dabei ein christliches Leben – wie wir es heute verstehen – geführt hat, bleibt zu bezweifeln. Zu mannigfaltig sind die Hinweise auf Riten wie den Quellkult mit dem Tränenstein, die eindeutig einer vorchristlichen Tradition entstammen. Für die Verehrung der Odilia, die dem Kloster auf dem Odilienberg bis heute einen immerwährenden PilgerInnenstrom beschert, war aber nicht ihr Leben, so es vor 1300 Jahren stattgefunden hat, ausschlaggebend, sondern die Art und Weise, wie die Katholische Kirche ihre Lebensgeschichte benutzt und sie zur Heiligen hochstilisiert hat.

Die Verehrung der Heiligen Odilia als Augenhelferin erstreckt sich ausschließlich über deutsches Gebiet, wohingegen Luzias Verehrung in romanischen Ländern unangefochten ist. Interessant ist, daß Österreich, besonders das Gebiet nördlich der Alpen, bis in die Reformationszeit fast keine Zeugnisse des Odilienkultes aufweist. Das ist bei der Dichtheit der Odilienverehrung im allemannischen, fränkischen und bayrischen Bereich bemerkenswert. Dies änderte sich in der Barockzeit. Die zweite Welle des christlichen Luzienkults, die von Venedig ausging, brachte zwar am Südostrand der Alpen den gewünschten Erfolg, ließ aber in Österreich zu wünschen übrig. In diese Lücke, wo es nicht gelang, die Heilige Luzia als Ersatz für die vorchristliche Mittwintergöttin und das mit ihr verbundene Brauchtum zu etablieren, trat die elsässische Augenheilige und Lichtbringerin. Der Odilienkult ist in Österreich erst ab dem Barock zu beobachten.[62]

Die Göttin, die als Augengöttin den Kindern zu Beginn des Lebens das Augenlicht schenkt, und die Göttin der Wintersonnenwende, die die Kraft der Sonne in dunkelster Zeit wieder zunehmen läßt, muß bis in die Barockzeit hinein so bedeutend gewesen sein, daß die Kirche sie durch zwei Heilige, Luzia und Odilia, ersetzt hat, um ihre Verehrung zu unterbinden. Doppelt hält besser, war wohl die Devise der Kirche, als sie diese Kampagne – wie wir heute sagen würden – gegen die Göttin startete.

15. Die Sage der Bertha von Rosenberg

Viele Sagen erzählen von der Weißen Frau, die Ähnlichkeiten mit der hellen Frau, der Lichtfrau, aufweist. Andere Weiße Frauen gelten wiederum als besonders weise. Die dritte Eigenschaft, die den Weißen Frauen zugewiesen wird, ist ihre Beziehung zum Tod. Die Farbe Weiß war in Alteuropa nämlich die Symbolfarbe des Todes, weil sie der Farbe der Gebeine entsprach. Schwarz hingegen, die Farbe der Erde, war die Symbolfarbe des Lebens.[63] In der folgenden Sage aus Böhmen vereint die Weiße Frau, Bertha von Rosenberg, alle genannten Eigenschaften in sich.

Es soll die Weiße Frau Bertha von Rosenberg vor ungefähr fünfhundert Jahren bereits das Schloß zu Neuhaus bewohnt haben. Allezeit ist sie unter einerlei Gestalt gesehen worden: Sie trägt einen weißen Rock und Schürze, um die Schultern einen Umhangmantel, auf dem Haupt aber eine Schleppe, wie sie ehemals die Witwen getragen haben. Ihr Angesicht war stets verhüllt, wie bei Klageweibern, und was davon noch gesehen werden konnte, hatte die bleiche Totenfarbe angenommen. Um die Mitte des Leibes trug sie einen Bund Schlüssel, womit sie öfters ein Geräusch machte, wenn ihr etwas zuwider geschehen war. Auf diese Art findet man sie in besagtem Schloß auf der Seite des großen Saales gemalt, weil sie da zu erscheinen pflegte.

Von ihren Verrichtungen findet man Unterschiedliches aufgezeichnet: Wenn sich in dieser Familie eine Geburt ereignete, so ließ sie ganz besondere Freudenzeichen blicken. Sie erregte ein Getöse mit ihren Schlüsseln und eilte hin und her durch alle Zimmer, wie etwa eine sorgfältige Hausmutter zu tun pflegt, die Gäste erwartet oder bereits angekommene wohl zu bewirten versucht. Bei den neugeborenen Kindern verrichtete sie das Amt einer treuen, wachsamen Kinderwärterin. Denn wenn die Lebenden, denen die Fürsorge der Kinder anvertraut worden war, zuweilen vom Schlaf überfallen wurden, mußten sie nach ihrem Erwachen mit Grauen und Entsetzen ansehen, wie die Tote an ihrer Stelle die weinenden Kinder gestillt, ihnen die Tränen abgewischt, sie mit anmutigem, leisem Gesang eingeschläfert, sie sogar auf die Arme genommen und im Zimmer herumgetragen hatte.[64]

Bertha von Rosenberg wird als helle, weiße gütige Frau beschrieben. Sie ist weise, denn sie weiß, was zu tun ist. Von der Weisheits- und Lichtgöttin ist ihr die Fähigkeit geblieben, mit Neugeborenen gut umgehen zu können. Bertha wird aber auch als Tote, als bleiche Frau geschildert. Die Tod-im-Leben-Göttinnen matriarchaler Mythen waren immer Begleiterinnen durch den Tod und zugleich Hebammen ins Leben. Bertha, die „Tote", macht nichts anderes als alle Tod-im-Leben-Göttinnen vor ihr: Sie hilft neugeborenen Kindern ins Leben bzw. am Leben zu bleiben, sollten diejenigen, denen die Kinder anvertraut sind, nicht über sie wachen. Es stimmt traurig, wenn erzählt wird, jene Menschen hätten „mit Grauen und Entsetzen angesehen", wie die Tote an ihrer Stelle die Kinder versorgt hatte. Obwohl der Weißen Frau bescheinigt wird, sie sei eine treue, wachsame Kinderwärterin gewesen, haben die SchloßbewohnerInnen sie nicht geehrt, sondern gefürchtet. Sie haben in der lichten weißen Bertha von Rosenberg die Tod-im-Leben-Göttin nicht mehr erkannt.

Anmerkungen

1 Marija Gimbutas, *Die Sprache der Göttin*, S. 326.
2 ebd., S. 190.
3 Gerda Weiler, *Eros ist stärker als Gewalt*, S. 76.
4 Gerda Weiler, *Der enteignete Mythos*, S. 192.
5 Patricia Monaghan, *Lexikon der Göttinnen*, S. 46.
6 ebd., S. 106.
7 ebd., S. 114.
8 Hans W. Haussig, *Wörterbuch der Mythologie*, Band 1; S. 45, 77f.

9 Doris Wolf, *Was war vor den Pharaonen?*, S. 154ff.
10 Theodor Gaster, *Myth, Legend and Custom in the Old Testament*, zit. in Barbara G. Walker, *Das geheime Wissen der Frauen*, S. 330.
11 Altes Testament, *Buch der Sprüche*, Kapitel 22–30.
12 Altes Testament, *Buch Hiob*, Kapitel 28, Vers 20–27.
13 Altes Testament, *Buch der Weisheit*, Kapitel 6, Vers 12–16.
14 Barbara G. Walker, a.a.O., S. 406.
15 Altes Testament, *Buch der Weisheit*, Kapitel 8, Vers 1–3.
16 Robert von Ranke-Graves, *Griechische Mythologie*, 7, d und Kap. 9.
17 Roy Willis (Hg.), *Bertelsmann Handbuch Mythologie*, S. 38.
18 Caitlin Matthews, *Sophia – Göttin der Weisheit*, S. 61.
19 Sir E. A. Wallis Budge, *The Egyptian Language*, zit. in Barbara G. Walker, *Die geheimen Symbole der Frauen*, S. 161, 179.
20 Kurt Seligmann, *Magic, Supernaturalism and Religion*, zit. in Barbara G. Walker, *Das geheime Wissen der Frauen*, S. 638.
21 Sir E. A. Wallis Budge, zit. in Barbara G. Walker, *Die geheimen Symbole der Frauen*, S. 259f.
22 ders., zit. ebd., S. 211.
23 Robert von Ranke-Graves, a.a.O., Kapitel 12 und 13.
24 Marija Gimbutas, a.a.O., S. 318.
25 ebd.
26 Robert von Ranke-Graves, a.a.O., Kapitel 12, 1.
27 William Reginald Halliday, *Greek and Roman Folklore*, zit. in Barbara G. Walker, *Das geheime Wissen der Frauen*, S. 368.
28 Barbara G. Walker, *Die geheimen Symbole der Frauen*, S. 576.
29 Heide Göttner-Abendroth, *Die Göttin und ihr Heros*, S. 59.
30 H. R. Hays, *In the Beginnings*, zit. in Barbara G. Walker, *Das geheime Wissen der Frauen*, S. 1114.
31 Larousse Encyclopedia of Mythology, zit. in Barbara G. Walker, *Die geheimen Symbole der Frauen*, S. 181; sämtliche Beinamen der Juno stammen aus unterschiedlichen Beiträgen der beiden Lexika von B. Walker.
32 Stuart Perowne, *Roman Mythology*, S. 15.
33 ebd., S. 19.
34 Robert von Ranke-Graves, zit. in Barbara G. Walker, *Die geheimen Symbole der Frauen*, S. 28f.
35 Inge Resch-Rauter, *Unser keltisches Erbe*, S. 276f. Dieses Buch ist reich versehen mit Ortshinweisen und Erklärungen zu Flurnamen. Es ist auch reizvoll, die eigene Umgebung auf Katharinenkirchen und deren Lage hin zu überprüfen und sich auf diese Weise ein landschaftsmythologisches Bild des eigenen Wohnortes bzw. Landes zu erwandern.
36 Zusammengefaßt nach: Erna und Hans Melchers, *Das große Buch der Heiligen*, S. 764f.
37 Barbara G. Walker, *Das geheime Wissen der Frauen*, S. 532.
38 *Encyclopaedia Britannica*, „Kathakali", ebd.
39 Patricia Monaghan, a.a.O., S. 154.
40 Gerda Weiler, *Der enteignete Mythos*, S. 192.
41 Ich verdanke den Hinweis auf Herrad von Landsberg Frau Herrad Küster, die mir auch Kopien der Arbeiten von H. G. Rott und G. Wild, *Hortus deliciarum*, sowie einer Arbeit aus dem Alsatia Verlag, *Der Paradiesgarten der Herrad von Landsberg*, zusandte.

42 Donald Attwater, *The Penguin Dictionary of Saints*, zit. in Barbara G. Walker, *Das geheime Wissen der Frauen*, S. 1029.
43 Erna und Hans Melchers, a.a.O., S. 293f.
44 Erni Kutter, *Die drei Jungfrauen*. Das Buch enthält Beispiele besonders aus dem deutschen Raum. Und wieder ist es interessant, die Kirchen und Kapellen in der eigenen Umgebung auf die drei Jungfrauen hin zu erkunden.
45 H. P. Brewster, *Saints and Festivals of the Christian Church*, zit. in Barbara G. Walker, *Das geheime Wissen der Frauen*, S. 627f.
46 Erna und Hans Melchers, a.a.O., S. 805.
47 ebd.
48 Barbara G. Walker, *Das geheime Wissen der Frauen*, S. 627f.
49 Leopold Kretzenbacher, *Santa Lucia und die Lutzelfrau*, S. 9ff.
50 ebd., S. 105.
51 ebd., S. 106.
52 ebd., S. 36.
53 ebd., S. 41.
54 Christian Caminada, *Graubünden. Die verzauberten Täler*, S. 131, 165 und 240.
55 Maria Stoeckle, *Das Leben der hl. Odilia*, S. 41ff.
56 Petra van Cronenburg, *Geheimnis Odilienberg*, S. 18ff.
57 Von dieser Empfehlung muß ich leider das Kapitel über „Urbeginn und Utopie" ausnehmen, bei dem die Autorin meiner Ansicht nach ihrer Phantasie über den Urbeginn der Menschheit freien Lauf läßt. Da sie sonst so sorgfältig recherchiert hat, ist es bedauerlich, daß sie eine wichtige Arbeit zum Thema nicht zu kennen scheint: Gerda Weiler, *Der aufrechte Gang der Menschenfrau. Eros ist stärker als Gewalt. Eine feministische Anthropologie*.
58 Theodor Maurer, *Die Heilige Odilie*, Abb. 2.
59 ebd., S. 31.
60 ebd., S. 21.
61 Petra van Cronenburg, a.a.O., S. 76f.
62 Leopold Kretzenbacher, a.a.O., S. 100ff.
63 Marija Gimbutas: Die Sprache der Göttin, S. 325.
64 Leander Petzoldt (Hg.), *Sagen aus dem alten Österreich*, Band 1, S. 67f.

VI
PFERDEGÖTTINNEN UND SCHÜTZINNEN
MYTHEN ÜBER STUTEN, SONNENPFERDE UND STREITRÖSSER

1. Das Sternzeichen Schütze

Nach Widder und Löwe ist der Schütze das dritte Sternzeichen, das in der Astrologie traditionellerweise mit dem Element Feuer verbunden wird. So wie dem Sternzeichen Widder der Planet Mars und dem Sternzeichen Löwe die Sonne zugeordnet wird, gibt es auch einen Planeten, der dem Sternzeichen Schütze zugewiesen ist: der Planet Jupiter. Wir finden daher als Charakteristika dieses Sternzeichens viel von dem wieder, was bei Jupiter Erwähnung fand: das Streben nach Weisheit und Erkenntnis und die Fähigkeit, ein religiöses, philosophisches oder gesellschaftspolitisches Weltbild zu formulieren. Diese Aspekte des Sternzeichens habe ich im vorigen Kapitel beschrieben.

Das himmlische Sternbild des Schützen wird in der Kunst als Kentaur, als Mischwesen aus Mann und Pferd dargestellt. Der Unterleib entspricht dem Pferd. Statt Hals und Kopf ragt aus dem Pferdeleib der nackte Oberkörper eines Mannes. In seinen Händen hält er Pfeil und Bogen. In der astrologischen Symbolsprache wurde der Schütze reduziert auf den fliegenden Pfeil.

Mein Interesse gilt in diesem letzten Kapitel wieder den Teilen, aus denen das Symbol des Schützen zusammengefügt wurde. Die Frage, ob es zum Paar Hengst-Mann ein weibliches Pendant gibt, ist eigentlich keine, denn offensichtlich wird den Amazonen eine ähnlich intensive Beziehung zu ihren Pferden nachgesagt wie den Kentauren. Die zweite Frage ist, ob das Pferd wie Widder und Löwe auch einmal das Begleittier der Göttin gewesen ist. Dabei stieß ich auf die Göttin mit dem Pferd, aber auch auf pferdegestaltige Göttinnen. Was mich am meisten beeindruckt, ist der Symbolwandel des Pferdes selbst.

2. Das Pferd in Alteuropa

Wie immer durchsuchte ich zuerst die Bücher meiner Lieblingsarchäologin Marija Gimbutas, um etwas über die symbolische Bedeutung des Pferdes in Alteuropa zu erfahren. Gimbutas erwähnt, daß in

Abb. 33: Trächtige Stute aus La Pileta

den französischen Höhlen aus der Jungsteinzeit Darstellungen von Pferden, Wisenten und anderen Tieren sich oft in unmittelbarer Nachbarschaft zu Netzmustern befinden. Sie deutet die Netzmuster als Hinweis darauf, daß die Höhlen als Kultorte der lebenerneuernden Göttin Verwendung fanden.[1]

Gimbutas bringt das Pferd auch in Verbindung mit der Hirschkuh, dem heiligen Tier der Göttin der Geburt. In Tito Bustillo, einer Grotte im nordspanischen Kantabrien, die zur Zeit des Magdalénien (etwa 14000 v.u.Z.) benutzt wurde, fand man ein Loch, das mit einem Stein bedeckt war. Darin lag eine aus Hirschhorn geschnitzte menschliche Figur, um die Sandsteinplättchen mit eingravierten Bildern von Hirschen, Rentieren, Wisenten und Pferden gruppiert waren.[2]

Schließlich kommt das Pferd gemeinsam mit Wisent, Hirsch, Rind, Wildschwein, Katze und Mammut in Tierprozessionen vor, die Keramiken schmücken oder auch als Halbreliefs gearbeitet sind. Gimbutas führt die Darstellung von Tierprozessionen auf Traditionen der Jungsteinzeit zurück und bemerkt, daß meistens Pferd und Wisent diese Prozessionen anführen. Die Bedeutung der Tierprozessionen ist bis heute nicht geklärt. Die sie umgebenden Symbole der Göttin deuten nach Ansicht Gimbutas darauf, daß sie in bezug zu einer Gottheit standen, die den Lebenszyklus von der Geburt zum Tod und vom Tod zur Wiedergeburt lenkte. Die Fortsetzung dieses auf eine Göttin bezogenen Weltbildes sieht Gimbutas in der Gestalt der Herrin der Tiere, in den Göttinnen Artemis und Diana, die bis weit in historische Zeit ihre Bedeutung im Sinn ursprünglicher Lebenskraft behielten.[3]

Bei Gimbutas fand ich die Stute nicht unter dem Oberbegriff Pferd, sondern als eigenes Stichwort ausgewiesen. So zeigt sie die Abbildung einer trächtigen Stute aus der Höhle La Pileta bei Gibraltar, die ich hier wiedergebe. Die Stute ist mit Doppellinien verziert. Doppellinien, „die Kraft der Zwei", sind für Gimbutas das Symbol der Schwangerschaft.[4]

Marie König sieht im Pferd das Symbol der Sonne. Das ungeschützte Auge sieht um die Sonne einen Strahlenkranz, den die Mähne des Pferdes versinnbildlicht.[5] (Dieser Schluß ist naheliegend. Im Kapitel über den Löwen habe ich bereits gezeigt, wie dessen Mähne ihn prädestiniert, ein Sonnensymbol zu werden.) André Leroi-Gourhan fiel auf, daß die Pferde so gut wie nie in Bewegung dargestellt werden. Gerda Weiler bemerkt dazu, dies entspreche der ruhig hinschreitenden Sonne.[6]

Abb. 34: Wildpferd aus Labastide

Gerda Weiler betont, daß auch die Hufform der Pferde wiederholt zur Unterstützung der Sonnensymbolik herangezogen worden sei. So zeigen die Pferde in Le Roc-de-Sers, Lascaux und Le Gabillou von unten gesehene kugelförmige Hufe. Da die KünstlerInnen die Perspektive erstklassig beherrschen, ist der Grund für die perspektivisch verzerrte Form nicht die Unfähigkeit der KünstlerInnen. Vielmehr liegt der Schluß nahe, daß die Verzerrung der Perspektive bewußt gewählte Ausdrucksform für eine symbolische Aussage ist. Die Hufabdrücke unbeschlagener Pferde sind rund, entsprechen also der Sonne. Die Hufabdrücke des Wisents sind sichelförmig und eignen sich daher als Symbol für den Mond.[7]

Der Symbolgehalt des Pferdes geht also in zwei Richtungen: Zum einen ist das Pferd das Tier der Göttin in ihrer das Leben erneuernden Funktion. Es erscheint im Zusammenhang mit Netzmustern und in Gestalt einer trächtigen Stute als Begleittier bei der Geburt. Das Prinzip der Erneuerung ist nicht auf die Geburt beschränkt, sondern umfaßt den ganzen Zyklus des Lebens. Deshalb ist das Pferd auch mit dem Sterben, auf das im zyklischen Denken die Wiedergeburt folgt, verbunden. Zum anderen wird das Pferd als Symboltier für die Sonne verwendet. Diese beiden Bedeutungen widersprechen sich nicht.

3. Das Pferd als Reittier

Die Zähmung des Wildpferdes und seine Dienstbarmachung als Reit- und Zugtier ist die kulturelle Leistung jener Nomadenvölker, die noch zu Beginn dieses Jahrhunderts als Indogermanen bezeichnet wurden, weil vor allem deutsche Wissenschaftler davon ausgingen, die ursprüngliche Heimat dieser Völker sei der Norden Germaniens. Die heutige Wissenschaft nimmt an, die Urheimat jener Nomadenvölker sei das Gebiet zwischen dem Kaukasus und dem Schwarzen Meer. Maria Gimbutas vermutet sie weiter nördlich entlang der Wolga. Diese These wird durch Ausgrabungen in Südrußland bestätigt. Die Nomaden- und Reitervölker werden deshalb nicht mehr als Indogermanen, sondern als Indoeuropäer (bzw. IndoeuropäerInnen) bezeichnet.[8]

Im Gegensatz zur bäuerlich seßhaften Kultur, in der die Göttin verehrt wurde, deren Menschen in matriarchalen Gesellschaftsstrukturen lebten, entwickelten die umherziehenden Nomaden- und Hirtenvölker eine andere Gesellschaftsform. Der älteste Mann der Familie galt als das Oberhaupt, dem sich die restlichen Familienmitglieder unterzuordnen hatten. Das Oberhaupt der an Herden reichsten Familie wurde zum Häuptling. Diese Führerrolle dürfte erblich gewesen sein. Selten bauten die Hirtenvölker Siedlungen. Was uns von ihnen aber erhalten geblieben ist, sind ihre Gräber. Jeweils ein Einzelgrab liegt unter einem Hügel, Tummulus oder Kurgan genannt. Nach ihrer Grabform werden diese Völker als Kurganleute bezeichnet.

Zwischen den Kurganleuten und den seßhaften AckerbäuerInnen bestanden nicht nur rege Handelsbeziehungen, sondern auch ein Austausch von Wissen und Erfindungen. Helmut Uhlig beschreibt in seinem Buch „Die Mutter Europas", wie dieser Kulturtransfer ausgesehen haben könnte. Als sicher gilt, daß die Kurganleute von den seßhaften Völkern die Erfindung des Wagens übernahmen. Dadurch, daß die Kurganleute Wildpferde einfingen, zähmten und zu Reittieren ausbildeten, konnten sie Landstrecken viel schneller bewältigen, als dies zu Fuß möglich war. Dadurch vergrößerten sie nicht nur die Weideflächen für ihre Herden, sondern auch ihre Gebietsansprüche.

Helmut Uhligs These, zwischen den Nomaden und den Seßhaften habe es einen „naturgegebenen" Konflikt gegeben, da die Nomaden beim Treiben ihrer Herden auf die Felder der ackerbautreibenden Völker stießen, scheint mir zu kurz zu greifen. Sie reicht nicht als Erklärung, warum die Nomadenvölker die Kultur der seßhaften Völker und deren Gebietsgrenzen nicht achteten. Die Frage, wie sich in den Nomadenvölkern eine Hierarchie entwickeln konnte, die dem Mann, dem Patriarchen, Rechte über „sein" Volk einräumte, ist damit nicht nur nicht beantwortet, sie ist noch nicht einmal gestellt. Beim Nachdenken darüber sähen wir uns schnell mit der grundsätzlichen Frage konfrontiert, woher die Aggression kommt, die Anmaßung des Stärkeren, über Schwächere bestimmen zu können.

Ich verweise interessierte LeserInnen zur Beantwortung dieser Frage auf die zweibändige Anthropologie von Gerda Weiler.[9] Wesentlich für meine Arbeit ist die Feststellung, daß die Nomadenvölker durch die Zähmung der Wildpferde zu schnell herannahenden Feinden wurden. Als Auslöser für den Eroberungsvorstoß der Kurganleute nach Süden nehmen WissenschaftlerInnen heute eine lange Trockenperiode in den Steppengebieten an, die die Kurganleute zwang, Weidegründe für ihre Herden zu suchen. Siedlungen, die über lange Zeit friedlich und ungestört bestanden hatten, wurden in der Bronzezeit mit Schutzmauern umgeben. Es vollzog sich der auffällige Wandel von Jahrtausende altem friedlichem Miteinander hin zu Eroberung und kriegerischen Auseinandersetzungen.

Durch Handelskontakte und Ideentransfer einerseits, kriegerische Eroberung und die damit verbundene Unterdrückung andererseits „vermischten" sich auch die Mythen der seßhaften Völker, die die Göttin anbeteten, mit den Mythen der Reitervölker, die männliche Götter verehrten. Diese „Vermischung" – um es so neutral zu nennen – trifft fast alle Mythen und Symbole. Besonders betroffen aber ist das Pferd, das Symboltier schlechthin der Indoeuropäer. Die Mythen spiegeln, wie der „Vermischungsprozeß" vor sich gegangen sein könnte, d.h. wann wir von friedlicher Koexistenz sprechen können und wo von Unterwerfung und Unterdrückung die Rede sein muß.

4. Vom Sonnen- zum Triumphwagen

Wagen sind in vielen Mythen ein beliebtes „Transportmittel" von Göttinnen und Göttern. Als Zugtiere fungieren die Tiere, die als Attribute der jeweiligen GöttInnen gelten. Die Löwen, die den Wagen der Kybele zogen, wurden schon erwähnt. Andere Göttinnen haben andere Zugtiere: Vor den Wagen der Freya sind Katzen gespannt, vor den der Artemis Hirschkühe, vor den der Nehalennia Kühe und vor Aphrodites Wagen Tauben, Spatzen oder Schwäne. Den Wagen von Amphitrite oder Galatea ziehen Delphine, Medea bevorzugt feurige Drachen, Ceres und Demeter reisen im Schlangenwagen. Athene besitzt einen Eulenwagen, und Heras Wagen zieht der Kuckuck. Selbstverständlich wollen da auch die Götter nicht zurückstehen: Zeus und Jupiter haben Adler vor ihren Wagen gespannt, Ares hat Wölfe, Hephaistos Hunde, Thor den Widder, Bacchus Leoparden oder Tiger, und den Wagen von Silenus ziehen Esel.[10]

Abb. 35: Sonnenwagen von Trundholm

Nicht jedes Tier in dieser bunten Parade ist fähig, im herkömmlichen Sinn einen Wagen zu ziehen. Wir müssen den Mythos daher bildhaft verstehen. Das Pferd aber ist nicht nur im mythischen Sinn, sondern ganz konkret das Tier, das besonders häufig Transport- oder Streitwagen zieht. Das Bild des Kultwagens im Mythos wird also vom realen Transportmittel beeinflußt. Wessen Wagen wird nun im Mythos von Pferden gezogen?

Da ist zuerst die Sonne selbst, die von einem Pferd über den Himmel gezogen wird. Besonders schön ist dieses Bild im Sonnenwagen von Trundholm erhalten. Ein bronzenes Pferd zieht auf einem Wagen die Sonne, die auf einer Seite vergoldet und mit den uns schon bekannten Sonnensymbolen verziert ist. Diese goldene Seite entspricht der hellen Sonne während des Tages, die andere Seite ist dunkel gehalten und verkörpert die „Nachtseite" der Sonne. Hier verbindet sich meiner Ansicht nach das Pferd als Sonnensymbol mit dem Kultwagen, auf dem die Sonne ruht.

Auffällig oft sind es Sonnengöttinnen und -götter, die über einen Pferdewagen verfügen. Pferde ziehen den Wagen der lettischen Himmelsbäuerin und Sonnengöttin Saule (vgl. S. 122). Wenn Saule mit den Pferden am Abend ins Meer tauche, schwemme sie die Pferde gründlich, so daß sie erfrischt weiterlaufen können, erzählen sich die praktischen LettInnen. Auch die germanische Sonnengöttin Sol bzw. die präkeltische Göttin Sulis lenkt einen mit Pferden bespannten Wagen übers Firmament. In Griechenland verfügen die Sonnengötter Apollon und Helios über einen mit Pferden bespannten Wagen. Die Nacht zieht mit schwarzen Pferden über den Himmel. Mit vier schwarzen Pferden wurde der Unterweltsgott Hades bei seinen seltenen Ausflügen in die irdische Welt gesehen.

Gleichzeitig wird in den griechischen und römischen Mythen die Entwicklung vom Kultwagen zum Streit- bzw. Triumphwagen sichtbar. Natürlich schätzen Götter wie Zeus und Jupiter das schnelle Transportmittel. Das würde zum Bild der himmlischen Sonne passen, wenn nicht doch der Stolz auf die Kriegstüchtigkeit von Pferdewagen und der Glanz durchleuchten würde, der dem Triumphwagen in der konkreten Wirklichkeit dieser Völker anhaftet. Sehr deutlich wird dies bei den Kriegsgöttern Mars und Ares, die mit Pferden bespannte Streitwagen lenken. Auffällig ist das Triumphgehabe auch beim römischen Sonnengott *Sol invictus*, der unbesiegbaren Sonne. Seinen Wagen zieht eine Quadriga, das Viergespann, das ein beliebtes Motiv römischer Siegesdenkmäler geworden ist.

Der Übergang vom Wildpferd, das wegen seiner abstehenden Mähne zum Sonnentier wurde, zum Pferd als Symboltier der kriegerischen, siegreichen indoeuropäischen Völker muß meiner Ansicht nach parallel zur gesellschaftlichen Veränderung, die auf die Eroberungszüge folgte, verlaufen sein. Ich halte es allerdings für schwierig, für einzelne SonnengöttInnen herausfinden zu wollen, wann genau dieser Übergang stattgefunden hat. Denn ein weiterer Mechanismus könnte dies zusätzlich erschweren.

Bei heute lebenden Völkern läßt sich beobachten, daß neue Symbole die alten ersetzen, wenn sie als geeigneter angesehen werden. So arbeiten manche afrikanischen Priester lieber mit Cola-Büchsen als Zeichen für Reichtum als mit den in ihrer Religion dafür früher gebräuchlichen Symbolen. Damit will ich sagen: Alles, was mit Prestige zu tun hat, wird besonders schnell in Riten integriert.

So könnte zum Beispiel Saule ursprünglich ohne Pferd über den Himmel gelaufen sein und erst später, beeinflußt durch die indoeuropäischen Mythen, Pferde hierfür benutzt haben. Auf diese Weise hätte die Göttin ihre Vorrangstellung gegenüber den indoeuropäischen Himmelsgöttern Dievs, Perkons, Auskelis und Meness betont. Wohlgemerkt: Das ist eine Vermutung, die ich nicht belegen kann, aber zur Diskussion stellen möchte.

Auch eine andere Ausgangslage ist vorstellbar: Vielleicht war Saule seit jeher mit dem Pferd als Sonnentier verbunden. Vielleicht hatte sie sogar einen Kultwagen, der von Pferden gezogen wurde. Da aber alle indoeuropäischen Sonnengötter Pferdewagen lenken, hätte sich der Unterschied zu den lebenspendenden Pferden der Saule verwischt.

Über das Pferd in indoeuropäischen Mythen ist viel geschrieben worden. Die Überlegung, wann die Göttinnen und Götter Pferde angenommen haben und wo alteingesessene Göttinnen aus Prestigegründen Pferde als Symboltiere übernommen haben könnten, scheint nie berücksichtigt worden zu sein. Trotz allem Imponiergehabe, das die indoeuropäischen Götter – besonders die Reitergötter – prägt, hat sich in manchen Mythen auch die ursprüngliche lebenerneuernde Bedeutung des Pferdes erhalten.

5. Die Amazonen und ihre Königinnen

Auf der Suche nach einem Volk, das mit Pferden vertraut war und in einem mutterrechtlich orientierten Gesellschaftssystem lebte, denken wir selbstverständlich sofort an die Amazonen, jene schönen, mutigen Kriegerinnen, von denen die griechischen Mythen soviel erzählen. Wer allerdings versucht, sich Klarheit über Ursprung, Charakter und Geschichte der Amazonen zu verschaffen, entdeckt schnell, daß die Erzählungen nicht nur variieren, sondern sich ganz oft auch widersprechen. Verursacher dieser Unstimmigkeiten sind die Griechen, die mit allem, was sie über die Amazonen zu „berichten" wußten, eigennützige Ziele verfolgten.

Die Amazonen wurden als tapfere und mutige Kriegerinnen beschrieben, standen aber auch im Ruf großer Grausamkeit und fast göttlicher Unbesiegbarkeit. Das erhöhte natürlich den Ruhm jener griechischen Helden, die Amazonenköniginnen und ihre Mitstreiterinnen töteten: Herakles, Theseus, Achilleus und wie sie alle hießen. Wobei Herakles und Theseus unabhängig voneinander damit prahlten, das Amazonenheer vollständig aufgerieben und das Volk der Amazonen vernichtet zu haben. Die griechischen Geschichtenerzähler und Redner hatten einen speziellen Grund, die Amazonen als grausam, aber auch unfähig zu ordentlicher Staatsführung hinzustellen. Sie dienten ihnen als Beispiel, wohin es führt, wenn ein Volk von Weibern beherrscht wird. Die hellenischen Griechen, die die alten mutterrechtlichen Völker Griechenlands erobert hatten, waren darauf bedacht,

Abb. 36: Amazone zu Pferd mit Speer

ihren Ehefrauen die „Widernatürlichkeit" jeglicher Selbständigkeit von Frauen vor Augen zu führen. Alle Geschichten über die Amazonen sind daher durchtränkt von Propaganda.

Als mythische Stammesmutter der Amazonen gilt Otrere, deren Name „Flink" bedeuten soll[11] und den Heerführerinnen auch als Ehrentitel verliehen wurde. So ungewöhnlich dies für ein mutterrechtliches Volk ist, die Amazonen beriefen sich angeblich auf Ares, den Kriegsgott, als Ahnvater. Ihm opferten sie vor ihren Kämpfen. Die Amazonen lebten am Schwarzen Meer und in Kleinasien, wo viele Städte sich in ihren Gründungslegenden auf sie berufen. Lysippe erbaute die Stadt Themiskyra und errichtete der Göttin Artemis mit den Beutestücken ihrer vielen Siege einen Tempel.[12] Marpesia eroberte vom Schwarzen Meer aus zuerst Thrakien, dann Ephesos, schließlich Syrien.[13] Artemisia herrschte über die Hafenstadt Halikarnassos und nahm mit einem von ihr befehligten Flottengeschwader auf Seiten des Perserkönigs Xerxes 480 v.u.Z. an der Seeschlacht von Salamis gegen die Griechen teil. Melanippe, „die schwarze Stute", und Oreithyia waren ebenfalls für ihre Tapferkeit und Schönheit berühmt.

Die Namen der Amazonenköniginnen Hippolyte, „stampfende Stute"[14], Antiope und Penthesileia sind untrennbar mit denen der griechischen Helden Herakles, Theseus und Achilleus verbunden.

a) Herakles raubt den goldenen Gürtel der Hippolyte
Herakles, der bereits durch seine Wildheit und Brutalität aufgefallen war, hatte – angeblich in einem von der Göttin Hera verursachten Wahn – sechs seiner eigenen Söhne für Feinde gehalten und erschla-

gen. *Nachdem ihn König Thespios von seinen Morden reingewaschen hatte, ging Herakles nach Delphi, wo ihm die Pythia befahl, zwölf Jahre lang dem König Eurystheus zu dienen und jede von ihm befohlene Arbeit zu verrichten, um die Schuld am Tod seiner Kinder zu sühnen.*

Herakles' neunte Arbeit bestand nun darin, den goldenen Gürtel des Ares zu holen, der von der Amazonenkönigin Hippolyte getragen wurde. Er nahm – nach unterschiedlichen Berichten – den Land- oder Seeweg und benutzte dafür eines oder neun Schiffe. Ihn begleiteten entweder einige Helden, sämtliche Argonauten, eine Gruppe Freiwilliger oder die gesamte fürstliche Jugend Athens. Obwohl Herakles die Aufgabe hatte, alle Arbeiten allein zu erledigen, schien sich niemand an seiner massiven Unterstützung zu stören. Wie auch immer – als er an der Mündung des Flusses Thermodon ankam, warf er Anker im Hafen von Themiskyra. Die Aufgabe, den Gürtel zu holen, schien ein Leichtes, denn die Amazonenkönigin Hippolyte besuchte ihn und bot ihm, berauscht von seinem kräftigen Körper, den Gürtel des Ares als Liebesgabe an.

Inzwischen hatte sich das Gerücht verbreitet, daß die Fremden Hippolyte entführen wollten. Darauf bestiegen die erzürnten Kriegerinnen ihre Pferde und griffen das Schiff an. Herakles, der Verrat fürchtete, tötete Hippolyte, nahm ihren Gürtel, ergriff ihre Axt und andere Waffen und bereitete sich zur Verteidigung vor. Er tötete die Amazonenführerinnen eine nach der anderen und schlug ihr Heer nach großem Gemetzel in die Flucht.

Manche erzählen aber, Hippolyte hätte sich geweigert, Herakles den Gürtel zu geben, und sie fochten einen heftigen Kampf miteinander. Sie wurde dabei vom Pferd geworfen, und er, über sie gebeugt, bot ihr Gnade an. Sie aber zog es vor, lieber zu sterben als nachzugeben.[15]

Da zieht einer mit großer Unterstützung in den Krieg gegen die Amazonen, um den goldenen Gürtel der Amazonenkönigin zu stehlen oder zu rauben. Die Amazonen beweisen Gastfreundschaft, sie heißen die Griechen in ihrem Land willkommen. Wie durch einen Zaubertrick entwickelt sich die Situation aber so, daß der Räuber plötzlich „Verrat fürchtet", schnell die Amazonenkönigin tötet, sich ihrer Waffen bemächtigt, sich verteidigt und dabei – also ohne seine Schuld! – viele Amazonenführerinnen umbringt. Besser könnte die Geschichte aus griechischer Sicht gar nicht konzipiert sein: Im Handumdrehen wird der Dieb, Räuber und Mörder von seiner Schuld entlastet und kann sich noch als Held eines großen Sieges rühmen.

Auffällig sind auch die einander widersprechenden Angaben darüber, daß Hippolyte ihm den Gürtel freiwillig geben wollte bzw. daß sie ihren Gürtel im Kampf verteidigt habe. Was hat es mit diesem Gürtel auf sich, das ihn so begehrenswert macht? Zum einen scheint er das Machtinsignium der Amazonenkönigin gewesen zu sein. Diesen Gürtel hätte sie wohl nie freiwillig jemandem geschenkt. Zum anderen bedeutete „den Gürtel zu lösen", d.h. die Gewänder fallen zu lassen, den Auftakt zu einer sexuellen Vereinigung. Da die Amazonenkönigin frei über ihre Sexualität verfügen konnte, war es selbstverständlich, daß sie Männern ihrer Wahl anbieten konnte, für sie „den Gürtel zu lösen". Die Erzählung der Griechen protzt ja unübersehbar damit, daß Hippolyte vom Muskelpaket Herakles beeindruckt gewesen sei. Dieses Lösen des Gürtels wäre aber sicherlich eine temporäre Angelegenheit gewesen, denn selbstredend hätte die Königin nach vollzogenem Liebesspiel den Gürtel wieder angelegt, und Herakles hätte ohne das Objekt seiner Begierde nach Hause ziehen müssen.

Eine Erklärung für den Kampf zwischen Hippolyte und Herakles besagt, daß die Amazonenkönigin – einem amazonischen Brauch entsprechend – mit Herakles gerungen habe, um festzustellen, ob er ihr ebenbürtig und als Liebespartner überhaupt würdig sei. In diesem Fall hätten die anderen Amazonen sicher nicht in den Kampf eingegriffen. Es wird auch behauptet, die Amazonen hätten versehentlich, auf Grund eines Gerüchtes Hippolytes Kampf mit Herakles für eine echte Auseinandersetzung gehalten und seien ihr deshalb zu Hilfe geeilt. Möglich ist, daß Herakles den Brauch nicht kannte und somit mit voller Wucht gegen Hippolyte kämpfte, daß er also zu erkämpfen versuchte, was sie ihm, im übertragenen Sinn, freiwillig zu geben bereit war. Aber es ist letztendlich gleichgültig, ob Herakles aus Versehen im rituellen Kampf oder gleich im direkten Kampf den Gürtel der Hippolyte an sich nahm, denn da er den Gürtel stehlen wollte, hätte Hippolyte für ihn – auch nach dem Liebesabenteuer – auf jeden Fall unter Einsatz ihres Lebens gekämpft.

Aber auch die Möglichkeit darf nicht außer acht gelassen werden, daß Hippolyte niemals daran dachte, vor Herakles ihren Gürtel zu lösen, daß sie also ohne jedes sexuelle Interesse an dem griechischen Helden mit ihm nicht nur um das Zeichen ihrer Königinnenwürde, sondern auch um das Symbol für ihre Unabhängigkeit und selbstbestimmte Sexualität kämpfte. Dann wäre die Angabe, Herakles hätte sie getötet und ihren Gürtel genommen, bildhaft zu lesen: Herakles hätte Hippolyte, nachdem er sie ermordet hatte, auch noch vergewaltigt.[16]

b) Theseus und Antiope
Theseus, König von Athen, wollte in seinem Heldentum dem berühmten Herakles um nichts nachstehen. Einige Jahre nachdem Herakles das Heer der Amazonen aufgerieben hatte, reiste auch Theseus ins Land der Amazonen. Dort fand er – o Wunder! – nicht etwa einen verödeten Landstrich vor, sondern die Amazonenkönigin Antiope begrüßte ihn mit reichen Gaben.
Doch kaum war Antiope an Bord seines Schiffes gegangen, segelte Theseus mit ihr davon. Die Amazonen waren überzeugt, daß Theseus Antiope entführt hatte. Antiopes Schwester Oreithyia schwur, die Entführung der Antiope zu rächen. Sie schloß ein Bündnis mit den Skythen und führte ein mächtiges Amazonenheer bis Athen. Der Kampf zwischen den Athenern und den Amazonen soll vier Monate gedauert haben.
Erstaunlicherweise kämpfte Antiope auf Seiten der Athener gegen ihr eigenes Volk. Die einen erzählen, sie hätte nach der Entführung sich in Theseus verliebt, die anderen glauben sogar, daß sie Theseus freiwillig von Anfang an nach Athen folgte. Nach vier Monaten schlossen Oreithyia und Theseus Frieden, und die Amazonen zogen aus Athen wieder ab. Antiope überlebte die Kämpfe. Doch Theseus, der nicht mit Antiope verheiratet war, wandte sich von ihr ab. Theseus gedachte, Phaedra, die Tochter seines neuen kretischen Bündnispartners, zu ehelichen. Antiope widersetzte sich den Plänen des Theseus. Sie stürmte vollbewaffnet in die Hochzeitsfeierlichkeiten und bedrohte die Gäste. Theseus und seine Gefährten schlossen die Tore und töteten sie in einem erbitterten Kampf. Und das, obwohl sie ihm Hippolytos, auch Demophon genannt, geboren hatte und ihm so treu ergeben war, daß sie niemals mit einem anderen Mann schlief.[17]

Die Geschichte beschreibt an Hand der Amazonenkönigin Antiope einen Prozeß, von dem ich mir vorstellen kann, daß er nicht unwesentlich zum Untergang mutterrechtlicher, matriarchaler Gesellschaften geführt hat. Eine Frau verliebt sich in einen patriarchalen Helden, das heißt in einen Mann außerhalb ihrer Sippe, der seine Kraft nicht den Lebensnotwendigkeiten der mütterlichen Sippe zur Verfügung stellt, sondern die Unterwerfung der Frau als naturgegeben ansieht und seine Kraft für den Erhalt seiner Macht und die Vermehrung seines persönlichen Besitzes durch Eroberung verwendet. Selbst wenn eine Frau – wie Antiope – ihre Unabhängigkeit dadurch wahrt, daß sie den Mann nicht heiratet, sich ihm also nicht durch einen Ehevertrag unterwirft, ist dieser Liebe in der Heimat des Mannes wohl selten

Glück beschieden. Männer, die zum Verrat am eigenen Volk verführen, haben nun mal keinen anständigen Charakter.

Theseus, der schon Ariadne, die ihm das Geheimnis des Labyrinths verraten und für ihn ihr Volk verlassen hatte, einfach auf einer Insel ohne Wasser hatte sitzenlassen, ist dafür das beste Beispiel. Antiope war sicher auch den anderen Griechen nicht willkommen. Ihre Unabhängigkeit – unverheiratet und dazu wehrhaft – stellte für die Griechen eine latente Gefahr dar, daß auch ihre unterjochten Ehefrauen auf den Geschmack der Freiheit kommen könnten. Das Ansehen des Theseus erhöhte sich. War es ihm doch gelungen, eine Amazone zu bezähmen. Daß Antiope zum Schluß von Theseus für die nächstbeste Frau, von deren Heirat er sich einen Vorteil versprach, sitzengelassen und nachfolgend von ihm auch noch ermordet wurde, entlockte den Griechen kein Mitleid. Im Gegenteil. Theseus' Gefährten halfen ihm, die Kriegerin bei geschlossenen Toren umzubringen.

Für die Amazonen andererseits muß es wirklich unvorstellbar gewesen sein, daß eine der ihren freiwillig einem Fremden folgte. Sie hätten den Fortgang ihrer Königin und den Verrat an ihren Grundsätzen wohl auch nicht gebilligt. Dies muß der Grund dafür gewesen sein, daß Antiope ihr Land verließ, ohne ihren Frauen die Wahrheit über sich und Theseus zu verraten. Das Mißverständnis, Antiope sei entführt worden, führte zu einem lang dauernden Krieg, der das Volk der Amazonen schwächte. Nun war es nicht so, wie viele Redner aus Athen immer wieder versicherten, daß die Amazonen so vernichtend geschlagen wurden, daß die daheimgebliebenen Frauen zur Beute benachbarter Völker wurden, aber die Unaufrichtigkeit der Antiope hat ihrem Volk viel Schaden zugefügt.

Die Geschichte von Antiope und Theseus scheint mir ein Paradebeispiel dafür zu sein, daß mutterrechtliche Gesellschaften wie die Amazonen, aber auch matriarchale Gesellschaften überhaupt, nicht nur durch Eroberung und Unterdrückung in patriarchale Gesellschaftssysteme verwandelt werden, sondern daß das Patriarchat auch von innen heraus ermöglicht wird, weil Frauen patriarchale Männer zu lieben bereit sind.

Der Philosoph Thales soll auf die Frage, wofür er dem Schicksal dankbar sei, geantwortet haben: „Erstens dafür, daß ich als Mensch und nicht als Tier geboren wurde, zweitens, daß ich als Mann und nicht als Frau geboren wurde, und drittens, daß ich ein Grieche und nicht ein Barbar bin." Damit umriß er ziemlich genau, wer in Griechenland als Träger aller Kultur galt: der griechische Mann. Demgegenüber – somit ohne jede Kultur – stand das Bild der bestialischen, barbarischen Frau.

Die griechischen Künstler taten ihr Möglichstes – in Mythen, Vasenmalereien, Skulpturen oder Literatur –, um das Bild der Amazonen dem anzugleichen, was sie als Feind der griechischen Kultur betrachteten. Sie wurden als bestialisch, also inhuman, unmenschlich dargestellt. Sie wurden als Barbarinnen betrachtet, denen die griechische Kultur – und somit jegliche Kultur – fremd war. Dabei ist es interessant zu erfahren, wie die – kultivierten, zivilisierten – Griechen Barbarentum definierten: Für sie waren all jene Barbaren, deren Sprache sie nicht verstanden, die also unverständlich, „bar-bar-bar", vor sich hin redeten. Die Griechen waren in einem Ausmaß arrogant, das man heute als dumm bezeichnen würde. Wer also etwas über den Ursprung, die Eigenheiten und die Kultur der Amazonen erfahren möchte, ist auf die mageren Erkenntnisse der gegenwärtigen Archäologie und Geschichtsforschung angewiesen. Die Mythen der Griechen sind dafür gänzlich ungeeignet.

Vielleicht können wir dem Wesen der Amazonen, die Robert von Ranke-Graves für die Trägerinnen eines vorhellenischen Pferdekults hält[18], aber doch etwas näher kommen, wenn wir uns der Göttin Artemis zuwenden, die die Amazonen – und da sind sich alle griechischen Mythographen einig – verehrt haben.

6. Artemis
Die jungfräuliche Jägerin und Herrin der Tiere

Artemis ist die Zwillingsschwester des Sonnengottes Apollon. Einst hatte der liebestolle Zeus sich und die Titanin Leto in Wachteln verwandelt, und sie paarten sich. Die eifersüchtige Hera entsandte die Schlange Python, auf daß sie Leto überall hin verfolgen solle und verhindere, daß sie gebäre. Doch Leto brachte auf Ortygia Artemis zur Welt, neun Tage später gebar sie mit Hilfe der tüchtigen Artemis auf Delos Apollon.

Eines Tages, als die dreijährige Artemis auf den Knien des Zeus saß, fragte er sie, was sie sich wünschte. Artemis antwortete schnell: „Ich bitte dich, gib mir ewige Jungfräulichkeit; so viele Namen, wie mein Bruder Apollon hat; Pfeil und Bogen gleich dem seinen; das Amt der Lichtbringerin; ein safrangelbes Jagdgewand mit rotem Saum, das bis zu meinen Knien reicht; sechzig junge Ozeannymphen, im Alter wie meine Ehrenjungfern; zwanzig Flußnymphen von Amnisos in Kreta, um meine Jagdgewänder zu pflegen und meine Hunde zu füttern, wenn ich auf der Jagd bin; alle Berge der Welt; und zuletzt jede Stadt, die du für mich auswählen solltest, aber eine wäre genug, denn ich möchte den Großteil meiner Zeit auf den Bergen leben: Unglücklicherweise werden mich oft Frauen in den Wehen anrufen, da mich meine Mutter ohne Schmerzen trug und gebar. Deshalb haben mich die Schicksalsgöttinnen zur Schutzgöttin der Gebärenden gemacht."

Sie faßte den Bart des Zeus, und er lächelte stolz und gewährte ihr die Erfüllung ihrer Wünsche. Er gab ihr aber nicht eine, sondern dreißig Städte auf dem Festland und den Inseln und ernannte sie zur Hüterin ihrer Straßen und Häfen.

Artemis dankte ihm und sprang von seinen Knien. Sie wählte sich neunjährige Nymphen zu ihren Begleiterinnen. Artemis befahl den Kyklopen, ihr einen silbernen Bogen mit einem Köcher voller Pfeile zu schmieden. Pan schenkte ihr drei langohrige Jagdhunde, die zusammen imstande waren, lebende Löwen zu ihrer Hütte zu zerren.

Artemis fing zwei gehörnte Hindinnen (Hirschkühe), spannte sie mit goldenem Zaumzeug vor einen goldenen Wagen und fuhr gegen Norden über den thrakischen Berg Haimos. Auf dem mysaischen Olymp schnitt sie ihre erste Tannenfackel, die sie an der Glut eines vom Blitz getroffenen Baumes entzündete. Sie versuchte ihre Pfeile viermal: Ihre beiden ersten Ziele waren Bäume, ihr drittes ein wildes Tier und ihr viertes eine Stadt voll ungerechter Menschen.

Dann kehrte sie nach Griechenland zurück. Die Nymphen spannten ihre Hindinnen aus und rieben sie ab. Mit dem gleichen schnellwachsenden Klee von Heras Weiden, den die Rosse des Zeus fressen, wurden sie gefüttert. Das Wasser soffen sie aus goldenen Tränken.

Artemis verlangte dieselbe vollständige Keuschheit von ihren Begleiterinnen, wie sie selbst sie befolgte. Als Zeus eine von ihnen verführte, und zwar Kallisto, und Artemis bemerkte, daß sie schwanger war, verwandelte sie sie in eine Bärin und hetzte ihre Hunde auf sie. Angeblich wäre Kallisto zerfetzt worden, hätte Zeus sie nicht selbst in den Himmel geholt und dort ihr Abbild zwischen die Sterne gesetzt.[19]

Der Mythos der Göttin Artemis ist voller spannender Hinweise. Hat man je von einem neun Tage alten Mädchen gehört, das der Mutter bei der Geburt ihres eigenen Zwillingsbruders hilft? Artemis ist eindeutig eine Göttin, die, kulturgeschichtlich gesehen, wesentlich älter als ihr vermeintlicher Zwillingsbruder ist. Der olympische Mythos, der nach patriarchalem Strickmuster behauptet, Artemis sei eine Tochter des Zeus, versucht dies zu verschleiern. Der Mythos läßt Artemis um gleich viele Namen bitten, wie sie ihr Bruder habe, und um einen Bogen gleich dem seinen. Es wird suggeriert, das kleine Mädchen Artemis wolle sein wie ihr „großer Bruder". Dabei ist eindeutig sie die große Schwester, ohne die er nicht auf die Welt gekommen wäre. Wir beobachten hier einen Vorgang, der uns schon einmal im Lauf dieses Buches begegnet ist: Unter dem Einfluß des Patriarchats werden Schwester und Bruder plötzlich zu Zwillingen, eh frau es sich versieht, „überholt" der kleine Bruder die große Schwester und mausert sich zum wichtigeren Gott. Diesen Vorgang haben wir im Zweistromland beobachtet, wo Inanna als ältere Schwester des Sonnengottes Utu galt. Kaum war die Göttin Inanna zur Göttin Ischtar geworden und aus Utu der herrliche Sonnengott Schamasch, werden die beiden plötzlich als Zwillinge bezeichnet. Und als dann der König Gilgamesch auf den Plan tritt, hat der Sonnengott keine Skrupel mehr, Gilgamesch zu beschützen, obwohl dieser auf ungeheuerliche Art und Weise die Göttin Ischtar schmäht. Die olympischen Mythen gehen bei der Durchsetzung desselben Ziels – nämlich den Bruder gegenüber der Schwester aufzuwerten – viel subtiler vor und lassen Klein-Artemis sich danach sehnen, so zu werden wie ihr toller Bruder.

Überhaupt ist die Art, wie Zeus „seine" Tochter beschenkt, aufschlußreich. Gönnerhaft gewährt der große Zeus seinem kleinen Mädchen alle Wünsche. Benimmt sich Artemis nicht sagenhaft schlecht? Gierig fordert sie unzählige Geschenke. Wie kann da ihr Vater noch auf sie stolz sein? Es wird ihm halt nichts anderes übrig geblieben sein. Das Kind Artemis zählt all jene Attribute und Fähigkeiten auf, die mit der vorhellenischen Göttin Artemis schon lange vor Zeus' Ankunft in Griechenland verbunden waren. Daß Zeus Artemis schon in ihrer Kindheit mit all ihren Fähigkeiten ausstattet, die sie als unabhängige und selbständige Göttin charakterisieren, wird wohl die Bedingung gewesen sein, unter der die VerehrerInnen der Artemis bereit waren, die Vaterschaft, d.h. Oberherrschaft des Zeus über Artemis zu akzeptieren. Schlimm genug, daß sie ihre angestammten Attribute und Fähigkeiten angeblich als Geschenk des Göttervaters erhält.

Daß unter den „Geschenken" auch das Amt der Lichtbringerin war, freut mich besonders. Da ich die Weisheits- und Lichtgöttinnen dem Sternzeichen Schütze zuordne, ist schön zu sehen, daß Artemis, die berühmteste Schützin der griechischen Mythen, auch noch – so ganz nebenbei – das Amt der Lichtbringerin versah.

Zum Glück wird Artemis nach der großmütigen Geschenkorgie, auch in der griechischen Version ihres Mythos, selber aktiv und zeigt, daß sie sehr gut allein fähig ist, ihre Angelegenheiten zu ordnen. Sie bestellt Pfeil und Bogen, holt ihre Hunde ab und fängt sich Hirschkühe, die sie vor ihren Wagen spannt. Man könnte meinen, nun sei sie ausgerüstet für ihre Taten als griechische Göttin. Doch nein, sie unternimmt noch schnell einen Ausflug und reist just in jenes Gebiet nördlich von Thrakien, das auch als Heimat der Amazonen immer wieder im Gespräch ist: zum nördlichen Ufer des Schwarzen Meeres. Dort, wo im übrigen auch das Volk der Skythen beheimatet ist, mit dem sich die Amazonen verbündeten, „probiert" Artemis ihre Pfeile aus. (Irgendein griechisches Wäldchen hätte es dafür wohl auch getan.) Von dort kehrt sie zurück als die Göttin des Waldes und der Jagd, die jedes noch so wilde Tier mit einem Schuß erlegen kann. Sie kommt zurück als Herrin über Leben und Tod, denn der Pfeil, den sie auf die Stadt voller ungerechter Menschen schoß, brachte den BewohnerInnen Pest und Tod. Der Ausflug beschreibt die wahre Heimat der Göttin Artemis, deren Kindheit nur die griechischen Mythen auf die Knie des Zeus verlegt haben.

Bezeichnend ist auch, daß das erste, was Artemis fordert, ewige Jungfräulichkeit ist. Damit war nicht – wie uns die Interpreten griechischer Mythologie so lange glauben machen wollten – die zimperliche Wahrung ihres Jungfernhäutchens, d.h. ein Leben ohne sexuelle Beziehung gemeint, sondern die Freiheit des sich selbst Gehörens, Freiheit von jeder Unterordnung im Rahmen dessen, was die Griechen Ehe nannten. Nur wenn wir unter Jungfräulichkeit die Unabhängigkeit vom Mann verstehen, ist der Begriff in antiken Mythen zu erklären.

Die griechischen Mythen sind voll von Berichten, in denen Göttinnen – gleich ob sie ewige Jungfräulichkeit gelobt hatten oder nicht – nach einem Liebesabenteuer ein Bad nehmen und mit diesem Akt ihre Jungfräulichkeit erneuern. Aphrodite badete im Meer, nachdem sie mit Ares die Nacht bis zum Morgen in leidenschaftlicher Umarmung verbracht hatte. Es war ihr völlig egal, daß die Götter, die die beiden entdeckt hatten, anzügliche Bemerkungen machten: Aphrodite reiste nach Paphos und erneuerte durch ein Bad ihre Jungfräulichkeit. Auch Hera, die – wie wir hörten – von Zeus vergewaltigt wurde und sich dann bereit erklärte, den Vergewaltiger zu heiraten, badete während ihrer dreihundertjährigen Hochzeit regelmäßig in den Quellen von Kanathos und erneuerte so ihre Jungfräulichkeit.

Die Lektüre der griechischen Mythen vermittelt das Bild einer Jägerin, die eifrig auf ihre Jungfräulichkeit bedacht ist. Die Geschichte, wie Artemis eine ihrer Begleiterinnen, Kallisto, fast zu Tode gehetzt hätte, scheint dies zu bestätigen. Doch gibt es auch noch eine frühere Version dieser Sage, laut der Artemis selbst sich in eine Bärin verwandelte, um vor Zeus zu fliehen. Nach Ranke-Graves war Artemis ursprünglich die Herrin des Himmels gewesen, eine Stellung, die sie an Zeus verlor.[20] Es ist typisch für die Anhänger des Zeus, den Mythos dergestalt zu verändern, daß Zeus als Retter einer liebreizenden Artemisgefährtin dastand, die sich doch keines anderen „Verbrechens" schuldig gemacht hatte, als mit ihm eine Nacht zu verbringen.

Artemis hingegen wird zur eifersüchtigen kleinkarierten Jungfer degradiert, die das Nachsehen hat.

Abb. 37: Artemis, Herrin der Tiere und Göttin der Jagd[21]

Und schon wird aus der Bärin oder dem Bären, dem heiligen Tier der Göttin, das Zeichen ihres Versagens, mit dem sie auch weiterhin verbunden bleibt.

In Brauron in der Nähe von Athen war Artemis ein Tempel geweiht, in dem ein Brauch gepflegt wurde, der so gar nicht zu allem paßt, was die griechischen Mythen über Artemis erzählen, der ihrem Jungfräulichkeits- bzw. Unabhängigkeitsideal geradezu diametral entgegengesetzt ist.

In Brauron, so wird erzählt, sei immer wieder eine Bärin in das Heiligtum gekommen und fast zahm gewesen. Eines Tages habe sie ein junges Mädchen beim Spielen im Gesicht gekratzt. Der Bruder des Mädchens habe die Bärin daraufhin getötet und damit eine Landplage heraufbeschworen. Um die Göttin, deren Tier die Bärin war, zu besänftigen, müssen seitdem nach Vorschrift des Orakels die jungen

Mädchen vor ihrer Heirat „die Bärin spielen" und das safrangelbe Gewand tragen.[22]

Im Heiligtum der Artemis von Brauron befanden sich ungefähr hundert Mädchen, die nicht älter als zehn Jahre sein durften, die also genau jenes Alter hatten wie die Begleiterinnen der Artemis im Mythos. Die Mädchen sind auf Vasen abgebildet: Sie sind nackt oder tragen kurze Kleider, ihr Haar ist bis auf Schulterhöhe geschnitten, und sie laufen. In einer Szene ist in der Mitte ein Bär dargestellt, und die kleinen Mädchen gehen auf einen Altar zu. In einer anderen Szene tauchen eine Frau und ein Mann auf, die Bärenmasken tragen. Nach Meinung von Christiane Sourvinou-Inwood zeigen die Darstellungen den Höhepunkt des Dienstes der Mädchen als Bärinnen, das Ende der Periode der Initiation. Worin wurden ihrer Meinung nach die Mädchen initiiert? Die Monate ihres Aufenthalts könnten eine Art Austreibung der „Bärin", die die „Wildheit" der Kindheit symbolisierte, gewesen sein. Mit dem Ablegen des safrangelben Gewandes ließen die Mädchen daher ihre Kindheit hinter sich, traten in die Pubertät ein, die die letzte Stufe vor dem heiratsfähigen Alter ist. Das eigentliche Ziel dieser zugleich sozialen und kultischen Erziehung sei, die jungen Mädchen zu ihrer Bestimmung als Ehefrauen hinzuführen.[23]

Das Furchtbare ist, daß Sourvinou-Inwood wahrscheinlich recht hat. So sehr ich neun- bis zehnjährigen griechischen Mädchen ein paar Monate des Wildseins gegönnt hätte, so sehr befürchte ich, daß genau diese Wildheit ihnen ausgetrieben werden sollte, damit sie lernten, zahme Ehefrauen zu werden. Und ausgerechnet die auf ihre Jungfräulichkeit und Unabhängigkeit bedachte Göttin Artemis wurde dazu mißbraucht, die Mädchen ihrer Jungfräulichkeit und Unabhängigkeit zu berauben und durch den Ehevertrag dem Mann unterzuordnen. Eine Ehefrau in Athen war in jedem Fall ohne Macht über ihre Person, ihre Güter und ihre Kinder. Sie stellte, unter Vormundschaft, die Verbindung zwischen drei Männern her: ihrem Vater, ihrem Ehemann und ihrem Sohn. Sie war das stumme Bindeglied, wie Eva Cantarella sie in ihrem Buch über die Frau in der antiken Stadt genannt hat.[24]

Für mich zeigt sich im Kult der kleinen Bärinnen, wie immer er im einzelnen ausgesehen haben mag, vor allem eines: Das Bild ist stärker als das Wort, die Erzählung. Wie wir schon mehrmals gesehen haben, ist es möglich, ein Bild zu nehmen – in diesem Fall das der im Wald umherstreifenden jungen Göttin, ihr Symboltier, die Bärin, und ihren Tempel – und zu diesem Bild einen neuen Mythos zu kreieren, in dem ein junges Mädchen, eine Bärin und ein Tempel vorkommen, und daraus einen Grund für einen Ritus zu entwerfen, der uns wieder Mädchen bei einer Bärin in einem Tempel zeigt. Das Bild bleibt, sein Inhalt wird ins Gegenteil verkehrt.

In Ephesos wurde Artemis als vielbrüstige Herrin aller weiblichen Tiere verehrt. Als Gründerinnen des Artemisheiligtums gelten u.a. die Amazonen.[25] Der Tempel mit der turmhohen Statue der vielbrüstigen „Mutter Artemis" galt als eines der sieben Weltwunder.[26] Laut Heide Göttner-Abendroth war die Artemis von Ephesos durch den Kult der Heiligen Hochzeit mit einem männlichen Begleiter verbunden. Als Attribute nennt sie Datteln, Wachteln und Bienen, alle drei Zeichen der Fruchtbarkeit und in der Biene auch noch der Verweis auf weibliche Staatenbildung.[27] Als Herrin über Leben und Tod, angezeigt durch ihre Hebammentätigkeit und die Pestpfeile, verfügt Artemis auch über jene Fähigkeiten und Attribute, die mit der weisen alten Göttin verbunden werden. Artemis ist eine dreifache Göttin: Die jungfräuliche Jägerin entspricht der weißen Göttin, die Artemis von Ephesos der roten Göttin und die Hebamme und Todesschützin der schwarzen, der Tod-im-Leben-Göttin.

Das berühmteste Heiligtum der Artemis, jener Tempel in Ephesos, blieb noch lange Zeit ein kultisch heiß begehrter Ort. Als der Apostel Paulus nach Ephesos kam, empörte sich ein Silberschmied namens Demetrius, der sein Geld mit dem Verkauf silberner Artemistempelchen verdiente, daß durch das ständige Missionieren des Paulus der Tempel der Artemis bald nicht mehr geachtet und die Göttin, die doch in ganz Asien und im gesamten Erdkreis verehrt werde, dieser Verehrung beraubt werden würde. Als die Menschen dies hörten, riefen sie: „Groß ist die Artemis von Ephesos!" Und im Volk brach ein Tumult aus. Der Stadtschreiber beruhigte die Menschen: Niemand könne daran zweifeln, daß die Stadt der Epheser die Tempelhüterin der Großen Artemis sei.[28]

Der Stadtschreiber sollte sich irren. Im 4. Jahrhundert übernahmen die ChristInnen den Tempel der Artemis und weihten ihn „Unserer lieben Frau". Die Formulierung war raffiniert gewählt. Denn die Menschen konnten im Tempel weiterhin Artemis oder die Göttin unter ihrem römischen Namen Diana verehren. Auf diese Art hofften die Christen die Verehrung der Göttin schleichend in eine Marienverehrung umzuwandeln. Offenbar ohne Erfolg. Das Konzil von Ephesos versuchte im Jahr 432 die Verehrung der Göttin zu verbieten. Doch dieses Vorgehen rief wiederum den Unmut des Volkes wach. Die Bischöfe wurden von Menschenmassen mit dem Ruf belagert: „Gebt uns unsere Diana der Epheser!"[29] Gnostische ChristInnen setzten Sophia, ihre Göttin der Weisheit, ebenfalls mit der Artemis von Ephesos gleich. Als der Artemistempel schließlich niedergerissen wurde, wie es die Evangelisten befohlen hatten, brachte man seine prächtigen Porphyrsäulen nach Konstantinopel und stellte sie in der Kirche der Heiligen Sophia, in der Hagia Sophia, auf.[30]

Das war das Ende des offiziellen Artemiskultes, doch die Göttin tauchte in Verkleidung so mancher christlicher Heiliger immer wieder auf. Der Trick, den Tempel „Unserer lieben Frau" zu weihen, war allerdings auf Dauer gesehen einer der besten, den die ChristInnen sich je einfallen ließen. Frau muß in katholischen Gegenden nicht weit laufen, um Kirchen „Unserer lieben Frau" zu finden. Auf wessen Heiligtum oder geweihtem Boden sie wohl stehen?

7. Diana
Öffnerin des Schoßes und Göttin der Jagd

Die römische Diana streifte durch die Haine und Wälder, die als ihre Heiligtümer galten. Sie war wie die griechische Artemis die Göttin des Waldes, Herrin der Tiere und der Jagd. Das berühmteste Heiligtum der Diana war der Hain von Nemi.[31] Den klaren Kratersee von Nemi nannten die Menschen „Spiegel der Diana", da sie annahmen, daß er ihr Bild widerspiegelte, wenn sie auf ihren Streifzügen den heiligen Hain besuchte.[32]

„Himmelskönigin" war ein Titel der Göttin Diana. Vielleicht ist die Sitte, sie nur im Wald bzw. unter freiem Himmel zu verehren, ein Relikt davon, daß Diana einst auch eine Himmelsgöttin gewesen war. Ihren Titel „Himmelskönigin" hat sie auf jeden Fall behalten. Ihr Fest feierten die Frauen am 13. August. Die Frauen Roms veranstalteten zu den Tempeln Dianas und Hekates einen Fackelzug. Sie führten geschmückte Jagdhunde mit sich, die sie an kurzer Leine hielten, um die Wildtiere nicht zu stören, die ebenfalls unter Dianas Schutz standen. Sie zogen bis nach Aricia zu Dianas Hain. Diana galt auch als die Seele der Natur. Ab Mitte August konnte die Ernte eingebracht werden. Die Römerinnen bedankten sich für das, was ihnen die Natur in Fülle schenkte, und baten um gutes Wetter für die Zeit der Ernte.[33]

Die ChristInnen haben dieses Datum auf zwei Tage genau beibehalten und mit einem Marienfest belegt. Nicht mit irgendeinem, sondern mit dem Fest der Himmelfahrt Mariens. Bis heute ziehen am 15.

August Prozessionen zu den prachtvollen Kirchen, die Mariä Himmelfahrt geweiht sind.

Wie die griechische Artemis wurde auch Diana um Beistand bei der Geburt angerufen. Als Diana Egeria war sie die Schutzgöttin der gebärenden Frauen, weshalb sie auch als „Öffnerin des Schoßes" bezeichnet wurde.[34]

Der Kult um die Göttin Diana wurde – wie der der Artemis in Griechenland – von den christlichen Priestern als bedrohlich empfunden. Sie betrachteten Artemis bzw. Diana als Hauptrivalin ihres Gottes. Doch die Anbetung der Diana konnte auch durch Christianisierungsversuche nicht verdrängt werden.[35] Während der Inquisitionszeit erklärte der berüchtigte Inquisitor Torquemada Diana zur Teufelin.[36] Trotzdem blieb Diana während des ganzen Mittelalters hindurch die Gebieterin der dichten und dunklen Wälder Europas.[37] Als Dea Arduenna war sie die Schutzmatronin der Ardennen, als Dea Abnoba die des Schwarzwalds. Die SerbInnen, TschechInnen und PolInnen kannten sie als die Wald- und Mondgöttin Diiwica, Devana und Dziewona.[38] Für lange Zeit – in England bis ins 18. Jahrhundert – blieb sie die Göttin der Wälder und der Jagd.[39]

8. Demeter Hippia
Die Vergewaltigung der Göttin in Pferdegestalt

Der Demeter-Mythos erzählt unter anderem, wie die Göttin Demeter und der Gott Poseidon aufeinander trafen. Ich halte dies für eine Beschreibung, wie Poseidon versucht, die Gewalt über den vorhellenischen Kult der Pferdegöttin Demeter Hippia zu erlangen.

Nachdem Persephone von Hades entführt und in die Unterwelt gebracht wurde, suchte die Göttin Demeter überall und tagelang nach ihrer Tochter.

Die Geschichte von der Entführung Persephones und der Suche Demeters nach ihrer Tochter ist sehr lang. Poseidon taucht darin lange Zeit gar nicht auf. Plötzlich ist er da und vergewaltigt die Göttin. Im Kapitel über Demeter erwähnt Ranke-Graves das Ereignis mit dem lapidaren Satz: „Am zehnten Tage kam Demeter... nach Eleusis, nachdem sie ein peinliches Zusammentreffen mit Poseidon zwischen den Herden des Onkos gehabt hatte."[40]

Dieses „peinliche Zusammentreffen" wollen wir uns in der Schilderung von Ranke-Graves näher anschauen.

„Gewiß, Pferde sind dem Gott Poseidon geweiht, vielleicht wegen seiner liebestollen Jagd auf Demeter, als diese voller Tränen ihre Tochter Persephone suchte. Es heißt, daß Demeter, erschöpft und entmutigt durch ihre ergebnislose Suche und ohne jeden Sinn für erotisches Geplänkel mit irgendeinem Gott oder Titanen, sich in eine Stute verwandelte und mit den Herden des Onkos, eines Sohnes Apollons, der im arkadischen Onkeion regierte, zu weiden begann. Jedoch konnte sie Poseidon nicht täuschen: Er verwandelte sich selbst in einen Hengst und nahm von ihr Besitz. Dieser schändlichen Vereinigung entsprangen die Nymphe Despoina und das wilde Pferd Arion. Demeters Zorn war so unversöhnlich, daß sie noch immer als ‚Demeter, die Furie' angebetet wird."[41]

Auf den ersten Blick könnten wir glauben, Ranke-Graves wolle die Vergewaltigung verurteilen, indem er sie eine „schändliche Vereinigung" nennt. Aber mit dem Vergewaltiger wird eigenartig behutsam umgegangen: Von einer liebestollen Jagd ist die Rede. War Poseidon aus Liebe zu Demeter so außer sich, daß er für die Vergewaltigung der Göttin keine Verantwortung mehr übernehmen muß? Außerdem wird suggeriert, Demeter trage Mitschuld an der Vergewaltigung. Wie sonst wäre die Aussage zu verstehen, es sei ihr nicht gelungen, Poseidon zu täuschen. Demeter hatte nicht vor, irgend jemanden zu täuschen, auch nicht Poseidon, der wie gesagt bisher in der Geschichte nicht vorgekommen war. Sie wollte nur auf der Suche nach ihrer Tochter ein wenig ausruhen, und so nahm sie ihre Stutengestalt an und begann mit den anderen Pferden zu weiden.

Ich sehe in diesen Widersprüchen antiker Mythenüberlieferung, die Ranke-Graves wiedergibt, ein offensichtliches Verschleierungsmanöver männlicher Mythographen, das nur darauf abzielt, die Vergewaltigung durch Poseidon zu beschönigen. Wie ich schon bei Hera gezeigt habe, zogen die drei Brüder Zeus, Poseidon und Hades, nachdem sie sich die Herrschaft über die oberirdische Welt und den Himmel (Zeus), das Meer (Poseidon) und die Unterwelt (Hades) geteilt hatten, vergewaltigend durch die Lande. Die neuen Götter versuchten ihre Göttlichkeit und ihren Anspruch auf Führerschaft durch die Verbindung mit den alteinsässigen Göttinnen zu legitimieren. Doch die Göttinnen ließen ihre „Verehrer" regelmäßig abblitzen, da sie – verständlicherweise – keine Lust hatten, ihre Unabhängigkeit aufzugeben und sich den Göttern durch einen Heiratsvertrag unterzuordnen. Doch die neuen Götter hatten keine Ehrfurcht vor den Göttinnen. Sie nahmen sie sich mit Gewalt. Hera war nach der Vergewaltigung durch

Zeus bereit, ihn zu heiraten. Demeter aber wurde zur Furie. Trotzdem werden nicht die Vergewaltiger wegen ihren schändlichen Taten verurteilt, nein, die Göttinnen sind bestenfalls zornig oder müssen sich wegen der „schändlichen Vereinigung" schämen. Weder Schande noch Fluch fallen auf die Täter. Das sagt alles darüber, welche Verhältnisse zwischen Männern und Frauen im patriarchalen Griechenland herrschten.

Zurück zu unserer Suche nach der pferdegestaltigen Göttin. Demeter wurde in Phigalia als die pferdeköpfige Schutzherrin Demeter Hippia des vorhellenischen Pferdekultes verehrt.[42] Ihre Statue beschreibt Pausanias. Die pferdeköpfige Demeter hielt sitzend in einer Hand eine Taube, in der anderen einen Tümmler. Pausanias schließt daraus, daß sie nicht nur dem Pferdekult vorstand, sondern auch die Herrin des Tümmlerkults war.[43] Demeter konnte sich in eine Stute verwandeln. Der Mythos erzählt also genau, was passiert ist: Die vorhellenische, in Arkadien alteingesessene Pferdegöttin Demeter wurde durch den zugewanderten hellenischen Gott Poseidon erobert und vergewaltigt. Der Mythos schildert die hellenische Invasion Arkadiens. Daß dafür das Bild einer Vergewaltigung gewählt wurde, läßt vermuten, daß die Invasoren mit brutaler Gewalt gegen die Arkadierinnen, die Verehrerinnen der Demeter, vorgingen. Demeter hat sich aber in keinem Mythos dem Poseidon unterworfen, noch hat sie ihm seine Tat je verziehen. Es gibt keine Heirat, keine Verbindung, die den gewaltsamen Akt der Unterwerfung legitimieren könnte. Die AnhängerInnen der Demeter konnten sich gegen die aggressive Eroberung nicht wehren, aber sie versagten der neuen Religion die Verflechtung der Mythen. Die religiöse Oberhoheit des Poseidon blieb umstritten. Neben dem neuen Pferdekult des Poseidon existierte weiterhin der Pferdekult der Demeter.

Den Ort der Vergewaltigung finde ich aufschlußreich: Sie passierte in den Herden des Onkos. Ranke-Graves meint hierzu, daß die Pferde dem Mond geweiht gewesen seien. Diese These ist nicht nur unverständlich, sie scheint mir unhaltbar. Der Mythos benennt die Pferde eindeutig als Sonnenpferde, sie gehören Onkos, dem Sohn des Sonnengottes Apollon. Da wir gesehen haben, wie schnell sich im Patriarchat alte Besitzverhältnisse zugunsten neuer Götter ändern und neue Götter Vaterschaften für sich reklamieren, würde ich auf die Information, Onkos sei ein Sohn des Gottes Apollon, nicht viel geben. Was mir wichtiger erscheint, ist die Erwähnung der Sonne: daß nämlich die pferdegestaltige Demeter zwischen Sonnenpferden weidet.

So wie Demeter sich nicht gegen die Vergewaltigung wehren konnte, konnte sie auch nicht verhindern, daß die Kinder aus dieser Vergewaltigung nach neuem Recht als die Kinder des Poseidon angesehen wurden: die pferdegestaltige Nymphe Despoina und das wilde Pferd Arion.

Arion wird als schwarzmähniges, geflügeltes Pferd beschrieben. Despoina ist ein Name der Demeter selbst.[44] Auch Demeters Tochter Persephone wurde Despoina genannt. Despoina ist also der Name der Göttin Demeter in ihrer Nymphengestalt, d.h. als roter lustvoller Muttergöttin. Gleichzeitig ist Despoina auch Demeters Name in der Gestalt der weißen jungfräulichen Göttin, verkörpert durch ihre Tochter Kore, sowie ihr Name als schwarze Göttin der Unterwelt, ebenso verkörpert durch Kore, die zu Persephone, zur Göttin der Unterwelt, wurde. Wenn der Mythos also erzählt, der „schändlichen" Vereinigung zwischen Poseidon und Demeter sei die Nymphe Despoina „entsprungen", dann wird Poseidon zum Vater der Göttin Demeter erhoben, die sich selbst unter dem Namen ihrer dreifachen Gestalt gebiert. Komplizierter geht's nicht. Aber wie wir wissen, scheuten die neuen patriarchalen Götter keine Mühe, um ihre neue Hierarchie zu etablieren. Daß dabei die simpelsten logischen Überlegungen auf der Strecke blieben, scheint sie nicht gestört zu haben. Das Ergebnis, daß nämlich Poseidon sich zum Vater der Demeter macht, ist so unglaublich, daß sich niemand im Mythos getraut, es laut auszusprechen.

Die Vergewaltigung der Demeter wird im Lauf der Zeit immer mehr beschönigt. Und so kommt es, daß Patricia Monaghan, deren Arbeit ich sonst sehr schätze, über Demeter schreibt, sie habe als „Demeter Hippia den Meeresgott Poseidon zum Liebhaber genommen".[45] Die absurdesten Geschichten werden „wahr", wenn sie nur oft genug erzählt werden.

9. Epona
Die matriarchale Pferdegöttin behauptet sich im Römischen Reich

Von Epona ist uns kein Mythos überliefert, aber mehr als dreihundert Weiheinschriften und Darstellungen zwischen Portugal und Bulgarien, den britischen Inseln und Unteritalien bezeugen eindrucksvoll ihre Verehrung. Der Name der Göttin wird vom gallischen *epo*, „Pferd", und der Endung *-ona*, die Göttlichkeit andeutet, abgeleitet. *Epona* kann somit „Pferdegöttin", aber auch „göttliches Pferd" bedeuten.

Abb. 38: Epona von Dalheim

Das Pferd hatte für die KeltInnen große Bedeutung, sie verdankten ihren Aufstieg und ihre Verbreitung in Europa nicht nur ihrem Wissen über Eisengewinnung und -verarbeitung, sondern auch dem geschickten Umgang mit Pferden. Sylvia und Paul Botheroyd[46] sind der Ansicht, die Göttin Epona habe unzweifelhaft Züge vom Urbild des weißen Pferdes, vom Sonnenpferd, geerbt. Epona ist ohne Pferd undenkbar. Auf dem schönen Kultbild der Epona von Dalheim aus Luxemburg sehen wir sie im Damensitz reitend. Auf dem Schoß hält sie einen Korb voller Früchte und mit der linken Hand hält sie ihr Pferd locker am Zügel.[47]

Manchmal tritt sie auch als von jungen Pferden umsprungene oder ihr Fohlen säugende Stute auf und bietet uns ein Zeichen liebevoller Mütterlichkeit. Es ist auffällig, daß Epona immer von weiblichen Pferden begleitet wird. Wir können daher davon ausgehen, daß sie nicht nur eine Pferdegöttin war, sondern als Fülle schenkende Muttergöttin angesehen wurde. Oft hält sie Früchte in einer Opferschale, einem Korb oder Füllhorn oder einfach auf dem Schoß. Epona kommt in weitem Mantel und langem Gewand, mit nacktem Oberkörper oder – besonders an Quellen – nackt daher.

Die römischen Soldaten und Händler nahmen den Kult um die keltische Göttin gern an, waren sie doch selbst auf Pferde angewiesen. Alle Reit- und Lasttiere, alle Menschen vom Reiter bis zum Fuhrknecht standen unter Eponas Schutz. Besondere Verehrung wurde ihr in den Gestüten und von den Mitgliedern der kaiserlichen Kavallerie entgegengebracht. In Rom sind elf Weiheinschriften an die Göttin belegt. Die intensive Verehrung darf allerdings nicht darüber hinwegtäuschen, daß die Römer in Epona in erster Linie eine Göttin sahen, die ihre Tiere beschützte. Von der Vorstellung des göttlichen Pferdes als

Ausdruck für die Sonne einerseits, als liebevolles Muttertier, welches zu Fülle und Wohlstand beitrug, andererseits hatten sich die römischen Pferdezüchter, Kavalleristen und Kaiser weit entfernt. Sie sahen in ihren Pferden nur mehr nützliche Arbeits- oder prestigeverheißende Vorzeigetiere.

Der Wandel vom Sonnenpferd und der Fülle bringenden göttlichen Stute zum Zeichen militärischer Macht und zum Prestigeobjekt ist nicht nur bei den Römern, sondern auch bei den Kelten auszumachen. Er muß in der Bronzezeit begonnen haben und ist verstärkt mit dem Anfang der Eisenzeit zu erkennen. Ausdruck dafür war die Sitte, Pferde männlichen Göttern zu opfern oder sie beim Tod ihres fürstlichen Reiters zu töten und mit ihm zu begraben.[48] Andererseits darf der Kriegsgott Taranis, der in Pferdegestalt und mit männlich-menschlichen Gesicht dargestellt wurde, als Zeichen einer zunehmend kriegerischen Gesellschaft angesehen werden.

10. Áine, Grian und Étaín
Die Sonnengöttinnen in Stutengestalt

Áine bedeutet im Irischen „Helligkeit" und „Hitze". Es tritt als weiblicher wie als männlicher Name auf. Ein göttliches Paar, das reitend oder einen Wagen lenkend über den Himmel zieht, wäre somit denkbar. Das Ehepaar Botheroyd weist darauf hin, daß die Christianisierung dem Sonnengott Áine die Stellung als Ahnvater einer Sippe ließ, während die Sonnengöttin zur Fee degradiert wurde.[49] Die Wohnstatt der Sonnengöttin Áine befand sich im Hügel Cnoc Áine, an dessen Fuß das Dorf Knockainy liegt. In der Johannis- bzw. Sommersonnenwendnacht trugen die BäuerInnen flammende Heu- oder Strohbündel dreimal um diesen Berg und die drei dort gelegenen Ringgräber und besuchten auf dem Heimweg Häuser, Ställe und Felder, um Glück zu bringen. Dies – und Aines Verbindung mit Quellen– zeigt die zusätzliche Funktion der Sonnengöttin als Heil- und Fruchtbarkeitsgöttin.

Nach Sul, der „doppelsonnigen" Göttin von Bath, und der christianisierten Augengöttin in Gestalt der Heiligen Luzia und Odilia sehen wir mit der Göttin Áine wieder eine Sonnengöttin vor uns, die zusätzlich einen Quellkult aufzuweisen hat. Auch das Motiv des Sonnenpferdes taucht wieder auf. Irische Sagen erzählen, daß Áine die Gestalt von *Lair Derg*, einer „roten Stute", annehmen konnte. Es heißt auch, sie sei die Zwillingsschwester der Göttin Grian gewesen.[50]

Auch Grian ist eine Sonnengöttin, die zur Feenkönigin Grian-mit-den-glänzenden-Wangen reduziert wurde. *Grian* heißt im Irischen noch immer „Sonne". Wie Áine hatte Grian ihren Wohnsitz in einem „Feenhügel". Südwestlich von New Pallas Green bzw. Grean erhebt sich neben dem alten Dorf gleichen Namens der Hügel Cnoc Gréine. Grian gilt als Zwillingsschwester, als Doppelgängerin, manchmal auch als Nichte oder Tochter der Göttin Áine.[51] Patricia Monaghan vermutet, daß eine der beiden Göttinnen die schwache Winter-, die andere die stärkere Sommersonne verkörperte.

Mit Étaín Echraide, „Schnell-reitend", haben wir die dritte große irische Muttergöttin vor uns, die durch ihre Verbindung zum Pferd eine Sonnenkomponente erhält. In den irischen Sagen tritt sie als dreifache Göttin auf und wird begeistert besungen.

Sie saß am Rande der Quelle, mit einem silbernen Kamm mit Goldornamenten, wusch sich in einem Silberbecken mit vier goldenen Vögeln. Sie trug einen Purpurmantel, zusammengehalten von silbernen und goldeingelegten Broschen, und ein grünseidenes Untergewand mit Goldstickerei. Wunderbare Tiermuster aus Silber und Gold zierten Brust und Schultern. Die Sonne schien auf sie, so daß die Männer das Gold im Sonnenschein glänzen sahen. Zwei vierfach geflochtene goldene Flechten lagen um ihr Haupt, und an jeder Endlocke war eine Kugel befestigt. Ihre Haarfarbe glich der gelben Irisblüte im Sommer oder reinem, blankgeriebenem Gold. Sie hatte den Gang einer Königin. Sie war die Schönste, Lieblichste und Feinste von allen Frauen der Welt, die Männeraugen je erblickten.[52]

Außer auf die Kombinationen von Sonne/Pferd und Sonne/Quelle sind wir mehrmals auf die Verbindung von Sonne und Auge gestoßen. Marija Gimbutas betrachtet die beiden Symbole als auswechselbar, sie hat ja sogar die Quellfunktion der Sonnengöttin von ihrem weinenden Auge hergeleitet. Mit der Augengöttin verbunden ist auch jene Göttin in Vogelgestalt, deren Augen besonders groß und weise blicken: die Eulengöttin. Das kranzförmig um die Augen angeordnete Federkleid des Tieres unterstreicht das sonnige Strahlen der Eulenaugen.

Auf einem in Norditalien gefundenen Bronzegefäß ist ein Bild zu sehen, das die Pferde wieder in diesen Symbolkreis miteinbezieht. Auf den ersten Blick stehen zwei Pferde Kopf an Kopf, bei genauerem Hinsehen laufen die Köpfe ineinander über, mit der verblüffenden Wirkung eines Vexierbildes, denn plötzlich tritt eine Eule mit großen Augen und Ohren hervor. Die Pferdeflügel sind stilisiert nach der Art ägyptischer Sphinxe. Mit diesem wunderschönen Bild (siehe S. 268)

Abb. 39: Vexierbild

beschließe ich den Reigen keltischer Pferdegöttinnen und göttlicher Pferde.[53]

11. Wölwa und die Walküren
Von der weisen Seherin und den todbringenden Stuten

Eigentlich hätte der Beitrag über Wölwa, die weise Seherin der nordischen Mythen, gut in das Kapitel „Göttinnen des Lichts, der Erleuchtung und der Weisheit" gepaßt. Doch gerade an Hand der nordischen Seherinnen läßt sich zeigen, wie Weisheitsgöttinnen oder wissende Seherinnen, die Kenntnis über Leben und Tod haben, in reitende Göttinnen, die nur mehr den Tod bringen, „verwandelt" wurden.

Die Wölwas waren weise, zauberkundige Frauen, deren Rat die GermanInnen vor jeder wichtigen Entscheidung einholten. Eines der schönsten Lieder der Edda trägt den Titel *Völuspa*, „Der Seherin Gesicht". Darin erzählt eine Wölwa, wie vor langer Zeit die Welt, die RiesInnen und GöttInnen entstanden sind. Sie läßt ihren Blick weit in die Zukunft schweifen, kündet vom fernen Untergang der Götter und sieht aus den Trümmern des Ragnarök eine neue Welt entstehen.

Der „Verfasser" dieses Gedichts hieß Snorri Sturluson und lebte im 12./13. Jahrhundert. Er stützte sich auf ein Vorbild aus der Textsammlung *Codex Reginus*.[54] „Der Seherin Gesicht" ist also einerseits Snorri

Sturlusons Dichtung, andererseits ist der Inhalt unbestimmten Alters. Dieser Ansicht sind auch ForscherInnen der nordisch-germanischen Mythen. Doch niemand getraut sich, die als „Autorin" zu nennen, die der Titel des Gedichts als solche bezeichnet: die Seherin des Nordens. Dabei ist es gut möglich, daß einst eine begnadete Wölwa, eine Seherin, diese Vision hatte und sie ihrem Volk erzählte. Trotzdem denke ich, daß diese große mythische Geschichte nicht das Werk einer einzelnen Frau, sondern ein Gemeinschaftswerk all jener Seherinnen war, die die Geschichte immer wieder erzählten und lebendig weiter gestalteten.

Abb. 40: Walküre mit Speer und Pferd[55]

Mit dieser Überlegung sind wir der Urheberin des Gedichts zwar nicht näher gekommen, ich weiß weder ihren Namen noch wann sie gelebt hat. Aber es ist mir wichtig, sichtbar zu machen, daß hinter Formulierungen wie „etwas beruht auf mündlicher Überlieferung" schöpferische Frauen stehen. In diesem Fall ist es klar und deutlich gesagt: Das Urheberrecht liegt bei den Frauen und bei jener Seherin, die einst die wundervolle Geschichte vom Anfang der Welt bis zu ihrem Untergang erzählt hat. Daß sie es nicht beim Untergang der Welt beließ, sondern den Menschen Mut machte, indem sie nach den Kriegen und Kämpfen eine neue Welt entstehen sah, legt einmal mehr Zeugnis ab von der Kraft der Frauen zu immerwährendem Neubeginn.

Was haben die Seherinnen mit den Walküren zu tun? Wer sind die Walküren, was können sie, was tun sie?

Die Walküren sind Göttinnen, die mit Schild und Speer bewaffnet, mit Helm und Brünne, einem Nackenschutz, bekleidet, auf schnellen Rossen durch die Luft jagen. Der Dichter Snorri Sturluson nennt vor allen anderen diese drei: *Gund*, *Rota* und *Skuld*, die den Kämpfenden voran in die Schlacht reiten. Skuld ist zugleich auch eine der drei Nornen, eine Schicksalsgöttin. Die übrigen heißen *Hild* bzw. *Brynhild*,

„Kämpferin in der Brünne", *Geirahöd*, „Lanzenkampf", *Göll*, „Ruferin", *Göndul*, „Wölfin", *Herfjöt*, „Heerfessel", *Hlökk*, „Frohlocken", *Hrist*, „Sturm", *Mist*, „Nebelgrau", *Radgrid, Randgrid, Reginleif, Skeggjöld, Skögul* und *Thrud*, „Gewalt".[56]
Die Walküren „kiesen Wal", d.h. sie „küren" bzw. wählen die tapferen Krieger auf dem Schlachtfeld aus und verhängen Todesreife über die Männer, denen die Ehre zuteil werden soll, sich nach ihrem Tod in Walhalla aufhalten zu dürfen. Sie entscheiden, wer siegt.[57]

Für die Germanen gab es zwei Orte, an denen Tote sich aufhalten konnten: Diejenigen, die ihre Tapferkeit in der Schlacht bewiesen hatten, wurden von den Walküren nach Walhalla geleitet, einer schönen Halle, mit Schilden gedeckt und so groß, daß durch jede der fünfhundertvierzig Pforten achthundert Einzelkämpfer auf einmal hindurchgehen konnten. Dort erwartete sie Odin, der Walvater, und sie feierten unendliche Trinkgelage, bei denen die Walküren sie bewirteten.[58] Jene Menschen aber, die den „Strohtod" gestorben waren, also faul, feige oder krank auf ihrem Strohlager und nicht im Kampf, kamen zur Unterweltsgöttin Hel, deren Behausung ungemütlich zu nennen eine krasse Untertreibung wäre. Aus dieser Aufteilung ergibt sich logischerweise, daß es fatal war, als Frau geboren zu sein, denn nur wenige Frauen starben als Kämpferinnen. Kleine Kinder, Frauen im Kindbett oder ganz einfach Menschen, denen es gelungen war, „alt" zu werden, hatten keine schöne Bleibe für ihr Leben nach dem Tod zu erwarten.

Die Seherinnen, auch Volvas genannt, waren den Walküren in einer Hinsicht ähnlich: Sie konnten sich in Stuten verwandeln und in dieser Gestalt einen Mann in den Tod forttragen.[59]

Wahrscheinlich sind die Walküren, wie sie in den nordisch-germanischen Mythen dargestellt werden, auf ihre Todbringerin-Funktion reduzierte Göttinnen. Ihre Ähnlichkeit mit den Volvas, den Seherinnen und Weisheitsgöttinnen, zeigt, daß sie auf die Tod-im-Leben-Göttin zurückgeführt werden können, deren Merkmal immer Weisheit war. Die Stute, die im matriarchalen Weltbild einst das Tier der Göttin in ihrer das Leben erneuernden Funktion war, die die Menschen daher bei der Geburt, beim Sterben und durch den Tod hindurch zur Wiedergeburt begleitete, hat in den germanischen Mythen ihre lebenspendende Funktion verloren.

Und doch gibt es etwas, das dies noch in einer leisen Ahnung anklingen läßt. Von den germanischen Kämpfern heißt es, daß sie voll der Hoffnung auf einen Heldentod in die Schlacht gezogen seien und die Walküren deshalb mit Freude erwartet hätten. Bei Kriegern, die so berüchtigt waren, daß wir heute zwar kaum noch wissen, daß die Berühmtesten von ihnen, die Berserker, „Bärenfellmänner" waren, aber ihren Namen noch als Synonym für mordlüsterne Schlächter kennen, möchten wir wohl annehmen, daß ihre Freude, den Walküren zu begegnen, wirklich von der seltsamen patriarchalen Vorstellung gespeist wurde, der Tod in der Schlacht wäre das erstrebenswerteste aller Lebensziele. Wenn wir die Walküren aber als auf ihre Todbringer-Funktion reduzierte Göttinnen betrachten, die einmal auch Leben spendeten, dann könnte die Freude der Krieger ein Abglanz der uralten Hoffnung auf Wiedergeburt durch die Göttin mit dem Pferd sein.

Marija Gimbutas schrieb über den Zusammenprall der indoeuropäischen Religion mit der des Alten Europa: „Die Todbringerin, die Göttin in Raubvogelgestalt, wurde zu einer martialischen Figur. Auf bronzezeitlichen Steinstelen Sardiniens, Korsikas, Liguriens, Südfrankreichs und Spaniens war die Eulengöttin mit Schwert und Dolch dargestellt. Sowohl Athene als auch die irische Göttin Morrigan oder Badb tauchen als Geier, Krähen, Kraniche oder Raben in Schlachtszenen auf. Ebenfalls während der Bronzezeit begann man, diese Göttin in Gestalt einer Stute darzustellen."[60]

Gimbutas erwähnt die Walküren nicht ausdrücklich, aber ihre Beschreibung trifft auf sie genau zu: Von den Walküren wird gesagt, daß sie selbstherrlich und gewalttätig in das Kampfgeschehen eingriffen und den Ausgang des Kampfes vorherbestimmten, indem sie das Gespinst des Krieges webten und die Schwerter und Speere manipulierten. Nach der Schlacht flögen die Walküren aus ihrem blutgetränkten Haus wie aassuchende Raben, um die Körper der Erschlagenen zu verschlingen.[61] Trotzdem schimmern auch hier die alten Weisheitsgöttinnen durch, die göttlichen Spinnerinnen und Weberinnen, die Schicksalsgöttinnen.

12. Ursula
Die Heilige mit dem Pfeil und den 11000 Jungfrauen

Ein Königssohn aus England war bezaubert vom Ruf der Ursula, einer bretonischen Prinzessin, und bat, sie heiraten zu dürfen. Er sandte kostbare Geschenke an ihren Vater. Dieser war bestürzt, denn er wollte seine Tochter, die Christin geworden war, nicht einem Heiden zur Frau geben. Doch Ursula stimmte unter einer Bedingung dem Antrag zu: Ihr Vater solle ihr zehn auserlesene Jungfrauen mitgeben und jeder von ihnen tausend Mägde. Dann solle man ein Schiff vorbereiten und ihr eine Frist von drei Jahren gewähren, während der sie mit ihrem Gefolge nach Rom pilgern wollte. Inzwischen sollte der Prinz sich taufen lassen und ihr auf ihrer Rückreise in Köln entgegenkommen.

Ursula reiste mit ihren Jungfrauen ab. Manche sagen, es seien 11000 gewesen. Auch viele Bischöfe schlossen sich dem Pilgerzug an. Unterwegs erschien Ursula ein Engel, verkündete, daß sie Rom erreichen und wieder bis nach Köln zurückkehren werde, dort aber werde ihr die Märtyrerinnenkrone zuteil werden. Es kam, wie es der Engel prophezeit hatte. Der Papst empfing Ursula mit großen Ehren und taufte alle Jungfrauen, die bis dahin noch ungetauft gewesen waren. Dann hatte auch der Papst eine Vision, die ihm beschied, sich der Heiligen Ursula anzuschließen, da auch ihn die Märtyrerkrone erwarte. Gegen den Widerstand der Kardinäle schloß sich der Papst dem Zug der Heiligen Ursula an. Sein Name aber wurde aus der Liste der Päpste getilgt. Auch dem englischen Prinzen, der sich inzwischen hatte taufen lassen, erschien die Vision, daß ihn in Köln die Märtyrerkrone erwarte. Er gehorchte dem Gebot und zog den Jungfrauen entgegen.

Als sie nun alle zusammen mit ihren Schiffen in Köln ankamen, belagerten Hunnen die Stadt. Als die Hunnen die vielen Jungfrauen erblickten, fielen sie wie die Wölfe über sie her und töteten alle samt ihren Begleitern. Wie aber die Reihe an die Heilige Ursula kam, sah der Fürst der Hunnen ihre Schönheit, wollte sie trösten über den Tod ihrer Gefährtinnen und gelobte ihr, er wolle sie zu seinem Weib nehmen.

Abb. 41: Die Heilige Ursula mit dem Pfeil

Das verschmähte Ursula. Als er sich so verachtet fand, legte er selber den Pfeil auf sie an und tötete sie.[62]

Die Heilige Ursula hält einen Pfeil in der Hand. Auf dem Kopf trägt sie eine Krone, welche von kirchlicher Seite selbstverständlich als Märtyrerkrone bezeichnet wird. Oft steht sie vor einer Schar Jungfrauen, manchmal nimmt sie sie sogar schützend unter ihren Mantel. (Diese Darstellungsart ist sonst Maria vorbehalten, die dann Schutzmantelmadonna genannt wird.)

Der Pfeil allein wäre schon als Hinweis auf Artemis, die jungfräuliche Jägerin, zu deuten. Ihr Name ist ein zusätzliches Indiz: Ursula wird von lateinisch *ursa*, „die Bärin", abgeleitet und verweist somit auf das heilige Tier der Göttin Artemis. Als Artemis Kallisto leuchtet die himmlische Göttin mit ihrem „Sohn" Arkas vom nächtlichen Sternenhimmel: *Ursa major*, „Große Bärin", und *ursus minor*, „Kleiner Bär", sind in unseren Breiten zwei markante Sternbilder, die auch heute noch fast jedes Kind kennt (oft unter dem falschen Namen „Großer Bär"). Die Heiligenlegende nimmt diesen himmlischen Aspekt der Göttin auf und kreiert eine Jungfrau, die mit ihren Jungfrauen nach Rom zieht. Es ist in diesem Zusammenhang völlig unwesentlich, ob es nun 10011 oder 11000 Jungfrauen waren. Entscheidend ist die Größe der Zahl, die in ihrer Unendlichkeit das Abbild der Sterne ist, welche die Große Bärin umgeben.

Die Heilige Ursula wurde die Schutzmatronin der Stadt Köln, wo ursprünglich die Bärengöttin verehrt wurde. Das bekannteste Heiligtum der Bärengöttin lag in der Schweiz, wo die keltische *Dea artio* als Ahnherrin der Stadt Bern gilt. Mit Artemis verbindet die Heilige auch ein gemeinsames Aufgabengebiet: Die Nonnen des Ursulinenordens unterrichten junge Mädchen und Frauen. Ihnen sind wie der Göttin die Mädchen in ihrem Wachstum anvertraut worden.

Artemis ist allerdings nicht die einzige Göttin, mit der die Heilige Ursula in Verbindung gebracht wird. Besonders von englischsprachigen Forscherinnen wird sie auf die Sachsengöttin Ursel bzw. Horsel zurückgeführt, der das Pferd geweiht war und die an Orten wie dem Horselydown und auf Horsenden Hill verehrt wurde.[63] Den Namen dieser Göttin finden wir in Deutschland auch in Ortsbezeichnungen wieder. Heide Göttner-Abendroth verweist auf den Hörselberg in Thüringen und den Urschelberg in Schwaben.[64]

Der Kult um Ursula, die Bären- oder Pferdegöttin und Herrin der Tiere, muß sehr verbreitet gewesen sein. Denn die Jungfrauen, die sie begleiteten, ließen sich auch als ihre Anhängerinnenschaft interpretieren. Außerdem befanden sich in ihrem Gefolge etliche hochrangige Kirchenmänner. Die Legende weist in diesem Zusammenhang einen markanten Bruch auf, der aus christlicher Sicht ganz unerklärlich ist: Ihr hat sich angeblich ein Papst angeschlossen, der darauf aus der Liste der Päpste getilgt wurde. Der Wunsch des ungenannten Papstes, mit Ursula den Märtyrertod zu erleiden, wie ihm das in einer Vision angekündigt worden war, kann für seine Streichung aus der Kirchengeschichte nicht ausschlaggebend gewesen sein. Den Märtyrertod zu erleiden, war eine ehrenvolle Angelegenheit, für die Frauen und Männer üblicherweise heiliggesprochen wurden. Hätte ein Papst sich allerdings einer Gemeinschaft von Frauen, die die Göttin Ursel bzw. Horsel verehrten, angeschlossen, wäre er nicht nur sofort exkommuniziert worden; man hätte, so es nicht gelungen wäre, ihn unauffällig aus dem Weg zu räumen, versucht, diesen Fauxpas in der Kirchengeschichte zu vertuschen. Sein Name sei nach Beschluß aller Kardinäle aus den päpstlichen Namenslisten getilgt worden, klingt erst aus dieser Sicht überzeugend.

Es ist immer wieder schön zu sehen, daß jede Legende, aber wirklich jede, einen oder mehrere Brüche aufweist, aus denen ein kleiner roter Faden heraushängt, den frau nur aufgreifen muß.

13. Das Märchen von der schönen Wassilissa

Dieses Märchen erlebt im Moment eine Renaissance, viele AutorInnen haben es neu erzählt.[65] Ich möchte jenen Teil des Märchens wiedergeben, in dem sich auf beeindruckende Weise das Motiv der Lichtbringerin mit dem der Göttin mit dem Pferd verbindet.

...Wassilissa zog sich an, steckte die Puppe in ihre Tasche und ging in den Wald. Sie zitterte vor Angst. Plötzlich sprengte ein Reiter an ihr vorbei. Er selbst war weiß, seine Kleider waren weiß, das Roß unter ihm war weiß, das Zaumzeug war weiß – und schon brach der Tag an. Sie ging weiter. Da sprengte ein anderer Reiter vorbei. Er selbst war rot, seine Kleider waren rot, und das Roß unter ihm war rot – und schon ging die Sonne auf.

Wassilissa wanderte den ganzen Tag, erst gegen Abend trat sie auf die Lichtung, wo das Haus der Baba Jaga stand. Um das Haus war ein Zaun aus Menschenknochen, auf dem Zaun steckten Menschenschädel mit Augen; statt Pfosten am Tor – Menschenbeine, statt Riegel – Hände, statt Türschloß – ein Mund mit scharfen Zähnen. Wassilissa erstarrte vor Schreck und blieb wie angewurzelt stehen. Plötzlich ritt wieder ein Reiter vorbei. Er selbst war schwarz, seine Kleider waren schwarz, das Roß unter ihm war schwarz. Er sprengte auf das Tor der Baba Jaga zu und verschwand, als wäre er in der Erde versunken – es wurde Nacht. Aber es blieb nicht lange dunkel: In allen Schädeln auf dem Zaun begannen die Augen zu glühen, auf der Lichtung wurde es hell wie mitten am Tag. Wassilissa zitterte vor Angst, aber sie wußte nicht, wohin sie fliehen sollte, und rührte sich nicht von der Stelle.

Bald erhob sich im Wald ein schreckliches Getöse, die Bäume knarrten, das Laub raschelte, und die Baba Jaga kam in ihrem Mörser angefahren. Sie trieb ihn mit dem Stößel an und wischte die Spur mit dem Ofenbesen aus. Kaum am Tor angekommen, schnupperte sie und rief: „Huh, huh, hier riecht es nach Menschen. Wer ist hier?" Wassilissa trat ängstlich vor die Alte, verneigte sich tief und sagte: „Ich bin es, Großmutter! Die Stiefschwestern haben mich zu dir nach Feuer geschickt." – „Recht so", sagte die Baba Jaga. „Die kenne ich. Du sollst eine Weile bei mir bleiben und für mich arbeiten, dann werde ich dir Feuer geben; und wenn nicht, dann verschlinge ich dich!" Sie befahl Tor und Riegel, sich zu öffnen, und fuhr pfeifend in den Hof. Wassilissa folgte ihr, dann schloß sich alles wieder. Die Baba Jaga trat in die Stube, streckte sich auf der Bank aus und sagte: „Trag mir alles auf, was im Ofen steht. Ich habe Hunger." Wassilissa steckte einen Kienspan an einem Schädel an und begann, die Töpfe aus dem Ofen zu holen und der Baba Jaga das Essen aufzutischen. Alles war für ein gutes Dutzend Menschen gerichtet. Aus dem Keller holte sie Kwas, gegorenes Brotbier, Met, Bier und Wein herauf. Die Alte aß alles auf und trank alles aus. Für Wassilissa blieb nur ein Löffel Schtschi, ein Kanten Brot und ein Restchen vom Spanferkel. Bevor sich die Baba Jaga schlafen legte, sagte sie: „Wenn ich morgen aus dem Haus gehe, mußt du den Hof kehren, die Stube fegen, das Essen kochen, die Wäsche waschen und in die Kornkammer gehen, dort einen Tschetwert Weizen holen und den Schwarzkümmel auslesen. Sieh zu, daß alles fertig ist, wenn ich zurückkomme, sonst fresse ich dich!" Dann begann die Baba Jaga zu schnarchen.

Wassilissa stellte alles, was die Alte übriggelassen hatte, vor die Puppe hin, weinte bitterlich und sagte: „Hier, mein Püppchen, iß und laß mich klagen! Die Baba Jaga hat mir schwere Arbeit aufgetragen und gedroht, mich zu fressen, wenn ich nicht alles erfülle. Hilf mir!" „Fürchte dich nicht!" antwortete die Puppe. „Iß zu Abend, bete und leg dich schlafen. Der Morgen ist weiser als der Abend."

Wassilissa wachte in aller Frühe auf, aber die Baba Jaga war schon auf den Beinen. Wassilissa schaute zum Fenster hinaus: Die Augen der Schädel verglommen. Der weiße Reiter sprengte vorbei – es wurde hell. Die Baba Jaga trat auf den Hof hinaus, pfiff, und Mörser, Stößel und Ofenbesen standen vor ihr. Der rote Reiter sprengte vorbei – die Sonne ging auf. Die Baba Jaga stieg in den Mörser und fuhr davon. Wassilissa blieb allein zurück, ging durch das Haus der Baba Jaga, staunte über die Fülle, die darin herrschte, und blieb unschlüssig stehen. Womit sollte sie ihr Tagwerk beginnen? Aber da sah sie, daß alle Arbeit schon getan war; die Puppe las aus dem Weizen die letzten Körnchen Schwarzkümmel aus. „Ach, du meine Retterin", sagte Wassilissa zu ihrer Puppe. „Du hast mich aus großer Not gerettet." – „Du brauchst nur noch das Essen zu kochen", antwortete die Puppe und schlüpfte in Wassilissas Tasche.

Gegen Abend deckte Wassilissa den Tisch und wartete auf die Baba Jaga. Die Dämmerung kam, der schwarze Reiter sprengte vors Tor – und es wurde dunkel. Nur die Augen der Schädel glühten im Finstern. Die Bäume knarrten, das Laub raschelte – die Baba Jaga brauste herbei. Wassilissa ging ihr entgegen. „Ist alles getan?" fragte die Baba Jaga. „Sieh selber nach, Großmutter!" sagte Wassilissa. Die Baba Jaga sah alles an, ärgerte sich, daß sie keinen Grund fand zu zürnen, und sagte: „Nun gut!" Dann rief sie: „Meine treuen Diener, meine lieben Freunde, mahlt mir meinen Weizen!" Drei Paar Hände wurden sichtbar, nahmen den Weizen und verschwanden damit. Die Baba Jaga aß sich satt, legte sich zur Ruhe und gab Wassilissa einen neuen Befehl: „Morgen mußt du das gleiche tun wie heute, aber außerdem mußt du den Mohn aus der Kornkammer holen und ihn Körnchen für Körnchen verlesen. Jemand hat böswillig Erde darunter gemischt!" Die Alte sprach es, drehte sich zur Wand und schnarchte, Wassilissa aber gab ihrer Puppe zu essen. Die Puppe aß und sagte wie am Tag zuvor: „Bete und leg dich schlafen; der Morgen ist weiser als der Abend, es wird alles getan sein, Wassilissa!"

Am Morgen fuhr die Baba Jaga wieder in dem Mörser davon, und sogleich verrichteten Wassilissa und die Puppe alle Arbeit. Die Alte kam zurück, sah alles an und rief: „Meine treuen Diener, meine lieben Freunde, preßt mir Öl aus dem Mohn!" Die drei Paar Hände nahmen den Mohn und verschwanden damit. Die Baba Jaga setzte sich an den Tisch; sie aß, und Wassilissa stand schweigend dabei. „Warum sprichst du nicht mit mir?" fragte die Baba Jaga. „Du stehst da, als wärst du stumm!" – „Ich habe es nicht gewagt", antwortete Wassilissa. „Aber *wenn du erlaubst, möchte ich dich gern etwas fragen."* – *"Du kannst fragen, aber nicht jede Frage bringt Gutes. Wer viel weiß, wird bald alt!"* – *"Ich will nur danach fragen, was ich gesehen habe, Großmutter. Als ich zu dir ging, überholte mich ein Reiter auf einem weißen Roß, er war selbst weiß und trug weiße Kleider. Wer war das?"* – *"Das war mein lichter Tag", antwortete die Baba Jaga. "Dann überholte mich ein anderer Reiter. Er ritt auf einem roten Roß, war selbst rot und auch rot gekleidet. Wer war das?"* – *"Das war meine liebe rote Sonne", antwortete die Baba Jaga. "Und wer ist der schwarze Reiter, der mich dicht vor deinem Tor einholte?"* – *"Das ist meine dunkle Nacht – sie alle sind meine treuen Diener!"*[66]

Hauptperson dieses Märchens ist nicht die Lichtgöttin, sondern das Mädchen Wassilissa, das mit viel Mut zur Heldin, zur menschlichen Lichtbringerin wird. Die Göttin in der Gestalt der Baba Jaga ist diesmal nicht die freundliche Lichtgöttin, sondern eine bedrohliche Hexe. Gruselig mutet das Haus an, in dem die Baba Jaga wohnt, zum Fürchten ihr Zaun, und die Alte selber ist auch kein zart besaitetes Wesen. Doch sie ist die Herrin des Lichts: Der lichte Tag, die Sonne und die Nacht sind ihre treuen Diener. Hinter die rauhe Schale der Baba Jaga blicken wir, als sie von ihren drei Dienern spricht. Fast zärtlich sagt sie: „Das war mein lichter Tag. Das war meine liebe Sonne. Das war meine dunkle Nacht." Die drei Reiter tragen die Farben der dreifachen Göttin: weiß, rot und schwarz. Spätestens hier erkennen wir hinter der „Hexe" die dämonisierte Göttin. Die Baba Jaga hat eigentlich alles zu bieten: Sie ist die Herrin des Lichts, aber auch des Himmels. In manchen russischen Märchen fliegt sie mit ihrem Mörser hoch im Himmel. Auch die Nacht untersteht der Baba Jaga – und der Tod. Sie verschlingt, was ihr nicht paßt. Sie ist die unberechenbare Göttin über Leben und Tod. Wer sich aber wie Wassilissa ihren Regeln unterwirft, hat nichts von ihr zu befürchten. Baba Jaga ist auch eine weise Göttin: Sie kennt die Stiefmutter und deren Töchter, und sie gibt Wassilissa das Feuer in der Form mit, wie es den drei daheim gebliebenen Frauen ansteht. Die Augen aus dem Schädel versengen Wassilissas Peinigerinnen, und der Weg für unsere Heldin ist frei.

Die Weisheit tritt auch noch in Gestalt der Puppe auf, welche die sterbende Mutter ihrer Tochter zu Beginn des Märchens geschenkt hat. Die Mutter trägt schon prophetische Züge in sich, denn sie weiß, daß ihre Tochter den Rat und die Hilfe der Puppe notwendig brauchen wird. Das Püppchen, die personifizierte Mutterweisheit, weiß wirklich in jeder Situation Rat: Wassilissa überlebt die Stiefmutter mit ihren

Töchtern, die das arme Mädchen quälen, den dummen Vater, der von alledem nichts merkt, sie besteht mit Hilfe des Püppchens die Lehrzeit bei der Baba Jaga, und zum Schluß gelingen ihr selbst Wunderdinge. Sie spinnt das feinste Garn, webt das feinste Linnen. Durch die Weisheit einer alten Frau, die das Linnen dem Zar schenkt, wird Wassilissa selbst zur Zarin. Und es freut uns natürlich ganz besonders, daß sie ihrer Mutter Weisheit, das Püppchen, während ihrer ganzen Regentschaft bis zu ihrem Tod bei sich trug. Wem Wassilissa das Püppchen weitergegeben hat, verrät uns das Märchen nicht.

Anmerkungen

1 Marija Gimbutas, *Die Sprache der Göttin*, S. 82.
2 ebd., S. 113.
3 ebd., S. 302.
4 ebd., S. 168.
5 Marie König, *Das Weltbild des eissteinzeitlichen Menschen*, zit. in Gerda Weiler, *Der aufrechte Gang der Menschenfrau*, S. 28.
6 André Leroi-Gurhan, *Frühe Spuren der Menschen*, zit. ebd., S. 159f; Wildpferd von Labastide: S. 191.
7 ebd., S. 191f.
8 Helmut Uhlig, *Die Mutter Europas*, S. 118.
9 Gerda Weiler, *Eros ist stärker als Gewalt; Der aufrechte Gang der Menschenfrau*.
10 Gertrude Jobes, *Dictionary of Mythology, Folklore and Symbols*, S. 312.
11 Patricia Monaghan, *Lexikon der Göttinnen*, S. 214.
12 ebd., S. 174.
13 ebd., S. 184.
14 ebd., S. 128.
15 Robert von Ranke-Graves, *Griechische Mythologie*, Kapitel 131 a, f, g.
16 Bertha Eckstein-Diener, *Mütter und Amazonen*, S. 301; zitiert bei Manfred Hammes, *Die Amazonen*, S. 58.
17 Robert von Ranke-Graves, a.a.O., Kapitel 100.
18 ebd., Kapitel 100, 2.
19 ebd., Kapitel 22.
20 ebd., Kapitel 22, 4.
21 Stuart Perowne, *Roman Mythology*, S. 60; „Versailler Diana", wahrscheinlich die Kopie eines Originals aus dem 4. Jahrhundert v.u.Z.
22 Louise Bruit Zaidmann, „Die Töchter der Pandora", in Duby/Perrot (Hg.), *Geschichte der Frauen*, Bd. 1, *Antike*, hrsg. Pauline Schmitt Pantel, S. 381.
23 ebd., S. 380f.
24 Claudine Leduc, „Heirat im antiken Griechenland", ebd., S. 313.
25 Robert von Ranke-Graves, a.a.O., Kapitel 100, g.
26 Patricia Monaghan, a.a.O., S. 32.
27 Heide Göttner-Abendroth, *Die Göttin und ihr Heros*, S. 38f.

28 Neues Testament, *Apostelgeschichte*, Kapitel 19.
29 G. Legman, *The Rational of the Dirty Joke*, zit. in Barbara G. Walker, *Das geheime Wissen der Frauen*, S. 166.
30 John Holland Smith, *Constantine the Great*, ebd..
31 ebd., S. 165.
32 Gustav Schalk, *Römische Götter- und Heldensagen*, S. 13.
33 Zsusanna E. Budapest, *Das magische Jahr*, S. 198; ebenfalls bei Patricia Monaghan, a.a.O., S. 78; beide leider ohne Quellenangaben.
34 Marija Gimbutas, a.a.O., S. 110.
35 Barbara G. Walker, *Das geheime Wissen der Frauen*, S. 165.
36 J. B. Russel, *Witchcraft in the Middle Ages*, ebd., S. 167.
37 Lewis Spence, *The History and Origins of Druidism*, ebd.
38 Larousse, *Encyclopedia of Mythology*, ebd.
39 ebd.
40 Robert von Ranke-Graves, a.a.O, Kapitel 24, d.
41 ebd., Kapitel 16, f.
42 ebd., Kapitel 16, 5.
43 ebd., Kapitel 108, 5.
44 Robert von Ranke-Graves, a.a.O., Kapitel 16, 5.
45 Patricia Monaghan, a.a.O., S. 77.
46 Silvia und Paul Botheroyd, *Lexikon der keltischen Mythologie*, S. 104ff. Die Informationen für diesen Abschnitt, außer jenen, auf die ich mit separaten Fußnoten verweise, habe ich ihrem Artikel über Epona entnommen.
47 René Magnen, *Epona. Déesse gauloise des chevaux, protectrice des cavaliers*, Abb. 23.
48 Miranda Aldhouse Green, a.a.O., S. 3ff.
49 Silvia und Paul Botheroyd, a.a.O., S. 13.
50 Patricia Monaghan, a.a.O., S. 14f.
51 Silvia und Paul Botheroyd, a.a.O., S. 149.
52 ebd., S. 110f.
53 ebd., S. 270.
54 Ulf Diederichs, *Germanische Götterlehre*, S. 283.
55 Ellis Davidson, *Scandinavian Mythology*, S. 136; auf einer hölzernen Säule in der Kirche von Urnes.
56 Ulf Diederichs, a.a.O., S. 278.
57 Prosaedda, ebd., S. 150.
58 ebd., S. 278.
59 Barbara G. Walker, a.a.O., S. 1152.
60 Marija Gimbutas, *Die Sprache der Göttin*, S. 318.
61 Patricia Monaghan, a.a.O., S. 285f.
62 Erna und Hans Melchers, *Das große Buch der Heiligen*, S. 687.
63 Gertrude Jobes, *Dictonary of Mythology, Folklore and Symbols*, S. 791, und Barbara G. Walker, a.a.O., S. 1118.
64 Heide Göttner-Abendroth, „Frau Holle und Frau Venus in Thüringen", in dies./Kurt Derungs (Hg.), *Mythologische Landschaft Deutschland*, S. 252.
65 z.B. Clarissa Pinkola Estés, *Die Wolfsfrau*; siehe dazu auch Luisa Francia, *Zaubergarn*.
66 A. N. Afanasjew, *Russische Volksmärchen*, S. 118ff.

Schlußbetrachtung

Während der Arbeit an diesem Buch ist meine große Faszination durch Bilder stetig gewachsen. In vielen Geschichten habe ich immer wiederkehrende Motive entdeckt, in Buchillustrationen, Bildern und Skulpturen alte matriarchale Bilder und Symbole wiedergefunden. Das hat die Vorstellung stetig genährt, daß wir Menschen ohne Bilder, die unsere Weltsicht spiegeln, nicht leben können. Die Sehnsucht der Menschen nach Bildern ist in allen Religionen zu finden. Selbst eine Religion wie die jüdische, die es verbietet, sich ein Abbild Gottes zu machen, lebt mit der Erinnerung an die Bilderwelt des Alten Testaments. Erst die griechischen Philosophen haben das abstrakte, von der materiellen Wirklichkeit losgelöste Denken zur Maxime erhoben.

Ich bin überzeugt, daß wir nicht geboren sind, um uns in Abstraktionen zu verlieren. Wir leben in einer konkreten Welt, wir sind umgeben von Materie, wir bestehen selbst daraus. Wir trachten danach herauszufinden, warum wir in diese Welt geboren sind. Wir wollen den Sinn des Zusammenhangs zwischen Geist und Materie verstehen. Deshalb sehnen wir uns auch im Religiösen nach Bildern, nach dem konkreten und anschaulichen Ausdruck des Geistigen.

Daß die katholische Kirche das Verbot, sich ein Bild von Gott zu machen, aufgegeben hat, hat seinen Grund. Sie hat begriffen, daß das sogenannte Volk nie aufgehört hat, bildhaft zu denken. Die Menschen, die in vielfältiger Weise mit dem Bild der Göttin lebten, waren nur durch ein reiches Bilderangebot zur christlichen Religion zu bekehren.

Die Aufmerksamkeit auf immer wiederkehrende Bilder zu lenken und die Frage zu stellen, warum ganz bestimmte Bilder sich wiederholen, wurde zum Hauptthema dieses Buches. Ich hoffe, die detektivische Lust geweckt zu haben, sich durch die „Kriminalgeschichte der Mythologie" zu arbeiten. Den Brüche in Mythen, Legenden, Sagen und Märchen nachzugehen, ist eine spannende und lustvolle Tätigkeit, bei der es viel zu entdecken und zu erkennen gibt. Auch im Mythengewebe der restlichen neun Sternzeichen lassen sich die roten Fäden finden, die – vorsichtig aufgewickelt – auf verschlungenen Wegen zu den alten Erd-, Luft- und Wassergöttinnen führen.

LITERATURVERZEICHNIS

Afanasjew, A.N., *Russische Volksmärchen*, München 1985.
Alföldi, Andreas, *Die Trojanischen Urahnen der Römer*, Rektoratsprogramm der Universität Basel für das Jahr 1956, Basel 1957.
Archiv für Orientforschung, *Internationale Zeitschrift für die Wissenschaft vom Vorderen Orient*, hrsg. v. Ernst Weidner, Band 20. Selbstverlag des Herausgebers, Graz 1963.
Baignent, Michael, Nicholas Campion, Charles Harvey, *Mundan-Astrologie. Handbuch der Astrologie des Weltgeschehens*, Wettswil 1998.
Beard, Mary, „The Sexual Status of Vestal Virgins", in *Journal of Roman Studies* 70, 1980.
Beltz, Walter, *Gott und die Götter. Biblische Mythologie*, Berlin und Weimar 1988.
Biezais, Harald, *Die Himmlische Götterfamilie der Letten*, Acta Universitatis Uppsalensis. Historia Religionum 5, Uppsala 1972.
Blaschek-Krawczyk, Ulrike, *Märchen von Sonne, Mond und Sternen*, Frankfurt a. M. 1994.
Botheroyd, Sylvia und Paul F., *Lexikon der keltischen Mythologie*, München 1992.
Brednich, Rolf Wilhelm, u.a. (Hg.), *Enzyklopädie des Märchens*, Band 8, Berlin 1986.
Brockhoff, Victoria, *Götter, Dämonen, Menschen: Mythen und Geschichten aus dem Zweistromland*, Stuttgart 1987.
Büchli, Arnold/Lares, Dino (Hg.), *Schweizer Sagen*, Aarau 1971.
Budapest, Zsuzanna, *Das magische Jahr: Mythen, Mondaspekte, Rituale. Ein immerwährender Frauenkalender*, München 1996.
Burri, Margrit, *Germanische Mythologie zwischen Verdrängung und Verfälschung*, Zürich 1982.
Caminada, Christian, *Graubünden. Die verzauberten Täler. Die urgeschichtlichen Kulte und Bräuche im alten Rätien*, Disentis 1992.
Cunliffe, B.W./M.G. Fulford, *Corpus Signorum Imperii Romani. Great Britain*, Volume 1, Fascicule 2, Oxford 1982.
Davidson, H.R. Ellis, *Pagan Scandinavia*, London 1967.
ders., *Scandinavian Mythology*, Hamlyn, London, New York, Sydney, Toronto 1982.
Davies, Sioned/Jones, Nerys Ann, *The Horse in Celtic Culture. Medieval Welsh Perspectives*, Cardiff 1977.
Derungs, Kurt, *Keltische Frauen und Göttinnen. Matriarchale Spuren bei Kelten, Pikten und Schotten*, Bern 1995.
Diederichs, Ulf (Hg.), *Germanische Götterlehre. Nach den Quellen der Lieder- und der Prosa-Edda*, München 1984.
DuBois, Page, *Women and the Pre-History of the Great Chain of Being*, Michigan 1982.

Duby, George/Perrot, Michelle, *Geschichte der Frauen*, Band 1, Antike, hrsg. v. Schmitt Pantel, Pauline, Frankfurt am Main 1993.
Ehmer, Manfred, *Die Weisheit des Westens. Mensch, Mythos und Geschichte*, Düsseldorf 1998.
Francia, Luisa, *Eine Göttin für jeden Tag*, München 1996.
dies., *Zaubergarn*, München 1989.
Frobenius, Leo, *Märchen aus Kordofan*, Jena 1923.
ders., *Volkserzählungen und Volksdichtungen aus dem Zentral-Sudan*, Jena 1924.
Früh, Sigrid, *Der Kult der drei heiligen Frauen*, Bern 1998.
Gimbutas, Marija, *Die Sprache der Göttin. Das verschüttete Symbolsystem der westlichen Zivilisation*, Frankfurt am Main 1995.
Göttner-Abendroth, Heide/Derungs, Kurt (Hg.), *Mythologische Landschaft Deutschland*, Bern 1999.
Göttner-Abendroth, Heide, *Die Göttin und ihr Heros*, München 1993.
Grant, Michael, *Roman Myths*, London 1971.
Gray, John, *Near Eastern Mythology*, London 1982.
Guggisberg, C.A.W., *Simba. Eine Löwenmonographie*, Bern 1960.
Haid, Hans, *Mythos und Kult in den Alpen*, Rosenheim 1980.
Hall, James, *Dictionary of Subjects and Symbols in Art*, London 1975.
Hammes, Manfred, *Die Amazonen. Vom Mutterrecht und der Erfindung des gebärenden Mannes*, Frankfurt a. M. 1981.
Haussig, Hans Wilhelm, *Wörterbuch der Mythologie*, Band 1.
Hornung, Erik, *Der ägyptische Mythos von der Himmelskuh. Eine Ätiologie des Unvollkommenen*, Freiburg/Schweiz 1982.
Jantsch, Franz, *Kultplätze im Land*, Bd. 3: Steiermark, Unterweitersdorf 1994.
ders., *Kultplätze im Land*, Band 4: Kärnten, Unterweitersdorf 1995.
Jirku, Anton, *Der Mythos der Kanaanäer*, Bonn 1966.
Jobes, Gertrude, *Dictionary of Mythology, Folklore and Symbols*, New York 1961.
Johnson, Buffie, *Die Große Mutter in ihren Tieren. Göttinnen alter Kulturen*, Olten 1990.
Jordan, Franzis, *In den Tagen des Tammuz. Altbabylonische Mythen*, München 1950.
Kretzenbacher, Leopold, *Santa Lucia und die Lutzelfrau*, München 1959.
Kutter, Erni, *Der Kult der drei Jungfrauen*, München 1997.
Landmann, Salcia, *Die jüdische Küche*, München 1995.
Larrington, Carolyne, *Die mythische Frau. Ein kritischer Leitfaden durch die Überlieferung*, Wien 1997.
Magnen, René, *Epona. Déesse gauloise des chevaux, protectrice des cavaliers*, Bordeaux 1953.
Markale, Jean, *Die keltische Frau. Mythos, Geschichte, soziale Stellung*, München 1984.
Matthews, Caitlin, *Sophia – Göttin der Weisheit*, Solothurn, Düsseldorf 1993.
Maurer, Theodor, *Die Heilige Odilie. Legende und Geschichte*, Dornach/Schweiz 1982.
McCall, Henrietta, *Mesopotamische Mythen*, Stuttgart 1993.

Meier-Seethaler, Carola, *Von der göttlichen Löwin zum Wahrzeichen männlicher Macht. Ursprung und Wandel großer Symbole*, Zürich 1993.
Melchers, Erna und Hans (Bearbeitung von Carlo Melchers), *Das große Buch der Heiligen. Geschichte und Legende im Jahreslauf*, München 1996.
Melzer, Hartmann/Wimmer, Otto, *Lexikon der Namen und Heiligen*, Innsbruck, Wien 1984.
Monaghan, Patricia, *Lexikon der Göttinnen*, Bern, München, Wien 1997.
Musée du Louvre, *Sculptures allemandes de la fin du Moyen Age dans la collections publiques françaises 1400–1530*, Paris 1991.
Otten, Heinrich, *Die Überlieferung des Telepinu-Mythos*, Mitt. der vorderasiatisch-ägyptischen Gesellschaft, Bd. 46, 1, Leipzig 1942.
Perowne, Stewart, *Roman Mythology*, Feltham 1983.
Petzoldt, Leander (Hg.), *Sagen aus dem alten Österreich*, Band 1, München 1994.
ders., *Sagen aus dem alten Österreich*, Band 2, München 1994.
ders., *Sagen aus der Steiermark*, München 1993.
ders., *Sagen aus Kärnten*, München 1993.
ders., *Sagen aus Wien*, München 1993.
Propyläen Weltgeschichte, *Rom, die römische Welt*, Band 4, Berlin, Frankfurt a.M. 1991.
Ranke-Graves, Robert von/Patai, Raphael, *Hebräische Mythologie. Über die Schöpfungsgeschichte und andere Mythen aus dem Alten Testament*, Reinbek bei Hamburg 1986 (1994).
Ranke-Graves, Robert von, *Die Weiße Göttin. Sprache und Mythos*, Reinbek bei Hamburg 1985.
ders., *Griechische Mythologie. Quellen und Deutung*, Reinbek 1984.
Resch-Rauter, Inge, *Unser keltisches Erbe*, Wien 1994.
Rott, H.G./Wild, G., *Hortus deliciarum*, Mühlhausen 1944.
Schalk, Gustav, *Römische Götter- und Heldensagen*, Wien, Heidelberg 1954.
Schefold, Karl, *Die Göttersage in der klassischen und hellenistischen Kunst*, München 1981.
Schmid, Elisabeth, „Die altsteinzeitliche Elfenbeinstatuette aus der Höhle Stadel im Hohlenstein", in *Fundberichte aus Baden-Württemberg*, Stuttgart 1989.
Schmitt Pantel, Pauline (Hg.), *Antike*, siehe Duby, George/Perrot, Michelle, *Geschichte der Frauen*, a.a.O.
Schmölders, Claudia (Hg.), *Die wilde Frau. Mythische Geschichten zum Staunen, Fürchten und Begehren*, München 1989.
Schöll, Hans Christoph, *Die drei Ewigen*, Jena 1936.
Sesti, Giuseppe Maria, *Die Geheimnisse des Himmels. Geschichte und Mythos der Sternbilder*, Köln 1991.
Stoeckle, Maria, *Das Leben der hl. Odilia. Geschichtsquelle – Sage/Entwicklungsmärchen – hagiographisches Bild?* Erzabtei St. Ottilien 1991.
Thorston, Geraldine, *Sternzeichen der Göttin. Die Astrologie der Frau*, München 1990.
Tomazic, Ivan (Hg.)/Savli, Jozef/Bor, Matej, *Unsere Vorfahren – die Veneter*, Wien 1988.

Treu, Ursula (Hg.), *Physiologus. Naturkunde in frühchristlicher Deutung*, Berlin 1981.
Uhlig, Helmut, *Die Mutter Europas. Ursprünge abendländischer Kultur in Alt-Anatolien*, Bergisch Gladbach 1991.
Van Cronenburg, Petra, *Geheimnis Odilienberg*, München 1989.
Vermaseren, Maarten J., *Cybele and Attis. The myth and the cult*, London 1977.
ders., *Der Kult der Kybele und des Attis im römischen Germanien*, Stuttgart 1979.
ders., *Die orientalischen Religionen im Römerreich*, Leiden 1981.
Vermeule, Cornelius, *The Cult Images of Imperial Rome*, Rom 1987.
Von Soden, Wolfram (Hg.), *Das Gilgamesch-Epos in der Übersetzung von Albert Schott*, Stuttgart 1988.
Walker, Barbara G., *Das geheime Wissen der Frauen. Ein Lexikon*, Frankfurt am Main 1993.
dies., *Die geheimen Symbole der Frauen. Lexikon der weiblichen Spiritualität*, München 1997.
Walter, Sepp, *Der steirische Mandlkalender, seine Zeichen und Symbole*, Graz 1987.
Weiler, Gerda, *Das Matriarchat im Alten Israel*, Stuttgart, Berlin, Köln 1989.
dies., *Eros ist stärker als Gewalt. Eine feministische Anthropologie I*, Frankfurt a. M. 1993.
dies., *Der aufrechte Gang der Menschenfrau. Eine feministische Anthropologie II*, Frankfurt a. M. 1994.
dies., *Der enteignete Mythos. Eine feministische Revision der Archetypenlehre C. G. Jungs und Erich Neumanns*, München 1985/Frankfurt a.M. 1996.
Willis, Roy (Hg.), *Bertelsmann Handbuch Mythologie. Ursprung und Verbreitung der Mythen der Welt. Motive, Figuren und Stoffe von der Arktis bis Australien*, München 1994.
Wolf, Doris, *Was war vor den Pharaonen? Die Entdeckung der Urmütter Ägyptens*, Zürich 1994.
Wolf, Gerhard, *Salus Populi Romani. Die Geschichte römischer Kultbilder im Mittelalter*, Weinheim 1990.
Zingsem, Vera, *Der Himmel ist mein, die Erde ist mein. Göttinnen großer Kulturen im Wandel der Zeiten*, Tübingen 1997.

REGISTER

Abraham 51, 57
Abt 31, 137f
Äbtissin 30ff, 220, 229ff
Äbtissinnenstab 233
Abwehrzauber 61, 83
Acca Larentia 23, 25
Achilleus 247f
Ackerbauer, Bauer, Bäuerin 45f, 98, 122f, 126, 138, 192f, 200, 243, 266
Adler 26, 182, 244
Adrasteia 66
Aeneas 23, 157
Aetna 28f
Afrika 68f, 71f, 113, 159, 185
Agathe, Hl. 222
Agdistis 160ff
Agdos 160, 163
Agnes, Hl. 80f
Ägypten, ägyptisch 68ff, 111ff, 119, 159, 168ff, 182, 197, 201, 203, 207
Ahnherrin, 24, 54, 273
Ahnvater 248, 266
Aigisth 121
Áine (Gott) 266
Áine (Göttin) 266
Aja 94
Akkad, akkadisch 51, 94ff
Alderich 228ff
AlemanInnen, alemannisch 235
Aleuteninseln 28
Alexander VI. (Papst) 33
Alexandrien 216
All 92, 203
Allen, Woody 9
Allessehende/r 132, 139, 206
Allvater 128
Allwissenheit 196
Alma Mater 212
Almaqah 108
Almgeister 84
Alpen 34, 61, 72, 84f, 194, 226, 234f
Alswinn 128
Altes Testament 53, 58, 202f, 220
Alwis 128
Amaltheia 66

Amata (Ahnherrin) 24
Amata, Amatae (Anrede) 17, 20, 24
Amazone 74, 240, 247ff
Ambeth 141, 214, 222
Amm 108
Amme 25f, 155, 228, 230f, 237
Amphitrite 244
Amt, kultisches 20
Amulius 22f
Amun (Mensch) 71
Amun/Amun-Ra (Gott) 68ff, 112, 119
An 94
Anat 106f
Andraste 73, 75
Androgynie 161
Anfang, Beginn 14, 44f, 51, 59, 61, 68, 78, 197f, 201f, 206
AngelsächsInnen 79
Angeyja 76
Anglesey 75
Antiope 248, 250ff
Anu 102
Apfel, -baum 30, 32, 47, 123, 126, 145, 208
Aphrodite 63ff, 118, 244, 256
Apokalypse 183
Apollon 90, 119ff, 134f, 139, 142, 246, 253f, 261, 263
Aquilea 226
Arabien 100, 108f
Archaier 210
Ardennen 260
Ares 63ff, 68, 76, 118, 208, 211, 244, 246, 248f, 256
Argolis 121, 207, 211
Arinna 105
Arion 261, 263
Aristoteles 153, 187
Arithmetik 220
Arkadien 62, 66, 207, 211, 261, 263
Arkas 272
Arnobius 160
Artemis 10, 90, 119, 175, 241, 244, 248, 253ff, 272f
Artemis Kallisto 272

Artemisia (Königin) 248
Artus 74f
Aruru 98f
Arwakr 128
Asche 15, 36f, 57, 61
Ascher 52
Asen, Asinnen 128, 130
Asgard 78
Asklepios 120
Assyrer, assyrisch 95, 155
Astrologie 10, 90, 93, 137, 153ff, 182, 198f, 240
Astronomie 220
Atem 158, 176
Athen 121, 248, 250ff, 257f
Athene 64, 120f, 205, 244, 270
Atirat 108
Atla 76
Atlantik 29
Atlas (Gebirge) 71, 208
Atlas (Titan) 62
Atmosphäregott 76
Ätna 29
Attalos 157
Attar 108
Attis 135, 155ff, 160ff
Atum (ägypt. Gott) s. Re-Atum
Atum (sum. Göttin) 102
Auferstehung 47ff, 57f, 79, 107, 111, 134, 138, 163, 176, 179, 230, 232f
Augen 222ff, 226, 233
Augen des Todes 47f
Augengöttin, -heilige 91, 133, 142, 222ff, 228, 234ff, 266
Augenkult 234
Augenlicht 212, 224, 228, 231f
Augensymbol 91, 133
Augsburg 227
Augustus 159
Aurelian 135
Auskelis 124, 246
Avebury 133
Baal 106f., 111
Baba Jaga 274ff
Babylonien 51, 95, 199
Bacchus 244
Bachofen, Johann Jakob 27
Bachstelze 206
Bad 208, 210, 256
Badb 73, 270

Balder 78
Balkan 159, 225
Balma 228
BaltInnen, baltisch 125, 129, 135f
Bär, Kleiner (Sternbild) 272
Barbara, Hl. 127, 140ff, 214, 217
BarbarIn, barbarisch 252
Barbelina 127, 143
Bärenfell 229, 270
Bärengöttin 273
Bärin 232, 254, 256f
Bärin, Große (Sternbild) 272
Bath 132f, 266
Baum, des Lebens, heiliger 46, 101, 123f., 161, 163, 182, 199f, 208
Bayern 226, 228
Beard, Mary 19
Benedikt, Hl. 137ff
Benjamin 52, 56
Berchta s. Percht, Bertha
Berg 28, 57, 61, 66, 81, 84, 150, 156f, 193, 202, 207, 217ff, 234f, 253
Bergbau 43, 140ff
Bergfräulein 84
Berggöttin 29, 156, 164f, 207
Bern 273
Bert(h)a 188ff, 236f
Beschneidung 69
Besitz 52, 55, 87
Bethen 141ff, 189, 194
Bethlehem 178
Betsteig 193f
Bienen 109, 258
Biezais, Harald 125, 127
Bilderschrift 41
Bilha 28, 52, 54
Bischof 30f, 81, 177, 193f, 228, 231, 259, 271
Blindheit 50, 228, 230
Blitz 29, 66, 76, 105, 140f, 211, 217
Blumen 28, 30, 208, 211
Blut (s. auch Menstruationsblut) 143, 161, 164, 169, 172f, 217, 230, 233
Boadicea 73, 75
Bodensee 227
Böhmen, böhmisch 79, 144, 236
Boot, Fähre 117f, 122f, 170
Borbalen 127, 143
Borbeth 141ff, 214, 222
Boreas 61

Botheroyd, Sylvia und Paul 264, 266
Brauron 257
Braut 203, 208, 212
Braut Gottes 59, 115, 191, 204
Brigantia 31
Brigit (Göttin) 31
Brigit, Hl. 29ff
Brigits-Kreuz 32
Britannien 31, 74, 132f, 135, 159, 261, 264, 273
Brot 138, 191f, 193, 226
Brünhild, Brynhild 269
Bubastis 175
Buch 138, 182, 217, 222, 233
Bulgarien 264
Caminada, Christian 227
Campania 29
Cantarella, Eva 258
Çatal Hüyük 155, 158, 164, 168
Ceres 244
Childerich 228
China 115
Chnum 68ff
Christus s. Jesus
Chuginadak 28
Chumbaba 100f
Chur 227
Claudius Aelianus 153, 187
Cnoc Áine 266
Cnoc Gréine 266
Colchester 75
Columbiawasserfälle 29
Crawford, O.G.S. 91
Cronenburg, Petra van 231f, 235
Dag 128
Dahlheim 264f
Dalia 110f
Dalmatien 226
Dames, Michael 132f
DämonIn 35, 47ff, 159, 196, 226
Dan 52
Danaë 119
Datteln 258
David 57
Dea Abnoba 260
Dea Arduenna 260
Dea artio 273
Deimos 65
Delos 15, 119, 253
Delphi 15, 119ff, 157, 248

Delphine 244, 262
Demeter 14, 66, 209, 244, 261ff
Denken, matriarchales 34, 197
Despoina 261, 263
Deutschland, deutsch 36, 135, 143, 222, 235, 242f, 273
Devana 261
Dialektik 220
Diana 184f, 190, 192, 241, 259ff
Dienerin 26ff, 36, 46, 52ff, 98, 103, 115, 122, 169, 228f, 231, 271
Dievs 124, 127, 246
Diiwica 261
Dindyme 155f
Diodor 155
Dione 61ff
Dionysos 68ff, 72
Dodona 63
Donau 227
Donner, -keil 66, 76, 86, 97, 105, 124, 128
Doppelaxt (Labrys) 211
Doppelkloster 30
Doppellinien 214
Drachen 244
Drachenmutter 36
DruidIn 29, 31, 75
Dumuzi 44ff, 51, 86f, 102
Dürre 46, 48, 101, 104, 156, 171
Dzalarhons 29
Dziewona 261
Ecclesia 59
Edda, Lieder-, Prosa- 128
Egeria 260
Ehe, -vertrag 16, 209, 251, 256, 262f
Ehefrau 16, 63, 74, 208f, 211f, 258
Ehmer, Manfred 134
Einsiedeln 61
Eistla 76
Elagabal 134f
Elephantine 169
Eleusis 261
Elia 57
Elsaß 30, 222, 228
Engadin 227
Engel 140, 182, 216f, 271
Enki 44, 47, 94
Enkidu 98ff, 110, 190
Enlil 47, 49, 94
Entenmaske 41

Eos 117f
Ephesos 184f, 248, 258ff
Ephrat 52, 56
Epona 264f
Erbfolge, matrilineare 24, 156, 231f, 247f
Erbfolge, patrilineare 21, 23, 69, 87, 194, 231, 243
Erde 62, 68, 78, 93f, 96, 102, 110f, 116, 128, 162, 164, 196, 201, 216, 236, 262
Erdgott 111f
Erdgöttin, Mutter Erde 65f, 75f, 119f, 156, 160, 164, 204, 208
Ereschkigal 46ff
Erigone 121
Erinnyen 121
Eris 64, 208, 211
Erkenntnis 196, 206, 240
Erleuchtung 196ff
Erlösung 36, 56, 82
Ermächtigung 50, 64
Erneuerung 84, 87, 268
Eroberer 100, 102, 112f, 134, 244, 246, 251f, 263
Erstarrung 35
Erstgeborene/r 16, 50, 57f
Eschennymphe 66
Esel 244
Esta 106
Étaín 134, 266
Étaín Echraide 266
EtruskerInnen, etruskisch 167f, 212
Eule 196, 244
Eulengöttin 91, 133, 267
Euphrat 51, 94, 103
Europa, Alt- 29, 41, 90f, 115, 127, 150ff, 187, 191f, 196, 208, 215, 240f, 260, 270
Europa, Mittel- 191f, 208, 222
Europa, Südost- (s. auch Balkan) 115, 187, 225
Eurymedon 62
Eurynome 61, 116, 180
Eurytheus 248
Evangelist 182f
Eyrgjafa 76
Falke, -ngott 113f, 206
Fastnacht 61
Faustulus 23

Feder 182, 206f
Fee 266
Fegefeuer 32f, 229
Feronia 28
Festung 44, 77, 165
Feuer 14ff, 196, 174ff, 275
Feuer gebären 37
Feuer speien 101, 103
Feuer stehlen 37
Feuerbock 72f
Feuergestalten 34, 72f
Feuergöttin 9, 14ff, 40
Feuerhüterin 14, 17ff, 31, 36
Feuermänner 35
Feuerrad (s. auch Rad) 14, 217
Feuersbrunst 29
Feuerzeichen 9, 13
Fieber 199ff
Finnland, finnisch 129
Fisch 144ff
Flamme 17, 26, 30f, 36
Flora 64
Flöte 119f, 163
Flußnymphen 253
Fohlen 264
Fortuna 214
FrankInnen, fränkisch 235
Frankreich (s. auch Gallien) 151, 270
Frauen, junge 20
Frauenklöster 30
Freiheit, sexuelle 31
Frenrir, Frenriswolf, 129
Freya 76, 244
Fruchtbarkeit 32, 46, 48, 50, 79, 156, 158, 162ff, 171, 194, 258, 266
Fruchtbarkeitsmagie 61, 185
Frühling 22, 40, 79, 183, 211
Frühlingsgöttin 79
Fuji 28
Fülle 84
Füllhorn 76, 214, 265
Furie 73, 261f
Gad 52
Galatea 244
Galatur 47
Gallien, GallierInnen, gallisch 132, 159, 230
Gastfreundschaft 14, 72, 249f
Gatamdug 199f
Geb 111f, 168

Gebärende 36, 59, 109ff, 116, 119, 151, 154f, 158, 164ff, 180f, 185, 212, 253f
Gebärmutter 34, 153, 197, 212, 220
Gebärneid 160, 205
Geburt (s. auch Wiedergeburt) 67, 145, 180, 237, 241f, 254
Geier 270
Geirahöd 269
Geist 197
Geist, Hl. 176f, 180, 203, 223
Geld 28, 212
Geliebte 203f
Geliebter, Gefährte 44ff, 50f, 63, 65, 74, 79, 86, 102, 117, 156, 199, 203, 250, 264
Geometrie 220
Gerechtigkeit 32, 50, 199, 206f
Germanien, GermanInnen, nordischgermanisch 75ff, 91, 128ff, 135, 159, 242f, 268f
Geschtinanna 48, 102
Gesetz 207, 217ff
Getreide 19, 45, 49, 97, 99, 103, 109, 126, 129, 137, 151, 155, 158, 193, 226
Getreidegöttin 49, 99
Gewitter 30, 193
Gibraltar 214
Gilgamesch 51, 94ff, 255
Gimbutas, Marija 41, 43, 90f, 118, 125f, 132f, 170, 196, 208, 240f, 267, 270
Ginevra (Königin) 74
Glen 128, 131
Goldschmied 29, 31
Göll 269
Göndul 269
Gottessohn, -söhne 122, 127, 179, 182
Göttin in dreifacher Gestalt 17, 31, 49, 75, 123, 141, 212ff, 221f, 259, 264, 277
Göttin m. d. Pferd 9, 134, 240ff, 274ff
Göttin m. d. Widder 40ff, 59, 72, 75, 78, 82, 85
GöttInnenbilder, Götzenbilder 52, 55, 216
GöttInnentriade 108
Göttner-Abendroth, Heide 67, 106, 258, 273

Grammatik 220
Graubünden 90
Gregor I. (Papst) 139
Greip 76
Grian 266
Grid 76ff
Griechenland, Alt-, GriechInnen, griechisch 62ff, 91, 116, 119, 153, 157, 159, 164ff, 199, 201, 203, 207, 218, 246ff, 262
Gründungssage Roms 22
Guinevere, Gwenhyfar, Gwenhwyar (Göttin) 74f
Gula-Bau 199ff, 214
Gund 269
Gürtel, heilkräftiger, magischer 30, 76, 122f, 126, 248ff
Haar 28, 83, 108f, 155, 190ff, 241f, 246
Habergeiß 35
Hacilar 42
Hades 14, 64, 66, 209, 246, 261f
Hagia Sophia 221, 259
Hahn 117, 186
Hain, Heiliger 22, 260
Halikarnassos 248
Halsschmuck, magischer 76
Hammer, magischer 76
Hammurabi 94f, 115
Handel, Händler 97f, 243, 265
Handschuhe, magische 76
Handwerk, -erInnen 31, 98, 103, 205
Hanf 35
Hannibal 157
Harmonia 65
Hase 77, 79
Hathor 112ff, 168ff, 180
Hatti 105
Häuptling 243
Hausbau 14
Hebamme 139, 237, 258ff
Hebat, Hepat 105f
Hebe 64, 208, 211
HebräerInnen, hebräisch 109, 201ff
Heilkunst 30f, 50, 96, 120, 122, 139, 199ff, 234, 266
Heimdall 75ff
Hekate 260
Hekuba 106
Hel 78

Held 34, 98ff, 166, 179, 188, 247ff
Helena (Hl. und Kaiserin) 29
Heliopolis 111f, 169, 206
Helios 91, 112, 116ff, 134f, 180, 246
Hellenen, hellenisch 209, 255, 261ff
Hengst 240, 261
Hephaistos 64, 117ff, 205, 208, 211, 244
Heq-Maa 203
Hera 14, 63f, 66, 119f, 165ff, 180, 207ff, 244, 248, 253f, 256, 262
Herakleopolis 169
Herakles 166, 247ff
Herbst 49, 183
Herd, -göttin 14ff, 17, 20, 26, 72
Herde 49, 52, 55, 71, 81, 85, 87, 97, 243f
Herfjöt 269
Hermera 117
Hermes 205
Heros 211
Herrad von Landsberg 220f
Herrin der Tiere 10, 158, 165, 211, 241, 253ff, 273
Herrschaft 68, 97ff, 105, 115, 117, 152, 154f, 160, 164, 169, 173, 189, 201, 209, 211, 255, 262f
Herz 197, 207
Hespera 117
Hesperiden 208
Hestia 14ff, 66, 209
HethiterInnen, hethitisch 105ff
Hexe 36, 143f, 196, 276
Hieronymus, Hl. 178f
Hild 269
Hilda 30
Himmel 49f, 61, 64, 66ff, 91ff, 96, 98, 100, 102ff, 110, 128, 169, 199f, 202, 214ff, 229, 262, 272
Himmelfahrt (christl.) 136ff, 260
Himmelsboot 44
Himmelsburg 76
Himmelsgöttin, -herrin, -königin 32, 44f, 91ff, 100, 103, 105, 107, 111ff, 125, 170, 180, 199ff, 256, 260
Himmelskuh 111ff
Himmelsrichtung 182
Himmelsstier 102ff
Himmelsvater, -gott 66, 92, 103, 124f, 213, 246

Hippolyte 248ff
Hippolytos 251
Hirsch, -kuh 241, 244, 254f
Hirt 23, 25, 45f, 66f, 71, 81, 84ff, 138, 155, 204, 243
Hirtenstab 45f, 158
Hlökk 269
Hochschwab 84
Hochzeit, Heilige 45f, 50, 59, 81, 86, 99f, 110, 211, 216, 258
Hochzeit, heiraten 18, 21f, 51f, 109, 124, 140, 144ff, 162f, 183ff, 189f, 203, 207ff, 213, 251, 258, 271f
Höd 78
Hohenburg 229ff
Hohepriesterin 31
Höhle 66, 137, 150f, 193, 196, 241
Hokkmah 201ff, 219
Honig 66, 109, 126, 204
Hor, -us, -kind 112f
Hornung, Erik 173
Horsel, Hörselberg, Horselydown, Horsenden Hill 273
Hostie 141, 143
Hrist 269
Hund 186, 244, 253ff, 260
Hunnen 271f
Hure 81, 98ff, 102f, 159, 191
Hurriter, hurritisch 105f
Hyginus 68, 71
Hyperion 62, 116f
Ida (Berg auf Kreta) 204
Ida (Berg in Kleinasien) 157
Ignatius, Hl. 177f
Imd 76
Impuls 46
Inanna 44ff, 51, 86f, 93f, 254
Indien 187, 212
IndoeuropäerInnen, -germanInnen 44, 113, 123, 125f, 208, 242f, 270
Initiation 33, 50, 257f
Initiationsreise 48
Initiative 40
Inspiration 203, 220
Io 66
Irak 45
Irland, IrInnen, irisch 32f, 79, 90, 266, 270
Irrlicht 36
Isaak 57

290

Isaschar 52
Ischtar 27, 50f, 94, 96, 99, 101ff, 254f
Isis 115, 203
Israel (Volk I. bzw. Stämme -s) 51ff, 56, 109ff
Istanu 106
Italien 29, 82, 132, 159, 263, 267
Jagdgöttin 9f, 13, 253ff
JägerIn 81, 152, 253ff
Jahr, keltisches Großes 31
Jahreszeit, -en 34, 207, 211, 214, 227
Jahweh 76
Jakob 28, 51ff
Janis, -vater 127, 136
Jansaxa 76
Januarius, Hl. 29
Japan 28
Jehuda (Juda, Sohn Leas) 52
Jesus Christus 57ff, 124, 135ff, 180ff, 216
Jirku, Anton 107
Johannes (Evangelist) 182
Johannes d. Täufer 127, 136, 229, 232f
Jörd 76
Joseph (angebl. Sohn Rahels) 52, 56
Jovis 213f
Juda (Königreich) 109ff
Julierpaß 227
Jungfrau, Jungfräulichkeit 14, 17, 21f, 31, 80f, 85, 140, 161, 180, 184, 190f, 208ff, 214ff, 220ff, 253ff, 271ff
Jüngling 36
Juno 168, 211ff
Juno Lucina 212, 223f, 234
Jupiter (Gott) 76, 199, 211, 213, 244, 246
Jupiter (Planet) 62, 199, 240
Juventas 214
Kadmos 65
Kaiserin 29, 216
Kalb 30, 227
Kalendergöttin 211
Kalendertier 183f
Kali 218
Kallisto 254, 256
Kamel 187
Kamm 122, 266
Kampf 64, 75, 82, 86, 96, 98, 107, 137, 152, 166, 171, 209, 248ff, 268

Kanaan 52, 107
Kanathos 208, 256
Kantabrien 241
Karkamisch 155
Kasamandln 84
Kastration 160ff
Katharina, Hl. 141, 215ff
Kathirat 218
Katze 241, 244
Katzengöttin 175
Kaukasus 113, 243
Kauris 185
Kelch 141, 143, 182, 230, 233
KeltInnen, keltisch 72ff, 84, 133f, 142, 264ff
Kenia 187
Kentaur 240
Kerze 36
Keuschheit, -sgelübde 18, 21, 23ff, 177, 222f, 254
Kilauea 28
Kildare 30f
Klagelied 31, 95
Klee 30, 32, 254
Kleinasien 105, 155ff, 211, 248
Kleopatra 115
Kloster 30, 218
KlostergründerIn 30, 81, 138, 178, 229f
Kluge, Friedrich 130
Klytaimnestra 121
Knockainy 266
Knossos 15, 209, 211
Koios 62
Kolchis 117
Köln 271, 273
König 22, 46, 50, 56f, 64, 74, 86, 93, 95, 105f, 114f, 120, 128, 144ff, 153, 188, 199, 248
König, Marie E. P. 241
Königin 24, 26ff, 50, 73f, 95, 108, 115, 145ff, 155f, 175, 181, 214, 247ff, 267
Konstantin (Kaiser) 29, 80f, 135
Konstantinopel 221, 259
Kore 263
Koronis (Titel) 120
Korsika 270
kosmische Herrin 53, 215
Krähe 120, 270

Kranich 270
Kreativität 44, 154, 220
Kreis (Symbol) 41
Kreta 15, 66f, 164ff, 207ff, 251, 253
Kretzenbacher, Leopold 225
Kreuz 219
Krieg 44, 51, 204, 244, 249ff, 268
Krieger, Soldaten 64, 69, 72, 74, 93, 97, 265, 269
Kriegerin 74f, 247ff
Kriegsgott 22, 63f, 76, 265
Kriegsgöttin 73
Krios 61ff
Kroatien, KroatInnen, kroatisch 226
Krone 45, 47, 113, 157, 196, 217, 220, 271f
Kronos 62, 65f, 204, 207, 209
Kubaba 106, 155
Kuckuck 207, 209ff, 244
Kuh 244
Kuh, rotohrige 30
Kuh, Wild- (Titel) 55, 97
Kuhgöttin 97, 104, 169
Kuhhörner 56, 112f, 170
Kultdrama 53, 57f
Kulterzählung 56
Kulthandlung 15, 17
Kultheroin 51, 53, 56
Kultsohn 56
Kulttext 45, 53, 110
Kulttier 42
Künste 216, 220f
Kurganleute 243f
Kurgarra 47
Kutter, Erni 142
Kybele 27, 119, 155ff, 211, 230, 244
Kybelon 155
Kyklopen 66, 254
Laban 51ff
Labyrinth 211, 251
Lagasch 199
Lair Derg 266
Lamm 9, 13, 40, 46, 55ff, 67, 70, 79
Lamm Gottes 59ff, 81
Lampe 212, 224
Lampos 117
Lancelot 74
Land 45, 54, 73ff, 86, 105, 110, 163
Landbesitz der Frau 23, 30
Landmann, Salcia 192

Lara 25
Larbaud, Valery 178
lares 26
Lascaux 242
Latinus 23
Latium 22f, 157
Lattughina 145ff
Lava 28f
Lavinia 23
Le Gabillou 242
Le Roc-de-Sers 242
Lea 28, 52
Leib Christi 143, 230, 233
Leier 119f
Leopard 244
Leto 119, 253
Leroi-Gourhan, André 242
Les trois frères 151
Lettland, lettisch 122ff, 245f
Leuchtmähne 128, 130
Levi 52
Licht 50, 79, 80, 207, 212, 216, 229
Lichtgöttin, -bringerin, -frau 9, 13, 94, 196ff, 212, 214f, 222ff, 227, 234, 236f, 253, 255, 274
Lichtsäule 30
Liebesgöttin 50, 63
Liebeszauber 30
Liechtenstein, Fürstentum 227
Ligurien 270
Livia Augusta 159
Loki 76
Lombardei 227
London 75
Loo Witt 29
Lough Derg 33f
Löwe 13, 97, 99, 150ff, 171, 177f, 183ff, 187ff, 244, 254
Löwe (Sternbild, astronom.) 182
Löwe (Sternzeichen, astrolog.) 9, 13, 137, 182, 240
Löwenfell 166, 185, 187
Löwin 13, 164ff, 185ff, 207, 211
Löwin (göttliche) 9, 150ff
LöwInnenkopf 150f, 166
LöwInnenthron 150ff, 179, 181
Lucius Tarquinius 26f
Lugalbanda 94ff
Lukas (Evangelist) 182
Lulal 47

Luschariberg 81f
Lussibrud/Lutzlfrau 225f
Luxemburg 264f
Luzia, Hl. 222ff, 230, 232ff, 266
Luzius, Hl. 227
Lydien 155
Lysippe 248
Maat 197, 206f, 219
Macha 73
Macht 97, 104f, 114f, 119, 146, 169, 173, 188f
Machtinsignien 45, 47, 76, 249f
Mädchen 20, 254, 257f, 273
Magie 190, 203, 206, 220
Magna Mater/Große Mutter 157, 160, 211
Mailand 221
Maion 155
Maitghen 29
Mammut 241
Mani 91, 128ff
Marduk 95f, 114
Margarethe, Hl. 141, 217
Maria (Mutter Jesu) 32, 58, 90, 127, 136f, 178ff
Maria lactans 181
Maria Lavant 82f
Maria Luschari 81f
Maria Magdalena 58
Maria Schnee 215
Marien, drei 58
Markus (Evangelist) 182f
Marpesia 248
Mars (Gott) 22, 24, 76
Mars (Planet) 41, 44, 62, 240
Maske 41, 67, 224, 257
matrilokal 18, 53
Matrone 21
Matthäus (Evangelist) 182
Mauer 97f, 157, 244
Maxentius 216
McCall, Henrietta 99
Medea 244
Medusa 132, 168
Meer 61, 66, 76, 78, 122, 144, 206, 216, 145, 262
Meeresgöttin 76
me-Gewänder 47
Meier-Seethaler, Carola 95, 115, 175
me-Kräfte 44ff

Melanippe 248
Meness 124, 246
Menstruationsblut 34, 52, 55, 162ff, 207, 222f
Menstruationsneid 160ff
Merkur (Planet) 62
Mesopotamien 10, 51, 93f, 97, 113, 187, 201
Metallurgie 43f
Metis 62, 66, 197, 204f, 219
Midas 162
Milch 26, 30, 32, 45, 48, 66, 71, 84, 181, 212, 217
Minerva 132f, 214
Mithras 135
Mittwintergöttin 225, 233
Mohn 211
Monaghan, Patricia 21, 200, 264, 266
Mond 62, 79, 92ff, 116, 128ff, 242, 263
Mondfinsternis 130f
Mondgott 49, 54f, 91, 94, 108, 124, 199, 218
Mondgöttin 91, 119, 261
Mondkalender 31
Monte Cassino 137
Mord (Frauen-, Mutter-, Königin-) 95, 115, 120f, 138, 140, 156f, 168ff, 174, 183f, 216f, 221, 229ff, 248ff
Morrigan 73f, 270
Moses 217ff, 230
Mot 107
Mt. Adams, Mt. Cleveland, Mt. Hood, Mt. St. Helens 29
Muhme 37
Mundlifari 128, 130
Musik 120, 175, 220
Muspelheim 128
Mut 197
Mutter Gottes 32, 81f
Mutter Janis 127, 136
Muttergöttin 73, 157, 199, 264f
Mutterschaf 13, 51, 55f, 71
Mykene 165, 210
Nabelschnur 207
Nacht 92, 101, 106, 117, 128, 169f, 172, 196, 199ff, 245f, 274ff
Naftali 52
Nana (Göttin, Prinzessin, Jungfrau) 161

Nanna (Gott) 44, 47, 94
Narmer 114
Neapel 29
Nehalennia 244
Nemain 73
Nemetona 73
Netzmuster 241f
New Pallas Green 266
Nicaea, Konzil von 135
Nikolaus, Hl. 226
Nil 70, 72, 171ff
Ningal 44, 50
Ningal 93
Ninlil 49
Ninschubur 46ff
Ninsun 97, 101, 104
Ninurta 98
Nippur 45
Nisaba 98f
Nomadenvolk 242ff
Nonne 30f, 81, 191, 218, 228ff, 273
Noricum 159
Nornen 269
Northumberland 30
Nothelfer, vierzehn 141, 217
Numitor 22f
Nun 168, 206
Nut 111f, 116, 169f
Nymphe 66, 253
Ocrisia 26ff
Odilia, Hl. 30, 228ff, 266
Odilienberg 220, 234f
Odin 76, 128f, 269
Okeanos 62, 117
Omen 26
Omphalos 15
Onkos 261, 263
Opfer 19, 28, 57ff, 75, 82f, 94, 106, 156, 164, 174, 191, 216, 265
Opfermehl 18f
Opferschale 224, 233, 265
Ophion 61
Orakel 27, 63, 119f, 156f, 204, 211, 257
Ordnung, -skräfte 50, 62, 137, 218
Oreithyia 248
Orest 120f
Ortygia 119, 253
Ostara 79
Ostern 79, 83
Österreich 82, 159, 188, 215, 235f

Osteuropa 192
Ostia 157
Osttirol 82f
Otrere 248
Ozean, Pazifischer 28
Ozeannymphen 253
Paive 129
Palästina 62, 108, 187
Palatin 157, 159
Palmblatt, -zweig 217, 219, 222
Pan 66, 119f, 254
Paphos 256
Papst 81, 271, 273
Papua Neuguinea 37
Paradies 78
parthenogen 64, 121, 161, 180, 208, 210ff
Passau 227
patera (s. Opferschale) 158, 224
Patriarch 53, 152, 199, 243
Patriarchat 17, 70, 87, 104, 118, 158, 196, 252, 262
Patrick, Hl. 32ff
patrilokal 18
Paulus (Apostel) 183, 185, 259
Pausanias 160, 262
PelasgerInnen, Pelsagos, pelasgisch 62, 207
Pele 28
Peloponnes 15
Penis (s. Phallus) 150
Penthesileia 248
Percht, Perachta 142, 189, 191, 226
Peresinda 228ff
Perkons 124, 127, 246
Persephone 261, 263
Persien 187
Perugia 167
Pessinus 162
Petersdom 159f, 222
Pfeil, - und Bogen 32, 119f, 240, 253ff, 271f
Pferd (s. Fohlen, Hengst, Stute) 101, 117f, 126, 128, 131, 186f, 240ff, 246, 261, 263
Pferdegöttin 13, 240ff, 264ff, 273
Phaedra 251
Phaëton 117
Phallus 21, 26, 69f, 112
Pharao 69f, 114f

Phigalia 262
Philippinen 28
Philister 109f.
Philosophie 198, 216, 219ff, 252
Phoibe 62
Phönizien 199
Phrygien 155
Physiologus 158, 175f
Pilatus 58
Pinie 163
Planet 62, 116, 155, 198f, 216
Platon 220
Plinius 153, 187
Plutarch 153, 187
Polykarp 178
pontifex maximus 20f
Portugal 264
Poschiavo 227
Poseidon 14, 66, 209, 261ff
Priesterin 17ff, 30, 46, 64, 81, 86, 95, 99, 115, 185, 215, 224, 232
Priesterinnenkonvente 30
Prinias 164
Prinzessin 156, 188, 216, 271
Prokas 22
Prophetin 31f, 139
Prophezeiung 119f, 145, 215
Prostitution 81
Ptah 11
Puppe, magische 274ff
Pyrrenäen 151
Pythia 119, 248
Python 119, 253
Quelle 29, 65, 68, 107, 110f, 132f, 142, 197, 202, 208, 234f, 265f
Quellgöttin 132f
Rabe 138f, 270f
Rad 199f, 214ff
Radgrid 269
Raetien 159, 227
Rahel 28, 51ff, 56, 80f
Ran 76
Randgrid 269
Ranke-Graves, Robert von 15, 118, 209, 253, 256, 261ff
RatgeberIn 106, 138, 199ff, 214ff
Raubvogel 270
Re 115, 134, 168ff, 180
Re-Atum 112f
Regen 37, 49, 100f, 171, 174, 182ff

Reginleif 269
Re-Harachte 113
Reichtum 97, 216
Reifmähne 128
Reiher 206
Reinigungskult 50, 210
Remus 23, 25, 230
Rentier 241
Resch-Rauter, Inge 214, 226f
Rhea 14ff, 24, 62, 65ff, 204, 207, 209
Rhea Silvia 22ff
Rhetorik 220
Rhodos 119
RichterIn 30, 94, 96, 108, 111, 121, 207
RiesIn 16, 76, 100, 128, 268
Rinder 97, 101
Riten, matriarchale 34, 53
Riten, patriarchale 34
Rom 26f, 137, 153, 157, 159, 221f, 265, 271f
RömerInnen, römisch 17ff, 22ff, 26ff, 40, 60, 73ff, 79f, 132, 134ff, 155, 157, 190, 212ff, 246, 260ff
Romulus 23, 25, 213, 230
rot 67f, 141, 259, 263, 274ff
Rota 269
Ruben 52
Rudna Glava 43
Rudolf II. 188
Rumina 26
RussInnen, russisch 143, 243
Saba 108
Sabinerinnen, sabinisch 212f
Sachmet, Sechmet 168ff
Sahara 71
Salomon 203
Samahat 100
Samen 112, 121, 160
Samos 207ff
Samson 106, 108ff, 190
San Martino al Monte 222
Sapientia 203
Sardinien 270
Saturn (Planet) 62
Saul 56
Saule 122ff, 129, 135, 245ff
Scathach 73f
Schabbock 34, 72f
Schaf 51, 70, 76, 97, 101
Schafgöttin 9, 40, 44f, 55, 71f, 80

295

Schaftträger (Titel) 46
Schafzucht 46, 71
Schamasch 50f, 93ff, 101, 107, 119, 134, 255
Schamhat 98ff
Schams 108f
Scheid, John 21
Schemesch 107f
Schenirda 94
Schicksal, -sgöttin, -sfrauen 36, 205, 214, 253, 269, 271
Schlacht 64, 74f, 77, 105, 269ff
Schlaf im Feuer 26, 30
Schlange 37, 61, 65, 68, 104, 119, 132, 137f, 184, 196, 208, 211, 244, 254
Schlangengöttin 211
Schlüssel 236f
Schmid, Elisabeth 150
Schmied, -ekunst, -egott 29, 31, 118, 205, 211
Schöll, Hans Christoph 142
SchöpferIn, Schöpfung 50, 57, 61f, 68, 70, 79, 92, 95, 98f, 111ff, 128ff, 154, 160ff, 168f, 181, 198, 201f, 206, 210, 212, 219
Schoß 144, 206f, 211ff, 264f
Schottland 31
Schrift 12, 41
Schu 112, 168
Schütze (Sternzeichen) 9, 13, 240, 255
Schützin 240ff
Schwaben 273
Schwan 244
Schwangerschaft 241
schwarz 67f, 85ff, 139, 141, 143, 236, 259, 274ff
Schwarzes Meer, 243, 248, 255
Schwarzwald 260
Schweden 225
Schwein 37
Schweiß 206
Schweiz 35, 61, 85ff, 159, 191, 226f, 273
Schwert 140f, 217, 224, 270f
Sebulon 52
Seherin 27, 78, 196ff, 214f, 268, 270
Selbständigkeit s. Unabhängigkeit
Selene 91, 117
Seleukia 184
SemitInnen, semitisch 94

Serbien, SerbInnen 43, 261
Servius Tullius 26f
Sess Kilgren 90
Sexualität 21, 63, 65, 69, 74, 77, 97, 152, 164, 177, 191, 203, 210, 249
Shemsu-Hor 114
Silbury Hill 133
Silenus 244
Silpa 28, 52, 54
Simchat Thora 203
Simeon (Sohn Leas) 52
Simigi 106
Simonides 67
Simson s. Samson
Sin 49ff, 94, 101, 218
Sinai 57, 217ff
Sirtur 45
Sizilien 29, 42, 224
Sjalp 76
Skandinavien 135, 225
Skeggjöld 269
SklavInnen 69, 75, 98
Skorpion (Sternbild, astron.) 182
Skorpion (Sternzeichen, astrol.) 182
Skuld 269
Skythen 250, 255
SlawInnen, slawisch 84f, 143, 226
SlowenInnen, slowenisch 226
Sokrates 220
Sol (Göttin) 91, 128ff, 135, 143, 245
Sol invictus (unbesiegbare Sonne, Gott) 134f, 245
Sommer 49, 90, 126f, 136, 171ff, 182, 211, 226
Sonne 31, 37, 62, 79, 90ff, 116, 128ff, 139, 155, 180, 190, 196, 216, 240
–, aufgehende (Morgen-) 107f, 111f, 126, 144, 170, 206, 226
–, Mittags- 108, 111ff, 170
–, Sommer- 101, 108, 111
–, untergehende (Abend-) 107f, 111ff, 132, 144, 170, 175, 206
–, Winter- 108
Sonnenauge 91, 107, 112, 168ff, 173
Sonnenei 79
Sonnenfinsternis 131ff
Sonnengott 76, 91ff, 106, 117ff, 125f, 134ff, 142, 168ff, 206, 246, 253, 266
-göttin 9, 13, 90ff, 96, 99f, 105ff, 111, 135, 137, 142f, 168ff, 245f, 266

Sonnenheros, -held 99f, 108ff, 166, 190
Sonnenjungfrau 123
Sonnenkalb 111
Sonnenkalender 31
Sonnenmutter 123, 143
Sonnenpferd 117ff, 122f., 134, 263f, 266
Sonnenscheibe 71, 105, 112, 143, 175
Sonnensohn 143
Sonnenstier 111
Sonnenstrahl 30, 145, 190
Sonnenswastika 31
Sonnensymbol 90f, 241f
Sonnentochter 122ff, 129, 143, 145ff
Sonnenwende, Sommer- 90, 126, 133, 136, 170, 183, 200, 226, 233, 266
Sonnenwende, Winter- 133ff, 143, 183, 200, 225, 233
Sophia 203, 219ff, 259
Soracte 29
Sourvinou-Inwood, Christiane 257f
Spanien 91, 159, 241, 270
Spatz 244
Speer 269, 271
Speise des Lebens, rituelles Mahl 47, 60, 104, 126
Spes, Fides und Caritas 221f
spinnen 122, 193, 271, 277
St. Katharein a. Offenegg, St. Katharein a.d. Laming, St. Kathrein a. Hauenstein, St. Katrein i. Schnalstal 215
Staatsherd 17, 20
Stab 76, 164
Stammesmutter, -herrin, matriarchale 28, 53, 110, 203, 247
Stammesvater 53, 231
Stauffer, Salomé 233
Steiermark 35, 193, 226
Sterben 242
Sternbild (astronomisches) 68ff, 171, 272
Sterne 62, 68f, 92f, 111f, 116, 215, 254
Sternzeichen (astrolog. Tierkreiszeichen) 62
Stier 111, 164, 184
Stier (Sternbild, astronom.) 182
Stier (Sternzeichen, astrolog.) 182

Stier, geflügelter 182
Stier, Himmels- 102ff
Stier, Wild- (Titel) 97, 104
Stonehenge 133
Straßburg 222
Sturm 30, 60, 101
Stute 240f, 264f
Stute, rote 266
Stute, todbringende 268, 270
Sudan 115, 187
Sudanga 94
Südtirol 215, 226
Sul, -is 132ff, 135, 234, 245, 266
Suleviae 132f
Sumer 44ff, 51, 93ff, 113
Sumukan 98
Sunna, Sunne 130, 135, 143
Surt 78
Symboltradition, matriarchale 10
Syrakus 222f
Syrien 93, 105ff, 248
Tag 92, 101, 106, 128, 169f, 245, 276
Tagundnachtgleichen 133, 79, 182, 200
Tammuz 50
Tanaquil 26ff
Tanne 119
Tanz 126f, 204, 217f
Taranis 265
Tarquini (Corneto) 27
Taru 105
Tarvis 82
Taube 61, 116, 123, 203, 244, 262
Taufe, -name 34, 164, 193, 216, 228f, 231f, 271
Tefnut 112, 168
Telepinu 105
Tertullian 185
Tesub 105f, 119
Teufel 33, 35f, 60f, 72, 82, 85f, 137, 228
Teufelin 260
Teufelsmutter 36
Thales 252
Theben 164
Theia 62, 116f, 180
Thekla, Hl. 183
Themis 62
Themiskyra 248f
Theseus 247f, 250ff

297

Thespios 248
Thetys 62
Thor 75ff, 244
Thora 203f
Thrakien 248, 255
Thron (s. auch LöwInnen-) 22ff, 45, 47, 66, 76, 115, 175, 220
Thrud 269
Thüringen 273
Tiamat 96
Tiber (Fluß) 22
Tiberius (Gott) 22
Tierkreis 10f, 40, 153, 166, 182
Tieropfer 19, 82f
Tierprozession 241
Tiger 244
Tigris 51, 94
Tijaz 106
TitanIn 15, 62, 116f, 119, 204f, 207, 253
Tito Bustillo 241
Tiwaz 106
Tochter, ungeliebte 36, 228ff
Tod (s. auch Auferstehung) 34ff, 67, 101, 104, 111, 129, 139, 179, 207, 229f, 236, 241f, 248
Todbringerin 270
Tod-im-Leben-Göttin 49, 57, 141, 237, 259
Topf, magischer 186
Tor 47, 107, 165
Tote erwecken 30f
Totenreich 46ff
Tränen 133, 206, 234f, 237
Traum, -deutung 199ff
Tritonsee 205
Troja 106, 157
Trundholm 245
TschechInnen (s. auch Böhmen) 261
Türkei 151
Turm 140, 145
tympanum 158
Uathach 73f
Überschwemmung 70, 171ff
Ugarit 54, 106f, 218
Uhlig, Helmut 243
Ulfrun 76
Unabhängigkeit 17, 31, 74, 123ff, 180, 210, 234, 248, 251, 255ff, 262
Unfruchtbarkeit 28, 52ff, 56, 109f, 153
Ungarn 132

Ungeheuer 101
Uni 168, 212
Universum 68, 92, 168, 179, 200, 212, 214, 217
Unsterblichkeit 104, 164
Unterwelt (s. auch Auferstehung) 46ff, 64, 66, 107, 141, 206, 261ff
Unterweltsreise 46ff, 51, 57f, 67f, 87, 107, 111, 113, 163
Ur 95, 115
Uranos (Gott) 65
Urquell, -gewässer 112, 168, 197f, 201
Urschelberg 273
Ursel 273
Ursula, Hl. 10, 271ff
Ursulinenorden 273
Uruk 45, 51, 96ff, 113
Utu 48, 51, 93ff, 134, 254f
Vaterschaft 210
Vegetationsgott 48f, 96, 106f, 211
Velden 215
Venedig 226, 236
Venus (Planet, „Stern") 62, 93, 108
Venusgott (Gott des Morgen- bzw. Abendsterns) 108, 124
Vergewaltigung 14, 16, 21, 49, 63, 68ff, 75, 121, 207ff, 250, 256, 261ff
Vermaseren, Maarten J. 159
Versuchung 177f, 182
Vesta 17ff
Vesta, Gesetz der 23, 25
Vestaliatag 17
Vestalin 17ff, 31
Vestalisches Feuer 17ff
Vesuv 29
Vicovaro 137
Vilen 36
Vinca-Kultur 41
virgo Vestalis maxima 17, 25
Vision 228, 233, 268, 271
Vogel 28, 34, 61, 67, 91, 116, 119, 123, 192, 201, 207, 209ff, 244, 266, 270
Vogelgöttin 41ff, 67
Völuspa-Saga 77ff
Volvas 270
Vortumna 214
Vulcanus 29
Vulkan 29
Vulkangöttin 28f
Vulva 46, 91

Wachstum, -sgöttin, -skräfte 61, 63, 79, 211
Wachtel 253, 258
Waffen 44, 66, 74, 98, 118
Wagen 76, 101, 122ff, 128ff, 134, 158f, 206, 228, 243ff, 254f, 266
Wahrheit 206f, 208, 223
Wald 36, 255, 260
Wales 74f
Walhalla 269
Walker, Barbara G. 21, 120, 184, 218
Walküre 268ff
Wasser 143
Wasser des Lebens (s. auch Quelle) 47, 110f, 211
Wasserkult 132
Wassermann (Sternbild, astronom.) 171, 182
Wassermann (Sternzeichen, astrolog.) 182
Wassilissa 274ff
We 128f
weben 122, 193, 271, 277
Wehen 47, 49, 185, 212, 253
Weiler, Gerda 28, 53f, 56, 92f, 110, 197f, 242, 244
Weinopfer 19
Weinstock, -berge 49, 109
Weise Alte 49, 139, 146, 185, 211, 221
Weisheit 44, 66, 96, 98f, 120, 123, 212, 216, 240, 277
Weisheitsgöttin 9, 13, 196ff, 217, 220, 237, 255, 259, 268, 270f
weiß 67f, 80, 141, 214f, 236f, 259, 263, 274ff
Weiße Frau 236
Weltenei 61, 116, 180
Weltuntergang 77f, 268
Wessex-Volk 134
Wettergott 76, 105
Weyden, Rogier van der 181
Widar 76ff
Widder 40ff, 56ff, 61, 65, 68, 72f, 75ff, 81ff, 85ff, 103, 164, 204, 244
Widder (Sternbild, astronom.) 63, 68, 70
Widder (Sternzeichen, astrolog.) 9, 13, 40ff, 48, 62, 154, 240
Widder-/Schaffell 57, 67f, 87
Widdergott 55, 60f, 67ff, 71, 75ff

Widderhörner 40, 42, 57, 60f
Widderkopf 43, 70, 72, 77
Widdermaske 67
Widdermensch, geflügelter 67
Widder-Prinzip, astrolog. 40, 43
Widdersymbol 40ff
Wiedergeburt 33f, 49, 57, 66f, 117, 141, 143, 164, 179, 225, 241f, 270
Wien 188
Wilbeth 141, 214ff, 222
Wildfrau 84, 192ff
Wildschwein 241
Willi 128f
Wind 61, 180, 202
Windmill-Hill-Volk 134
Winter 135f, 183, 211, 226
Wintersonne s. Sonne
Wisent 241f
Wissen 178, 196ff, 203, 215, 218, 243
Wissenschaft 205, 216
Witwe 221, 236
Wolf 22, 78, 129, 131, 244
Wolf, Doris 69, 72, 115
Wölfin 23, 25, 269
Wolle 45, 76
Wölwa 268
Woolley, Leonard 113
Worms 142
Wort 206
Wurunsemu 105
Xerxes 248
Ymir 128
Yoni 212
Zauberin 74, 84
Zentralanatolien 42
Zeugung, -skraft 42, 63, 160
Zeus 10, 14, 16f, 63ff, 76, 119, 160f, 163, 166, 180, 199, 204f, 207ff, 244, 246, 253ff, 262
Ziegen 97, 101
Ziegenbock 34, 61, 109
Ziegennymphe 66
Zingsem, Vera 45
Züsler 35
Zweistromland s. Mesopotamien
Zwillinge 50, 64, 91, 101, 208, 211, 253ff, 266